中国古代文学卷

安庆师范大学人文学院
高峰培育学科建设丛书

敬敷求是集

文海探骊

梅向东　徐文翔　编

汪孔丰　金松林　主编

复旦大学出版社

总　序

"雨打振风塔，风动扬子江。红楼育学子，百年话沧桑。"这几句饱含深情的歌词，出自安庆师范大学的校歌。歌中的"红楼"，如今已是全国文物重点保护单位，它是学校的标志性建筑，也是全校师生共同的精神家园。这座由红砖砌成的两层高楼，是民国时期安徽大学的主教学楼，建成于1935年，迄今已伫立近百年。在漫长的岁月中，她见证着安徽现代高等教育的启航与远行，见证着民国时期姚永朴、刘文典、吕思勉、刘大杰、周予同、苏雪林等大批知名学者在此弘文励教的身影，也见证着人文学院披荆斩棘、笃实前行的学科建设历程。

目前在红楼办公的人文学院，是一所既新又老的学院。说其新，是因为她到2020年才成立，由原来的文学院和人文与社会学院合并组建而成，共设有汉语言文学、历史学、汉语国际教育、秘书学等四个专业；说其老，是因为原有的两个学院办学历史都比较悠久，学术积淀也比较深厚。如果从学校1977年恢复本科招生算起的话，原文学院的中国语言文学学科、原人文与社会学院的中国史学科迄今都有四十余年的人才培养历史。特别是进入21世纪以来，这两个学科的发展都取得了飞跃性的进步。2006年，中国古代文学学科获批硕士学位授权点，是学校首批四个硕士学位授权点之一。2008年，文艺学学科入选安徽省重点学科。2011年，中国语言文学学科获批一级学科硕士学位授权点。2018年，中国史学科获批一级学科硕士学位授权点。2019年，中国语言文学学科成为学校博士点学位授予立项建设学科，中国史学科则是博士点立项建设学科的重要支撑学科。2022年，学院又担负起建设安徽省高峰培育学科"戏曲与曲艺"学科的重任。可以说，这一连串的成就和突破，是全院师生长期群策群力、不懈拼搏进取的结果。

经过数十年的持续建设，以及几代人的艰苦奋斗，人文学院目前已形成了桐城派研究、黄梅戏与戏曲文化研究、明清诗学研究、皖江区域历史文化研究等四个较为鲜明的学科特色方向,涌现了大量的高水平科研成果,同时也获得了良好的社会声誉。

为了更好地总结和展示新世纪以来学院的学科建设成果,同时也是为了进一步强化学院博士点立项学科及安徽省高峰培育学科的建设,经学院党政领导班子研究,我们决定出版一套学科建设丛书。这套丛书根据学院学科建设实际情况,侧重收录近二十年来学院教师发表过的高水平论文,因受篇幅限制,总共遴选出134篇论文,挂一漏万,在所难免。丛书分七册,其中五册是展现中文、历史两个学科的建设成就,它们依次是:《谈文论道:文艺理论卷》(方锡球、王谦编)、《文海探骊:中国古代文学卷》(梅向东、徐文翔编)、《菱湖撷英:中国现当代文学卷》(陈宗俊、冯慧敏编)、《语路探幽:语言学卷》(鲍红、张莹编)、《史海拾萃:历史学卷》(金仁义、沈志富编);还有两册是展现我们学科的特色优势,它们是《栖居桐城:桐城派卷》(叶当前、宋豪飞编)、《曲苑拈梅:黄梅戏与古代戏曲卷》(汪超、方盛汉编)。

这套丛书最终定名为《敬敷求是集》,也是大有深意。安庆师范大学的前身可追溯至清代的敬敷书院,后又合并过求是学堂,在长期办学过程中,形成了"敬敷、世范、勤学、笃行"之校训。这里的"敬敷"二字,出自《尚书》,意为"恭敬地布施教化"。我们希望这套丛书的出版,既能反映出学院教师敬敷育人的精神风范,又能展现出他们作为学者实事求是的治学态度。

对于我们来说,这套丛书的出版,既是一次总结,也是一种传承,更是一次启航和一份期待。最后,还是用校歌里的歌词来表达我们的办学心声:"日照振风塔,霞染扬子江。红楼哺英才,代代耕耘忙。"

汪孔丰

癸卯年秋作于红楼

目 录

(按作者姓氏笔画排序)

001　**总序**

――――――――――――――――――――――――――― **诗词与民歌** ―――

003　卢　娇　王勃"龙朔变体"再探
019　卢　娇　龙朔诗坛"影带""假对"辨析
034　宋豪飞　方文"嵞山体"及其于清初诗坛的影响
048　宋豪飞　方苞"绝意不为诗"之辩及其诗论
058　徐文翔　明代白话小说中的民歌
　　　　　　――以《金瓶梅词话》和"三言二拍"为例
073　徐文翔　明代中后期文学世俗化中的民歌因素
089　梅向东　论况周颐词学的"艳骨"说
105　梅向东　犹疑与错乱：王国维清真词评的复杂文化心态
128　谢模楷　陈震《读诗识小录》之鉴赏论
143　魏远征　顾太清词之"气格"论

――――――――――――――――――――――――――― **文学与文化** ―――

159　李金梅　北美明清小说评点谱系研究与理论建构
177　汪孔丰　清代文化家族与桐城派的演进
194　汪祚民　明代《诗经》八股文中的文学阐释
217　童岳敏　唐代文学家族的地域性及其家族文化探究
234　童岳敏　论唐代私学的兴盛对唐诗的影响
252　谢模楷　方苞《离骚正义》"道义"阐释的思想文化特征

文献与考据

267　芮文浩　吕太后事迹与"潜用福威"及"尚私食其"考辨

275　汪孔丰　三种稀见刘大櫆《小称集》及其文献价值

284　汪祚民　金长溥生平与学术思想考述

295　胡祥云　《四八目》题意析疑

305　熊言安　故宫博物院藏柳公权款《蒙诏帖》真伪新考
　　　　　　——兼论《年衰帖》的书写时间

319　熊言安　蓝格抄本《天机馀锦》新考

333　**后记**

诗词与民歌

王勃"龙朔变体"再探

卢 娇

杨炯《王勃集序》载,王勃"尝以龙朔初载,文场变体,争构纤微,竞为雕刻。糅之金玉龙凤,乱之朱紫青黄,影带以徇其功,假对以称其美,骨气都尽,刚健不闻"①。自此,"龙朔变体"便成为对唐高宗龙朔时期(661—663)一些诗坛新变的重要概括,其"变"当是相对此前的贞观诗风而言。一般认为,龙朔诗坛流行着两种代表性的诗风,一是以上官仪为代表的"上官体",一是以许敬宗为代表的"颂体诗",二人在龙朔年间均位居宰相,故各自诗风都影响很大,"人多效之"②。围绕此处王勃批评的矛头所指,学界有过较大争议。③实际上,在面对这一问题时应坚持一个原则,那就是"龙朔变体"既在《王勃集序》中提出,那么对其内涵的理解也要立足于序文本身。首先,不应无限制地将龙朔文坛的所有现象、"上官体""颂体诗"的所有特征都赋予"龙朔变体",认为其都是王勃所批判的,因为批判一个事物,只需否定其部分特质而并不意味着否定其所有特征,特别是那些并未提及的特征。再者,王勃在他处(主要是《上吏部裴侍郎启》)所表现的文学观,特别是与《王勃集序》中相矛盾的文学观,也不能作为考量"龙朔变体"内涵的主要依据,因为其作为"上启"的内容有很多文学之外的因素。这样的原则,能够减少很多理解上的障碍,也会更加符合王勃所批评的"龙朔变体"的本质。

---

① 〔唐〕杨炯著,徐明霞点校:《杨炯集》,中华书局1980年版,第36页。
② 〔宋〕欧阳修、宋祁等撰:《新唐书》,中华书局1975年版,第4035页。
③ 葛晓音《初唐四杰与齐梁文风》(《求索》1990年第3期)、黄琪《"上官体"的诗歌史价值重估》(《文学遗产》2015年第3期)认为是批判"上官体"而推崇"颂体诗";尚定《龙朔文场变体"的历史成因及意义》(《文史知识》1993年第3期)、杜晓勤《论龙朔初载的诗风新变》(《文学遗产》1994年第5期)认为是同时批判了"上官体"和"颂体诗";祝良文《"龙朔变体"详论》(《宁夏大学学报》2009年第6期)则认为更多是针对"颂体诗"的批评。

一

对"龙朔变体"的理解,还是应主要围绕杨炯上述所言展开。就含义明确的"金玉龙凤""朱紫青黄"问题来看,"上官体"和"颂体诗"都存在,如上官仪"峻雉聆金柝,层台切银箭"(《奉和颍川公秋夜》)"金堂露初晞""雪花飘玉辇,云光上璧台"(《八咏应制二首》其一)、"玉关春色晚,金河路几千"(《王昭君》);许敬宗"玉露交珠网,金风度绮钱"(《奉和秋日即目应制》)、"激溜分龙阙,斜飞洒凤楼"(《奉和咏雨应诏》)、"飞云临紫极,出震表青光……白水浮佳气,黄星聚太常"(《奉和过旧宅应制》)等。上官仪诗号称"绮错婉媚","绮错"本义为"如绮文之交错",此处指语言雕饰华丽,许敬宗诗歌也"典奥雕饰",同样具备"绮错"的特质,二者都可谓"竞为雕刻"。"影带"在上官仪、许敬宗诗中均有较多运用。①"假对"即"借对",现存的上官仪、许敬宗诗作中均有例证,如许敬宗"电野清玄菟,腾筘振白狼"(《奉和春日望海》),"菟"借音(同时借形)"兔"与"狼"相对,而"玄菟"与"白狼"二者均为地名,借字面相对,其"篁林下仪凤,彩鹢间宾鸿"(《后池侍宴回文诗一首应诏》),"篁"借音"黄"与"彩"相对;上官仪"翠钗低舞席,文杏散歌尘"(《安德山池宴集》),"翠钗"之"翠"本应为"翡翠"义,但此处借"翠"之色彩义与"文"(纹理)相对。因而,就含义明确的这几点来看,均与上官仪、许敬宗二人有关,王勃并非批评其中一人的同时却肯定另一人。而"影带以徇其功,假对以称其美",从"风花萦少女,虹梁聚美人"(许敬宗《安德山池宴集》)、"风随少女至,虹共美人归"(上官仪《八咏应制二首》其一)等句所用的"影带"来看,它显然不是如某些文章所理解的那样只是指向诗歌内容上的歌功颂德——"徇功""称美"②,而是意

---

① 卢娇:《龙朔诗坛"影带""假对"辨析》,《文学研究》2015年第1期,第109—118页。
② 如徐博鸿《"龙朔文场变体"与陈元光的诗歌创作》就认为"龙朔变体"的特点之一就是内容多"徇功""称美"。见《信阳师范学院学报》2005年第5期。

谓以"影带""假对"的技巧来宣示作诗的才华,以此作为写诗用功所在,这与"金玉龙凤""朱紫青黄"的语言一样,都不应作为诗歌的主要追求,诗歌的追求应在于"骨气"和"刚健"。

对于"骨气"和"刚健"的理解,很多时候又联系到王勃在《上吏部裴侍郎启》中的态度:

> 屈宋导浇源于前……不能止周陈之祸。于是识其道者,卷舌而不言;明其弊者,拂衣而径逝。《潜夫》《昌言》之论,作之而有逆于时;周公孔氏之教,存之而不行于代。天下之文,靡不坏矣。①

这里特别强调发挥文学的教化功能,完全漠视文学"缘情体物"的特性,可谓"重道轻文"。但正如罗宗强先生所说:"王勃的《上吏部裴侍郎启》虽强调文学的政教作用,甚至为了强调政教作用而否定屈、宋和建安,但这似乎只是他们用来反对绮艳文风的堂皇的思想武器,而并非他们着意追求的美学理想。"②特别是在面对吏部典选官的场合,首先摆明自己的严正立场是必要的,它可以不是自己真实的文学态度。因而在理解"骨气"和"刚健"时不宜与《上吏部裴侍郎启》、与文学的政教作用相联系,还是应结合《王勃集序》的其他文字。就《王勃集序》来看,"骨气"和"刚健"只能是指向"浓郁的感情"和"壮大的气势"。

《王勃集序》在言及"龙朔文场变体"之后接着说:

> 骨气都尽,刚健不闻。思革其弊,用光志业。薛令公朝右文宗,托末契而推一变……于是鼓舞其心,发泄其用,八纮驰骋于思绪,万代出没于毫端。契将往而必融,防未来而先制。动摇文律,宫商有奔命之劳;沃荡词源,河海无息肩之地。以兹伟鉴,取其雄伯,壮而不虚,刚而

---

① 〔唐〕王勃著,蒋清翊注:《王子安集注》,上海古籍出版社1995年版,第130—131页。
② 罗宗强:《隋唐五代文学思想史》,中华书局1999年版,第47页。

能润,雕而不碎,按而弥坚……妙异之徒,别为纵诞,专求怪说,争发大言。乾坤日月张其文,山河鬼神走其思,长句以增其滞,客气以广其灵,已逾江南之风,渐成河朔之制。①

这里提到在王勃的影响下,"八纮驰骋于思绪,万代出没于毫端""沃荡词源,河海无息肩之地。以兹伟鉴,取其雄伯,壮而不虚,刚而能润",说的都是诗文气势雄大。很明显"上官体"境界"婉媚",因而不具备这一要求。而"颂体诗"堆砌日月星辰、乾坤宇宙,"极力追求宏博,与上官仪'纤微'的风格恰好相反"②,因而有时被认为正是王勃所推崇的对象。实际上,王勃接下来态度很明确,他指出仅是"争发大言"、堆砌"乾坤日月""山河鬼神"的虚张声势并不能符合他的要求,还要"契将往而必融,防未来而先制",也就是"文思贯通,前后相应"③,"动摇文律,宫商有奔命之劳",即"调遣文辞迅疾而且富盛"④,总之是不能"滞",而要一气而下,这自然需要情感贯通,"颂体诗"则"生涩滞重",显然也无法符合这一要求。因而以浓郁的感情与壮大的气势来理解"骨气"与"刚健",符合上下文意。从这两方面要求来看,"上官体"和"颂体诗"都不符合王勃的审美理想,因此王勃应无推崇其中一种之可能。

那么,王勃在批判两种诗体的同时,有没有可能更多地偏向"颂体诗"呢?实际上不存在这种可能。有一个问题一直没有引起重视,即许敬宗虽然与上官仪在龙朔年间一样都官居宰相,但实际上其早于上官仪"贵显"。上官仪"高宗嗣位,迁秘书少监",直到龙朔二年(662)"加银青光禄大夫、西台侍郎、同东西台三品,兼弘文馆学士如故"⑤。因而龙朔以前上官仪是"秘书少监"兼弘文馆直学士的身份,其诗歌引起众人仿效也必待其入相之

---

① 〔唐〕杨炯著,徐明霞点校:《杨炯集》,第36—37页。
② 葛晓音:《初唐四杰与齐梁文风》,《求索》1990年第3期,第87—93页。
③ 杨明、羊列荣编著:《中国历代文论选新编:先秦至唐五代卷》,上海教育出版社2007年版。
④ 杨明、羊列荣编著:《中国历代文论选新编:先秦至唐五代卷》,第282页。
⑤ 〔后晋〕刘昫等:《旧唐书》,中华书局1975年版,第2743页。

后,所谓"及贵显,人多效之"①。而许敬宗自永徽五年(654)支持"废王立武"以后就官运亨通,先后历任礼部尚书、太子宾客之职,在武则天立后的同年十二月又"每日待诏于武德殿西门"②,显庆元年(656)升任侍中,次年进爵高阳郡公,并代李义府为中书令,随即"任遇之重,当朝莫比",龙朔二年,"从新令改为右相,加光禄大夫"③(按:中书令与右相实为一职,官制名称不同而已)。可见,许敬宗从显庆年间即已"当朝莫比",其诗风自然也会引起效仿。其实从现存的永徽五年的一次宫廷赋诗就可看出许诗在当时的影响。高宗于九月九日观群臣射礼,写下《九月九日》,诗有"凤阙澄秋色,龙闱引夕凉。野净山气敛,林疏风露长。砌兰亏半影,岩桂发全香。满盖荷凋翠,圆花菊散黄。挥鞭争电烈,飞羽乱星光"④等句,用较多篇幅直接描写了眼前景象及射猎的过程,语言较为疏朗,也几乎不用典故。许敬宗的《奉和九月九日应制》:"爽气申时豫,临秋肆武功。太液荣光发,曾城佳气融。紫霄寒暑丽,黄山极望通。讲艺遵先轨,睹德畅宸衷。鹫岭飞夏服,娥魄乱雕弓……饮羽惊开石,中叶遽凋丛。雁殚云路静,乌坠日轮空。九流参广宴,万宇抃恩隆。"⑤较少地直接描绘场景,而是更多地渲染祥瑞的气氛,多用典故,语言也更加雕琢,甚至用"娥魄"代月亮。现存当时另一个诗人贺敱的奉和诗则写道:"商飙凝素籥,玄览赉黄图……泽宫申旧典,相圃叶前模。玉砌分雕戟,金沟转镂衢……庆展簪裾洽,恩融雨露濡。天文发丹篆,宝思掩玄珠。"⑥也是较少地直接描绘场景,多用典故,语言雕饰,如用"玄览"代"远观"。贺诗没有沿袭高宗的套路,而是遵循了许诗的风格,后者之影响可见一斑。所以自永徽、显庆后许诗就已"人多效之",更何况显庆间许敬宗还主持过选事。此外,显庆三年(658),上官仪作有《和太尉戏

---

① 〔宋〕欧阳修、宋祁等撰:《新唐书》,第4035页。
② 〔后晋〕刘昫等撰:《旧唐书》,第75页。
③ 〔后晋〕刘昫等撰:《旧唐书》,第2763页。
④ 〔清〕彭定求等:《全唐诗》,中华书局1960年版,第22页。
⑤ 陈贻焮主编:《增订注释全唐诗》,文化艺术出版社2007年版,第183页。
⑥ 〔清〕彭定求等:《全唐诗》,第554页。

赠高阳公》存世,"太尉"为长孙无忌,"高阳公"即许敬宗,说明当时的许敬宗已成为众人争相结交的对象。从这一角度来说,如果王勃批判的矛头主要指向"颂体诗",那么不应称之为"龙朔变体",而是"永徽变体"或"显庆变体"。

如此,是否意味着王勃在批评"龙朔文场变体"时是同时针对"上官体"和"颂体诗"呢?实际上没有这种可能。据笔者详加考察发现,虽然"上官体"和"颂体诗"均形成于贞观时期,"颂体诗"于永徽、显庆间即已流行,"上官体"也于龙朔间流行,但至龙朔时典型的"颂体诗"已失去生存的沃土,极少有应用的机会,"颂体诗"在保留其他原有特点的同时,其"宏博"的特征已经消失,而是向着"上官体"之"纤微"靠近,也就是龙朔诗坛实已是"上官体"的天下。所以王勃虽不推崇"颂体诗",但此时已经没有必要去批判"颂体诗",因为它已几乎在诗坛销声匿迹了。

二

为了说明龙朔时期"上官体"主导诗坛的现实,须从其源头——贞观诗坛说起,正是贞观诗坛的演变,影响了"上官体"和"颂体诗"一些属性的形成和演变。

贞观诗坛的核心是太宗,太宗的诗风决定了贞观诗坛的风气走向。太宗早期的诗,基本与自己的戎马征战生活有关,多军旅边塞题材;又因其出身关陇,深受北朝质朴简古文化的影响,故其诗总的特征是质朴苍劲、慷慨苍凉。这些诗歌在诗坛居于主导地位,魏徵《述怀》类诗作亦属此类。但随着内忧外患的逐渐平定,"偃武修文"便日益提上日程,在这过程中,一些没有跟随太宗出入沙场之文臣也得以重用。不过此时太宗的用人标准是需符合儒家的理想人格,重"德行""学问",故受其器重的名臣多为儒雅骨鲠之士。与此相应,诗坛多魏徵、杨师道、李百药、王珪等人的咏史箴规之作,它们一般都境界开阔,具有"词义贞刚,重乎气质"及"理胜其辞"的特点。如魏徵《赋西汉》、王珪《咏汉高祖》《咏淮阴侯》、李百药《谒汉高庙》等，都发挥了儒家诗教中或"讽"或"颂"的功能，也体现了他们对唐王朝的一片赤诚与忠肝义胆。

不过，太宗在大体信奉汉儒诗教说的同时，还是对文学有着自己的独到见解的。学界一般都注意到他在《帝京篇序》中表达了重视文学的政教作用，但该序重点不在表达文学观念，而在表达政治理想。真正更能表达太宗文学理想的是其《晋书·陆机传论》。论中提出了"宏丽慷慨"的文学理想，"要求文学作品文藻宏丽、言论慷慨、高词迥映、叠意回舒、千条析理、一绪连文、其词深而雅、其义博而显"，"提倡文藻的美和慷慨之气"[1]，这种"慷慨之气"既存在于太宗那些军旅边塞之作，也存在于其《幸武功庆善宫》《过旧宅》一类抒怀之作。即便是魏徵等人，在诗歌的情感上也突破了"温柔敦厚"的"中和"之美，体现出了激昂之气。如其《述怀》之"纵横计不就，慷慨志犹存""人生感意气，功名谁复论"。再如李百药《谒汉高庙》之"抑扬驾人杰，叱咤掩时雄""干戈革宇内，声教尽寰中""萧索阴云晚，长川起大风"等。可见，这种慷慨激昂之气与壮大的气势一样，是贞观前期太宗君臣诗歌的共通之处。

但是，随着承平日久，太宗日趋安逸，其对政权覆灭的忧虑日渐减少，文治武功的豪情也逐渐淡化，相反对声色文藻之美的追求日益突出，诗歌更加注重精美的语言和绚丽的色彩，甚至有意营造一种祥瑞的气氛，"宏丽"有时变成了近乎"绮丽"。这种变化的痕迹突出地体现在其写于贞观六年（632）的《幸武功庆善宫》与贞观十六年（642）的《重幸武功》中。前者不忘开国的艰辛，"粤予承累圣，悬弧亦在兹。弱龄逢运改，提剑郁匡时。指麾八荒定，怀柔万国夷。梯山咸入款，驾海亦来思。单于陪武帐，日逐卫文榾"[2]；后者则高高在上地沉浸在自我肯定、自我陶醉中："况兹承眷德，怀旧

---

[1] 孙明君：《唐太宗〈陆机传论〉解析》，《北京大学学报》2013年第3期，第26页。
[2] 〔清〕彭定求等编著：《全唐诗》，中华书局1960年版，第4页。

感深衷。积善忻余庆,畅武悦成功。垂衣天下治,端拱车书同。"①两诗同写于秋天,前者的景象是"霜节明秋景,轻冰结水湄。芸黄遍原隰,禾颖积京畿",开阔苍凉,语言较为质朴;而后者则是"瑞气繁丹阙,祥烟散碧空。孤屿含霜白,遥山带日红",色彩鲜艳,笼罩着祥瑞之气。"金玉龙凤""朱紫青黄"类字眼正是在这样的环境中越来越多地进入诗歌,另如太宗"紫庭文佩满,丹墀衮绂连"(《春日玄武门宴群臣》)、"爽气浮丹阙,秋光澹紫宫"(《秋日即目》)、"菊散金风起,荷疏玉露圆""露凝千片玉,菊散一丛金"(《秋日二首》)等。这些诗句不仅讲究对仗,色彩绚丽,而且境界也比军旅边塞诗、甚至之前的一些写景诗要狭小得多,其中不少诗歌都带有一些南朝诗歌纤巧绮靡的特点。相应地,其他宫廷诗歌也出现了类似的变化,所谓"雅引发清音,丽藻穷雕饰"(封行高《冬日宴于庶子宅各赋一字得色》)、"良朋比兰蕙,雕藻迈琼琚"(褚遂良《安德山池宴集》),追求英词丽句。如陈叔达"金铺照春色,玉律动年华。朱楼云似盖,丹桂雪如花"(《早春桂林殿应诏》)、魏徵"铿洋鸣玉佩,灼烁耀金蝉"(《奉和正日临朝应诏》)、褚亮"金筅催别景,玉琯切离声"(《奉和禁苑饯别应令》)、杨师道"玉琯凉初应,金壶夜渐阑"(《初秋夜坐应诏》)等,虽然出于诗人的胸襟和视野,这些诗中有时还保留了较为壮大的气势,但从中同样看到了文藻、色彩的变化,看到了"金玉龙凤""朱紫青黄"字眼的逐渐增多。一般都认为这是南朝绮靡诗风的延续,但实际上它也是龙朔诗风的一个源头。

上官仪、许敬宗正是在这样的环境中沾染了"雕刻",形成了语言上的"绮错"。但在这相同的环境中产生的两种诗体,为何在境界和气势上的主要面貌最终却不同,一"婉媚""纤微",一"宏博"?究其原因,主要在于二者所奉和的太宗原作不同、写诗的场合不同。许敬宗所奉和的基本都是太宗《执契静三边》、《经破薛举战地》、《春日望海》、《初春登楼即目观作述怀》《秋暮言志》、《春日登陕州城楼》、《登三台言志》、《辽东山夜临秋》这类军

---

① 〔清〕彭定求等编著:《全唐诗》,第4页。

旅边塞、述怀言志之作,太宗原诗本就慷慨激昂,气象阔大,格调郑重,许敬宗只能在和诗中进一步运用自己的宏才伟词,写出典雅郑重、恢宏富丽的诗篇,顺带歌颂太宗的丰功伟业。所以当太宗"昔年怀壮气,提戈初仗节",回忆与薛举一战时,许敬宗继续渲染太宗的豪情和伟业:"混元分大象,长策挫修鲸。于斯建宸极,由此创鸿名。"(《奉和行经破薛举战地应制》)当太宗在洛阳城楼"凭轩俯兰阁,眺瞩散灵襟"(《初春登楼即目观作述怀》),看到眼前阔远景象时,许敬宗就很自然地言及:"旭日临重壁,天眷极中京。春晖发芳甸,佳气满层城。"(《奉和初春登楼即目应诏》)因而太宗原作的气势直接决定了许敬宗和诗的气势,郑重肃穆的气氛也决定了只能适宜典奥雅正的语言,许诗很多作于这样有鲜明仪式感的环境之中。而上官仪奉和的则一般是太宗的南朝风格之作,如太宗《秋日即目》,本身就是"衣碎荷疏影,花明菊点丛"这样的写景纤巧之作,自然其奉和之作相应具有了"纤微"的特点:"缇油泛行幔,箫吹转浮梁……槿散凌风缛,荷销裛露香。"上官仪诗中广为人称道的"落叶飘蝉影,平流写雁行",实际上也脱胎于所奉和的太宗原句:"散岫飘云叶,迷路飞烟鸿。"其《早春桂林殿应诏》,从题目来看就属于闲适消遣之作,固适宜"晓树流莺满,春堤芳草积。风光翻露文,雪华上空碧"这样轻松婉媚的风格。上官仪的其他诗歌也多写于气氛较为轻松、闲适的环境之中,如其"密树风烟积,回塘荷芰新。雨霁虹桥晚,花落凤台春"(《安德山池宴集》),造境狭小、写景细致,此诗正写于李百药写作"细草开金埒,流霞泛羽觞。虹桥分水态,镜石引菱光"、褚遂良写作"亭中奏赵瑟,席上舞燕裾。花落春莺晚,风光夏叶初"(分别见二人《安德山池宴集》)之时,正是奉和的原作、写作的环境决定了其风格。

当然,如果奉和太宗同一首诗歌,许敬宗和上官仪诗歌的风格就会类似。比如:

> 石关清晚夏,璇舆御早秋。神麾颭珠雨,仙吹响飞流。沛水祥云泛,宛郊瑞气浮。大风迎汉筑,丛烟入舜球。翠梧临凤邸,滋兰带鹤舟。

偃伯歌玄化,扈跸颂王游。遗簪谬昭奖,珥笔荷恩休。——上官仪《奉和过旧宅应制》①

飞云临紫极,出震表青光。自尔家寰海,今兹返帝乡。情深感代国,乐甚宴谯方。白水浮佳气,黄星聚太常。岐凤鸣层阁,酆雀贺雕梁。桂山犹总翠,蘅薄尚流芳。攀鳞有遗皓,沐德抃称觞。——许敬宗《奉和过旧宅应制》②

除首二句许诗更有气势外,其他对祥瑞气氛的渲染——祥云、瑞气、凤邸、鹤舟、佳气、黄星、岐凤、酆雀,堆积典故对圣德的歌颂——前者用汉高祖、舜,后者用汉文帝、魏文帝来比拟太宗,两诗都非常类似。上官仪此诗境界不再"纤微""婉媚",而接近"颂体诗"的宏博。再如太宗有《五言咏棋》二首,许敬宗、上官仪皆有《五言奉和咏棋应诏》,诗风均类太宗原作。此外,即便不是同样奉和一首诗歌,而只是在相同的宫廷环境下写作,许敬宗与上官仪诗风也会雷同。比如同在私人宴会的《安德山池宴集》中,许诗就不再"宏博",而是也造境"纤微":"台榭疑巫峡,荷叶似洛滨。风花萦少女,虹梁聚美人。"

可以看出,作为宫廷诗人的上官仪、许敬宗,其诗风完全因环境和场合而定。而"上官体"和"颂体诗"能够同时存在,也正是由于贞观时期太宗的诗风存在两种倾向,其气势阔大的一类形成了"颂体诗"的"宏博",南朝绮艳清丽的一类又形成了"上官体"的纤微,而太宗对辞藻美的追求则形成了贞观后期诗坛语言"绮错"的共性。两者之中,又以"颂体诗"对外在环境的要求更高,它一般是面向帝王的直接歌颂,要么写于重要的礼仪场合,气氛庄重,要么奉和的帝王原作慷慨述怀。高宗即位初,"颂体诗"与"上官体"仍同时存在。前引许敬宗、贺敳的《奉和九月九日应制》都是典型的"颂体诗",写于高宗观"射礼"之时。而上官仪永徽、显庆间所作的《酬薛

---

① 〔清〕彭定求等编著:《全唐诗》,第505页。
② 〔清〕彭定求等编著:《全唐诗》,第466页。

舍人万年宫晚景寓直怀友》《奉和颍川公秋夜》《咏雪应诏》等诗，多是与朝臣之间往来的诗歌，或在闲适的环境中应皇帝命令而作，故仍多保留了"绮错婉媚"的特质。但就这一时期的影响来说，无疑是许敬宗远大于上官仪，一是许敬宗地位高于上官仪，更重要的是高宗较多地参与写诗，特别是在一些仪式化场合。比如显庆五年（660）、龙朔元年（661）高宗分别有《校猎于长社之安乐川赋诗》《冬狩诗》①，诗虽失传，但明显其仪式感很强，在此背景下如有和诗，则"颂体诗"是最佳选择。

但是，龙朔以后，高宗由于身体原因赋诗渐少②，诗坛遂更加以文臣为中心，而不复以帝王为中心。恰好此时上官仪拜相，许敬宗与其共同编纂《瑶山玉彩》《芳林预览》等文学类书，理论上二人会同时由于地位显赫、长于写诗而引领诗坛风气。但一是由于高宗渐渐淡出诗坛，在没有高宗的环境下并不适宜写作堆砌日月星辰、乾坤宇宙的"颂体诗"；二是即便高宗在场，其本人并没有多少"武功"可以追怀，他也几乎没有在诗中抒发自己的豪情壮志，因此即便是奉和高宗的诗中也难展宏大之气，只有在那些特殊的大型礼仪场合，才会出现程式化的"宏博"歌颂。因而深深依赖帝王环境的"颂体诗"已经很少有应用的机会，甚至许敬宗本人的诗风也发生了变化。比如麟德元年（664）当高宗来到慈恩寺表达了自己超然物外之心时，许敬宗就写出了"云楣将叶并，风牖送花来。月宫清晚桂，虹梁绚早梅"（《奉和过慈恩寺应制》）这样的"纤微"之语，也与高宗《谒大慈恩寺》之"花盖飞团影，幡虹曳曲阴。绮霞遥笼帐，丛珠细网林"风格相符。当然，这期间在屈指可数的大型礼仪活动中，"颂体诗"也会偶尔露面，如麟德二年（665）高宗行封禅大礼，作有《展礼岱宗涂经濮济》（已佚），萧楚材的和诗写道："拂汉星旗转，分霄日羽明。将追会阜迹，更勒岱宗铭。林戈咽济岸，兽鼓震河

---

① 彭庆生著：《初唐诗歌系年考》，北京大学出版社2012年版，第100、103页。
② 卢娇、谢模楷：《唐高宗与初唐宫廷文学关系新探》，《安庆师范学院学报》2016年第3期，第57—61页。

庭。叶箭凌寒矫，乌弓望晓惊。已降汾水作，仍深迎渭情。"①用"星旗""日羽"夸张仪仗之高耸和场面之盛大，又连用大禹封泰山禅会稽、始皇东巡泰山立碑铭、黄帝夔皮鼓乌号弓、汉武帝《秋风辞》典故，可谓极尽堆砌之能事，是较为典型的"颂体诗"。但龙朔数年中这样的场合毕竟极少，更多的是朝臣们私下的创作及彼此之间的诗歌往来，"颂体诗"并不适宜这样的场景，而"绮错婉媚"、"纤微"的"上官体"更符合要求。因而，王勃所批评的"龙朔变体"只可能是"上官体"。这也与《王勃集序》中所称在王勃的号召和努力下"已逾江南之风，渐成河朔之制"相吻合，毕竟"颂体诗"无论如何不能谓之"江南之风"。

三

既然"龙朔变体"的矛头指向"上官体"，那么其与贞观诗风相比必然有"变"。然"上官体"本就脱胎于贞观诗风，何以又谓之贞观之"变体"呢？

前文说过，贞观诗风存在两种倾向，而"上官体"正是受其中纤巧一路的影响而形成。毫无疑问，贞观前期有大量的质朴苍劲、慷慨激昂之作，不过即便是贞观后期太宗写下许多辞藻华美、造境"纤微"的咏物诗，也没有改变贞观诗坛总体上给人质朴、慷慨、宏大的印象。贞观时期并不是南朝诗风占据主导方面，而是"北朝诗风占统治地位"②。因为太宗即便后期也陆续有一些军事活动，如贞观十九年（645）曾亲征高丽，途中写下了《春日望海》《辽城望月》《伤辽东战亡》《辽东山夜临秋》等慷慨之作，杨师道、刘洎、岑文本、褚遂良等人的奉和之作也保留了慷慨的气势，虽语言上较前期显得雕饰，但多少尚存一些疏朗之气。如杨师道《奉和圣制春日望海》："北巡非汉后，东幸异秦皇……将举青丘缴，安访白霓裳？"③刘洎《春日侍宴望海应

---

① 〔清〕彭定求等编著：《全唐诗》，第547页。
② 尚定著：《走向盛唐》，中国社会科学出版社1994年版，第77页。
③ 〔清〕彭定求等编著：《全唐诗》，第460页。

诏》："寻真游汉武，驾石驻秦皇。方丈神仙夐，蓬莱道路长。俱由肆情欲。非谓恤封疆。"①正是由于这些诗歌的存在，才掩盖了许敬宗那些虽有气势却踵事增华的诗歌，掩盖了上官仪"绮错婉媚"的诗歌，以及太宗和儒臣们后期那些类似南朝风格之作。贞观诗坛的主体风格——质朴苍劲、慷慨激昂并没有改变。

在太宗和儒臣们纷纷谢世之后，当上官仪诗在龙朔年间成为诗坛之主导时，就自然会被看作是贞观之"变"。这一是由于"上官体"之"纤微"境界，相对贞观诗坛壮大的气势，是一大"变"；二是由于"上官体"之"绮错"辞藻，相对于贞观主体诗风的质朴又是一"变"；三是以上官仪为代表的新进文士，并没有早先儒臣们的骨鲠之气及忠肝义胆，更没有什么宏图远抱，这是创作主体方面与贞观诗坛最大的不同，这使得诗歌缺乏对社稷、对理想的激情（即便是许敬宗，能够在诗中虚张声势，做到"宏博"，但仍掩盖不了其主体精神的贫瘠）。

贞观文人如魏徵"直气鲠词，兼包古义"②，马周"置忠本孝，冲识广度"③，岑文本"弘厚忠谨"（太宗语）④，房玄龄"明达吏治，而缘饰以文雅"⑤，杜如晦"建平文雅""怀忠履义"⑥，褚亮"风标特峻"⑦，所以从他们的诗中总能体悟到对历史的思考、对社稷的关怀、对信念的坚守。如王珪《咏淮阴侯》之"吉凶成纠缠，倚伏难预详。弓藏狡兔尽，慷慨念心伤"，魏徵《述怀》之"岂不惮艰险，深怀国士恩。季布无二诺，侯嬴重一言"，褚遂良《奉和禁苑饯别应令》之"微臣素多幸，薄宦奉储明……怀德良知久，酬恩识命轻"。而上官仪不仅"颇恃才任势，故为当代所嫉"⑧，而且对其故主、太子

---

① 陈贻焮主编：《增订注释全唐诗》，第167页。
② 〔唐〕卢照邻著，徐明霞点校：《卢照邻集》，中华书局1980年版，第72页。
③ 〔后晋〕刘昫等撰：《旧唐书》，第2625页。
④ 〔后晋〕刘昫等撰：《旧唐书》，第2538页。
⑤ 〔宋〕欧阳修、宋祁等撰：《新唐书》，第3857页。
⑥ 〔后晋〕刘昫等撰：《旧唐书》，第2468页。
⑦ 〔唐〕卢照邻著，徐明霞点校：《卢照邻集》，第72页。
⑧ 〔后晋〕刘昫等撰：《旧唐书》，第2743页。

李忠毫不念及主仆之情。忠为陈王时，上官仪曾为陈王府咨议，其子上官庭芝也曾为陈王府属，但到显庆五年（660）李忠被诬告以谋反罪徙往黔州时，上官仪起草了贬黜诏书，谓忠"怀奸匿怨，一至于斯……考之大义，应从极罚"①，并且歌颂了武后的宽容大度。这显然是其审时度势之举，而后来秘草废武后诏，也并非是"义士仁人"②之举，只不过是他错误地判断了形势罢了。所以可以理解刘昫所说："魏徵、王珪之后，骨鲠风彩，落落负王佐器者，殆难其人。"③如此没有坚定原则、远大理想之人，其诗自然缺乏激荡人心之力量。所以，即便同样是歌颂，魏徵等人不失礼、不失态，体现出"雅正"的特点，如其《奉和正日临朝应诏》："声教溢四海，朝宗归百川……既欣东户日，复咏南风篇。"④岑文本《奉和正日临朝》："德兼三代礼，功包四海图……天文光七政，皇恩被九区。"⑤站在旁观者角度，将太宗比作虞舜一般的明君，歌颂其文治武功、声威教化及造福百姓，一般不会直露地歌颂太宗对自己的恩惠。而上官仪的诗，虽也有类似的含蓄歌颂——"凄风移汉筑，流水入虞琴"（《奉和山夜临秋》）、"大风迎汉筑，丛烟入舜球"（《奉和过旧宅应制》），但也有"遗簪谬昭奖，珥笔荷恩休"这样从个人角度直接表达感恩的诗句，后者已经类似于许敬宗"沐恩空改鬓，将何谢夏成"（《奉和初春登楼即目应诏》）、"荷恩无以谢，尽瘁竟何酬"（《奉和圣制登三台言志应制》）式的谄媚。虽然上官仪诗歌由于留存较少，这样的谄媚并不如许氏多见，但足以见出其人品。贞观儒臣心怀天下，上官仪、许敬宗等人则缺乏"对于国家的道德责任感"⑥，只关注一己之私利，这也是造成龙朔诗坛缺乏"骨气"与"刚健"的重要原因。

当然，王勃虽否定上官仪的人品，但他本质上并不反对歌功颂德。其

---

① 董诰等编：《全唐文》，中华书局1983年版，第1576页。
② 〔宋〕欧阳修、宋祁等撰：《新唐书》，中华书局1975年版，第4036页。
③ 〔后晋〕刘昫等撰：《旧唐书》，中华书局1975年版，第2743页。
④ 〔清〕彭定求等编著：《全唐诗》，第441页。
⑤ 〔清〕彭定求等编著：《全唐诗》，第451页。
⑥ 〔美〕宇文所安著，贾晋华译：《初唐诗》，广西人民出版社1987年版，第43页。

《乾元殿颂》《九成宫颂》《拜南郊颂》等都对高宗"咏德陈功"(《九成宫颂》),咏其声威德化,陈其平夷之功,甚至歌颂武后有后妃之德、太子守储君之礼。再者,杨炯说的支持王勃文学革新的"薛令公",即薛元超,他作为当时的"文坛盟主"[①],"立辞比事,润色太平之业;述礼正乐,歌咏先王之道。擅一时之羽仪,光百代之宗匠,天下之人谓公为文矣"[②]。他既能与王勃"托末契而推一变",则王勃必与其诗学观念有相通之处,那就是"润色太平之业""歌咏先王之道"。另一位支持王勃的诗人卢照邻,更是曾模仿歌颂汉德的王褒《中和》诗,写出了歌咏唐德的《中和乐九章》。在认同诗歌润色鸿业功能这一点上,王勃、薛元超、卢照邻甚至许敬宗都是一致的。不过,这种"润色太平之业""歌咏先王之道",更接近贞观儒臣,歌颂的同时不失"中和""雅正",与上官仪、许敬宗的泯灭人格的谄媚还是有区别的。虽然不难看出王勃的赋颂与"颂体诗"在"追求宏博和夸诞方面的相通之处"[③],但许氏的谄媚绝不是王勃所要倡导的,"颂体诗"也不是王勃的最终追求,更不要说既谄媚无骨又缺乏"宏博"的上官仪诗了。

此外,王勃虽在总体上批判"上官体"语言的"竞为雕刻",但并不意味着对其辞藻全盘否定。《王勃集序》中"动摇文律"、"刚而能润,雕而不碎"的"润""雕"都明确肯定了声律、辞藻,只是要将辞藻流畅地统一在一定的情感之中,做到"雕而不碎",而不是"糅""乱"在一起徒给人一种金碧辉煌、雕馈满眼之感。所以才有四杰沾染华美辞藻时风的现象和"王杨卢骆当时体"的说法。比如王勃本人的诗歌也不回避"金玉龙凤""朱紫青黄",如其"回丹萦岫室,复翠上岩栊。雾浓金灶静,云暗玉坛空"(《秋日仙游观赠道士》)、"紫阁丹楼纷照耀,璧房锦殿相玲珑"(《临高台》),但这些词语的使用不是为了炫耀文采,也不是为了宣扬宫廷的豪华和皇家的祥瑞,而是为抒发或真挚或浓厚的感情服务。这就如同其虽反对刻意追求"影带""假

---

① 陶敏:《初唐文坛盟主薛元超》,《古典文学知识》2000年第5期,第60—64页。
② 周绍良、赵超主编:《唐代墓志汇编续集》,上海古籍出版社2001年版,第280页。
③ 葛晓音:《初唐四杰与齐梁文风》,《求索》1990年第3期,第88页。

对",但本身并不排斥一般的用典、对仗,甚至偶尔也会用到"影带",如其"明月沉珠浦,风飘濯锦川"(《重别薛华》),不过不是为展示掌故的熟稔和构思的巧妙,而是在写景外比喻友人的贤才埋没、身世飘零,是为表达感情服务的。所以王勃并非绝对排斥上官仪诗歌的惯用技巧和手法,只是坚决反对其无"刚健的骨气",因而尽管"上官体"的名称早已为时人所号,但王勃仍将批判的对象斥为"变体",而不直言其为"上官体"。

通过对贞观、龙朔诗坛的详细考察可以发现,"龙朔变体"的内涵指向的是"上官体",王勃批判的是其境界的"纤微"、语言的"雕刻"而"糅乱",借"影带""假对"来炫耀才学和遣词造句之能,其本质则是缺乏"浓郁的感情"与"壮大的气势"。学术界对"上官体"的体式特征有过较多争论,并且评价有褒有贬[①],但不管其是否有其他方面的创变之功,或在诗歌史上有其他的价值,王勃所批评的"上官体"上述几个方面的缺点都是存在的。因而尽管"龙朔变体"的内涵指向"上官体",但它与"上官体"的核心体式特征并不等同。

(本文原载《齐鲁学刊》2019年第1期)

---

① 黄琪:《"上官体"的诗歌史价值重估》,《文学遗产》2015年第3期,第65—72页。

龙朔诗坛"影带""假对"辨析

卢 娇

杨炯《王勃集序》曾批评龙朔文坛：

> 尝以龙朔初载，文场变体，争构纤微，竞为雕刻。糅之金玉龙凤，乱之朱紫青黄，影带以徇其功，假对以称其美，骨气都尽，刚健不闻。①

这向来被当作"四杰"诗歌革新思想的重要代表，但对它的解读却一直很泛化和模糊。且不说其批评的矛头所向有"上官体"、许敬宗等人的"颂体诗"、二者兼指等不同说法，就是对"影带"、"假对"的解释，长期以来存在或望文生义，或语焉不详或不够全面的遗憾。笔者认为，弄清"影带"、"假对"的确切内涵，不仅能准确地揭示"四杰"的文学思想，还能解决文学史上一些其他的相关问题。

一、前人的解释

在韩湖初、陈良运先生主编的《古代文论名篇选读》中，于"假对以称其美"句之后做如下注释：

> "影带"，追形逐影之意。"假对"，依借对仗排比之工整。此言当时文坛还在追逐、模仿南朝绮靡轻艳之文风。②

---

① 〔唐〕杨炯撰，徐明霞点校：《杨炯集》，中华书局1980年版，第36页。
② 韩湖初、陈良运主编：《古代文论名篇选读》，中国书籍出版社1998年版，第223页。

李俊《初盛唐时期的盛世理想与文学》认为：

> "影带"就是讲求时令物象之间的新鲜对应，尤其是意象之间色彩与光华的交映。①

这些解释显然不能顾全上下句对仗的句式，特别是对"影带"的解释，有望文生义之嫌，故几乎不被学界采纳。而在其他一些论著中，一般则采取概而言之甚至回避的态度，如"龙朔文场变体实际上就是以追求辞藻的丰赡、词语的对仗整饬为基本特征"②、"'影带以徇其功，假对以称其美'，是指诗文句中及句间的雕琢"③、"强调作诗要有刚健骨气，是针对争构纤微的上官体的流弊而言的"④。这些几乎都没有直面"影带""假对"的具体内涵。王运熙、顾易生《中国文学批评史新编》中则谓"是指醉心于玩弄'影带'（一种双关手法）和对偶技巧"⑤，已经道出了"影带"的本质，但尚不够明晰。杨明、羊列荣《中国历代文论选新编·先秦至唐五代卷》（以下简称《文论选新编》）首次对"影带"做出了较为细致的解释：

> "影带"：一种双关手法，又称"映带"。崔融（与王勃、杨炯同时）《唐朝新定诗格》云："映带体者，谓以事意相惬，复而用之者是。诗曰：'露花疑濯锦，泉月似沉珠。'又曰：'侵云蹀征骑，带月倚雕弓。'又曰：'舒桃临远骑，垂柳映连营。'"（《文镜秘府论》）按：所举诸诗句能使读者于正意之外，又联想及别一事典。如"露花"二句，正意为带露之花鲜丽如濯锦，泉中月影似明珠沉入水底。而"濯锦"使人联想到蜀中之濯锦川，"沉珠"令人联想起汉代之明珠浦。正意、复意相映，故曰映

---

① 李俊著：《初盛唐时期的盛世理想与文学》，中国社会科学出版社2008年版，第177页。
② 尚定著：《走向盛唐》，中国社会科学出版社1994年版，第78页。
③ 杜晓勤著：《初盛唐诗歌的文化阐释》，东方出版中心1997年版，第197页。
④ 袁行霈主编：《中国文学史》第二卷，高等教育出版社2005年版，第185页。
⑤ 王运熙、顾易生主编：《中国文学批评史新编》，复旦大学出版社2001年版，第180页。

带,而复意与正意无必然联系。此种手法,南朝、初唐人喜用之。①

张伯伟《全唐五代诗格校考》、《全唐五代诗格汇考》都收录了崔融的著作,同时还收入旧题李峤所撰《评诗格》,在《评诗格·诗有十体》中第六体即题为"影带体":"谓以事意相惬而用之。诗曰:"露花如濯锦,泉月似沉钩。"②可知"影带""映带"实为一也。《文论选新编》从"映带体"最早出处着手进行的解释应该说颇能揭示其本质,据其说明可总结出"映带体"的特点是:1. 诗句必须用典。2. 诗句在典故意义之外,还可从字面意义上去理解,但二者没有必然联系。3. 字面意义和典故意义"相映"。从中可以发现,这仅是就其中例句做出了一般性分析,没有兼顾到崔融的其他说明,更没有联系到古人其他的补充,并且其"相映"二字尚较模糊,因而难以完全而清晰地揭示出"映带体"的内涵。这在后来的著作中同样是个遗憾,如杜晓勤《齐梁诗歌向盛唐诗歌的嬗变》一书也只是引崔著原文,然后补充了一些例句:

> 此种艺术手法,上官仪诗中常见,如《王昭君》:"琴悲桂条上,笛怨柳花前。"《江王太妃挽歌》:"银消风烛尽,珠灭夜轮虚。"许敬宗诗文中也有不少,如《奉和圣制登三台志应制》:"旦云生玉舄,初月上银钩。"《安德山池宴集》:"台榭疑巫峡,河渠似洛滨。风花萦少女,虹梁聚美人。"《小池赋应诏》:"倒列宿以疑珠,含望舒而似镜。"《掖庭山赋应诏》:"星悬珠网,日对金铺。"③

由于上述例句本身知名度不高,理解起来未必容易,所以对领悟"影带"的含义也一般很难有所帮助。还是必须回到对"影带"(映带)最早做出说明

---

① 杨明、羊列荣主编:《中国历代文论选新编·先秦至唐五代卷》,上海教育出版社2007年版,第282页。
② 张伯伟编著:《全唐五代诗格汇考》,凤凰出版社2002年版,第143页。
③ 杜晓勤著:《齐梁诗歌向盛唐诗歌的嬗变》,北京大学出版社2009年版,第174页。

的《唐朝新定诗格》并对其进行深入解读,才能探寻"影带"的真正内涵。

至于"假对",情况似乎简单一些,一般即将其等同于对偶,并进一步具体到上官仪的"六对"、"八对"之说。尽管《文论选新编》谓:

> 假对,即"借对"。《文镜秘府论·东卷·二十九种对》所载有字对、声对,即利用字面作对而不论其意义以及利用谐声作对,"假对"或即指此类。①

但《文镜秘府论》作于中唐元和年间,直接将初唐的概念与中唐联系,同时缺乏有效例证,所以这一观点缺乏说服力,长期不为学界接受。后来的杜晓勤《齐梁诗歌向盛唐诗歌的嬗变》、祝良文《"龙朔变体"详论》②均沿用"六对""八对"之说。"假对"究竟是指什么?

二、"影带"、"假对"释义

先看"影带"。

既然"影带"、"映带"实为一体,则"映带"的词义可资参考。"映带"一词出现较早,如王羲之《兰亭集序》:"又如清流激湍,映带左右。"③隋·释灌顶《隋天台智者大师别传》:"且旋途出谷,见佛陇南峰,左右映带,最为兼美。"④可见"映带"最早的语义是景物相互映衬,由此引申为事物间的照应关联、连带。如《杜诗详注》在杜甫《送李校书二十六韵》后引黄常明《诗话》曰:"数物以'个',谓食为'吃',字近鄙俗,独杜屡用,如……概篇中大概奇特,不妨映带也。"⑤即谓篇中大概奇特,不妨连带用一些"鄙俗"之字

---

① 杨明、羊列荣主编:《中国历代文论选新编·先秦至唐五代卷》,第282页。
② 祝良文:《"龙朔变体"详论》,《宁夏大学学报》2009年第6期。
③ 〔唐〕欧阳询撰:《艺文类聚》卷四"岁时"部中,清文渊阁四库全书本。
④ 〔隋〕释灌顶:《隋天台智者大师别传》,明刻北藏本。
⑤ 〔唐〕杜甫撰,〔清〕仇兆鳌注:《杜诗详注》,中华书局1979年版,第466页。

来照应一下。作为一种特定的诗体,"影带"(映带)有其独特的内涵,即所谓"事意相惬,复而用之者",但也应与词的本义有一定关系。《文论选新编》认为"正意、复意相映,故曰映带",当指"正意""复意"相互关联,实际上这远不能揭示"映带体"的根本属性。

"事"即典故(所谓"复意"),"意"即文字的表层意义(所谓"正意"),"复而用之"则谓既用其表层意义("意惬"),又用其典故意义("事惬")。但诗句所用典故还必须借助上下句的关联照应才能成立,失去了彼此间的关联照应就往往只能从一种意义上去理解。如李峤所引"露花如濯锦,泉月似沉钩",与崔融所引"泉月似沉珠"一字之差,就导致了其所引之句不能称之为"映带",下句不用事则上句亦不能视之为用事。《全唐五代诗格汇考》即断"钩"字为误。可见,"映带"的一个重要特征是侧重上下句的关联照应,而非仅仅侧重单句内部"正意"(意)与"复意"(事)的"相映"。如旧题白居易所撰《文苑诗格·影带宗旨》:

> 文体直叙其意,语成文,影带回合,三向四通,悉皆流美。古诗云:"花飞织锦处,月落捣衣边。"①

"影带回合"即指多维度的关联、环绕,具体说来包括上句的"事"与"意"关联,下句的"事"与"意"关联,上句的"事"与下句的"事"关联,上句的"意"与下句的"意"关联(崔融通称其为"事意相惬"),这样才能使得所谓"三向四通"。若用一简单的图表来体现,则是:

上句意——上句事
　｜　　　　｜
下句意——下句事

而非《文论选新编》所理解的仅是横向的"意"与"事"之间的关系。拿白氏所举例句来说,花在织锦的地方飘飞、月光在捣衣的地方临落,都写思妇

---

① 张伯伟编著:《全唐五代诗格汇考》,第364页。

周边的环境,烘托凄冷哀怨的心理,有关联;上句用苏蕙织锦书回文诗以寄相思的典故,下句用六朝多以《捣衣诗》来写闺怨的典故,典故性质相同,有关联;"织锦"、"捣衣"的典故又分别切合各自句中表现的人物心理,与之有关联。要做到各个层面的关联照应,确实不易,然这正是影带体的精髓所在,也是其得名的根本原因。

再看"侵云蹀征骑,带月倚雕弓"。"云"、"骑"与"月"、"弓"既可是四种不同的事物,以此理解语义可通,同时又暗用了"浮云骑""明月弓"两个典故,卢照邻《结客少年场行》就有"玉剑浮云骑,金鞭明月弓"[1]之句,分别为马名和弓名。此处典故也需借助上下句的互相关联才能引起读者联想,且典故性质相近,也符合各句的描写对象,做到了层层关联。最后的例句"舒桃临远骑,垂柳映连营"出自初唐褚亮的《奉和禁苑饯别应令》,单就崔融所引这两句而言,较难发现其所用之事,故《增订注释全唐诗》未为此做注,估计也是将其当作纯粹的写景之句。但联系该诗为一藩将饯别而作的背景,即不难识别下句用了细柳营周亚夫的典故,由两句的关联照应关系可反推上句很可能亦用另一武将的典故,如此便可联想到被司马迁称许为"桃李不言,下自成蹊"[2]的李广。这样一来,两句在写景之外兼带赞颂之意,更切合接下来的"惠化宣千里,威风动百城"两句。正是崔融"映带"的提示及"映带"侧重上下句关联照应的事实,让读者更好地理解褚亮诗的用意。若只按《文论选新编》的理解,则"垂柳映连营"单句即可构成"映带",那么上句的典故即无从揭示,崔融也不必都举偶句为例了。

综合崔融、李峤、白居易的解释和对例句的分析可知,"映带体"(影带体)有以下几个特征:

一、由构成对偶的两句构成。

二、上、下句各自用典。

三、上、下句均能做到语意双关,即同时具有字面意义和典故意义,两

---

[1] 〔唐〕卢照邻著,祝尚书笺注:《卢照邻集笺注》,上海古籍出版社1994年版,第46页。
[2] 〔汉〕司马迁著:《李将军列传》,《史记》卷一〇九,中华书局1959年版,第2876页。

种意义虽无必然联系,但通过联想可以使之产生一定的关联。

四、上下句典故之间性质或类别必须相同,这样才能起到关联照应的作用。

五、上、下句字面意义上也要构成关联。否则两句就只能从典故意义上去理解,而不能称之为映带。如李义府"白狼行欲静,骢马何常驱"(《招谕有怀赠同行人》),"白狼"为汉代西南部族名,"骢马"用汉代桓典骑青白相间的骢马的典故,借指侍御史。两句意为:边关行将平静,御史大人何须前往?仅就单句而言,每句都有双重理解的可能,但若都从字面来理解,则上下句就失去逻辑联系,因而这两句不是映带。如此一来,映带中的对偶一般都必须是"正对",即《文心雕龙·丽辞》所谓"正对者,事异义同者也"[①],用反映同类事物或概念的词语两两相对,这样才方便做到各个层面的关联。

以此来界定"映带"应该说比较全面,明代陆时雍《诗镜总论》的一处表述也可资印证:

> 张正见《赋得秋河曙耿耿》"天路横秋水,星桥转夜流",唐人无此境界……《关山月》"晕逐连城璧,轮随出塞车",唐人无此映带。[②]

《汉语大词典》将此作为"映带"一词"照应关联、连带"义项的例句,实际上不够准确,此处"映带"正是指映带体。张正见是南朝陈诗人,陆时雍对其诗非常赞赏,认为多处为唐人所不及。《关山月》两句用了多重典故,据《初学记》,"月"目的"事对"有"方珠 缺晕"、"三珥 重轮"、"合璧 破环"[③]

---

① 〔梁〕刘勰著,王志彬译注:《文心雕龙译注》,中华书局2012年版,第405页。
② 周维德主编:《全明诗话》第六册,齐鲁书社2005年版,第5112页。
③ 〔唐〕徐坚等著:《初学记》,中华书局1962年版,第8—9页。

等,"车"目的"事对"有"珠轮 铜较"①,因而上句以"月"为媒介将"晕"与"璧"关联,下句以"轮"为媒介将"月"与"车"关联。上句又用"连城璧"的典故,这对一般人而言都是熟典,谓月如和氏璧般光洁,由于出句的连带,则对句的"出塞车"也应为用典,只不过此典相对陌生。《汉书·西域传下·乌孙国》:"冯夫人锦车持节。"②隋代杜公瞻《编珠》在"冯媛饰车楚王衣马"条下谓:"《汉书》曰:冯夫人出塞以锦车。"③"冯夫人"即汉武帝时的冯嫽,曾随解忧公主和亲出嫁乌孙国,后持汉节出使西域各国,为西汉与西域各国的友好关系做出重要贡献。"出塞车"为衣锦之车,句谓月色鲜亮。蔺相如与冯嫽都是成功的使节,所用之"事"性质亦相同。从此例来看,陆时雍赞赏的也正是该诗用典巧妙而形成的纵横交错的层层关联照应,即"晕""璧"与月关联(上句事与上句意);"轮""车"与月关联(下句事与下句意);"晕"与"轮"关联(上句事与下句事);"连城璧"与"出塞车"(上句事与下句事);上下句同写月色,意义关联(上句意与下句意)。这完全符合本文对"映带"的界定。

从"影带"的内涵来看,它是包含了对偶的,既然如此,王勃所谓的"假对"如再作泛泛的对偶来理解,则显得语意重复而又轻重不分。实际上,"假对"是一种特殊的对偶,如"影带"为用典之一种,"假对"也是对偶之一种,唯有这样理解才能符合两句间的句式关系。"假对"者,今人所谓之"借对"也,即内容虽不成对偶,而字面却能成对偶,或谐声而成对偶者,也就是《文镜秘府论》所谓之"字对"、"声对"。皎然《诗议·诗有八种对》其第七种即明确为"假对",并举"不献胸中策,空归海上山"④为例,当因"胸中"与"海上"内容虽差以千里,字面上却能构成对偶;"策"与"泽"音近,谐音与"山"对偶。虽然现存资料中明确作为专有名词之"假对"至此才首次

---

① 〔唐〕徐坚等著:《初学记》,第613页。
② 〔汉〕班固:《汉书》卷九六下,中华书局1962年版,第3907页。
③ 〔隋〕杜公瞻:《编珠》卷三补遗,清康熙三十七年刻本。
④ 张伯伟:《全唐五代诗格汇考》,第214页。

出现,但这种手法在初唐即有一定数量的运用。《文镜秘府论》明确说"字对""声对"说法"出元兢《髓脑》"①,元兢与上官仪同时,其《诗髓脑》今已不存,但在崔融《唐朝新定诗格》中也明确有"字对""声对"的说法,并有例句,而崔融与杨炯、王勃也几乎同时。此外再如前引李义府"白狼行欲静,骢马何常驱","白狼"借字面与"骢马"相对;卢照邻"将军下天上,虏骑入云中"(《结客少年场行》),"云中"乃地名,借字面与"天上"相对,"将军出紫塞,冒顿在乌贪"(《战城南》),"乌贪"为国名,借字面与"紫塞"相对,"朝参五城柳,夕宴柏梁杯","柏"借音"百"与"五"相对;胡元范"紫极流宸渥,清规伫慈诲"(《奉和太子纳妃太平公主出降二首》其二),"清"与"青"邻韵近音,借与"紫"对,并且是字面相对;杜审言"酒中堪累月,身外即浮云"(《秋夜宴临津郑明府宅》),"月"与"云"借义相对;沈佺期"身名已蒙齿录,袍笏未复牙绯"(《回波乐》),"齿"与"牙"借义相对,"录"与"绯"借音相对。当然,这还不包括大量失传的其他初唐诗歌。所以杨炯此处即以"假对"一词来概括这种崔融称之为"字对""声对"的对偶方式是极有可能的。

三、"影带"、"假对"的文学史考察

从"影带"的特征来看,它对作者的文史积累有极高的要求,不仅要掌握大量的文史典故,还要能照顾到上下句的关联及各句内部的关联,灵活选用同类的可以构成对偶的典故。这比《文论选新编》理解的单纯做到单句内部"正意"与"复意"相映难度上要高出许多。但龙朔诗坛影带体却甚为流行,这是有着深刻的文化渊源的。

一是当时宫廷尚文的文化氛围和诗人的特殊身份、人格。首先要明确的是,"龙朔变体"的特征并非到龙朔年间才开始出现,上官仪、许敬宗、李

---

① [日]遍照金刚撰,卢盛江校考:《文镜秘府论汇校汇考·东卷·二十九种对》,中华书局2006年版,第678页。

义府等人在贞观后期诗歌创作的个性就已经形成，只是由于名位不显而不成气候。在高宗即位特别是武则天立后之后，他们逐渐走向政坛的核心，诗作才成为诗坛主流并引起众人仿效，故"四杰"才将之系于龙朔年间。这些诗人没有参加过唐王朝前期的军事和政治斗争，对建国的艰辛和守业的艰难没有深刻的体会，也没有魏徵等人箴规皇帝、以史为鉴的儒家的责任感和道德感，在太宗朝不过是文馆学士、中书舍人、著作郎一类文学侍从的身份，写作的多为侍宴奉和应制类诗歌，目的为满足太宗对文词的喜好而已。这类诗歌在内容上几乎没有什么开拓的空间，不过这反而使得他们能够把更多的心思放在语言修辞技巧的运用上。而"文辞妍丽，良由对属之能；笔札雄通，实（赖）安施之巧"[1]，衡量文词优劣的标准即是看对偶和遣词造句是否恰当。另一方面，作为皇帝的秘书、顾问，熟悉文史是其职业要求，这更加强化了以学问渊博为荣、以孤陋寡闻为耻的心理。《旧唐书·虞世南传》："太宗重其博识，每机务之隙，引之谈论，共观经史。"[2]《大唐新语》："太宗尝出行，有司请载书以从。太宗曰：'不须。虞世南在，此行秘书也。'"[3]《资治通鉴·高宗纪》：

> （麟德二年〔665〕）十一月，戊子，上至濮阳，窦德玄骑从。上问："濮阳谓之帝丘，何也？"德玄不能对。许敬宗自后跃马而前曰："昔颛顼居此，故谓之帝丘。"上称善。敬宗退，谓人曰："大臣不可以无学；吾见德玄不能对，心实羞之。"[4]

太宗曾以虞世南为"行秘书"，而许敬宗也以备高宗顾问为己任，他不仅学问渊博，而且从其"自后跃马而前"及之后的得意之言来看，他还急于显露

---

[1] 〔日〕遍照金刚撰、卢盛江校考：《文镜秘府论汇校汇考·东卷·议对》，第666页。
[2] 〔后晋〕刘昫等撰：《旧唐书》卷七二，中华书局1975年版，第2566页。
[3] 〔唐〕刘肃撰，许德楠、李鼎霞点校：《大唐新语》卷八，中华书局1984年版，第117页。
[4] 〔宋〕司马光撰：《资治通鉴》卷二〇一，中华书局1956年版，第6345—6346页。

自己的才学，与虞世南等人总体上的"不伎不求"相比，则显然具有"自炫自媒"的习气了。当时很多宫廷诗歌都是公共场合下的同题之作，作者之间无形中有了较劲的因素。正因如此，许敬宗们不仅希望用新奇的对偶来展现文词才能，也希望通过巧妙用典来炫耀自己的学问，长此以往必然导致影带体的运用。除前引杜晓勤先生所举之外，再如许敬宗"饮羽惊开石，中叶遽凋丛"（《奉和九月九日应制》），"饮羽""中叶"均用箭术高明之典；"运广薰风积，恩深湛露晞"（《奉和守岁应制》），"薰风""湛露"均用符合天子身份的《南风》、《湛露》篇名为典。上官仪"风随少女至，虹共美人归"（《八咏应制二首》其一），"少女""美人"分别为风名、虹名；"花明栖凤阁，珠散影娥池"（《咏雪应诏》），"栖凤阁""影娥池"均为长安宫殿中建筑名；"凄风移汉筑，流水入虞琴"（《奉和山夜临秋》），"汉筑""虞琴"分别用刘邦击筑歌《大风歌》、虞舜作琴唱《南风》词的典故。可见，影带体的使用非常普遍，这展示了诗人在经、史、子、集方面深厚的积累，确实起到了"以徇其功"的作用（"徇"，宣示也）。而至龙朔年间，高宗、武后依然喜好文词，宫廷宴饮唱和之风依存，新进文士们仍有强烈的以文词干进之心，在日渐显贵的上官仪、许敬宗的诗风影响下，影带体受到持续追捧。

二是史书的修撰和类书的编纂。太宗对历史的兴趣可谓前无古人，初唐人对历史的热情也是前所未有，当时就兴起了一股读史、修史、论史的热潮。从太宗到高宗朝，类似上官仪、许敬宗、李义府那样既参与修史又留下诗歌的又大有人在。由太宗本人在《修晋书诏》中对前代所存十八家《晋书》的一一点评来看，他是真正读过这些史书的，其对历史的熟稔程度令人惊叹。[①]其他宫廷文人亦必在这样重史的环境中熟悉了前代历史，如早在贞观元年太宗就命许敬宗于弘文馆教授《史记》、《汉书》。这一方面为他们写诗用典提供了知识保障，另一方面又为其这类诗歌在宫廷的传播和被理解、被认可、被仿效提供了可能。至于类书与初唐诗的关系，前贤已多有阐

---

① 王祥：《历史意识与初唐文学》，《沈阳师范大学学报》2012年第3期，第8—11页。

释，但尚未论及其具体与影带体之关系。初唐曾编纂过大量助文人写作诗文隶事属对之用的类书，虽绝大多数已经失传，但从现存后来的《初学记》可以大致想见其面貌，闻一多就曾说过："《初学记》虽是开元间的产物，但实足以代表较早一个时期的态度。"①《初学记》在每一部的子目下先设"叙事"，再设"事对"，最后列相关典范诗文。以前文所引影带例句来看，《初学记》里收其出处的就有不少。如"风"目"事对"中有"大王 少女"、"汉筑 虞琴"（"帝王"目下亦采）；"虹"目"事对"有"美人 丈夫"，可见当时诗人们用的典故除来自史书外还有很多是直接来自类书。但若是直用本事，或将同一目下的"事对"连缀成诗，已经不能显示掌故的熟稔和技巧的卓越了，这就促使诗人寻找同一大类不同子目下可以连缀在一起的"事对"，如"少女"与"美人"即分属不同目下，这样的难度无疑更高。展示技巧的另一个途径，就是让典故显得隐秘一些，或使诗句在典故之外还具另一层意义。可以说，初唐诗人对历史的熟悉及类书提供的查阅方便为他们灵活用典提供了可能，加上上官仪等人都有提高技巧和炫耀才学的主观愿望，影带体的流行也就在情理之中了。

三是南朝诗歌的影响。对偶虽然从《诗经》就开始出现，魏晋以来渐多，但"宋初文咏……俪采百字之偶，争价一句之奇"（《文心雕龙·明诗》）②，对偶的运用在南朝宋以后达到了前所未有的高潮，并为齐梁诗人所继承。故而刘勰专门在《文心雕龙·丽辞》中探讨对偶这一现象。他将对偶分为四类：言对、事对、反对、正对，即分别是单纯语词上的对偶、典故的对偶、语义相反的对偶、语义相近或性质相同的对偶。另一方面，谢灵运又开创了重摹写的新一代诗风，故而导致"情必极貌以写物，辞必穷力而追新"（《文心雕龙·明诗》）③，特别是齐梁宫体诗人还有意识地借鉴赋的铺陈

---

① 闻一多著：《唐诗杂论·类书与诗》，上海古籍出版社1998年版，第5页。
② 〔梁〕刘勰著，王志斌译注：《文心雕龙译注》，第65页。
③ 〔梁〕刘勰著，王志斌译注：《文心雕龙译注》，第65页。

手法①，从不同角度横向去描摹同一事物或者以相同的笔调来描写性质相近的事物。对偶与摹写、铺陈的结合，便使"正对"大大超过了"反对"，这也正是构成影带体的有利条件。再者，从颜延年开始诗歌"又喜用古事"②，"诗以用事为博，始于颜光禄"③。而颜延年的生活环境和诗歌性质与上官仪、许敬宗等人有很多的相似之处。他也处在刘宋那样一个重文、尚文的文化背景中，长期"陪侍在太子与皇帝周围，过着侍辇奉驾悠游宴乐的生活"④，所作诗歌也多应诏侍宴之作，歌功颂德，多用典故。所不同的是，颜诗典故多出自儒家经典，显示了其浓厚的儒家思想；而龙朔诗人的典故则广采百家，不主一常，因当时儒术渐衰而文词日盛。颜延年时代，士族的政治势力逐渐被边缘化，他们转而寻找文化上的优越感，"以雕缋满目的用典和隶事来提高文学创作和欣赏的难度，以博学相炫耀，凸显其士族文化优势"⑤。而龙朔诗人们则一般凭借天分和自己的努力参加过科举考试，希望通过先进的文化素质和文词上的优势来提高自身的政治地位。在对偶、铺陈、用典三股合力的作用下，加上宫廷环境下诗人逞才使气、务欲致胜的心理，才培育了影带体流行的土壤，前引张正见的影带体诗也正是在这样的条件下产生的。

至于"假对"，自然也与诗人刻意追求形式工巧的心理有关。古人提及假对，除崔融所举"字对""声对"外，例中最早的即属前引杜审言及沈佺期诗，其他则多以杜甫及后来的诗人为例，尚未见论及初唐其他假对者。如："诗家有假对，本非用意，盖造语适到，因以用之。若杜子美'本无丹灶术，那免白头翁'……皆偶然相值立意，下句初不在此。而晚唐诸人遂立以为

---

① 详见曹旭、文志华：《辞赋遗传与宫体诗新变》，《上海师范大学学报》2001年第3期，第59—67页。另，余恕诚先生在《唐诗与其他文体之关系》中曾探讨了赋对初唐七古和五古的影响，实际上赋对近体诗也产生了深刻的影响，只不过这个过程不是在唐代而是在南朝发生的。
② 〔梁〕钟嵘著，周振甫译注：《诗品译注》，中华书局1998年版，第67页。
③ 〔南宋〕张戒撰：《岁寒堂诗话》卷上，《宋诗话全编》第三册，凤凰出版社1998年版，第3237页。
④⑤ 马恩霞：《颜诗"喜用古事，殆同书抄"辨析》，《名作欣赏》2009年第9期，第15—17页。

格……"①若结合初唐假对,则此说不确。拿胡元范"紫极流宸渥,清规仿慈诲"来说,"紫极"本为星名,代指帝王宫殿;"清规"与之风马牛不相及,只能是有意借音相对。因而早期的假对并非一定所谓"本非用意",而是有时也会出于精心结撰,即便诗人是无心而为,诗成之后也会因其巧妙而自矜,然后引起有意仿效和超越。总之,无论是影带还是假对的流行,都与近体诗形成过程中,在诗歌形式技巧不断丰富的情况下,诗人的另辟蹊径和翻新出奇有直接关系。

四、结　语

《文论选新编》虽揭示了古人对"影带"的最早解释,但由于解读上的原因,导致其一些重要的本质特征被掩盖,特别是"影带"必须由对偶构成、上下句具有多层面的照应连带关系。同时,它虽提出"假对"即"借对"的观点,但由于缺少实际例证而使其缺乏说服力。通过考察"影带"和"假对"的具体内涵及其生成背景,可以发现它们都适应了当时近体诗形成、发展的趋势及宫廷诗歌的创作需要,对丰富诗歌表现技巧、在一定范围内增加诗歌内涵意蕴起过一些积极作用。当然,诗歌一旦走出宫廷,去表现广阔的社会生活,或抒发诗人丰富的情感时,形式上的苛刻要求必然会成为亟待挣脱的束缚。就"假对"而言,当它不被当作一种刻意追求的目标时,反而能成为突破形式限制的一种途径,因而在后代诗歌特别是对联中仍有广泛运用,往往还能起到妙趣横生的效果。而"影带"则不同,它过于追求诗句的关联,有时甚至只是用不同典故表达了重复的内容,陆时雍极为赞赏的张正见的诗句从语意上实际已经构成了"合掌"。这种弊端自然无法适应表现丰富复杂内容的需要,所以初唐以后"影带体"就再也没有广泛市场。

"四杰"站在当时诗歌革新的立场,以前瞻的眼光对宫廷诗歌片面追求

---

① 〔南宋〕胡仔编著:《苕溪渔隐丛话》前集卷二三,人民文学出版社1962年版,第155页。

形式的倾向提出了批评，但在对这个问题的认识上还存在过一些误区。以往在不确定"影带"的具体含义、将"假对"等同于所有对偶的情况下，不少论者认为，"四杰"理论上反对宫廷诗风，创作上又"并没有完全摆脱当时流行的宫廷诗风的影响。他们的一些作品，讲究对偶声律，追求词采的工丽和韵调的流转，不免有雕琢繁缛之病"[①]，因而得出"四杰"的创作与其诗歌理论不符的结论。实际上，"四杰"并不反对宫廷诗歌普通的形式技巧，这不仅体现在他们的创作中，也体现在他们的诗歌理论中。"影带以徇其功，假对以称其美"，他们不是批评一般的用典和对偶，而是批评宫廷诗人刻意追求其中的两个极端——"影带"、"假对"，并以此作为写诗主要的用力之处——"以徇其功"、"以称其美"，由此必然会导致内容的贫乏。"影带"、"假对"在这里不过是过于钻营用典巧妙、过于追求对偶新奇的代名词。这与王勃在《上吏部裴侍郎启》中所说也并不矛盾：

> 屈宋导浇源于前，枚马张淫风于后。谈人主者，以宫室苑囿为雄；叙名流者，以沈酗骄奢为达。故魏文用之而中国衰，宋武贵之而江东乱。虽沈、谢争骛，适足兆齐梁之乱；徐、庾并驰，不能止周陈之祸……[②]

这里也仅是对屈宋以来的诗歌内容偏离儒家之道提出批评，也未涉及对一般形式技巧的任何否定。由此看来，"四杰"的创作实践与其诗歌理论是一致的。

（本文原载《文学研究》2015年第1期）

---

① 袁行霈主编：《中国文学史》第二卷，第187页。
② 〔唐〕王勃撰，〔清〕蒋清翊注：《王子安集注》，上海古籍出版社1995年版，第130页。

方文"嵞山体"及其于清初诗坛的影响

宋豪飞

清初诗坛呈现较为繁荣的局面，概源自由明入清诗人之创作，其中就包括人数众多不仕新朝甘当遗民之诗人群体，他们成为清初诗坛的创作主体，代表着清初诗歌的最高成就。[①]明遗民的诗歌作品真实反映出鼎革变乱时代的社会现实和人生际遇，为研究明遗民文学提供重要文本。明遗民的诗歌创作与成就，关乎对清初诗坛之影响和在清代诗歌史上的地位等重要问题的评价，颇具探讨之意义。今学界对明遗民之相关重要人物的行藏出处、心态变化及其文学成就等个案研究成果颇丰，于其生存状况和清初文学生态等考察亦较为深入。但笔者以为，还有一位明清之际振羽诗坛的著名诗人方文值得重视，他理所当然可以视作明遗民之典型代表之一，其诗歌创作数量极其可观，内容丰富，独具特色，被称作"嵞山体"，于清初诗坛影响颇大，然后世竟至湮没无闻。今李圣华编订《方文年谱》，对其生平行实考订翔实，为研究方文生平及其诗歌提供了莫大的便利。谢正光写有《读方文〈嵞山集〉——清初桐城方氏行实小议》[②]，对方文生平及方氏家族家风予以考述，可以参考。至于其诗歌创作之研究，则见诸严迪昌所著《清诗史》，列有专节，从遗民诗界的视角分析了方文反映时事的一些作品，为认识和研究这位明清之际创作成就卓著的诗人起了导夫先路的作用，并肯定方文于清初诗坛理当拥有一席之地。但与其诗歌成就相较而言，学界与之研究明显

---

① 如李圣华《方文年谱》"前言"即写道："近现代以来，明遗民研究日趋兴盛，这与遗民卓越的学术、文学成就及其人格力量是密切相关的。就清初三十余年的文坛来说，遗民文学无疑代表着诗文词的最高成就。"李圣华著：《方文年谱》，人民文学出版社2007年版，第1页。
② 谢正光：《读方文〈嵞山集〉——清初桐城方氏行实小议》，见氏著：《清初诗文与士人交游考》，南京大学出版社2001年版，第109—181页。

不足,于其诗歌"嵞山体"之艺术特色及其于清初诗坛的地位和影响尚需深入细致地探讨。

一、"嵞山体"之得名

方文(1612—1669),初名方孔文,字尔识,后更名文,字尔止,号明农,一号涂山,明天启末诸生;明亡后,更名一耒,号嵞山、明农、忍冬、淮西山人,江南安庆府桐城人。方文于明末清初诗名显赫,"以诗名家者三十年"①,"声震天下"②,康熙《桐城县志》卷五"儒林"称之"性豪宕不羁,聪颖过人,幼工文词,所交多天下俊彦。以棘闱数奇,博览名胜,咏吟不辍,后学推为宗匠"③,然后世声名埋没,不免令人叹惜。

方文一生刻意为诗,所作不下六千首,诗文合集五十卷,惜未传世。其婿绣水王概(字安节)搜其诗作于康熙二十八年(1689)刊刻《嵞山集》及《嵞山续集再续集》,录诗二十一卷计二千三百多首传世。今有胡金望、张则桐校点本《方嵞山诗集》由黄山书社于2010年出版,为深入研究方文诗歌提供方便。

其诗体裁多样,五古、七古、五律、七律、五七言排律、五绝、七绝等众体皆备,编次分明。《嵞山集》诗歌写作时间自戊寅(1638)至丙申(1656);《续集》自丁酉(1657)至辛丑(1661),这五年里,诗人游历四方,行踪漂泊无定,所作包括:《北游草》(丁酉、戊戌)、《徐杭游草》(己亥)、《鲁游草》(庚子)、《西江游草》(辛丑)。《再续集》自壬寅(1662)至己酉(1669)。诗集依年编订,诗人纪事纪游,抒情写景,记之以诗,可视之为人生写照,行藏出处的真实记录。

方文以诗歌见长,抒真情写实事,语句浅俚易懂,"其为诗陶冶性灵,流

---

① 〔清〕方文撰,胡金望、张则桐校点:《方嵞山诗集》,黄山书社2010年版,第902页。
② 〔清〕方文撰,胡金望、张则桐校点:《方嵞山诗集》,第897页。
③ 康熙《桐城县志》,江苏古籍出版社1998年版,第169页。

连景物，不屑为绮章绘句之工"①，所作皆呕心沥血所得，自成一家，被称为"嵞山体"。今略加探究"嵞山体"得名之由来。

方文同邑同时代之著名诗人潘江最为称赏方文之诗歌，他写有《王子安节以〈嵞山续集〉见贻，即效"嵞山体"赋以志感》②一诗，见诸方文《嵞山集·徐杭游草》附录，诗题中即直接称之为"嵞山体"。虽然此诗是潘江赞叹王概倾力搜集刊刻其岳丈方文诗歌，以唐代李汉于韩愈去世后为之刻集事相类比，而非评价其诗。但潘江于《跋〈嵞山续集〉后》还有诗一首："有明著作最权奇，熙甫文章尔止诗（自注：予尝谓太仆古文、嵞山诗皆淡不可及）。淡处尽教耐思索，太羹元酒少人知。"③他认为归有光之文与方文之诗最为突出的特点皆在于"淡不可及"，为有明一代文学之奇观。当然，潘江对方文诗歌的总体评价较高，于其诗歌创作特色的认识也较为客观。由此可知，在潘江看来，方文诗歌已形成自己独特的风格和个性，有其特殊的审美意蕴和价值，可以自成一体，在诗坛上拥有一席之地。

除潘江所称"嵞山体"之外，还有"尔止体"之说。李雅《程松皋、方东来饷金刻集，犹吴锦雯之捐俸刻方尔止诗也，作此谢之，即仿"尔止体"》（《龙眠风雅续集》卷十五），于诗题中即直接言明"尔止体"，与潘江所称"嵞山体"意思应是相同。

今笔者所见文献明确以"嵞山体"或"尔止体"指称方文诗歌者仅此数例，或不能借此证明"嵞山体"之名广为流传，且未必为诗坛普遍认同，然而需要指出的是，清初诗坛虽未径直称"嵞山体"，但均意识到方文诗歌独具风格和个性特征，则是不争的事实。潘江写道："一时词坛耆宿若钱牧斋、林茂之、施愚山、孙豹人、宋玉叔、王涓来、顾与治、王阮亭、纪伯紫诸公盛相推

---

① 〔清〕孙静庵著，赵一生标点：《明遗民录》，浙江古籍出版社1985年版，第259页。
② 原诗为："吏部上书烧佛骨，拾遗廷诤却沉香（唐李汉字南纪，少事韩愈，通古学，属词雅蔚，刚方亦类愈。愈爱重，以子妻之。敬宗朝官拾遗，舶贾献沉香亭材，汉谏却之。愈殁，汉为表其文集行世）。当时风义成冰玉，殁后诗文赖表章。每惜嵞山无嗣子，谁知天壤有王郎。捐资更欲刊前集，李汉焉能独擅场。"〔清〕方文撰，胡金望、张则桐校点：《方嵞山诗集》，第916页。
③ 〔清〕方文撰，胡金望、张则桐校点：《方嵞山诗集》，第915页。

许,以为必传。"①与方文同时代的这些著名诗人如钱谦益、龚鼎孳、施闰章、林古度、陈维崧、宋琬、王士禛、孙枝蔚、宋荔裳、纪映钟、朱彝尊等都与方文交游密切,情谊深厚,彼此诗酒唱和、往来酬答,或为其诗集作序,皆盛赞其诗,都认为方文诗歌"必传",正是对方文诗歌创作特色及其价值的认识、评价和赞同。其以诗存史,以诗写心,真实地展现了明清之际的时代风云变幻、诗坛面貌和遗民心态,语言平易晓畅,别具一格。

与其同时,诗坛上亦各体纷呈,如王士禛"神韵体"、吴伟业"梅村体"、施闰章"宣城体"等,各具面貌,显名诗坛。"嵞山体"与之各有所长,足相匹敌,却未能与之并传于世,可谓不幸。乾隆四十年乙未(1775)六月,《嵞山集》为安徽巡抚裴宗锡奏缴禁毁,二年后《嵞山续集》为浙江巡抚三宝奏缴禁毁。其后厄运不断,各地均纷纷奏毁诗集,至此遭致湮没二百余年,诗名不传,迄今未能为人所广知。

二、"嵞山体"创作之内容

方文诗歌创作题材丰富,内容相当广泛,举凡赠别、纪游、叙事、咏史、咏物、感怀等均记之以诗,尤以纪游赠答诗为数最多。方文虽为布衣,终生奔走游食四方,其于母亲离世后更甚,曾复往徐州,南入杭州,纵游西湖,还居金陵,以医卜自活;寻游兖州,谒曲阜孔林孔庙,去济南,上泰山,西赴广平、大名,再还金陵,未几,溯江入豫章,至赣州;1662年过清江浦,后复上泰山,还客常州,直至1669年殁于芜湖。在游历中广泛结交各地诗人,纪之以诗,抒发情怀。这类诗歌真实记录了诗人的行藏出处和交游图景,为读者了解明末清初文人群体的生存状况及心态提供了重要的文本。限于篇幅,本文对此类诗暂不展开探讨。

除此之外,方文"嵞山体"创作内容还突出表现在,其诗抒发强烈的遗

---

① 〔清〕潘江辑:《龙眠风雅》卷三十三,转引自方文撰,胡金望、张则桐校点:《方嵞山诗集》,第894页。

民情怀、反映现实、感时纪事等方面,兹略加论述。

1. 诗歌抒发遗民情怀。桐城桂林方氏自宋末元初迁居桐城,至明初科第起家,历代簪缨不绝,渐至门第兴盛,成为江南著名望族。方氏世受国恩,对朱明王朝有着深厚的眷恋,"吾家十世主恩深,父祖尝悬报国心"(方文《送三兄仁植先生开府武昌》),所以一旦明朝灭亡,方文悲痛不已,绝不出仕新朝,甘当遗民。作为一个遗民诗人,方文最为典型的心理,即哀思故国,其遗民情结至深至诚,至死未改,发之于诗,哀切悲戚。

方文此种哀思故明情结,突出表现在每年三月十九日即崇祯自缢、明朝灭亡之日,必哭祭且歌之以诗,倾诉其愤慨悲痛之情。乙酉年(1645)他在镇江与几位友人登北固山哭悼而写下《三月十九日作》,眼前所见景物是"烈风吹黄沙,白日黯无光。江水声震荡,草木零芬芳。莫春景物佳,何为倏悲凉",对大明灭亡悲痛不已,"小臣本微细,愤懑结中肠。陟彼西山巅,涕泗瞻北荒。奄忽岁已周,哀情若新丧"①。

康熙八年(1669),即其病逝之年是日遇钱驭少,写下《三月十九日作》:"野老难忘故国恩,年年恸哭向江门。南徐郭外三停棹,北固山头独怆魂。流水滔滔何日返?遗民落落几人存?钱生未死重相见,双袖龙钟尽血痕。"②方文自明亡至辞世,凡25年,见诸《嵞山集》中题为三月十九日所作存有八首,如"年年此日泪沾缨,况是今年寓北平。……犹有野夫肝胆在,空山相对暗吞声。"(《三月十九日》)"啼鹃又过一年春,每到今朝倍怆神。南诏也归新负版,西山谁问旧遗民。"(《三月十九日巨野道中》)确是年年"纵使海枯还石烂,不教此恨化寒烟"(《三月十九日作》)。这种郁积内心近乎凄厉的故国哀思,浓烈而又沉痛,终其一生,不曾改变。

甲申明亡之年除夕,方文作有《除夕咏怀》四首,其第一首:"除夕年年不忍除,今年除夕痛何如。先皇玉历五更尽,文祖金城九月虚。江左重瞻新气象,墙东无改旧门闾。藏书遍写崇祯字,每岁开函泪满裾。"即抒发亡国

---

① 〔清〕方文撰,胡金望、张则桐校点:《方嵞山诗集》,第25页。
② 〔清〕方文撰,胡金望、张则桐校点:《方嵞山诗集》,第831页。

之哀痛。亦是此年,他写有《宋遗民咏》15首,歌咏宋遗民15人,以表明自己"甘心隐遁,不复萌仕进之念",使人知"予志之所在"[①],就已经抱定隐遁之志,遗民终老,不仕清朝,态度极其坚决。他甚至想仿照徐渭作《四声猿》杂剧,取宋末遗臣六事,演为杂剧成《六声猿》"以泄其胸中不平",但因"音律未谙"而作罢,只记以诗。方文"胸中不平"或许即是他在《舟中有感》诗中所控诉的:"旧京宫阙已成尘,宝马雕鞍日日新。万劫不烧唯富贵,五伦最假是君臣。诗书无恙种先绝,仁义何知利独亲。三百年来空养士,野人痛哭大江滨。"将此诗与他在甲申之年除夕所作《除夕咏怀》(其二)参照理解则意思更加明了:"降志但知夸卫律,渡江谁复幕刘琨。乘轩急乞新朝宠,对酒都忘故主恩。独有野夫篱落外,长号不敢暗声吞。"(《除夕咏怀》其二)他极其鄙视那些纷纷邀宠仕清乞恩的明朝士大夫们,自己唯有仰天长号,痛苦不已。两相对比,可谓泾渭分明。在他去世的前一年,即戊申(1668)正月初四,正是三百年前朱元璋登基之日,方文又再次来到孝陵哭祭,伏地大哭,"拜罢不能起,泛澜泪沾袂"(《戊申正月初四日恭谒孝陵感怀六百字》),竟至哀伤过度站立不起,许久方才离去。他的一腔忠心至死不泯,其遗民血泪死而后已。

他对归降之臣、仕清之士,多有愤慨之言,对族中归顺、出仕新朝者亦有所不满,于自己则绝意不仕,其《水崖哭明圃子留》(之四)表明了自己的立场:"里门裘马日纷纷,鸾鹤宁同鸡鹜群。如以衣冠坐涂炭,不徒富贵等浮云。家人愚暗还相劝,异类腥臊孰忍闻?十世国恩蒙者众,独将破衲报明君。"他对异族的仇视,根本原因还在于方氏"十世国恩蒙者众",蒙受大明王朝恩典至深至厚,所以要为之尽节尽忠。他亦更不愿"试礼闱",而且蔑视"辇下新朝服"。其于顺治十五年(1658)写的《会试榜发久不得报有怀同社诸子》:"诸子皆耆旧,亡何试礼闱。便应骧首去,未许倦怀归。辇下新朝服,山中老布衣。高鹏与低鹖,各自一行飞。"以此表明心迹,愿求终身为

---

① 〔清〕方文撰,胡金望、张则桐校点:《方嵞山诗集》,第17页。

"布衣",终老山中。正如其《自题小像》一诗所作:"山人一耒字明农,别号淮西又忍冬。年少才如不羁马,老来心似后凋松。藏身自合医兼卜,溷世谁知鱼与龙。课板药囊君莫笑,赋诗行酒尚从容。"其遗民之志非常坚定。

2. 感时纪事之作。诗人是时代的歌者,他的诗歌抒写个人的经历际遇,感时怀古,忧虑时事,记录下时代的变幻风云,反映社会现实生活,为后人认识那段历史提供了解读的文本。在一定程度上说,这类诗歌亦是"诗史",以诗证史、以诗补史之作,更具认识意义。

方文一生游历四方,他用诗歌真实记录下所亲历的动荡战乱的社会现实、民生凋敝的凄凉情景。如《泊芜湖》"芜阴衰柳挂斜晖,乱后人家万事非。官税纷纭商贾断,戈船络绎市廛稀。"《泊鲁港》《泊紫沙洲》等诗亦如此。《乱后过姑苏驿》:"鹤市重来瓦砾多","郡邑何人犹汉语,渔樵几处不悲歌",写昔日繁华之地如今所见是一片废墟处处悲歌的凄惨景象。随着满清入主中原,在不断向南推进过程中,清军不断掠夺百姓财物,圈占汉人土地,《迁安》即反映这种现象:"莫言边令好催科,县小民稀奈若何。一自投充与圈占,汉人田地剩无多。"《南浔叹》则是对清军于百姓财富赤裸裸的掠夺和杀戮的控诉:"南浔一村当一县,财货云屯商贾便。中间巨富者谁子,拥赀百万人所羡。百万金钱是祸胎,片时飞灭如浮埃。匹夫无罪怀璧罪,尽室诛夷亦可哀。"

方文的这类诗歌,不仅揭露了清军的残暴与掠夺,而且还反映了清初由于兵祸战乱给百姓所造成的苦难,如《捉船行》:"吴阊一路兵捉船,榜人奔窜芦苇边。三日五日不敢出,夜夜惊呼那得眠。归客蹉跎情自苦,况复秋风乱秋雨。荒洲无处觅饮食,紫芋红姜噉少许。……"作于顺治十六年的《太湖避兵》(其一):"将近枫桥路,惟闻人语喧。北来兵肆掠,东去艇皆奔。震泽烟波迥,高秋风雨繁。此时期免患,艰苦复何论。"真实描写了百姓为逃避战乱或清兵"肆掠"抓捕而惊恐躲藏的情形。

作为一位优秀的诗人,方文还忧时悯农,关心农事关注民间疾苦。他因数月不雨而忧,写下《忧旱》诗,而《喜雨》则是对天降大雨的满腹喜悦之情。《谷贱》:"频年苦旱今年稔,百事支分尽在田。岂料秋成农更苦,一担新谷粜三钱。"描写农民因粮食丰收却遭致更大的贫穷。其诗集中也不乏对自然灾害的记录和描写,如《大水叹》就记叙了癸卯(1663)九月,金陵大水湮没整座城池,百姓遭难的悲惨情景,诗人想到百姓今年冬天将不得不忍受饥寒,禁不住"嗟叹为之久"。《纪灾》则是对戊申(1668)六月江浙等地发生地震,暴雨如注,房屋倾倒的记载,对百姓遭受深重的灾难深表同情。

三、"嵞山体"之艺术特色

方文"嵞山体"独具风格,自成一家,其诗歌艺术特色表现在,语言通俗流畅、浅显如话,所抒发的情感真诚直率,诗歌创作内容大抵是自己人生际遇的自叙传。称之为真诗,合乎其实。

方文少年聪慧,尤擅长写诗,明季即以工诗而显名。他对陶渊明、杜甫、白居易三位大诗人心怀仰慕,故诗歌创作受之影响较深。他因自己与三人同属壬子年生辰,故请武林画师戴葭湄按照自己的意思作了一幅《四壬子图》。图中,陶渊明居中高坐,杜甫、白居易分坐两旁,方文则手捧诗笺伛偻呈诗于前,俯首求教,此为文坛佳话。方文将此画悬于室内,以此自励,表明自己将承袭三子诗风,上迈先哲,直追大家。他不但以与三位大诗人同生壬子年引以自豪,而且一再宣称自己以之为师,如他在《初度书怀》(九首之二)诗中写道:"昔闻杜陵叟,降生乃壬子。厥后香山翁,生年亦复尔。相去六十载,英名千古峙。我生幸同庚,性情复相似。酷嗜二公诗,诗成差可拟。杜犹拜拾遗,白直跻卿士。我老穷且贱,曷由继芳趾。"《崔李行》诗:"有唐诗人累千百,我独师承杜与白。……古今风雅有神契,况复俱生壬子岁。"他终生酷爱他们的诗作,研读不倦,如《舟中漫兴》写道:"平生癖好惟三种,左马文章老杜诗。"《夜读白诗》:"门巷秋阴断往来,阶除晚霁独徘徊。消愁唯有《香山集》,夜夜灯前当酒杯。"还有《元旦读陶诗》等,皆明确表明自己对三位大诗人的偏爱。当然,方文也颇为自信,其诗可以与杜、白二人相比,"酷嗜二公诗,诗成差可拟",不但得其形似,而且得其"神契","古今风雅有神契",即贯注了诗歌的写实原则和内在精髓。

钱湘灵题《嵞山续集》云:"壬子同年作者同,陶公杜公与白公。若修岁谱兼诗谱,又记嵞山江以东。"指出其诗风深受三家影响之实,且成就亦卓然可观。朱则杰写有《方文〈四壬子图〉考论》[1],考论《四壬子图》画作者、为之题词的诗人、画作主题等具体情况,这将有助于深入探讨方文的诗学渊源。

其诗之风格,以甲申(1644)明亡为界,明显分为前后两个时期。前期遭逢晚明内外交困之乱世,多忧虑时事之作,故诗歌创作倾向于效法杜甫沉郁顿挫的风格,多苍老之作;后期于满清定鼎中原后,绝意仕清,甘当遗民,诗歌较多故国之思,语言取法白居易,浅易通俗,明白如话。今见于《嵞山集》中诗歌,大部分是明亡后所作。其推尊陶潜、杜甫、白居易,诗歌抒写乱离悲愤,得老杜沉雄顿郁之致;自然浑朴,有陶诗真趣;天真烂漫,触手成妙,近于白诗。事实上,他的诗歌合三家之长融于一体,于清初诗坛矫然不群,自具面目。朱丽霞认为方文诗歌是"作为他反观自我固守自我及与外界社会进行调适的忠实记录,较之陶、杜、白则更具有现实性和真实性"[2],这样的评价大体上是符合方文诗歌创作特点的。

"嵞山体"最为突出的艺术成就,正在于其效仿白居易诗歌语言,甚或以俚俗口语等入诗,"其诗任性灵,虽民谣里谚、涂巷琐事,皆以入诗"[3],他将诗歌创作与民间语言形式相结合,吸纳民间语言养料,浅显易懂,真挚浑融,自肺腑中流出,绝无补缀之迹,遂形成自己独特的语言风格。

现略举几首如下,以此感知他的诗歌语言浅显易懂、明白如话之特点。

---

[1] 朱则杰:《方文〈四壬子图〉考论》,《西北师大学报(社会科学版)》2006年第5期。
[2] 朱丽霞著:《明清之交文人游幕与文学生态——以徐渭、方文、朱彝尊为个案》,上海古籍出版社2008年版,第143页。
[3] 〔清〕马其昶著,毛伯舟点注:《桐城耆旧传》,黄山书社1990年版,第266页。

如他的赠别诗《送沈治先归皖》:"秋江同作客,春水又同归。何事栖迟久?仍嗟生计微。对床听夜雨,把酒问渔矶。坐惜沙边鸟,乘风忽背飞。"《旅夜》诗,记事感怀:"客舍已凄苦,况闻风雨声。一杯消永夜,孤烛坐深更。饥鼠分行出,寒鸡失次鸣。此时心眼静,历历悟浮生。"登山而写有《摄山绝顶》:"下方惟见石,不信有柴荆。仄径盘空上,危峰到顶平。夕阳千岭秀,春水一江明。愁绝浮云外,苍茫旧帝京。"其实,一部《嵞山集》诗歌的语言大体皆如此,可读可解。

方文诗歌善抒性情,朴素无华,读来明白如话,因此颇受讥评,以为浅俚可笑。其实不能由此视作粗俗肤浅,任意贬低其诗歌的思想性和艺术价值。纪映钟《徐杭游草题词》中一段话准确把握了方文诗的特点:"以自然为妙,一切纤巧华靡、破裂字句,从不泚其笔端。垂三十年,守其学不变,而日造坚老纯熟,冲口而道,如父老话桑麻,不离平实,却自精微。"其诗歌看似"平实",实出于苦吟,是一种"坚老纯熟"后对诗歌语言的锤炼,内含"精微"之义。

方文作诗出自真率,看似浅显,实在是得来不易,孙静庵于《明遗民录》写道:"其为诗陶冶性灵,流连景物,不屑为缔章绘句之工,间有径率句,颇为读者口实。然方文实苦吟,含咀宫商,日锻月炼,凡人所轻忽视之者,皆其呕心刻腑而出之者也。"[1]即道出了方文诗歌创作"苦吟"之实情。

方文极自信也极自豪地宣称他的诗是"布衣语",绝不惮人讥为俚俗,"有客慈仁古寺中,苍龙鳞畔泣春风。布衣自有布衣语,不与簪绅朝士同。"(《都下竹枝词》第二十首)这位布衣诗人远续白居易诗歌创作手法,自我标榜"布衣语"之创作特色,自成一格,于明末清初诗坛占有一席之地。当代学者严迪昌总括方文诗歌为"诗语明白如话,诗心深挚苍凉,诗境清朴纯真"[2],应是比较客观全面的把握了方文诗歌的艺术特点。

---

[1] 〔清〕孙静庵著,赵一生标点:《明遗民录》,浙江古籍出版社1985年版,第259页。
[2] 严迪昌著:《清诗史》,浙江古籍出版社2002年版,第197页。

四、"嵞山体"于清初诗坛之影响

方文诗歌当时即流传较广,清初一时词坛耆宿,如钱谦益、施闰章、孙枝蔚、王士禛、陈维崧、朱彝尊等著名诗人都盛相推许其诗,以为必传,于其诗多有精到的评价。如施闰章评价他的诗:"尔止为诗,虽民谣里谚,涂巷琐事,皆可引用。兴会所属,冲口成篇,款曲如话,真至浑融,自肺腑中流出,绝无补缀之痕。"① 所论中肯。

孙枝蔚题《嵞山续集》诗曰:"看似寻常最奇崛,成如容易却艰难。嵞山诗合荆公语,轻薄儿曹莫浪弹。"他在《京口遇方尔止》诗中写二人相逢饮酒赋诗,方文吟诗"惊人"的情形,"君髯虽白气犹壮,楼上吟诗楼下惊。医学旁搜未肯已,六书辨论何其精。"(《清诗汇》卷十二孙枝蔚诗)邹祗谟题诗"平淡尽从攻苦得,时贤未许斗清新"二句也能得方文诗歌要旨。陈维崧《题嵞山丙午诗卷首二绝句》其一:"字字精工费剪裁,篇篇陶冶极悲哀。白家老妪休轻诵,曾见元和稿本来。"盛赞方文作诗字字精工,精心剪裁,堪与白诗相比。其二:"春雨春阴又几朝,他乡寒食总无聊。把君丙午诗三卷,吟过城南丁卯桥(时同客南徐)。"由此诗可以看出,方文诗歌当时即已流传开来。他对自己的诗歌创作也颇为自信,正如他在《卖卜润州邬沂公谈长益潘江如钱驭少玉汝秦臣溥李木仙各有诗见赠赋此答之》诗中所写:"江市聊为贸卜行,敢言踪迹类君平。所求升斗供馆粥,不向侏儒说姓名。四海同人惟道合,一生得意是诗成。何当日暮垂帘后,共奏商歌金石声。"他的这种"一生得意是诗成"之告白,绝不是简单的自负,而是包含着对自己诗歌的认识以及"四海同人"于其诗歌的客观评价。其诗多纪亲历闻见,朴老真至,浑脱有杜陵之风;又好学香山,坚老纯熟,清真如话,不离平实,却自精微。发自真情,堪称真诗。

---

① 〔清〕陈田辑撰:《明诗纪事》,上海古籍出版社1993年版,第3342页。

方文之"嵞山体"于其时亦有批评指责的声音，最突出者莫过于王士禛。上面也提到，见诸一些文献所记，王士禛是赞许方文的诗歌创作的，但何以又批评呢？其实他较为称许方文的为人，"方尔止潇洒有天趣，每见人诵诗者，辄为窜改，其人不乐，方亦不顾也。然退未尝不称其长而揜覆其短。予以此重之。"①但他指斥其诗"流为俚鄙浅俗"，于此有所不满。《渔洋诗话》云："嵞山居金陵，少多才华，晚学白乐天，好作俚浅之语，为世口实。"②他在《古夫于亭杂录》中记有一则与方亨咸的对话："桐城方嵞山文，少有才华，后学白乐天，遂流为俚鄙浅俗，如所谓打油、钉铰者。予常问其族子邵邨亨咸曰：'君家嵞山诗，果是乐天否？'邵邨笑曰：'未敢具结状，须再行查。'"③虽或是戏言，但亦反映其对方文诗作的态度，或语含轻视之意。他为《四壬子图》题词，却又加以调笑一番："余为题罢，语座客曰：'陶坦率，白令老妪可解，皆不足虑；所虑杜陵老子，文峻网密，恐嵞山不免吃藤条耳。'一座绝倒。"④《诗观》亦持此说："尔止诗专学长庆，仆昔与之论诗萧寺，颇有箴规，尔止弗善也。要去其俚率，存其苍老，斯尔止为足传矣。"⑤都规劝方文作诗当摒弃浅俗粗陋之语，突出苍凉浑厚的风格，这样的诗歌才能更广泛的流传。

但王士禛同时也不得不承认，方文的一些诗歌确有佳句。他在《分甘余话》中就列举其佳句大加称赏："方嵞山文《冬日林茂之前辈见过》云：'积雪初晴鸟晒毛，闲携幼女出林皋。家人莫怪儿衣薄，八十五翁犹缊袍。'嵞山又有诗云：'乌衣巷口多芳草，明日重过是早春。'亦佳句。"⑥因王士禛作诗主张"神韵说"，因此他对方文诗歌的"俚鄙浅俗"之语自然也就有所非议，然方文的某些诗篇还是契合他的诗学之旨的。

---

① 〔清〕王士禛撰，靳斯仁点校：《池北偶谈》，中华书局1982年版，第369页。
② 〔清〕王士禛撰：《渔洋诗话》，见《清诗话》，上海古籍出版社1978年版，第208页。
③ 〔清〕王士禛著，赵伯陶点校：《古夫于亭杂录》，中华书局1988年版，第97页。
④ 〔清〕王士禛撰：《渔洋诗话》，见《清诗话》，第209页。
⑤ 〔清〕陈田辑撰：《明诗纪事》，第3342页。
⑥ 〔清〕王士禛撰，张世林点校：《分甘余话》，中华书局1989年版，第24页。

朱彝尊则折中两端之说,持论公允,他说:"尔止间作可笑诗句,颇为时论揶揄。然如嘉谷登场,或舂或揉,秕糠终少于粒米。"①他认为方文的诗歌总体上还是值得肯定的,并且举出数首诗歌为例来肯定他的诗歌创作成就。

李楷为《嵞山集》作序,显然系是针对"时论揶揄"有感而发的。他对当时诗坛排斥异己而"必律天下之人皆归于己一轨"的做法表示愤慨,大加鞭挞,主张诗歌"自成一家",大可不必独尊一家,归宗一派,更不可党同伐异;又批判那种"不排人无以自见"之举。其次,他对世人历来所接受元轻、白俗、郊寒、岛瘦的观念加以辩驳,认为这四人其实都是自成一家的,后人没有理由、没有资格去"姗笑"古人,而且后人所学"不得其精神之所存"。他指出方文诗歌渊源有自,践行自己所倡导的"朴老真至"的诗歌创作原则,因而能"自成一家",形成较为成熟的独特风格。他还专门拈出方文所言"朴老真至"一语来概括其诗歌的风格特征。他为方文诗歌创作学习白氏而辩解,有的放矢,论述有力,是很有见地的。

五、结　语

方文理所当然可以看做是清初遗民诗人的典型人物。他有着强烈的遗民情结,忠于朱明王朝,坚守民族气节,绝不仕清,为明亡而深哀巨痛,内心极其痛苦,至死未泯,其诗《客有教予谨言者口占谢之》直抒胸中之悲愤:"野老生来不媚人,况逢世变益嶙峋。诗中愤懑妻常戒,酒后颠狂客每嗔。自分余年随运尽,却无奇祸赖家贫。从今卜筑深山里,朝夕渔樵一任真。"其"愤懑"与"颠狂"可以想见。

方文明季即以工诗著称,三十年间以诗名家。作诗已成为他生活的一部分,甚或是生命的组成要素,可以说他是无事不可诗,无时不为诗,无地不写诗。他一生不事生产,家人穷饿亦不理会,以执着于作诗为业,致力于做

---

① 〔清〕朱彝尊著,姚祖恩编,黄君坦校点:《静志居诗话》,人民文学出版社1990年版,第707页。

一位专业诗人且为之自豪,"妻孥莫恨无生产,千首诗传抵万金"(《熙城漫兴》),"千首诗传吾愿足,家人穷饿岂愁予"(《陆放翁集有身后人传千首诗之句予乐而赋之》),"平生酷好在声诗"(《姚若侯暑中见访并有所馈赋此答之》之二),"富贵功名非所望,惟祈书种种书田"(《元旦》),而且他还自信所作诗歌将得以流传不朽,这是诗人最大的心愿。

同时,他大半生漫游,广泛结交诗坛故友新朋,其诗真实记录了自己的人生经历和时代变幻,堪称诗史,由其诗可考其时,因其时可窥其志,阎尔梅《白耷山人诗集》卷四《桃花城秋夜赠方尔止》:"尚论古今作诗史。"[①]张其淦《明代千遗民诗咏》卷二:"嵞山亦诗史。"[②]皆认识到其诗歌的价值。胡金望将方文诗歌创作概括为"遗民情结铸诗魂"和"性命所寄成诗风"[③],认为其诗歌风格正是明清之际时代风云与诗人特殊生活经历感受相互作用的艺术显现。朱丽霞对方文则有着极高的评价,她认为"无论对于清初遗民还是整个文学史,方文的作品都有着无可争议的重要意义,因为他代表了一个文学时代的新起点"[④]。我们姑且不论方文于文学史上究竟处在怎样的地位,但他的诗歌"嵞山体"自成一家,应该予以肯定,其诗对于认识明清之交的社会历史和文人心态及交游颇具意义,其诗的艺术特色及其于清诗的发展与影响等诸多问题值得进一步深入研究。

(本文原载《古籍研究》2013年第2期)

[①] 李圣华著:《方文年谱》,人民文学出版社2007年版,第513页。
[②] 周骏富编:《清代传记丛刊·遗逸类①》,明文书局1985年版,第118页。
[③] 胡金望:《论方文的遗民情结与诗风》,《东南学术》2008年第5期。
[④] 朱丽霞:《明清之交文人游幕与文学生态——以徐渭、方文、朱彝尊为个案》,上海古籍出版社2008年版,第142页。

方苞"绝意不为诗"之辩及其诗论

宋豪飞

方苞以时文显名于时,以古文扬名于世,被视为桐城文派初祖,创"义法"说为散文写作立法,影响深远。而于其诗歌,世人多以为方苞不会作诗。如姚鼐就曾言于刘大櫆曰:"今海内言文者必首侍郎,侍郎不为诗。先生则诗与文并至,能镕铸古人之异体,雄豪奥秘,才调独出。"[①]故其诗歌不见于当时,后世亦鲜有提及。于是,自其时至于今,方苞"不为诗",已近公论。

事实上,方苞不但终生喜爱诗歌,胸中始终拥有"为诗"的情结,难以释怀,而且时有所作,今读《方苞集》有关文章,我们可以明确此说;另外,其从弟方世举诗集《春及堂集》中亦有诗为证。只是所作诗歌并不为人看重,故而流传极少,今《方苞集》中仅有15首诗传世。本文补充新材料,就此展开探讨。关于方苞诗歌的研究论文,所见无多,潘忠荣曾写有《试论方苞与诗》[②]一篇,于其诗论及诗歌内容有所论述;笔者受益良多,于今再论,以求有所新见。方苞还写有一些诗序,反映其诗歌见解,这些诗论对于了解方苞之文学主张或有裨益。

一、方苞"绝意不为诗"探由

方苞五岁时即由父亲方仲舒亲自教他章句、经书和古文,年稍长后迫于

---

① 〔清〕马其昶著,毛伯舟点注:《桐城耆旧传》,黄山书社1990年版,第324页。
② 安徽省社科院文学研究所、安庆师范学院中文系等编:《桐城派研究论文选》,黄山书社1986年版,第204页。

生计,学习时文,并以此来授徒谋生,赢得声誉。他在文中绝少提到学习或写作诗歌,尽管如此,并不意味着他与诗歌绝缘,他不但好诵读古诗,"余性好诵古人之诗,而未尝自为之"①,而且时常作诗,还有诗歌留存至今。至于方苞曾屡次言起"绝意于诗",个中缘由值得探究。

首先,从客观上来说,最根本的原因在于方苞自小即受到其父的训诫,力戒他不要作诗。这对方苞终生产生了深深的影响。他在《廌青山人诗序》中写道:

> 苞童时,侍先君子与钱饮光、杜于皇诸先生,以诗相唱和,慕其铿锵,欲窃效焉。先君子戒曰:"毋以为也!是虽小道,然其本于性质,别于遭遇,而达以学诵者,非尽志以终世,不能企其成;及其成也,则高下浅深纯驳,各肖其人,而不可以相易;岂惟陶、谢、李、杜峣然于古昔者哉!即吾所及见宗老涂山及钱、杜诸公,千里之外,或口诵其诗,而可知作者必某也。外此,则此人之诗,可以为彼,以遍于人人,虽合堂同席,分韵联句,掩其姓字,即不辨其谁何,漫为不知何人之诗,而耗少壮有用之心力,非躬自薄乎?"苞用是遂绝意于诗。②

方苞孩童时因羡慕父亲与当时故明遗老以诗歌相互唱和,即已萌生写诗的欲望,"慕其铿锵,欲窃效焉",然而其父的一番劝诫,却使他"遂绝意于诗",从此打消了作诗的念头和热情。其父关于诗歌的见解,可见对方苞的影响颇为深远。在这段话里,方仲舒阐明了他的诗学观念,表现在两个方面:一是诗歌的创作论。他认识到诗歌的创作是"本于性质,别于遭遇",即诗人首先要具备一定的天赋才情;其次,诗歌是个人"遭遇"的反映,即诗歌的创作要有实际的生活内容。除此之外,诗歌的写作还要付出长期的努力与艰辛,"非尽志以终世,不能企其成",这样才能"达以学诵者"。二是诗

---

① 〔清〕方苞著,刘季高校点:《方苞集》,上海古籍出版社1983年版,第607页。
② 〔清〕方苞著,刘季高校点:《方苞集》,第103页。

歌的风格论。他认为诗歌应该独具个性,形成属于自己的独特风格,"高下浅深纯驳,各肖其人,而不可以相易",使人"千里之外,或口诵其诗,而可知作者必某也",这是好的诗歌写作的必然要求和成功的关键所在。所以他告诫方苞,如果作诗不能达到这样的要求,只是千人一面的浮泛之作,"遍于人人","漫为不知何人之诗",更可惜的是为此还要"耗少壮有用之心力",与其如此,那还不如选择放弃。方苞父亲的这一番话说得非常在理,他对诗歌创作的认识亦相当深刻,这或许是他有感于当时诗坛存在"此人之诗,可以为彼,以遍于人人"这种肤浅状况而发的,所以力戒方苞"毋以为"吧。与其不能成为一个优秀的诗人,不如干脆就不做诗人为好。作为一个诗人,他自己一生就耽于诗酒,作诗三千余首,"借问何来太瘦生,总为从前作诗苦",他是深谙个中艰辛的。

方仲舒力戒方苞作诗,这种类似的表达还见诸方苞所作《乔紫渊诗序》中,"余儿时见家君与钱饮光、杜于皇诸先生以诗相切劘,每成一篇,必互相致;或阅月逾时,更索其稿以归而更定焉。余慕其铿锵,欲窃效之,而家君戒曰:'汝诵经书、古文未成熟,安暇及此?且为此,非苟易也。'"①只是这次其父以方苞尚未熟诵经书、古文为理由而抑制他作诗的欲望。因此,方苞儿时"绝意不为诗"的最初、最根本的原因是来自其父的坚决劝止,并深深地留在他的记忆中,进而影响他作诗的激情和潜能的开发。

其次,相较于文来说,方苞诗歌则显得大为逊色,故友人们都劝他致力于作文,扬长避短。亦因如此,方苞或许才不得不接受自己诗才不济的现实。事实上,直到中年以后,当他意识到诗歌之"难为"时,这种"绝意不为诗"的意志方才趋向坚定。这可以说是方苞"绝意不为诗"的主观因素。

姚鼐于《刘海峰先生传》文中写道:"天下言文章者,必首方侍郎。方侍郎少时,尝作诗以视海宁查侍郎慎行。查侍郎曰:'君诗不能佳,徒夺为文力,不如专为文。'方侍郎从之,终身未曾诗。"②这是关于他少时曾作诗的

---

① 〔清〕方苞著,刘季高校点:《方苞集》,第610页。
② 〔清〕姚鼐著,刘季高标校:《惜抱轩诗文集》,上海古籍出版社1992年版,第309页。

记载,查慎行评其诗歌不佳,劝其专力为文。

方苞自己于《乔紫渊诗序》中亦写道:"年二十,客游京师,偶为律诗二章。数日,泾阳刘陂千忽相视而嘻曰:'吾有所见子诗。信子之云乎:'艺未成而襮之,后自悔焉,而莫可追也。'子行清文茂,内外完好,何故以诗自瑕?吾为子毁之矣!'余自是绝意不为诗。"①方苞二十岁时游学京师,因偶有所感,情动于中而发于言,写下二首律诗,但遭到刘陂千的批评,认为他写诗就是"以诗自瑕"。

从这两个例子可以看出,方苞青少年时代还曾写诗,并未因儿时乃父的告诫就与诗歌彻底绝缘。但由查慎行、刘陂千的直言相劝亦可说明,他的诗歌写得的确不佳,难登大雅之堂。换个角度而言,方苞于二十四岁时至北京入国子监,以文会友,即声誉鹊起,被称为"江东第一",大学士李光地称赞他的文章是"韩、欧复出,北宋后无此作也",就连当时享有文名的韩菼看见方苞之文亦给予高度评价,竟至于"欲自毁其稿"②。其古文创作之才华即受推重,远胜于诗。

至于方苞真正意识到诗歌之"难为",那是三十年后的事,这或将促使他最终"绝意不为诗"。他在《蒋詹事牡丹诗序》一文中于此体会深刻:"盖自汉、魏到今,诗之变穷,其美尽矣。其体制大备,而不能创也。其径涂各出,而不能辟也。自赋景历情以及人事之丛细,物态之妍媸;凡吾所矜为心得者,前之作者已先具焉。故骛奇凿险,不则于古,则吊诡而不雅;循声按律,与古皆似,则习见而不鲜,以此知诗之难为也。"③该序写于康熙丁酉(1717年)仲夏,方苞时年五十,詹事蒋公以其所作《牡丹诗》百篇嘱托方苞写序。方苞借此阐发了诗歌写作之"难为",其表现在"诗之变穷,其美尽矣",诗歌的"体制大备"、"径涂各出",后人已经难以突破、创新;而诗歌写作的内容,"凡吾所矜为心得者",自以为心得之言,其实前人都已经写

---

① 〔清〕方苞著,刘季高校点:《方苞集》,第610页。
② 〔清〕方苞著,刘季高校点:《方苞集》,第869页。
③ 〔清〕方苞著,刘季高校点:《方苞集》,第607页。

遍了,今人已是极难超越古人的藩篱。纵使另辟蹊径,"骛奇凿险,不则于古",但却陷入"吊诡而不雅"的境地。如果依循前人,"循声按律,与古皆似",则又是"习见而不鲜",全无新意,步人后尘,也必将为人所诟病。如此种种,都使得方苞深深感受到为诗之难,"余于诗,畏难而不敢试者,有年所矣"。也许至此,他才深切感悟到其父所言"且为此,非苟易也"之应有之意,所以他才再次感叹"今而后,余益可绝意于为诗矣"①。

二、方苞"绝意不为诗"之辩

虽说如此,但观其一生,方苞胸中时时还涌动着作诗的欲望,并且的确还间或写诗,上述两个例子即是明证。他那份自小即已萌生、久存于心的羡慕诗歌"铿锵","窃欲效焉"的心结确是从未泯灭。

今《方苞集》附其诗15首,戴钧衡记其诗所得:"盖诗非先生所长,生平不多作,海内学者罕传之。予刻先生遗文,其裔孙恩露录家藏诗稿十五首见寄,义正辞雅。附刊之,俾学者见所未见,亦快事也。"②幸而方恩露提供家藏方苞诗稿,戴钧衡、苏惇元辑录于《集外文》中,方苞诗歌才得以存世。另外,《方望溪遗集》③辑录方苞诗歌20首,断句2首,今所见方苞诗作仅此而已,但自然不是其一生所作诗歌的全部,然由此足以证明方苞并非"不为诗"。

潘忠荣于《试论方苞与诗》一文对《方苞集》中所录之诗阐述颇详,其15首诗从题材上大体可以划分为咏史、悼亡、赠别、记游四类。笔者于此不再赘述。

今笔者在翻检文献时另外辑得方苞诗三首:《安徽历代诗选》④收有《登泰山绝顶》一首,《晚晴簃诗汇》(《清诗汇》)卷五十七收入《陶渊明》一诗

---

① 〔清〕方苞著,刘季高校点:《方苞集》,第608页。
② 〔清〕方苞著,刘季高校点:《方苞集》,第788页。
③ 〔清〕方苞撰,徐天祥、陈蕾点校:《方望溪遗集》,黄山书社2014年版。
④ 黄季耕、浦金洲选注:《安徽历代诗选》,安徽人民出版社1983年版。

(另见于《国朝诗人征略》卷十五①),《〈名教罪人〉谈》②亦存一首,乃奉雍正谕旨批钱名世之作。

其《登泰山绝顶》诗:"泰岱千盘上,青云有路通。垂天云似翼,浴日海如虹。孔子登临处,吴门匹练中。曾传七十代,于此告成功。"这首诗从不同的侧面描绘出泰山的高峻雄伟,气象阔大,比喻生动贴切,但尾联确是质木,了无诗味。

其所作《陶渊明》一诗:"陶潜经世人,志不关沮溺。观其咏春蚕,自视侪禹稷。东皋日荷锄,忧勤同运甓。春风沂水情,孔颜宜命席。"方苞由衷的羡慕陶渊明毅然弃官归隐,躬耕田园,逍遥自在的生活,内心抑或充满了无限向往之意。

还有一首则较为特别,笔者辑自《〈名教罪人〉谈》。《名教罪人》记载的是发生在雍正四年(1726)的一起文字狱案。雍正除掉年羹尧,进而株连到曾投诗奉承年羹尧的文人钱名世,狱案由此而起。雍正对本案不同于以往那样采取杀戮的方式,而是用特殊方式来处理——"亲书'名教罪人'四字,令悬其门,以昭鉴戒。复命在京大小臣工,由制科出身者,咸为歌诗以刺其恶。"其实用一种更为恶毒的方式来惩处钱名世,令其在"名教罪人"的"臭名"下屈辱的活着。不仅如此,他还要在京的大小官员必须都写诗揭露、批判钱名世,"且钱名世系读书之人,不知大义,廉耻荡然。凡文字正士,必深恶痛绝,共为切齿。可令在京见任官员,由举人、进士出身者,仿诗人刺恶之意,各为诗文,记其劣迹,以儆顽邪,并使天下读书人知所激劝。其所为诗文,一并汇齐缮写进呈,俟朕览过,给付钱名世。"然后将诗编辑刊刻传播。这又牵扯了一大批科道官员进行政治表态。此集中收录大学士张廷玉以下朝廷制科出身的大小京官三百八十五人所做的相同数量的诗。所有诗的主题,一致声讨也即是批判钱名世的罪恶,同时更一致歌颂当今皇上的圣明恩德。

---

① 〔清〕张维屏编撰:《国朝诗人征略》,中山大学出版社2004年版。
② 本社编:《〈名教罪人〉谈》,上海书店出版社1999年版。

方苞当时的职衔是武英殿纂修,不过一个小小文官,也要表态做诗;此诗在这本诗集中排序倒数第二,诗篇谈不上有什么文采,因为是应制之作,不得不写的"违心之作"。诗如下:

> 名教贻羞世共嗤,此生空负圣明时。行邪惯履欹危径,记丑偏工谀佞词。宵枕惭多惟梦觉,夏畦劳甚独心知。人间无地堪容立,老去翻然悔已迟。

除此之外,笔者翻阅方世举《春及堂集》①,集中就有多首诗歌反映出方苞时常作诗,则更足以证明方苞并非如己所言"绝意不为诗",亦非如世人所称"不为诗"。

方世举与方苞为从兄弟,他以工诗而闻名于时,有《春及堂集》传世。二人关系较为亲密,时常诗书往来。方苞于雍正元年(1723年)蒙恩赦归原籍后,次年就乞假归家安葬父母并祭扫先祖坟墓,方世举与之同归。方苞曾作诗且令世举和之,方世举遂写下《和望溪兄省墓二诗》,其一《龙眠山》(二首)题下有记"……兄必欲叙事,姑从而和之",以此知之。

另外,从其集中诗题《望溪兄以诗稿下问,适有事牵,未及展读,连书迫促,因先呈长句二十韵》亦可知,方苞是以自己"诗稿"向方世举请教,绝非一首或几首诗篇,或是平时所作诗集,亦未可知。方世举接到方苞诗稿,因事未能阅读完毕,于"迫促"下先回复此诗,等后来他"展读"了方苞的全部诗作后,寄还给方苞,并作诗《读毕寄还又呈二十二韵》附上。从这首诗中,很明显的可以看出方世举对方苞作诗的态度,他是在委婉的劝诫方苞"不必更声诗,声诗复孤子",至于说"今请箧衍藏,毋取异已疾",言外之意是否已经不言自明了呢?他指出方苞为文的长处,"平生所为文,嚏唾皆经术。以此入雅歌,宫商自淳质",那就应该发挥自己所长,"兄宜挥门墙,诗乃使

---

① 《四库未收书辑刊》集部第10辑第26册,北京出版社1997年版。

摘抉",方为明智之举。想来方苞被古文或时文之盛名所累,相对说来,其诗歌则较为逊色,时人读之皆有同感,因而都倾向于劝他放弃为诗,尽心力为文。他的大量诗作或因此不得留存,今人难窥全貌,实在是有些遗憾。

从总体上看,方苞的诗歌语言较为平淡朴拙浅直,感情率真自然,并无丝毫的矫情虚饰,也不刻意雕琢词语,不注重含蓄蕴藉等。而其时诗坛,沈德潜倡导"格调说",王士祯高举"神韵说"的旗帜,其后又有袁枚主张"性灵说"等,同这些专业诗人比较起来,则方苞的诗歌实显逊色。方苞诗歌数量留存虽少,但管中窥豹,亦得以窥探其诗歌创作之一斑,其诗歌抒发自己内心的真情实感,这是其文中所不曾表露出来的,则于今人了解方苞的思想感情,实在是具有重要的参考价值。

三、方苞之诗歌见解

方苞胸中自有一份对诗歌的喜爱,从小"好诵古人之诗",且"慕其铿锵",尽管父亲一再劝诫他不要为诗,但始终难以阻遏他的那份诗情,虽知为诗之难,但也偶有所作。虽不以诗名,但这丝毫不妨碍他对诗歌见解的阐发,且或有一得之见,见诸其所作诗序,可以知之。

方苞于《乔紫渊诗序》写道:"余于诗虽未之能也,而其得失则颇能别焉。家君有言:'孔子论《诗》曰,可以兴,可以观,可以群,可以怨。汉、魏以来,作者非一,情无贞淫,事无大小,体无奇正,辞无难易,其传于后者,必于是微有合者也。'君一为诗,而使余数岁之中,苟发言而怵然,苟废学而惶然,余于是得兴观焉。其为赐大矣!君既开余以道,余安得而靳其言也。"[①]

方苞自知不擅为诗,但较为自信能鉴别诗歌,而他赏鉴诗歌的原则源于其父对孔子"兴观群怨"说的阐发,但凡诗歌之所以能流传后世,皆在于"必于是微有合者",即合乎孔子"兴观群怨"说,以此作为自己评判诗歌的

---

① 〔清〕方苞著,刘季高标点:《方苞集》,第611页。

标准。乔紫渊的诗歌就符合这样的标准,因为其为诗能使方苞"苟发言而怵然,苟废学而惶然",这正是诗歌"可以兴"、"可以观"的结果,因而亦为方苞所称道。

事实上,方苞的诗学观基本上还是遵循儒家那一套传统说教,但其中又包含了自己的见解,这主要体现在他对诗歌功能的认识。他于《徐司空诗集序》一文中写道:"诗之用,主于吟咏性情,而其效足以厚人伦、美教化。盖古之忠臣、孝子、劳人、思妇,其境足以发其言,其言足以感动人之善心,故先王著为教焉。魏、晋以降,其作者穷极工丽、清扬幽眇,而昌黎韩子一以为乱杂而无章。盖发之非性情之正,导欲增悲,而不足以感动人之善心故也。唐之作者众矣,独杜甫氏为之宗。其于君臣、父子、夫妇、昆弟、朋友之间,流连悱恻,有读之使人气厚者。其于诗之本义,盖合矣乎?"①

他强调诗歌是用来"吟咏性情"的,这有别于传统的"诗言志"之说。诗歌的功能在于"厚人伦、美教化",最终回归到"感动人之善心",而这是方苞更为看重的诗歌的根本作用。因为这是"古之忠臣、孝子、劳人、思妇"身处某种情境之中"足以发其言"而不得不发,发自内心、发自真情,这正是"性情之正"的体现,因而能起到感动人之"善心"的作用,这才符合"诗之本义"。诗歌就是要抒发"性情之正",亦即性情之真,诗人不但要抒发真性情、真感情,而且这份情感还必须"正",即"醇正"。这种主张与其稍后乾嘉诗坛异军突起的袁枚的"性灵说"实在有些接近,但导其源头;二者根本的区别在于,性灵说只是讲求性情之真,但未必"正",而方苞更为重视真性情之上的"正",这实际上与其为文主张"雅洁醇正"有其异曲同工之处。正是从这个角度而言,他认为魏晋以来之诗歌虽是"穷极工丽、清扬幽眇",但被韩愈视为"乱杂而无章",算不得好诗,其原因就是"发之非性情之正";而历来独宗杜甫,就在于其诗歌发自真性情,"读之使人气厚",合乎诗歌"本义"。也正因如此,方苞才乐于为之写《徐司空诗集序》,赞扬徐司

---

① 方苞著,刘季高标点:《方苞集》,第605页。

空的诗"即境以抒指,因物以达情,悲忧恬愉,皆发于性情之正;而意言之外,常有冲然以和者。"

方苞的诗学观念,无论是信奉孔子的"兴观群怨"说,以此作为评判诗歌的原则,还是遵循"厚人伦、美教化"的功能说,要"感动人之善心",抒发"性情之正",这些既是对传统诗教理论的继承,就是要发挥诗歌的政治教化、道德感化作用,又与方苞尊奉程朱理学思想相一致的。如果我们再比照其古文理论"义法说","义"主要是指文章的内容而言,要"言有物",即道统方面,思想合乎程、朱而不悖于理;"法"主要是指文章的形式而言,要"言有序",即文统方面,文辞以《史记》、唐宋八大家为规范;故而其所言"学行继程、朱之后,文章在韩、欧之间"方切合其实。亦由此可知,方苞的诗论、文论是一以贯之的,皆源于他对儒家思想、程朱理学的尊奉与笃行。

综上所述,我们知悉,方苞并非世人所谓"不为诗",其所言"绝意不为诗"亦非实情,其有诗存世,即是最有力的证明。我们亦可以断言,方苞虽主张诗歌要"吟咏性情",抒发"性情之正",但却是从道德教化的功用出发,是为了"厚人伦、美教化"的目的,或许正是这种对儒家思想的恪守,从而桎梏了他的诗歌创作的才情,使得其诗歌留下说教的尾巴,成为儒家伦理的传声筒,以致味同嚼蜡,遭人摒弃;再加上自幼受其父的训诫,束缚着他的作诗的激情。其文名之盛,而其诗才实在平平,诗歌遭致批评,亦是自然之理。虽时常作诗,终究难以流传于世,这大概是今人罕见其诗的缘故吧。当然,关于方苞的诗歌以及诗论,我们还有进一步解读的必要,这对于全面深入探究方苞的思想及文学主张亦将大有裨益。

(本文原载《北方论丛》2012年第2期)

明代白话小说中的民歌
——以《金瓶梅词话》和"三言二拍"为例

徐文翔

明人卓人月曰:"我明诗让唐,词让宋,曲让元,庶几《吴歌》、《挂枝儿》、《罗江怨》、《打枣竿》、《银纽丝》之类,为我明一绝耳。"①"我明一绝"的说法影响颇大,它代表了李梦阳、李开先、袁宏道、冯梦龙等为数众多的文人对时兴民歌的肯定与揄扬。事实上,明代文人对民歌的接受不仅仅停留在观念层面上,在创作上,他们也受到了民歌不同程度的影响。关于民歌与诗歌、散曲创作的联系,学界已多有关注;但对民歌在小说(尤其是白话小说)文本中的作用,似乎还缺乏足够的认识。笔者认为,《挂枝儿》、《山坡羊》等时兴民歌在明代白话小说中的大量出现,并不能简单地以引用韵文这一"话本传统"来看待。与诗词相比,民歌与文本的联系更加密切,在叙事中所起到的作用也更显著。因此,与其说是作者"信手拈来"的习惯性点缀,倒不如说这是"有意为之"的苦心经营。本文中,笔者便以明代白话小说引用民歌的两种代表性作品——《金瓶梅词话》和"三言二拍"为例,来对民歌在文本中的作用进行论述。

一、作品的选择——《金瓶梅词话》和"三言二拍"

今天能见到的明代白话小说不下百余种,要将其中引用民歌的作品全

---

① 〔明〕陈弘绪等著:《寒夜录及其他一种》,中华书局1985年版,第6页。

部论述，在如此有限的篇幅内是不可能的，鉴于此，笔者便选择了《金瓶梅词话》和"三言二拍"作为代表。之所以选择这两种，是因为：

1. 从文体上说，《金瓶梅词话》是明代长篇白话小说的代表作，同时也被视为首部由文人独立创作的此类作品。"三言二拍"则是延续话本传统的"拟话本"，其中的每一卷，都是一个独立的短篇白话小说。这样选择，可以兼顾长篇和短篇。

2. 从内容上说，《金瓶梅词话》毫无疑问是描写世情的，它也被称作是"世情小说"。"三言二拍"中公认的最具艺术水平的，也是那些描摹世情的作品，比如《卖油郎独占花魁》、《杜十娘怒沉百宝箱》等；就是那些写历史人物的，也带有浓厚的世情色彩。而明代民歌则完全是世情的产物，因此，在世情作品中使用民歌是最合适的。

3. 从接受上说，在当时，《金瓶梅词话》和"三言二拍"就在社会各阶层中拥有较为广泛的读者；时至今日，不论是专业的研究者还是普通读者，对这两种作品也都比较熟悉，而选择接受较广的作品，显然要比选择几种冷僻的更有说服力。

二、《金瓶梅词话》和"三言二拍"中的民歌

既然选择了这两种作品，那么首要的任务，就是对其中民歌的引用情况进行概括地了解。但这其中也存在着一个无法回避的问题，即散曲和民歌的区别。以《金瓶梅词话》为例，因为涉及作者的问题，所以学者们对其中的民歌、散曲关注地较早。冯沅君先生认为：

> 《雍熙乐府》与《词林摘艳》都是嘉靖时编成的，而在《金瓶梅词话》中所引的八九十条中，见于《雍熙乐府》者凡六十条，见于《词林摘艳》者凡四十六条。这种现象很可以证明《金瓶梅词话》与这两部曲选纵非同时的产品，其年代当相去不远。因为三书的作者或编者所采用

的当然都是那时候最流行的曲子。①

吴晗先生也对此进行过考察,他说:

> 《金瓶梅词话》中所载小令极多,约计不下六十种。内中最流行的是《山坡羊》,综计书中所载在二十次以上;次为《寄生草》、《驻云飞》、《锁南枝》、《耍孩儿》、《醉太平》、《傍妆台》、《闹五更》、《罗江怨》,其他如《棉搭絮》、《朝天子》……散列书中,和沈氏所记恰合。②

对于吴晗先生的统计,赵景深先生又提出了不同的意见:

> 小曲有《锁南枝》、《傍妆台》、《山坡羊》、《山坡羊带步步娇》、《耍孩儿》、《驻云飞》、《寄生草》、《罗江怨》……以上计小曲二十七支。
> 小令有《棉搭絮》、《落梅风》、《朝天子》、《折桂令》、《锦堂月》、《桂枝香》、《柳摇金》、《一江风》、《水仙子》、《荼蘼香》……以上计小令五十九支。③

我们注意到,冯、吴二先生都将书中的散曲、民歌笼统称之,冯先生称之为"小曲",吴先生称之为"小令"。赵先生则分成两类,一类是"小曲",一类是"小令"。笔者认为,赵先生称之为"小曲"的,基本上就是我们所讨论的"民歌"。周玉波、陈书录所编的《明代民歌集》,在"附录一"中收录了"小说、笔记、戏曲等所见明代民歌(谣)",首先收录的便是《金瓶梅词话》。编者在注释中说:

---

① 冯沅君著:《古剧说汇》,商务印书馆1956年版,第195页。
② 胡文彬、张庆善编:《论金瓶梅》,文化艺术出版社1984年版,第35—36页。
③ 胡文彬、张庆善编:《论金瓶梅》,第340—341页。

  《金瓶梅词话》中所收散曲、时兴小曲甚多，然诚如学者所说，大部出自《雍熙乐府》、《词林摘艳》等曲集（冯沅君《古剧说汇》）。兹录两套曲并《山坡羊》、《锁南枝》等以为代表。①

  可见，《明代民歌集》的编者也是将其分为"散曲"和"时兴小曲"两类，与赵先生类似。但"时兴小曲"和"民歌"还不完全一样，或许正因为其中有个别作品性质实在难以区分，才用了一个笼统的说法，并仅选取了部分作品为代表吧！

  笔者在综合诸位学者意见的基础上，又对书中的"小曲"进行了分析，认为其中应当属于民歌的，列表如下②：

《山坡羊》	一首	第一回
《山坡羊》	两首	第八回
《寄生草》	一首	第八回
《驻云飞》	一首	第十一回
《山坡羊》	四首	第三十三回
《耍孩儿》	一首	第三十九回
《十段锦·二十八半截儿》	套曲，带《尾声》共二十一首	第四十四回
《山坡羊》	两首	第五十回
《山坡羊》	一首	第五十九回
《山坡羊》	两首	第六十一回
《锁南枝》	两首	第六十一回
《罗江怨》	四首	第六十一回

---

① 周玉波、陈书录编：《明代民歌集》，南京师范大学出版社2009年版，第359页。
② 其中的两首套曲《十段锦·二十八半截儿》和《闹五更》所包含的单支曲子比较复杂，有可以视为民歌者，也有可以视为散曲者。《明代民歌集》将其作为民歌套曲整个收入，笔者依照此书来处理。又：这两首套曲在文本中均为众女眷消磨时间所唱，是类似接力性质的轮番"展示"，其内容与故事本身并无多大关系。

续 表

《闹五更》	套曲,带《尾声》共二十一首	第七十三回
《寄生草》	一首	第八十二回
《寄生草》	两首	第八十三回
《山坡羊》带《步步娇》	两首	第八十九回
《山坡羊》	两首	第八十九回
《山坡羊》	一首	第九十一回

相比而言,"三言二拍"中的民歌就容易区分得多。笔者也进行了统计[①]:

《吴歌》	两首	《喻世明言》	第十二卷
《吴歌》	一首	《警世通言》	第十二卷
《挂枝儿》	四首	《醒世恒言》	第三卷
《小尼姑曲》	一首	《醒世恒言》	第十五卷
"小词"	一首	《醒世恒言》	第十五卷
《黄莺儿》	一首	《初刻拍案惊奇》	卷十
《黄莺儿》	一首	《初刻拍案惊奇》	卷十六
《挂枝儿》	一首	《初刻拍案惊奇》	卷二十三
《山坡羊》	一首	《初刻拍案惊奇》	卷三十二
《黄莺儿》	一首	《二刻拍案惊奇》	卷四
"歌儿"	一首	《二刻拍案惊奇》	卷十
《银绞丝》	一首	《二刻拍案惊奇》	卷十四
《山坡羊》	一首	《二刻拍案惊奇》	卷十七
"小词"	一首	《二刻拍案惊奇》	卷十八
"小词"	一首	《二刻拍案惊奇》	卷二十九

---

① 其中的《小尼姑曲》,原文中并无曲牌名;"小词"或"歌儿",原文中没有曲牌名或曲名,只是称"有一首小词"或"有首歌儿"。根据笔者分析,其体式、语言都与民歌非常接近,故将其作为民歌处理。

三、民歌在小说文本中的作用

阅读明代的章回小说或拟话本小说，我们通常都不会对其中的诗词留下深刻印象。主要的原因是：这些作品在结构上还保留着"说话"的痕迹，其中的诗词常穿插于段落之间，或起头、或过渡、或收束，主要是照顾"说话"的表达而起着结构上的作用，与情节的关系不大。另外，也有一些诗词是用于描述人物外貌、风景地形等，但多落于俗套，缺乏文采。因此，单纯就这些作品中的诗词来说，除了其结构层面的作用，并没有多少艺术价值。但值得注意的是，除了传统的诗词之外，明代白话小说中又加入了一种新的韵文体裁——时兴民歌。尽管它们的艺术水平通常也不甚高，但其在文本中的作用，与传统的诗词相比还是大不相同。具体表现在：1. 增强故事的存在感和现实感；2. 更好地承担起文本的叙事功能。

1. 增强故事的存在感和现实感

我们先来看"三言二拍"。尽管其中很多题材并非取自当代，但作者在叙述中仍努力地营造出故事的存在感和现实感，让人们读来，并不感觉那些人物与事件是遥远的、毫不相干的，而是仿佛就生活在自己身边。比如《喻世明言》第十二卷《众名姬春风吊柳七》，其中一个情节是柳永在酒楼饮酒，忽听湖上采莲人唱《吴歌》：

> 采莲阿姐斗梳妆，好似红莲搭个白莲争。红莲自道颜色好，白莲自道粉花香。粉花香，粉花香，贪花人一见便来抢。红个也弗贵，白个也弗强。当面下手弗得，和你私下商量。好像荷叶遮身无人见，下头成藕带丝长。

柳永听罢，也做了一首《吴歌》题于壁上：

十里荷花九里红,中间一朵白松松。白莲则好摸藕吃,红莲则好结莲蓬。结莲蓬,结莲蓬,莲蓬生得忒玲珑。肚里一团清趣,外头包裹重重。有人吃着滋味,一时劈破难容。只图口甜,那得知我心里苦?开花结子一场空。①

这两首《吴歌》是晚明流行于江南一带的,而故事本为敷演宋朝事,却出现了明代民歌,这岂不是"穿帮"了吗?但事实上,读者却并不会理会这个"失误",反而会觉得非常亲切,尤其对于平日熟稔《吴歌》的吴地读者,似乎柳永的故事就发生在自己身边,这种感染力是无可替代的。再如《醒世恒言》第三卷《卖油郎独占花魁》,此故事敷演宋徽宗年间小商人秦重与名妓莘瑶琴的爱情故事,但其实除了时间为宋朝外,一切情节都与明朝无异。尤其是随着情节发展而连续出现的四首《挂枝儿》,更令故事平添了许多现实感。至于那些本就描写明朝之事的作品,民歌的使用更为自然。比如《二刻拍案惊奇》卷十八《甄监生浪吞秘药　春花婢误泄风情》,故事发生在"国朝山东曹州",文中说:"有一只小词儿单说那缘法尽了的":

缘法儿尽了,诸般的改变;缘法儿尽了,要好也再难;缘法儿尽了,恩成怨;缘法儿若尽了,好言当恶言;缘法儿尽了也,动不动变了脸!②

再如同书卷十七《同窗友认假做真　女秀才移花接木》,故事发生于"国朝洪武年间",文中便使用了一首时兴的《山坡羊》,等等。

再看《金瓶梅词话》。《金瓶梅词话》在故事时间上承袭《水浒传》而来,描写的大约为宋徽宗年间事,但其实故事里所反映的,完全是明代的社会现实。宁宗一先生在《金瓶梅词话·前言》中说:"《金瓶梅》……借宋之名写明之实,直斥时事,真实地暴露了明代后期中上层社会的黑暗、腐朽。它以巨大

---

① 〔明〕冯梦龙编,许政扬校注:《喻世明言》,人民文学出版社1958年版,第132页。
② 〔明〕凌濛初著,石昌渝校点:《二刻拍案惊奇》,江苏古籍出版社1990年版,第237页。

的艺术力量,描绘了封建社会的市井生活。"①对于这样一部世情小说,无论明人还是今人,读来恐怕都不会有一种"此为宋朝事"的感觉。而为了增加故事的存在感和现实感,作者在文本中更是使用了为数众多的民歌。例如第八回《潘金莲永夜盼西门庆　烧夫灵和尚听淫荡声》中,西门庆因新娶孟玉楼而久疏潘金莲,金莲怅怨不已,小厮玳安为其出主意道:"六姨,你休哭。……你写几个字儿,等我替你稍去,与俺爹瞧看了,必然就来。"金莲于是"取过一副花笺,轻拈玉管,款弄羊毛,须臾写了一首《寄生草》",其词曰:

> 将奴这知心话,付花笺寄与他。想当初结下青丝发,门儿倚遍帘儿下,受了些没打弄的耽惊怕。你今果是负了奴心,不来还我香丝帕。②

如果按照惯常的"题诗传情"套路,此处金莲定要题诗一首,或作词一首。但一者,金莲虽然"从九岁卖在王招宣府里,习学弹唱"③,但毕竟只是粗通文墨,本性又颇鄙俗,如果她在此题诗作词,总觉与其身份有所不符;而《寄生草》等小曲则正是其自幼擅长的,相比诗词而言又比较通俗,正契合其身份。二者,从明代民歌的传播情况来看,《寄生草》正是嘉靖年间最为时兴的曲牌之一。于作者而言,若使用民歌,通常都会选择正在流行的;于故事而言,时兴民歌的出现无疑会大大增强其吸引力。因此,于情于理,这首《寄生草》的使用都极其成功。

像这样成功的例子还有不少,限于篇幅,不一一举例。尽管《金瓶梅词话》在韵文的使用上仍承袭了"话本"的传统,但其中当代元素的加入应当是作者的"有意为之"。不然的话,如同此前的同类作品一样,仍旧使用诗词就足矣了,又何须民歌呢?此点也涉及作者问题。通常来说,创作接受必以理论接受为前提,《金瓶梅词话》对民歌的大量使用,说明作者必定是熟

---

① 〔明〕兰陵笑笑生著,陶慕宁校注:《金瓶梅词话》,人民文学出版社2008年版,第3页。
② 〔明〕兰陵笑笑生著,陶慕宁校注:《金瓶梅词话》,第82页。
③ 〔明〕兰陵笑笑生著,陶慕宁校注:《金瓶梅词话》,第10页。

悉和欣赏民歌的。此外,通过文本中的民歌,还可对此书的写作时间进行探究,这方面学界已经做了很多工作,周玉波先生《明代民歌研究》(凤凰出版社2005年版)一书第八章"另一种视角——以《金瓶梅》中的'小曲'研究为个案"有详细介绍,此不赘述。

2. 更好地承担起文本的叙事功能

"话本"原本是说书人所使用的底本,属于口头叙事,由之而产生的话本小说,虽然已经从口头叙事过渡到书面叙事,但口头叙事的特点仍基本保存着,尤其是在结构方面。话本小说中韵文的使用,便体现出这种特点。对此,鲁迅先生在《宋民间之所谓小说及其后来》一文中总结道:"开篇引首,中间铺叙与证明,临末断结咏叹,无不征引诗词。"[1]而明代的拟话本小说,在结构上基本上是承袭话本小说而来的。以"三言二拍"为例,其中的大部分作品都由五个部分组成:① 篇首诗词;② 入话;③ 头回;④ 正话;⑤ 篇尾诗词。"三言二拍"中引用的诗词数量是不少的,陈大康先生曾对其进行过统计,征引如下[2]:

	篇 数	作品集含诗词总数	平均每篇所收诗词数
《喻世明言》	40	448	11.2
《警世通言》	40	454	11.35
《醒世恒言》	40	409	10.23
《初刻拍案惊奇》	40	266	6.65
《二刻拍案惊奇》	38	323	8.5

拟话本小说的五个部分,其实只有"正话"属于正文,也就是说,真正与文本叙事最为相关的,只有"正话";其他四个部分只是沿袭了话本小说的传统而已,如果没有,也不会对情节的完整性造成损失。根据笔者的统计,

---

[1] 鲁迅著:《坟》,人民文学出版社1973年版,第121页。
[2] 陈大康著:《明代小说史》,人民文学出版社2007年版,第554页。

"三言二拍"中的诗词,大约只有三分之一是在"正话"部分,即只有三分之一是与文本叙事关系较为密切的——也就是鲁迅先生说的"中间铺叙与证明"。再进一步研究,这些诗词是怎样被用来"铺叙"与"证明"的呢?大概有三种情况:

其一,写人或状物。例如《初刻拍案惊奇》卷五:"看那人时,却是:眉弯杨柳,脸绽芙蓉。……面庞够可十七八,美艳从来无二三。"①《喻世明言》第十五卷:"却不见那贼,只见一个雪白异兽:光闪烁浑凝素练,貌狰狞恍似堆银。……流星眼争闪电,巨海口露血盆。"②

其二,写景或图形。例如《醒世恒言》第三十一卷:"行不多几步,抬头看时,但见:山岭相连,烟霞缭绕。……苍崖郁郁长青松,曲涧涓涓流细水。"③《喻世明言》第十二卷:"耆卿举目看时,果然摆设得精致。但见:明窗净几,竹榻茶垆。……万卷图书供玩览,一枰横局佐欢娱。"④

其三,总结或评论。如《醒世恒言》第二十七卷:"多少女子当不起恁般羞辱,自去寻了一条死路。有诗为证:不正夫纲但怕婆,怕婆无奈后妻何!任他打骂亲生女,暗地心疼不敢诃。"⑤《二刻拍案惊奇》卷十:"若不亏得一个人有主意,处置得风恬浪静,不知吵到几年上才是了结,有诗为证:些小言词莫若休,不须经县与经州。衙头府底赔杯酒,赢得猫儿卖了牛。"⑥

可以看到,这三种诗词,前两种更像是套话;只有第三种比较切近于叙事,但"全知叙事"的角度又过于明显。作为比较,我们再看"三言二拍"中民歌的情况。首先是在结构中所处的位置,笔者亦列表如下:

---

① 〔明〕凌濛初著,石昌渝校点:《初刻拍案惊奇》,江苏古籍出版社1990年版,第86页。
② 〔明〕冯梦龙编,许政扬校注:《喻世明言》,第235—236页。
③ 〔明〕冯梦龙编,许政扬校注:《醒世恒言》,第652页。
④ 〔明〕冯梦龙编,许政扬校注:《喻世明言》,第190页。
⑤ 〔明〕冯梦龙编,许政扬校注:《醒世恒言》,第190页。
⑥ 〔明〕凌濛初著,石昌渝校点:《二刻拍案惊奇》,第202页。

	民歌数量	篇首诗词	入话	头回	正话	篇尾诗词
《喻世明言》	2				2	
《警世通言》	1		1			
《醒世恒言》	6				6	
《初刻拍案惊奇》	4				4	
《二刻拍案惊奇》	6				6	

可以看到，全部十九首民歌中，只有一首是在"入话"这部分，其余全部在"正话"里，其比例要比诗词高得多。这是为什么呢？笔者认为，可能有两个原因。首先，相比诗词，民歌在语言上还是过于通俗了。即便是白话小说，其"开篇引首"和"临末断结咏叹"所引的韵文，通常也要句式整齐，语言虽不能太文雅，但也不能太俚俗，因此民歌不适合被用在这两个部分。其次，更重要的是，相比诗词而言，民歌似乎不擅长"宏大叙事"。我们看"开篇引首"和"临末断结咏叹"的诗词，通常以论古今成败、世理人情为主题，而民歌所惯于表达的是较为细微的情感，因此更适合用在情节的发展之中。

下面我们再看民歌在"正话"这部分所起的作用。"正话"中的诗词最主要的三种作用上文已经分析过，那么，民歌与诗词相比，不一样的地方在哪里呢？笔者认为，最大的不同，是民歌更善于表达人物的内心世界或情感活动。比如上文所引的《喻世明言》第十二卷中柳永所作的那首《吴歌》，其中"肚里一团清趣，外头包裹重重。有人吃着滋味，一时劈破难容。只图口甜，那得知我心里苦？开花结子一场空"，这实际上是柳永内心的自白：身负大才，自命清高，却不得朝廷赏识，只能青楼女子那里觅得知音，心里自有一番凄苦。再如《二刻拍案惊奇》卷四《青楼市探人踪 红花场假鬼闹》中，杨金事的恶奴在滇南红花场害死五条人命，事将败露前的一幕：

> 其时杨金事正在家饮围年酒，日色未晚，早把大门重重关闭了，自

与群妾内宴,歌的歌,舞的舞。内中一妾唱一只《黄莺儿》道:

积雨酿春寒,见繁花树树残。泥涂满眼登临倦,江流几湾,云山几盘,天涯极目空肠断。寄书难,无情征雁,飞不到滇南。

杨金事见唱出"滇南"二字,一个撞心拳,变了脸色道:"要你们提起甚么滇南不滇南!"心下有些不快活起来。①

这首民歌本身所表达的就是凄苦之情,它所渲染的气氛,正与叙事中杨金事所要面临的下场暗合。而歌词中的"滇南"二字,又无意中触及了杨的心事,"无情征雁,飞不到滇南",既暗示杨之为人歹毒无情,又是他罪行败露、丧身狱中的谶语。类似的还有同书卷十四《赵县君乔送黄柑 吴宣教干偿白镪》,吴宣教慕赵县君之容色,起了非分之想,但一时却又不得其便,文中写道:

真是一点甜糖抹在鼻头上,只闻得香,却舔不着,心里好生不快。有《银绞丝》一首为证:

前世里冤家,美貌也人,挨光已有二三分。好温存,几番相见意殷勤。眼儿落得穿,何曾近得身?鼻凹中糖味,那有唇儿分?一个清白的郎君,发了也昏。我的天哪!阵魂迷,迷魂阵。②

这首《银绞丝》,将吴宣教内心欲进无由、欲罢不能的心理刻画得惟妙惟肖。"鼻凹中糖味,那有唇儿分"的比喻,是诗词难以表达出来的,而且"挨光已有二三分"这种流行俗语,也只有在民歌中才适合。此处使用民歌,要比使用诗词效果好得多。

《金瓶梅词话》虽然名字里也带"词话"二字,但其结构上承袭话本的成分要比"三言二拍"少得多,只保留了"篇首诗词"、"正话"和"篇尾诗

---

① 〔明〕凌濛初著,石昌渝校点:《二刻拍案惊奇》,第92页。
② 〔明〕凌濛初著,石昌渝校点:《二刻拍案惊奇》,第282页。

诗词与民歌　069

词",去掉了"入话"和"头回"。笔者所统计的书中民歌共三十一首（套曲算作一首），全部在"正话"中。而这三十一首民歌在叙事中的作用可以归类为五种：

刻画内心	传情达意	演唱娱情	宣泄感情	韵文叙事
4	4	17	5	1

这其中，"刻画内心"是指用民歌来表现人物内心的微妙活动；"传情达意"是指写作民歌传递给他人来表达自己的感情；"演唱娱情"是指在宴会等场合演唱民歌来助兴、消磨时间；"宣泄感情"是指人物唱民歌来宣泄哀伤、愤怒等情绪；"韵文叙事"比较特别，是指民歌本身被人物用作叙述的方式。这五种类型中以第三种最多，占了一半稍强；第一、二、四种相差不多，加起来也将近一半；第五种只有一首。我们看到，《金瓶梅词话》中的民歌，在"正话"中所起的作用不但与话本小说"正话"中的诗词不同，与"三言二拍""正话"中的民歌也有所不同。原因何在呢？

先看第三种。这类民歌之所以占如此大的比重，首先是因为《金瓶梅词话》为长篇小说，其叙事的空间非常大，这使得作者有充裕的篇幅去细致地描写一次宴会或内帏的聚会——作者甚至记录下每一次演唱的歌词，哪怕这次演唱是由十几首曲子所组成的套曲。其次是因为作为一部以描摹细致著称的世情小说，作者会尽最大的努力在"细致"和"真实"上下功夫。作品中最频繁出现的两个场景是青楼妓馆和家庭内帏，所刻画的主要人物都是世俗男女，以这样的场景、这样的人物，再加上当时社会的流行风尚，除了演唱民歌小曲，还有更恰当的娱乐方式吗？同样的道理，我们在文中很少见到吟诗作词的场景，便是为此。

再看第一、二、四种。"刻画内心"、"传情达意"和"宣泄感情"都侧重于人物精神世界的描写，民歌在这方面所起的作用，《金瓶梅词话》与"三言二拍"是类似的，可参见笔者在上文对《二刻拍案惊奇》里那首《银绞丝》的解读。需要强调的是：对于旨在描写市民社会的世情小说，不管它是长篇的还是短篇的，市民的文化背景和审美趣味都是它要考虑的首要因素——这里的"市民"，既指故事里的人物，又指作品的读者。既然如此，让故事里的市民去题诗作词，或者让故事外的市民去吟诗读词，便远不如民歌来得合适。这就是为什么《金瓶梅词话》中的潘金莲要用民歌《寄生草》来"折简达意"了。

还有一种是比较特别的，仅有一首，笔者称之为"韵文叙事"，就是以韵文的形式来讲述故事。这种方式并不新鲜，我们在同时代的小说中经常可以看到以长篇诗词来叙事的例子，比如《西游记》中，孙悟空就屡次以大段的韵文来讲述自己的"光荣战斗史"。但《金瓶梅词话》第九十一回中的这段"民歌叙事"，却与我们惯常见到的"诗词叙事"有所不同：

> 衙内那里按捺得住，说道："你休管他。这奴才无礼！"向前一把手採住头发，拖踏在地上，轮起拐子，雨点打将下来。饶玉楼在旁劝着，也打了二三十下在身。打的这丫头急了，跪在地下告说："爹，你休打我，我有句话儿和你说。"衙内骂："贼奴才，你说！"有《山坡羊》为证：
>
> 告爹行停嗔息怒，你细细儿听奴分诉。当初你将八两银子财礼钱，娶我当家理纪，管着些油盐酱醋。你吃了饭吃茶，只在我手里抹布。没了俺娘，你也把我升为个署府，咱两个同铺同床何等的顽耍，奴按家伏业，才把这活来做。谁承望你哄我，说不娶了，今日又起这个毛心儿里来呵，把往日恩情，弄的半星儿也无。叫了声爹，你忒心毒！我如今不在你家了，情愿嫁上个姐夫。①

玉簪儿本是李衙内的大丫头，自从孟玉楼嫁来后便失宠，遂生怨恨，借由头骂玉楼，被衙内听见，因而有了此出。玉簪儿所唱的这首《山坡羊》，同传统

---

① 〔明〕兰陵笑笑生著，陶慕宁校注：《金瓶梅词话》，第1248—1249页。

的诗词单纯叙事不同,歌词中有叙述,有心理描写,还有抒情,内容丰富而有感染力。并且在人称上,是一种"你"与"我"对话的口吻,以读者的角度来看,显然其艺术效果更好。如果将这段民歌换成长篇诗词,可想而知,其表现力就要打打折扣了——更何况,一个普通丫头是当场作不出诗词的。

四、结　语

引用时兴民歌的明代小说还有很多,如《石点头》、《型世言》、《玉闺红》、《巫梦缘》等,总计不下二十余种。但民歌在小说文本中所起的作用,大致不出本文所论述的两方面。需要注意的是,"民歌"与"文本"发生关联,一是在白话小说中,文言小说则很少;二是在世情小说中,其他题材的则很少。试想,如果我们在《三国演义》中看到一首明代流行的民歌,该是多么滑稽的事!民歌与白话小说的结缘,是与明代(尤其是中晚明)的文化背景密切相关的:首先是审美世俗化的倾向,这一倾向也导致了文学创作的世俗化。白话小说本身就属于通俗文学,时兴民歌在文本中的大展身手,正是理所当然。其次是明代文人空前的"当代认同感",即便是复古观念占据文坛主流的时候,文人们也时刻表现出浓厚的当代意识,更不用说李开先、袁宏道等人所大力提倡的"今古同情"、"宁今宁俗"了。总之,时兴民歌在明代白话小说中的大量出现,既是民歌传播史上的标志性事件,又是小说发展史上值得关注的重大变化。

(本文原载《明清小说研究》2017年第1期)

明代中后期文学世俗化中的民歌因素

徐文翔

明代中后期的文学呈现出多样性的发展态势,其中一个重要的表现是它的世俗化倾向。之所以会出现这一倾向,主要是因为文人的市民化和市民读者群的形成。袁行霈主编《中国文学史》第四卷认为:"在作品内容市民化的同时,人们的艺术趣味也趋向世俗化,时兴着一种'世俗之趣'。这种艺术趣味的基本特点,就是题材重日常琐事,表现多率真自然,语言尚俚俗明白,效果求怡心娱目。这在小说、戏曲、民歌等通俗文学中表现得十分明显。"[①]事实上,除了通俗文学,在一向被视为雅文学的诗歌以及已经充分雅化的散曲中,也出现了世俗化的迹象。而《中国文学史》中所说的"世俗之趣"的基本特点,恰恰与当时流行民歌的特质非常贴近。民歌本身就是市民文化的产物,是最为地道的俗文学。一般说来,在雅文学世俗化的探索过程中,它势必会寻找某些参照或样本——显而易见,没有比民歌更适合担任这一角色的了。大量的文献表明,明中后期,有众多的文人接触、喜爱民歌,并从理论层面上对民歌的"真"与"情"等审美要素进行了肯定。文人群体作为中介,为民歌影响雅文学的世俗化提供了直接的途径。

有的学者在论及这一倾向时,径直将其称为"民歌化"。笔者认为,明中后期雅文学的世俗化,作为一种文学演进来讲,其内涵较为复杂,其中固然有民歌的作用,但并不能将这种世俗化等同于民歌化。另外,有些时候民歌的影响是内在的、间接的,因此,将其作为雅文学世俗化中产生作用的一种因素来看待,或者更加符合实际。鉴于此,本文的主题为"雅文学世俗化

---

① 袁行霈主编:《中国文学史·第四卷》,高等教育出版社2005年版,第5—6页。

中的民歌因素",而不是"雅文学的民歌化"。以下便从诗歌与散曲两个方面,对这一问题进行探究。

一、诗歌世俗化中的民歌因素

明代中后期诗歌的世俗化,在市民文化兴起的大背景下,呈现出一种有意识的、成规模的倾向。但在这之前,个别文人的诗歌创作中,已经出现了世俗化的迹象。比如明初以《白燕》诗被称为"袁白燕"的袁凯,其《京师得家书》诗曰:

> 江水一千里,家书十五行。行行无别语,只道早还乡。①

这首诗明显地体现出民歌风味。再比如"台阁体"代表人物杨士奇,也有一首《发淮安》小诗:

> 岸蓼疏红水荇青,茨菰花白小如萍。双鬟短袖惭人见,背立船头自采菱。②

如果只看杨氏的那些"台阁体"诗作,很难想象这样带有民间风情的作品是出自其手。联系其诗歌观念,我们可以肯定,他并非是有意要在创作上体现世俗化的倾向;只能说,民间的魅力是难以抵挡的,即便是台阁诗人,在一些轻松自如的场合,也会自然而然地流露出这种风格来。田汝成《西湖游览志余》中的一则材料,也记载了明初文学家瞿佑的一则轶事:

> 吴歌惟苏州为佳,杭人近有作者,往往得诗人之体。如云:"月子湾

---

① 〔明〕袁凯撰:《海叟集》,明万历刻本。
② 〔明〕杨士奇撰:《东里集·东里诗集》,文渊阁四库全书本。

湾照几州,几人欢乐几人愁。几人高楼行好酒,几人飘蓬在外头。"此赋体也。而瞿宗吉往嘉兴,听故妓歌之,遂翻以为词云:"帘卷水西楼,一曲新腔唱打油。宿雨眠云年少梦,休讴,且尽生前酒一瓯。明日又登舟,却指今宵是旧游。同是他乡沦落客,休愁,月子弯弯照几州。"①

且不论瞿佑这首词水平如何,其举动,本身就反映了文人对民歌的欣赏。由此可见,民歌的感染力是不分时代的,即便是明初,在文化控制比较严格的时候,也毫不影响文人对于民间魅力的感知。但我们也应认识到,明初这种对民歌的欣赏和诗歌中民歌因素的体现,只是单纯地出于文人的兴趣,谈不上有意识地要向世俗化的方向发展。这一方面是因为市民社会尚不发达,世俗化的审美趣味也未形成;另一方面也是因为文人的民歌观念仍偏于正统和保守,作几首《京师得家书》《发淮安》那样的小诗或"竹枝词",已经是他们对于民间因素所能接受的最大限度了。

大约从成、弘年间开始,明代文化控制逐渐松弛,市民文化也随之兴起;而明代文人真正将目光投向当代民歌,并对其从理论上进行揄扬,大约也始于此时——这或许并不是巧合。李开先《词谑·时调》记载了这样一件事情:

> 有学诗文于李崆峒者,自旁郡而之汴省。崆峒教以:"若似得传唱《锁南枝》,则诗文无以加矣。"请问其详。崆峒告以:"不能悉记也,只在街市上闲行,必有唱之者。"越数日,果闻之,喜跃如获重宝,即至崆峒处谢曰:"诚如尊教。"何大复继至汴省,亦酷爱之。曰:"时调中状元也!如十五国风,出诸里巷妇女之口,情词婉曲。有非后世诗人墨客操觚染翰、刻骨流血所能及者,以其真也。"

---

① 〔明〕田汝成辑撰:《西湖游览志余》,中华书局1958年版,第447页。

让李梦阳、何景明如此称赏的这首《锁南枝》，究竟是怎样的呢？开先在下文中也有记载：

> 傻酸角，我的哥，和块黄泥儿捏咱两个，捏一个儿你，一个儿我。捏的来一似活托，捏的来同床上歇卧。将泥人儿摔碎，着水儿重和过，再捏一个你，再捏一个我——哥哥身上也有妹妹，妹妹身上也有哥哥。①

这首民歌的原型，据传是元代书法家赵孟頫的夫人管道升所作，名为《我侬歌》，嘉靖时演化为民歌《锁南枝》。管夫人原作本就较"俗"，演化为民歌后，"俗"的风味更为彻底了。那么，李梦阳让"学诗文者"去学这首《锁南枝》，是要学它的什么呢？在《诗集自序》一文中，梦阳与友人王叔武有过这样一番讨论：

> 李子曰：嗟！异哉！有是乎？予尝聆民间音矣，其曲胡，其思淫，其声哀，其词靡靡，是金元之乐也。奚其真？王子曰：真者，音之发而情之原也。古者国异风，即其俗成声。今之俗既历胡，乃其曲乌得而不胡也？故真者，音之发而情之原也，非雅俗之辨也。②

由此可见，梦阳是让人学习民歌的"真"与"情"。但内容与形式、风韵与语言，并不能完全割裂开。民歌的"真"与"情"，是与它的"俗"密不可分的，学习民歌的特质，就不可避免地要触及世俗化的问题。当然，在文人手中，这种世俗化是有限度的，正如李开先所说："若以李、何所取时词为鄙俚淫亵，不知作词之法、诗文之妙者也。"我们似乎可以这样理解：对于学习民歌，文人既主张学习它的世俗之趣，又不至于流于"鄙俚淫亵"。

---

① 〔明〕李开先著，卜键笺校：《李开先全集》，文化艺术出版社2004年版，第1276页。
② 〔明〕李梦阳：《诗集自序》，引自郭绍虞编：《中国历代文论选》（下册），上海古籍出版社2001年版，第283页。

李梦阳虽有此认识,但他本人的创作实践却大大逊色于理论;反而与之同时的其他诗人,在吸收民歌特质上做得更好。比如同为"前七子"的徐祯卿和边贡,徐有《杂谣》四首,其一曰:

> 夫为虏,妻为囚,少妇出门走,道逢爷娘不敢收。东市街,西市街,黄符下,使者来。狗㹒㹒,鸡鸣飞上屋,风吹门前草肃肃。①

边则有《运夫谣送方文玉督运》,诗曰:

> 运船户,来何暮?江上旱风多,春涛不可渡。里河有闸外有滩,断篙折缆腰环环。夜防鼠,日防漏,粮册分明算升斗。官家但恨仓廪贫,不知淮南人食人!官家但知征戍苦,力尽谁怜运船户?运船户,尔勿哀,司农使者天边来!②

显而易见,这两首诗不但在体式、语言上受到民歌的影响,其内在的神韵也完全是世俗化的,诗人完全是有意识地为之,这从诗名中都带有"谣"字就能看出。尤其是第二首,比较正式的赠别诗,极少有使用这种风格的,边贡此举本身就是一种世俗化。

稍后的"后七子"中,吸收民歌因素而使诗歌创作世俗化的倾向变得更为明显。王世贞曾仿照当时流行的竹枝词创作了多首拟作,并在《乐府变序》中称:

> 少陵杜氏有序,乃能即事而命题,此千古卓识也。而词取锻炼,旨求尔雅,若有乖于田畯红女之响者。余来发操觚,见可咏可讽之事多矣,间者掇拾为大小篇什若干,虽鄙俗多阙漏,要之庶几一代之音,而可

---

① 〔清〕钱谦益编:《列朝诗集·丙集》卷九,清顺治九年毛氏汲古阁刻本。
② 〔明〕边贡撰:《华泉集·诗集》,文渊阁四库全书本。

以备采万一者。①

世贞明确指出,杜甫的乐府诗作,长处在于能即事命题,但缺点则是过于雅化了。过于雅化,也就是不够世俗化。世贞此语并不为指摘古人,而是针对当代的诗歌创作而言。"后七子"的其他成员,也有意识地向民歌学习,写出很多世俗化的作品,比如李攀龙的一组《懊侬歌》:

> 五丝合欢被,还得五丝缝。侬为懊恼曲,还持懊恼侬。(其一)
> 布帆百余幅,婀娜自生风。江水满如月,那得不愁侬。(其二)②

再如谢榛的《远别曲》:

> 阿郎几载客三秦,好忆侬家汉水滨。门外两株乌桕树,丁宁说向寄书人。③

我们看到,较之"前七子","后七子"的此类诗作民歌意味更浓,主要体现在题材向情歌靠拢,诗人自拟为女子,为其代言,这与文人的拟民歌创作非常相似。

与"后七子"同时的李开先,对于文学世俗化的认识更为深入。开先本人就对通俗文学多有贡献,除了戏曲外,他还搜集、整理了不少民歌,自己也有拟作。开先说自己作诗"然皆随笔随心,不复刻苦,常言常意,无有可传"。在《〈咏雪诗〉后序》中,又述其诗歌观念曰:

> 诗贵意兴活泼,拘拘谫谫,意兴扫地矣。……诗有别才,以腐朽

---

① 〔明〕王世贞撰:《弇州四部稿》卷六《诗部》,明万历刻本。
② 〔明〕李攀龙撰:《沧溟集》卷二,文渊阁四库全书本。
③ 〔明〕谢榛撰:《四溟集·四溟山人诗集》,文渊阁四库全书本。

为神化，因浅近而出新奇，心虽知而慕之，不但力有不足，亦且年有不及。①

类似的观点还表现在《市井艳词又序》中：

学诗者，初则恐其不古，久则恐其不淡。学文者，初则恐其不奇，久则恐其不平。学书、学词者，初则恐其不劲、不文，久则恐其不软、不俗。……《登坛》及《宝剑记》脱稿于丁未夏，皆俗以渐加，而文随俗远。至于《市井艳词》，鄙俚甚矣，而予安之，远近传之。……予独无他长，长于词，岁久愈长于俗。②

我们将这几则材料联系起来，可见开先主张诗文应当"浅俗"，不需要刻意去苦思冥想，只要以"常言常意"淡然出之，虽"浅近"也能"新奇"，达到"意兴活泼"的效果。在长期的创作实践中，开先一直努力向世俗化靠拢。"俗以渐加，而文遂俗远"，实际上是他晚年对文学经验的深刻总结，不独针对戏曲；而从"岁久愈长于俗"来看，他对自己的主张还是充满自信的。

在明中期诗歌的世俗化中，我们也不可忽视了吴中文人群体的力量。这一文人群体，以张扬独立之人格、率真自然为最大特点。其主要成员中，不乏祝允明、唐寅这样的放纵之人，其生活方式非常世俗化。如文震孟《姑苏名贤小记》记祝允明："一时名声大噪，索其文及书者接踵，或辇锦至门，辄辞弗应。然时时醉卧妓馆中，掩之，虽累纸可得。"③唐寅之逾荡名声更著，他在《感怀》诗中自述道："生涯画笔兼诗笔，踪迹花边与柳边。"④其性

---

① 〔明〕李开先著，卜键笺校：《李开先全集》，第481页。
② 〔明〕李开先著，卜键笺校：《李开先全集》，第471页。
③ 〔明〕文震孟编：《姑苏群贤小记》，明文书局1991年版，第73页。
④ 〔明〕唐寅著，周道振辑校：《唐伯虎全集》，第85页。

情的率真自然、生活的世俗化,便影响了其文学观念的世俗化。罗宗强先生说:"袁袠为唐寅文集作序,称'所著述多不经思,语殊俚浅'。'不经思',是有什么便说什么。'殊俚浅',是说他的诗文的世俗化倾向。"①唐寅本人的诗作,便鲜明地体现出这种世俗化的倾向,如《桃花庵歌》:

> 桃花坞里桃花庵,桃花庵里桃花仙;桃花仙人种桃树,又摘桃花换酒钱。酒醒只在花前坐,酒醉还来花下眠。半醒半醉日复日,花开花落年复年。但愿老死花酒间,不愿鞠躬车马前。车尘马足富者趣,酒盏花枝贫者缘。若将富贵比贫贱,一在平地一在天。若将贫贱比车马,他得驱驰我得闲。别人笑我太疯癫,我笑他人看不穿。不见武陵豪杰墓,无花无酒锄作田。②

再如《一世歌》:

> 人生七十古来少,前除幼年后除老。中间光景不多时,又有炎霜与烦恼。花前月下得高歌,急须满把金樽倒。世人钱多赚不尽,朝里官多做不了。官大钱多心转忧,落得自己头白早。春夏秋冬捻指间,钟送黄昏鸡报晓。请君细点眼前人,一年一度埋芳草。草里高低多少坟,一年一半无人扫。③

对于唐寅诗歌的这种风格,王世贞讥之为:"如乞儿唱《莲花落》"。《莲花落》者,民歌也。世贞本身是主张诗歌的世俗之趣的,但要求的是俗而不俚,唐寅的诗显然超出了其接受范围。但他的批评,却恰好说明了唐寅诗的高度世俗化。顾元庆《夷白斋诗话》也评价唐寅之诗说:"专用俚语而意愈

---

① 罗宗强著:《明代文学思想史》,中华书局2013年版,第355页。
② 〔明〕唐寅著,周道振辑校:《唐伯虎全集》,第24页。
③ 〔明〕唐寅著,周道振辑校:《唐伯虎全集》,第27页。

新"①，这是比较客观的评价，正印证了袁袠所说的"所著述多不经思，语殊俚浅"。唐寅本人并没有留下揄扬民歌的记载，但笔者认为，其诗歌的俚俗，与民歌的影响应当是有关的。吴中地区自古以来便有民歌的传统，明代尤其盛行，不论山野乡村还是市井青楼，到处都有民歌传唱。以唐寅之性情，生于此环境中，不会不对之产生兴趣。或者说，明中期吴中地区的世俗化，已经形成一种风气；民歌作为此风气中的一端，与其他因素共同影响了文人创作的世俗化。

文学的世俗化真正的兴盛，是在晚明。这一时期市民文化高度发达，文人的市民化程度也相对较高。尤其是，文学不再单纯是一种精神产品，还经常作为一种文化商品纳入市场流通，文学创作开始与商品化联系起来。这些因素，进一步加剧了文学的世俗化。体现在诗歌方面，最典型的是袁宏道。

公安三袁，皆张扬个性，表现真情。袁宗道的诗歌创作追求浅显易懂，推崇白居易诗风，如他的《将抵都门》：

> 九年牛马走，强半住江乡。狂态归仍作，学谦久渐忘。对人错尔汝，迎客倒衣裳。只合寻鸥伴，谁令入鹭行。②

但伯修的性格比较稳重，其文学主张也比较平和，因此他提倡浅显，张扬个性，但在表达方式上并不出格。真正放纵恣肆的是中郎和小修，其中又以中郎为甚。中郎一生的文学创作，大约分三个时期，其中第二个时期——也就是中年时，其诗歌风格是"读书论诗，横说竖说，心眼明而胆力放，于是乃昌言击排，大放厥辞"③。任访秋先生认为："中郎诗歌的渊源，主要有两方面：一是前代作者，伯修推重白、苏，以白苏名斋，中郎也不例外。……其次，中

---

① 〔明〕顾元庆著：《夷白斋诗话》，中华书局1985年版，第15页。
② 〔明〕袁宗道著，钱伯城校点：《白苏斋类集》，上海古籍出版社1989年版，第43页。
③ 〔清〕钱谦益编著：《列朝诗集小传·丁集》，上海古籍出版社2008年版，第567页。

郎受民间文学影响也很大,他在创作上持'宁今宁俗'的主张。他推重民间小曲,因之他的作品如《别石篑》,就含有很浓厚的民歌味道。"①任先生所说的"民间小曲",实则就是民歌。中郎在理论上对民歌的揄扬,学界已多有论及;而在创作实践上,中郎也是与他的主张保持一致的。我们先看《别石篑》组诗中的两首:

> 南山有禽,其字曰希有;北山有鸟,其名曰凤凰。两鸟排云扶雾入虚空,虚空莽莽四顾绝稻梁。下界岂无七寸之粳米,争奈网罗缱绻常高张。(其六)
> 不即凡,不求圣,相依何,觅性命。三入湖,两易令。无少长,知名姓。湖上花,作明证。别时衰,到时盛。后来期,不敢问。我好色,公多病。(其七)②

再如《述内》一诗:

> 世人共道乌纱好,君犹垂头思丰草。不能荣华岂大人,长伏蓬蒿终凡鸟。富贵欲来官已休,儿女成行田又少。盈篋算无千个铜,编衣那得一寸缟。陶潜未了乞儿缘,庞公不是治家宝。玉白冰清欲何为,不记牛衣对泣时。③

以上三首诗,都很明显地带有民歌的影响。尤其是《述内》,与唐寅的《一世歌》无论是风格还是思想都很相似,若王世贞得见,恐怕也要讥为《莲花落》吧!然而,这正是中郎学习民歌的特点。中郎文学观念的核心为"露、俗、趣",而这又恰好是民歌的特质,因此中郎接触民歌后喜不自胜。在致伯修

---

① 任访秋著:《袁中郎研究》,上海古籍出版社1983年版,第77—78页。
② 〔明〕袁宏道著,钱伯城笺校:《袁宏道集笺校》,上海古籍出版社2008年版,第404页。
③ 〔明〕袁宏道著,钱伯城笺校:《袁宏道集笺校》,第346页。

的信中,中郎说:

> 近来诗学大进,诗集大饶,诗肠大宽,诗眼大阔。世人以诗为诗,未免为诗苦,弟以《打草竿》、《劈破玉》为诗,故足乐也。①

"以《打草竿》、《劈破玉》为诗",其结果就是诗歌的高度世俗化。中郎中年时期对民歌的推崇几乎是无以复加的,在《叙小修诗》中,他又说:

> 故吾谓今之诗文不传矣。其万一传者,或今闾阎妇人孺子所唱《劈破玉》、《打草竿》之类,犹是无闻无识真人所作,故多真声,不效颦于汉、魏,不学步于盛唐,任性发展,尚能通于人之喜怒哀乐嗜好情欲,是可喜也。②

中郎的话,固然有"矫枉过正"的夸大成分,但他对"喜怒哀乐嗜好情欲"的肯定,却比晚明之前的文人都要大胆而彻底,而这正是晚明文学世俗化的重要表现。公安派的其他人物,诗歌中也都或多或少体现出受民歌影响的因素,比如小修的《露坐》:"三盏酒肠滑,披衣又散发。莫居黑馆中,出去当些月。"③江盈科的《忆昔》(节选):"如展百官图,掷骰相赌戏。得么多者钝,得四多者利。须臾至保傅,只销几个四。"④再如陶望龄的《一日复一日》(节选):"三十行及膝,四十腰脊齐。更过五六十,灭鼻徒悲悕。及耳耳为聋,及眼眼为眯。"⑤文学世俗化至晚明而达顶峰,而这种倾向在诗歌上体现得尤为明显。虽然它只持续了短暂的时间,但却是文学发展史上最具时代特色的表现之一。

---

① 〔明〕袁宏道著,钱伯城笺校:《袁宏道集笺校》,第492页。
② 〔明〕袁宏道著,钱伯城笺校:《袁宏道集笺校》,第188页。
③ 〔明〕袁中道著:《珂雪斋近集》,上海书店出版社1982年版,第256页。
④ 〔明〕江盈科著,黄仁生辑校:《江盈科集》上册,岳麓书社1997年版,第15页。
⑤ 〔明〕陶望龄撰:《歇庵集》卷二,明万历刻本。

二、散曲世俗化中的民歌因素

散曲在明代的发展，总体上存在着一个"北曲→南曲"的地位转移。明代中前期，基本上是北曲占主流地位的，南曲本流行于村坊间，既无宫调，又少节奏，因此为北曲作者所轻视。但明代中期以后，南曲的势力渐盛，在宫调和节奏上也参照北曲有了很大发展。主要的原因便是部分文人参与其中，对南曲的改造起了巨大作用。也正在此段时间，南方的商品经济迅猛发展，由此带动了文化的进一步兴盛，明代经济和文化重心大有南移之势。借此势头，已经发展较为成熟的南曲开始向北曲的传统地位发起挑战。沈璟的后人沈永隆在《南词新谱后叙》中说：

> 《南九宫谱》，谱南人之曲也，曷言乎南？异北也。何异乎北？盖自我明祖回百六跻三五，始风吴会，嗣格幽燕。以故播诸诗歌，奏诸明堂清庙，咸取南词以载赓明德，故其流及下，声律允和，去抗激，趋婉柔；卑疏莽，崇绵丽，诚尤江汉化美、歌始《二南》也。①

南曲本是江南地区里巷之音，明代后期文人为从源头上为其争正统地位，故发此语。实际上，江南文人颇为自得的"允和"、"婉柔"、"绵丽"等特点，也正是北曲作者所诟病的——他们认为南曲不守正律、太注重文采、文人化过于严重。尽管如此，明代后期还是南曲占了上风，成为散曲的主流。

南曲取代北曲而成为主流，涉及传统与时代变迁的关系、地域认同和文学正统的辨识等诸多因素，这些暂不探究；我们关注的是，南曲的兴盛，客观上使散曲进一步雅化，以至于有成为案头文学的趋势。但就像北曲虽然式微，但一直有观念传统的文人仍推崇其为正统一样，对于南曲的雅化，也

---

① 〔明〕沈永隆：《南词新谱后叙》，引自吴毓华编：《中国古代戏曲序跋集》，中国戏剧出版社1990年版，第437页。

有人认为不可一味如此,于是有一些文人同时也在模仿民歌,创作比较俗化的散曲。这些俗化的散曲,笔者将其称之为"俗曲"。这些俗曲和民歌非常相似,但实际上又不是民歌,而是散曲,其主要的分别便是体制——虽然要完全将其区分开来,并不是一件容易的事。

李昌集先生在《中国古代散曲史》一书中,将民间流行的曲调歌辞统称为"小曲",例如:

> 如《山坡羊》,早在元代,南北曲中均存此调,在明代小曲中,它又是一个热门的曲牌,南北小曲均有,辞式变化多端,明人文籍所载,便有《数落山坡羊》(王骥德《曲律》)、《沉水调山坡羊》(沈德符《万历野获编》)和《哼调山坡羊》(冯梦龙辑《挂枝儿》)。①

但从行文来看,这里的"小曲"主要还是指民歌。李先生认为,小曲(民歌)对文人散曲的影响,主要有两方面的内容,其一是丰富了散曲一体的样式,即向文人散曲输入了一些新的曲牌。其二便是文人仿效小曲创作了大量朴质俗化的散曲,也就是笔者所说的"俗曲"。第一种影响是体制上的,与散曲的世俗化没有直接关系;第二种影响则是散曲世俗化的主要原因。一些文人很注重从民歌中吸取"俗"的因素应用于散曲创作,比如李鸿在《南词全谱原叙》中便记载沈璟"出入酒社间……采摘新旧诸曲,不颛以词为工,凡合于四声,中于七始,虽俚必录"②的故事。在明代的散曲作家中,仿效民歌而做俗曲的不在少数。梁乙真先生在《元明散曲小史》中说:

> 复次明代作曲家中,虽然以小曲著名的不过寥寥数人,但大曲家如康海、冯惟敏、陈铎、沈仕诸人,小令中每存有小曲的面目,至嘉靖以后,

---

① 李昌集著:《中国古代散曲史》,华东师范大学出版社2007年版,第401页。
② 〔明〕李鸿:《南词新谱后叙》,引自吴毓华编:《中国古代戏曲序跋集》,中国戏剧出版社1990年版,第429页。

如梁辰鱼、王骥德、施绍莘、冯梦龙诸人,所作小曲尤多,它在明代虽然不像散曲那样占着蓬蓬勃勃的极重要的地位,但也是不容忽视的一种新体。①

梁先生此处的"小曲",说的也是民歌。其所谓"小令中每存有小曲的面目",指的就是散曲的世俗化,即"俗曲"的创作。譬如里面提到的施绍莘,被吴梅先生称之为"一代之殿",他就创作了很多"俗曲",比如《南中吕·驻云飞·和梁少白睡窗绒十首》(选五):

风卷杨花,点点飞来蘸绿纱。衣带松来怕,得似前春么?嗏!泪眼问东风,没些回话。教着鹦哥,也把东君骂。一半嗔他一半耍。(《春恨》)

庭院深深,陡见人人花下行。推算桃花命,今夜方才应。亲,两口贴朱唇,伊情直恁,花怕风颠,索性判花病。一半惊羞一半忍。(《奇遇》)

制得新词,倩个乖儿捎去伊。教他莫向人前递,灯下才偷觑。痴,兔颖扫乌丝,星星儿是。又吩咐鱼鸿,须见面多多致。一半人传一半纸。(《寄远》)

梳样儿蟾,恰照西窗火色帘。恍惚惊痴魇,胡把丫鬟唤。淹,辗转两三番。伊人不见。欲觉还迷,残泪犹如线。一半沾衾一半脸。(《残梦》)

睡到醒时,日弄门前墙外枝。洗下胭脂腻,添上花钿翠。痴,故意问郎知,比花枝泥。郎却无言,竟折花枝比。一半嘲来一半喜。(《晓妆》)②

---

① 梁乙真著:《元明散曲小史》,商务印书馆1934年版,第68页。
② 〔明〕施绍莘撰:《花影集卷四·乐府小令》,明刻本。

我们看这五首"俗曲",无论是语言还是神韵,都与雅化的散曲有着很大区别,反而与民歌很像;但事实上,它们却又的的确确不是民歌,而是散曲。此类作品,正是笔者所说的俗化的散曲——"俗曲"。"俗曲"又不同于文人的拟民歌,拟民歌和民歌的唯一区别在于语言稍微雅化,不存在宫调、体式上的不同;而"俗曲"则仍旧讲究宫调和体式,只不过没有雅化的散曲那么严谨罢了。类似这样的"俗曲"还有很多,比如无名氏的《月云高》:

> 吞声宁耐,欲说谁偢倸,惹得旁人笑,招著他们怪。欢喜冤家,分定恹缠害。去不去心头恨,了不了生前债。教我心上黄连苦自捱,却似锁上门儿推不开。①

甚至在戏剧中也出现了不少"俗曲",如《牡丹亭》第二十一出《谒遇》:

> 《驻云飞》【净】这是星汉神砂,这是煮海金丹和铁树花。少什么猫眼精光射,母碌通明差。嗏,这是鞯鞯柳金芽,这是温凉玉斝,这是吸月的蟾蜍,和阳燧冰盘化。【生】我广南有明月珠,珊瑚树。【净】径存明珠等让他,便是几尺珊瑚碎了他。【生】小生不游大方之门,何因睹此!②

像《牡丹亭》此类戏剧作品,其中对"俗曲"的使用,恰恰说明了散曲在民歌影响下的世俗化。

尽管在一些论述中,"散曲"、"小令"、"俗曲"、"小曲"、"民歌"、"时调"这些名词时常被混用,但名义上的含混并不能否认这样一个事实:明代中晚期的散曲,在高度雅化的同时,也在相反的方向兴起了一种俗化的创作——"俗曲"。

---

① 〔明〕凌濛初编:《南音三籁·散曲下》,明刻本。
② 〔明〕汤显祖著,黄仕忠校点:《牡丹亭》,岳麓书社2002年版,第74页。

三、结　语

　　无论是诗歌还是散曲，从源头上说本都是俗的，但在长期经文人之手后，都会呈现出雅化的趋势。诗歌自不待言，散曲到了明代中期，也已经接近于"雅文学"。这种变化是正常的，文人对民间文学的改造通常如此。但有雅必有俗，一味的雅化只能使文学作品逐渐失去其本质的生机与活力，这时，又需要回到其源头，从民间吸取养分来刺激它进一步发展。明中后期雅文学的世俗化，并不是一个简单的"雅→俗"的回归过程，而是映射出在审美趣味世俗化的大背景下，雅、俗两种文化由传统的"俗为雅用"、"化俗为雅"转向真正平等地互动。而在这种关系中，民歌因其特殊的性质，起到了非常关键的作用。

（本文原载《海南师范大学学报（社会科学版）》2015年第3期）

论况周颐词学的"艳骨"说

梅向东

一

"艳"在中国词史上，可谓一个重要的词学现象。不仅倚声之祖《花间》是艳词，且其影响实际上贯穿词史：历代词人初为倚声每作艳词，巨僚鸿儒亦好艳词。作为词学批评概念，"艳词"最早见于孙光宪《北梦琐言》卷六："晋相和凝，少年时好为曲子词，布于汴、洛。洎入相，专托人收拾焚毁不暇。然相国厚重有德，终为艳词玷之。"《旧唐书》卷一百九十《温庭筠传》亦云："士行尘杂，不修边幅，能逐弦吹之音，为侧艳之词。"在一开始，"艳词"即是一个价值否定概念。然而，对于"艳"的复杂心态，使得"艳词"概念有着极复杂的内涵，大致有以下六种阐释：

其一，认可艳词之"艳"，但却是基于认可男女之情的伦理意义："虽其镂镂脂粉，意专闺襜，安在乎好色而不淫，而我师尼氏删国风，逮《仲子》、《狡童》之作，则不忍抹去，曰：'人之情，至男女乃极。'未有不笃于男女之情而君臣、父子、兄弟、朋友间反有钟吾情者。"[1]"昔京山郝氏论诗曰：'诗多男女之咏，何也？曰：夫妇，人道之始也，故情欲莫甚于男女，廉耻莫大于中闺。礼义养于闺门者最深，而声音发于男女者易感。故凡托兴男女者，和动之音，性情之始，非尽男女之事也。'"[2] 这是孔子删诗、并存郑卫的意义阐释在词学中的延续。

其二，回避艳词之"艳"，直接视艳词为托喻性的文本，即"假闺房儿女

---

[1] 〔明〕沈际飞：《草堂诗余序》，嘉靖刊本。
[2] 〔清〕陆以谦：《词林纪事序》，〔清〕谢章铤：《赌棋山庄词话》卷十一引，光绪甲申刻本。

子之言通之于《离骚》、变雅之义"①。对此,常州词派的"比兴寄托"将其发挥至极。张惠言《词选序》有云:"极命风谣里巷男女哀乐,以道贤人君子幽约怨悱不能自言之情……盖诗之比兴,变风之义,骚人之歌,则近之矣。"这是对楚辞的经学阐释在词学中的延续。

其三,以阴阳道学论艳词:"人禀阴阳之气以生,性情中所寓之柔气,有时感发,每不可遏。有词一途分泄之,则使清纯之气长留行于诗古文。且经学须深思默会,或至抑塞沉困,机不可能。诗词足以移其情而豁其趣,则又益于经学不浅。"②"靡靡之音,自能开发心思,为学者所不废也。周官教礼,不屏野舞曼乐,人心既正,要必有闲情逸志,游思别趣,如徒端坐正襟,茅塞其心,以为诚正,此迂儒枯禅之所为,岂知道哉。"③艳词被纳入阴卑阳尊的价值结构中。

其四,视艳词为淫词媟语:"温、韦之徒,率然抒一时情致,流为淫艳秽亵不可闻之语。吾宋之兴,宗工巨儒文力妙天下者,犹祖其遗风,荡而不知所止,脱于芒端,而四方传唱,敏若风雨,人人歆艳咀味于朋游尊俎之间,以是为相乐也。"④

其五,视艳词为"空中语"。毛晋《山谷词跋》云:"鲁直少时,使酒玩世,喜造纤淫之词,法秀道人诫曰:'笔墨劝淫,应堕犁舌地狱。'鲁直答曰:'空中语耳。'"黄庭坚的"空中语"与程伊川言晏几道词"梦魂惯得无拘检,又踏杨花过谢桥"是"鬼语",成为词史上的著名典故,这体现出对艳词的微妙心态:既赏爱艳词又玩笑出之地自我解嘲。

其六,真正直面艳词之"艳",并对其作价值肯定。此发端于欧阳炯《花间集叙》,它一反主流文化,彰显"绮筵公子,绣幌佳人,递叶叶之花笺,文抽丽锦;举纤纤之玉指,拍案香檀"的秾艳情态,并为"秀而不实"张本:"迩来

---

① 〔清〕朱彝尊:《陈纬云〈红盐词〉序》,《曝书亭集》卷四十,《四部丛刊》本。
② 〔清〕焦循:《雕菰楼词话》,唐圭璋:《词话丛编》,中华书局1986年版,第1491页。
③ 〔清〕王闿运:《湘绮楼词选序》,《词话丛编》第4281页。
④ 〔宋〕鲖阳居士:《复雅歌词序略》,〔宋〕祝穆:《古今事文类聚》续集卷二十四,赵万里辑宁星凤阁校钞本。

作者，无愧前人。"不啻公然作艳词宣言。而首次有将"艳"本体于词学之倾向者，是明代王世贞《艺苑卮言》："颂酒赓色，务裁艳语，默启词端，实为滥觞之始。""词须婉转绵丽，浅至儇俏，挟春月烟花于闺襜内奏之，一语之艳，令人魂绝，一字之工，令人色飞，乃为贵耳。"并赫然称："作则宁为大雅罪人，勿儒冠而胡服也。"

以上六种，大致可涵盖词学史关于艳词的全部观念。前四种从正统道学立场对艳词或肯定或否定；第五种是极微妙复杂的心态，既认同艳词的情感形态与人性功能，又不敢正视它从而逃避它。前五种构成词学史的主要内容，但"艳"在其中并未真正被确立为词学本体范畴，它要么被视为一种伦理现象或反伦理现象；要么似是而非、可有可无。在词学史上尽管欧阳炯早就为"艳"张本，其后也不乏如王世贞的"宁为大雅罪人"，但终为主流文化及其词学思想所淹没。真正将"艳"建构为词学本体范畴的，是中国古代词史终结期的况周颐，这就是蕙风词学的"艳骨"说。

二

中国古代文论的风骨说始于刘勰："怊怅述情，必始乎风；沉吟铺辞，莫先于骨。""结言端直，则文骨成焉，意气骏爽，则文风清焉。"（《文心雕龙·风骨》）风骨之义，历来多有争论。"风"从情感中来，所谓"深乎风者，述情必显"（同上），这似无异议。关键是"骨"，宗白华认为："'骨'是否只是一个词藻（铺辞）的问题？我认为'骨'和词是有关系的。但词是有概念内容的。词清楚了，它所表现的现实形象或对于形象的思想也清楚了。"因而宗白华说："思想——表现为'骨'"；"情感——表现为'风'"[①]。这可能较合刘勰原意。"沉吟铺辞，莫先于骨"、"练于骨者，析辞必精"、"辞之待骨，如体之树骸"（同上），"铺辞"、"析辞"乃是思想的表现，有如"体之树

---

① 详参宗白华著：《美学散步》，上海人民出版社1981年版，第56页。

骸",即为"骨相","神居胸臆,志气统其关键;物沿耳目,辞令管其枢机"(《神思》),取之象外,得于言表,故"结言端直"便是"文骨成焉";但诗文的思想不是逻辑性的理论和文辞,它要感人深、化人速,就需要情感的浸润,即需要有"风",如此才能从思想性走到艺术性。清代纪昀论风骨:"气即风骨,更无本末。"[1]这意味着风骨是一个思想情感与文辞形式体用不二的概念。刘勰又说,风是"化感之本源,志气之符契"(《风骨》),而"气以实志,志以定言,吐纳英华,莫非情性"(《体性》)、"洞性灵之奥区,极文章之骨髓"(《宗经》),这意味着风骨所本,在于情性、性灵,风骨者,亦是作者的性灵、情性之谓。所以在刘勰那里,风骨有这样两个方面的内涵:它既指作品风清骨峻的艺术形态,又指作者风清骨峻的精神形态,所谓建安风骨概念,即兼含二者。刘勰的风骨说,描述了中国古代诗文的主流性美学追求,它凝结的是一种幽远的古典艺术风貌;亦是对中国古代文人主流性精神追求的象喻,它是一种有如男性化的生命形态。

然而,风骨论用之于词学,则有扞格,它难以或无法有效地描述词的主流性美学特质和词人主流性人格精神。刘勰原本就是为纠南朝绮靡柔弱文风,《风骨》云:"若丰藻克赡,风骨不飞,则振采失鲜,负声无力。"《诠赋》云:"繁华损枝,膏腴害骨。"《体性》云:"浮文弱植,缥缈附俗。"刘勰要倡导的是生动而劲健的文风:"蔚彼风力,严此骨鲠。才锋峻立,符采克炳。"(《风骨》)"植骨飏辞,务正刚健。"(《檄移》)以词来说,刘勰指弊,却正可谓词之体性者、词史之主流者,词多是"风骨不飞"、"膏腴害骨",不仅词之原型《花间》是这样,词史亦多如此;温、韦以来,历来词人多有不同于甚至迥异于诗文作者的人格精神。对词史这一现象,晚清以前的词学并未有一个有效的概念去揭示,所谓"豪放"与"婉约"、"清空"与"质实"、"醇雅"、"比兴寄托"、"疏密"等等,皆难具有效性。不过,正是在风骨说的文论背景下,更是无法回避千年词史的现实,词学始有"艳骨"之论。稍前

---

[1] 见周振甫:《文心雕龙注释》引,人民文学出版社1981年版,第303页。

于蕙风的谢章铤有词评云:"彭羡门正得温、李神髓,由其骨妍,故辞媚而非俗艳。"①陈廷焯评朱彝尊词"有凄艳入骨者",又云:"艳词至竹垞,仙骨姗姗。"②他们已及"艳骨",但前者主"拈大题目,出大意义",后者主"温厚沉郁",所谓"艳骨",实游离于其词学主旨之外,作为一个词学概念的意义远未被确立。真正标举艳骨,将其建构为词学本体范畴的是蕙风词学。

蕙风直接言及"艳骨"者有五处:

> 唐五代词并不易学。五代词人尤不必学。五代词人丁运会,迁流至极,燕酣成风,藻丽相尚。其所谓词,即能沉至,只在词中。艳而有骨,只是艳骨。(《蕙风词话》卷一③)
>
> 顾太尉,五代艳词上驷也。……以艳之神与骨为清,其艳乃益入神入骨。④
>
> 懿德皇后《回心院》词……香艳入骨,自是《花间》之遗。(卷三)
>
> 《养吾斋诗余》(刘将孙词集)抚时感事,凄艳在骨。(同上)
>
> 程颂万《美人长寿庵词》……清而不枯,艳而有骨。(补编卷三)

另检《蕙风词话》,以"艳"论词约五十五次,以"艳"成词计有:艳骨、奇艳、绝艳、凄艳、蓄艳、香艳、冷艳、新艳、端艳、顽艳、淫艳、尖艳、侧艳、艳而质等,另有与"艳"近义者:绮语、情语、婉丽、铿丽、旖旎缠绵等;以"骨"论词约二十七次,以"骨"成词计有:艳骨、香骨、玉骨、肌骨、仙骨、雅骨、入骨、骨干等,可见蕙风使用"艳"、"骨"频率之高。在具体的词学语境中,这些以"艳"、"骨"成词者多近于艳骨概念。

风骨变而为艳骨,"风"易而为"艳",则"骨"义大变,依风骨说,艳则必

---

① 〔清〕谢章铤:《赌棋山庄词话》卷八。
② 〔清〕陈廷焯著,屈兴国辑注:《白雨斋词话足本》卷三、卷五,齐鲁书社1983年版。
③ 〔清〕况周颐撰,屈兴国辑注:《蕙风词话辑注》,江西人民出版社2000年版。文中所引蕙风词论只注卷数者,均同此本。
④ 〔清〕况周颐:《餐樱庑词话》,转引自龙榆生:《唐宋名家词选》,上海古籍出版社1980年版,第25页。

伤骨,而蕙风则言"艳而有骨"、艳可"入神入骨",这意味着词学"艳骨"与文论"风骨"有本质之异,犹如诗变为词,艳骨之于风骨,可谓变风变骨。何谓艳?艳者,艳情,情从艳出,词中极尽男女之情事,谓之艳,蕙风形象地比喻:"'艳'如芍药、牡丹,慵春媚景。'丽'若海棠、文杏,映烛窥帘。"(卷二)"艳"具象为词中的情、景、事。但艳者不一定有骨,何谓骨?蕙风只言:"真字是词骨。"(卷一)夏敬观释:"若夫以真为词骨,则又进一层,不假外来情景以兴起,而语意真诚,皆从内出也。"①如同风骨之,艳骨之骨既是一个铺辞的问题,即"体之树骸"之骨相,更是思想的表现,即取之象外,得于言表。蕙风论梦窗词说:"即其芬菲铿丽之作,中间隽句艳字,莫不有沉着之思。"(卷二)"隽句艳字"是梦窗词之铺辞,但它是"沉着之思"的表现,后者与前者体用不二。艳骨与风骨,同构而异质,艳骨之骨亦非逻辑性的思想和文辞,它有情感的浸润,艳骨亦是一个思想情感与文辞形式体用为一的概念;但如果说艳骨是一种变风变骨,那么它既是思想情感之变,也是文辞形式之变。情感变而成为艳情;蕙风以"真"为词骨,此"真"则有其特定的思想内涵,在蕙风词学中,"真"乃生命之真,主要意指在男女之间这一最基本、最自然的类的关系中所凸显的感性生命,它往往是被主流文化压向边缘了的,而它又是人的最真实的生命本体。尚"真",意味着关注这一感性生命的价值,它成为蕙风词学的根本观念,《蕙风词话》以"真"论词约达二十五次,其崇尚生命真实,明显带有中国古代思想文化自明清以来尤其由近代向现代转型时所富有的生命哲学意味。如此,情艳而又有此思想之骨并表现为或秾词丽句或清语丽质的文辞形式,则为艳骨。否则便是艳而无骨,蕙风一再说"明以后词,纤庸少骨"(卷一)、"世俗以纤丽之笔作情语"(卷三)、"以尖为新,以纤为艳,词之风格日靡,真意尽漓"(卷二),即是此意。

蕙风把艳骨大致分为两种形态:一是秾艳。如论温、韦词:"熏香掬艳……《花间》群贤,殆鲜其匹。"五代词"大都奇艳如古蕃锦",论欧阳炯

---

① 夏敬观著:《蕙风词话诠评》,唐圭璋编:《词话丛编》,中华书局1986年版。

词:"'兰麝细香闻喘息。绮罗纤缕见肌肤。此时还恨薄情无?'自有艳词以来,艳莫殆于此矣。半塘僧骛曰:'奚翅艳而已,直是大且重。'"(同上)二是清艳。如评欧阳炯《定风波》(暖日闲窗映碧纱。小池春水漫晴霞。数树海棠红欲尽,争忍,玉闺深掩过年华。 独凭绣床方寸乱。肠断。泪珠穿破脸边花。邻舍女郎相借问,音信,教人羞道未还家)"艳而质,质而愈艳"、"此等词如淡妆西子,肌骨倾城"(补编卷一);评东坡《青玉案》:"'作个归期天已许。春衫犹是,小蛮针线,曾湿西湖雨。'上三句未为甚艳。'曾湿西湖雨'是清语,非艳语。与上三句相连属,遂成奇艳、绝艳,令人爱不释手。"(卷二)如果说秾艳是熏香掬艳漫溢于字句,清艳则清语而质艳,清淡如水,却是神韵之艳,但无论是秾艳之秾词丽句,还是清艳之清语淡字,皆有异于风骨论中的"结言端直"、"骨劲而气猛",而是一语之艳,令人魂绝,一字之工,令人色飞,它们犹如倾城柔骨。

风骨变而为艳骨,究其根本,在于诗心文心变而为词心。何谓词心?蕙风说:"吾听风雨,吾览江山,常觉风雨江山外有万不得已者在。此万不得已者,即词心也。而能以吾言写吾心,即吾词也。此万不得已者,由吾心酝酿而出,即吾词之真也。"(卷一)词之真即是词之心,词之心即是词人之心,它是词人自我的心灵姿式与生命律动。蕙风又一再言:"填词,智者之事。……吾有吾之性情,吾有吾之襟抱与大聪明才力。欲得人之似,先失己之真。"(同上)"性情与襟抱,非外铄于我,我固有之,则夫词者,君子为己之学也。"(补编卷一)"吾性情为词所陶冶,与无情世事日背道而驰。其蔽也,不能谐俗,与物忤。自知受病之源,不能改也。""吾性灵与相浃而俱化,乃真实为吾有而外物不能夺。三十年前……养成不入时之性情,不遑恤也。"(卷一)可见,在《蕙风词话》中频频出现约达三十六次的"性灵"、"性情",其实就是蕙风所谓"风雨江山外有万不得已者在"的词心,词心之真即是性灵之真。如同风骨论中风骨本于性灵、性情,艳骨亦本于词人的真性灵、真性情,它是词人的生命本体所在。然同为性灵,其义有别,艳骨之为变风变骨,在于作品的情感思想和文辞形式之变,更在于作者的性灵之变。何谓词人性灵？蕙风谓之曰"哀感顽艳"。"哀感顽艳"原出《文选》卷四十繁钦《与魏文帝笺》："凄入肝脾,哀感顽艳。"较早在词学批评中言"哀感顽艳"的,是清初宋征舆的《倡和诗余序》："柳屯田哀感顽艳,而少寄托。"陈维崧评"饮水词哀感顽艳,得南唐二主之遗"①,王国维《人间词话》亦言"纳兰卫士……悲凉顽艳",他们似有以哀感顽艳为词人真性灵之意。蕙风则真正确立了这种观念:

> 问哀感顽艳"顽"字云何诠？释曰:拙不可及,融重与大于拙中,郁勃久之,有不得已者出乎其中而不自知,乃至不可解,其殆庶几乎,犹有一言以蔽之,若赤子之笑啼然,看似至易,而实至难者也。(卷五)

这"不得已者出乎其中而不自知"即是词心,它是顽艳之心,亦即顽艳性灵,刘永济诠释:"况氏诠释'顽'字,归本于赤子之笑啼,实则一真字耳。情真之极,转而成痴,痴则非可以理解矣。痴,亦'顽'字之训释也。天下唯情痴少,故至文亦少。情痴者,不惜牺牲一切以赴之,《柏舟》之诗人、《楚辞》之屈子,其千古情痴乎！有此情痴已难矣,而又能出诸口,形诸文,其难乃更甚。然而情之发,本于自然,不容矫饰,但使一往而深,自然痴绝,故又曰'至易'。"②心靡悱恻,情艳意柔,真极而顽,顽而成痴,"情从心出,非有一种芬芳悱恻之怀,便不能哀感顽艳"③。此性灵,拙而融重、大,有此性灵,则是艳骨,正如受业于蕙风的赵尊岳云:"藉文藻以写性灵,是谓词章……寓性灵于文字,谓之骨干。"④《花间集》之所以被蕙风推为词境最高⑤:"词有穆之一境,静而兼厚、重、大也。淡而穆不易,浓而穆更难。知此,可以读《花间

---

① 〔清〕冯金伯辑:《词苑萃编》卷八引,清嘉庆刊本。
② 刘永济著:《词论》卷下,上海古籍出版社1981年版,第84页。
③ 〔清〕袁枚撰:《随园诗话》卷六,王英志主编:《袁枚全集》,江苏古籍出版社1993年版。
④ 赵尊岳著:《填词丛话》卷一,《词学》第5辑,华东师范大学出版社1986年版。
⑤ 夏敬观言:"穆乃词中最高之一境,况氏以读《花间集》明之,可谓要诀。"又言:"《花间集》全在神穆,词境之最高者也。"(《蕙风词话诠评》)

集》。"(卷二)正是因为唐五代"人丁运会,迁流至极,燕酬成风,藻丽相尚。其所谓词,即能沉至,只在词中。艳而有骨,只是艳骨",唐五代词人满心肆口,莫非性灵,莫非艳骨。显然,蕙风"艳骨"又是词人性灵之渭,抑或说是由词映射出的词人的一种精神气质。

至此,我们可以得出这样的结论:在蕙风那里,艳骨既指词的情艳骨柔的艺术形态,亦指词人真骨顽艳的精神形态。蕙风所谓《花间》艳骨,即兼含二者。

从风骨到艳骨,不仅反映了中国古代文学由诗文而词的基本艺术经验的转型,也反映了古代文人基本人格精神的变化。蕙风"艳骨"说,可谓对中国古代词体文学主流性审美追求和艺术风貌的理论描述,亦是对古代词人主流性精神风貌的理论描述。如果说风骨概念凝结了中国诗文幽远的古典艺术风貌,艳骨概念则揭示了悠长的词体文学的艺术经验,前者是风清骨峻,后者是情艳骨柔,前者以建安诗歌为标本,后者以唐五代词为范型;如果说前者象喻的是作者风清骨峻的男性化人格精神,有如建安风骨,后者则象喻的是词人情艳骨柔的女性化人格精神,有如《花间》艳骨。

三

近人张尔田曾言:"蕙风词话,标举纤仄,堂庑不高。重拙指归,直欺人语。"① 这虽是误读,但也恰恰从反面说明了艳骨说其实是蕙风的词学主旨所在。今人叶嘉莹也说,关于艳,"我以为在历代词评家中,当以况周颐对之最有深切的体认,且作过大胆的肯定"②。只要深入蕙风词学批评世界,便会发现此言不虚。构成蕙风词学批评语境的主要是艳骨说。

这首先表现在蕙风对《花间集》的评价。《花间》是倚声之祖,但历来词学对它多有非议,根源即在于其意格不高。张惠言虽推温庭筠为最高,但他

---

① 见夏承焘日记引张尔田言,氏著:《天风阁学词日记》,浙江古籍出版社1984年版,第433页。
② 叶嘉莹著:《迦陵论词丛稿》,河北教育出版社2000年版,第164页。

是以"比兴寄托"攀附《风》《骚》之义,且是将温词割离出《花间》而供奉;陈廷焯一面以"温厚沉郁"奉温、韦为宗,一面又斥《花间》……诸选,背缪不可言矣。所宝在此,词欲不衰,得乎?"①蕙风却一反传统词学史,给予《花间》"静而兼厚、重、大"的最高评价,可以说,《花间》到蕙风那里,才得到真正的价值认证,因为常州词派是以兴托之旨去推尊温、韦,蕙风立《花间》为范,依据的却是"艳骨",蕙风反对对艳词作生硬的意义附加:"非二物相比附也。横亘一寄托于搦管之先,此物此志,千首一律,则是门面语耳,略无变化之陈言耳。于无变化中求变化,而其所谓寄托,乃益非真。……夫词如唐之《金荃》、宋之《珠玉》,何尝有寄托,何尝不卓绝千古,何庸为是非真之寄托耶!"(卷五)作词乃是"触发于弗克自已,流露于不自知……非因寄托而为是词也"(补编卷一)。为此,蕙风提出"即性灵,即寄托"(卷五),有性灵便是有寄托,性灵"流露而不自知"即是寄托,否则不是寄托,《花间》词人即是如此,其词心初酿,性灵顽艳,若春花怒放,烂漫成林。蕙风干脆否认《金荃》、《珠玉》有寄托,这意味着艳词无需有寄托同样能卓绝千古。相反,艳词所怕的不是无寄托,而是无真性灵,是无艳骨,《花间》有艳骨,自是"厚、重、大"。

"艳骨"实际上亦是蕙风重新梳理词史的一把标尺。千载词人,进入蕙风词学批评视野者不下百千,但传统所谓经典词人如浙派所推崇的姜夔、常派所推崇的王沂孙等,却几无涉及,其所圈点的多是非名家作手的真性灵语、真艳骨作,人数之多,旷古未有。如言荣覃《南乡子》咏梅"艳而质……《花间》之遗"、赵汝茪《汉宫春》"玉骨横秋"(卷二)、"懿德皇后《回心院》词……香艳入骨,自是《花间》之遗"、冯子翼《江城子》"艳绝"、李琳《六幺令》"调情娟倩,如髫年碧玉,凝睇含颦"、萧东父《齐天乐》"秾艳极矣,都不堕恶趣"(卷三)等等,不胜枚举。最为值得注意的是,蕙风一反传统"明代无词"的词史观,认为明词"亦复不可无采,视抉择何如耳"(同上)、"世讥

---

① 〔清〕陈廷焯著,屈兴国辑注:《白雨斋词话足本》卷八。

明词纤靡伤格,未为允协之论"(卷五)。这正是因为蕙风非但不以艳为过,且以艳骨为词之本体,以此审视明词,犹可圈点。《蕙风词话》评骘明代词家约四十三人,男性词人二十七位,女性词人十六位,这在清代词话中绝无仅有。甚至于陈铎词得到蕙风"兼《乐章》之敷腴,《清真》之沉着,《漱玉》之绵丽"(同上)的极高评价;蕙风更是推屈大均《道援堂词》:"词中哀感顽艳,哀艳者往往有之,独顽以感人,则绝罕觏。道援斯作,沉痛之至,一出以繁艳之音,读之使人涕泗涟洳而不忍释手,此盖真能感人者矣。"① 蕙风曾引顾贞观语云:"……不执己,不徇人,不强分时代,令一切矜新立异者之废然返也。"(续编卷一)这正体现了以艳骨说重理词史而还其真实面目的词史观。

蕙风词学批评另外一个值得注意的现象,是对闺秀之作的高度重视。他对女性词人的同情与偏爱之深,评及之多,在词学史上亦绝无仅有。《蕙风词话》不仅各卷多有词评,且有补编卷二整一卷篇幅专谈闺秀词,仅是明清女性词人,便多达四十九位,蕙风认为,"红闺吟咏,大都颖慧绝伦"、"丽而不俗,闺词正宗"(补编卷二)。自古女性生存于主流文化的边缘,而女性词人更是大多要么处深闺,要么在青楼,惟其如此,前者不为世俗所尘染,却可常葆生命之真;后者剥脱了深重的礼教负荷,却可尽显性灵之真,女性词人的生命形态最是艳骨,因而女性词往往最是情深意厚的顽艳真骨,这也正是况氏赏重闺词的根本原因。

四

"夫艳何责焉?淫,古意也。三百篇集顶淫,孔子奚取焉?"(补编卷四)这是蕙风于1907年刻印自集《玉梅后词》受人指责以至师友王鹏运规劝"是词淫艳不可刻也"(同上)后的自辩。七年后的1914年又结自集《二云词》,该集以其时名优傅彩云、朱素云命名:"二云而外,吾词何属。……写付

---

① 见赵尊岳著:《明词提要·道援词一卷》,惜阴堂汇刻本。

乌丝,但博倾城一笑。"(同上)蕙风甚至于1915年署名玉梅词隐编成《绘芳词》,所选远自温庭筠近迄其室卜娱咏美人由发至足词,其中实杂有其托名周夔所作十六阕。蕙风曾言:"唯绮语,则知其非宜而不能戒。"晚年依然说:"余曩好侧艳之词,或为秀铁面所诃。近来投老,意绪阑珊,固却去不为,为之亦未必能工也。读次公《玲珑四犯》,辄为神往。"(补编卷三)可见艳骨说不仅是蕙风词学思想和词学批评之关键,而且被付诸其一生的创作实践。正如龙榆生谈蕙风词:"综览全词,似多偏于凄艳一路,而少苍凉激壮之音。"①

蕙风词集有《存悔词》、《蕙风词》、《锦钱词》、《菱景词》、《玉梅后词》、《二云词》、《餐樱词》、《菊梦词》等。己卯(1879)以前的《存悔词》有蕙风十五岁前所作《减字浣溪沙》云:

> 如水清凉沁碧衫,一重秋树一重帘,一痕眉月影纤纤。　树隔层烟烟隔月,幽情无奈一窗衔,玉钩银烛海棠酣。

词如小荷初露,轻盈新艳。清丽之语中,洄流如丝如缕的少年感伤:花轻似梦,细雨如愁,仿佛是与生俱来。己丑(1889)入都后的《锦钱词》亦有《减字浣溪沙》:

> 重到长安景不殊,伤心料理旧琴书,自然伤感强欢娱。　十二回阑凭欲遍,海棠浑似故人姝,海棠知我断肠无?

前阕是清丽淡景,此阕则是伤怀深情,可谓艳而质,质而愈艳。壬子(1912)《绘芳词》题词《高阳台》云:

> 春女花身,冬郎绣口,红牙按拍谁工。悟彻根尘,总然非色非

---

① 龙榆生:《清季四大词人》,《龙榆生词学论文集》,上海古籍出版社1997年版,第467页。

空。斜阳送尽春无赖,剩消磨、写翠传红。更何因、刻划西施,枨触东风。　　玉颜自昔悲青镜,尽搓酥琢雪,知为谁容。一寸琼瑶,能消一曲丝桐。彩云犹作真真唤,甚昂藏、七尺飘蓬。引醇醪、别有伤心,分付惊鸿。

又"续赋三绝于后":

　　送春春去仍风雨,闻说清和绝惘然;如此新亭更无泪,且携浊酒拨湘弦。
　　一肌一容妍复妍,一字一句圆复圆;一声一泪溅复溅,美人劝我金觥船。
　　倾城倾国谈何易,为雨为云事可哀;切莫相逢诉沦落,眼中楼阁即蓬莱。

词中语艳色飞,尽见得一种艳情柔骨,旖旎缠绵;忧生之嗟中,郁结的是万不得已的恋女情结。壬子后的《二云词》有《前调·绿叶成阴苦忆阊门杨柳》云:

　　玦绝环连两不胜,几生修得到无情?最难消遣是今生!蝶梦恋花兼恋叶,燕泥粘絮不粘萍,十年前事忍伶俜。　　翠袖单寒亦自伤,何曾花里并鸳鸯?只拌陌路属萧郎。黄绢竟成碑上字,红绵谁见被中装?可能将恨付斜阳。

此词则已然凄艳彻骨,幽咽回肠,至深之情,无以排遣,生命不自知,利剑不能断。壬子后的《菊梦词》有《西子妆慢·赋葬花剧》云:

　　蛾蕊颦深,翠茵蹴浅,暗省韶光迟暮。断无情种不能痴,替消魂乱红多处。飘零信苦!只逐水沾泥太误。送春归,费粉蛾心眼,低徊香

诗词与民歌　101

土。　娇随步,着意怜花,又怕花欲妒。莫辞身化作微云,傍落英,已歌犹驻。哀筝似诉!最肠断红楼前度。恋寒枝,昨梦惊残怨宇。

词中仿佛有无数丽字,飞动着粉蛾乱花,驰情眩艳,摛葩织藻,伤时涕泪,正是哀感顽艳。

从以上略举蕙风自少时新词到晚年篇章,便能看到一个从早期清艳、轻艳到后期秾艳、凄艳的蕙风"艳骨",岁月的流逝始终未能磨蚀其顽艳性灵和词学真骨。

五

从词学主旨到词学批评以至作词实践,蕙风皆把"艳骨"提升到了词学本体的层面,这也许更为切合词的文化本质。

词这一文学形式,从其诞生即包含有对主流文化与文学的游离甚至背离。其原型之所以是艳词并非偶然。晚唐五代,王道礼义崩坏,诗心文心顿时缺丧,易而为词心,风骨变风变骨,易而为艳骨。所谓艳骨者,实是从生命性情根柢处游离或背离主流文化者。诗言志,文载道,词何为?词人性灵所系,已不在家国伦常,而在男女之间。前者原本是诗人文人生命之价值本源,但它已破损,男女之间的艳情原本是一种非伦理或反伦理现象,但却涵盖有无限鲜活而丰富的生命体验和人生况味。当前者日渐异化为苍白的道德理性形式,无以安顿诗心文心,它便蜕变为戕害性灵的渊薮,生命失其真,性灵有其伪,徒为端坐正襟而茅塞其心的迂儒枯禅。"宁为大雅罪人,勿儒冠而胡服",这便是千古词人;于是男女之间,便为词心所流连。陆游之所以说"诗愈卑而倚声辄简古可爱"(《花间集跋》),王国维之所以说"词人之词,宁失为倡优,不失之俗子","以其写之于诗者,不若写之于词者之真也"(《人间词话》未刊手稿),便在于此。在闺阁、青楼,沉吟之际,视听之区,词人却能体验到一份最丰富最真切的生命感动。那种"男子而作闺音"的心靡悱恻、情至文生,正是词人真性灵的体现。词体文学以其审美特质,千百年来正是负载了这样的一份生命之真。如果说词不仅是一种文学现象,也是一种文化现象,那么艳骨说则正可谓对这一现象的描述。

实际上,在传统主流文化和文学史背后,从来就存在着另一股文学暗流,只不过前者是中心的,后者是边缘的;前者是显层的,后者是隐层的;后者要介入前者,必须基于前者对后者的重构。《诗经》中就有大量的情艳之作,朱熹《诗集传》卷四指《静女》、《有女同车》为"淫奔之诗";《楚辞》更是如此。游国恩先生说:"文学用'女人'来做'比兴'的材料,最早是《楚辞》。"[①]尽管屈原确有以美人香草自喻者,但《离骚》直观给出的是芬芳悱恻的情艳文本意象,这表明屈原有着浓厚的女性化情结和秾艳情感状态,否则"横亘一寄托于搦管之先",无法有《离骚》这样的杰构。"与其说'风骚'代表《诗经》和《楚辞》,倒不如说代表女性,因为它们都是喜欢谈'女人'的"[②],"风骚"之情艳已被主流文化经典化为后者的重要组成部分了。屈原之后,宋玉《高唐赋》、《神女赋》、《登徒子好色赋》,枚乘《七发》,司马相如《上林赋》,傅毅《舞赋》,汉乐府古辞《艳歌罗敷行》、《陌上桑》,李延年《佳人歌》,辛延年《羽林郎》,张衡《同声歌》,曹植《洛神赋》,徐干《情诗》,繁钦《定情诗》,张华《情诗》,陆机《艳歌行》,陶渊明《闲情赋》,直至南朝宫体诗集《玉台新咏》等等,皆为艳骨珊珊、哀感顽艳,它们有的已被主流文化和文学史所接纳,但其逸出或背离后者的倾向显而易见。《玉台新咏》和《花间集》可谓中国古代文学最为眩目的情艳文本,而后者以词体形式更为细腻而鲜活地为情艳张本。《花间》之后,中国词史上艳而有骨者代不乏人。李煜"生于深宫中,长于妇人之手"而"不失其赤子之心者也"(王国维《人间词话》);晏几道"固人英也,其痴亦自绝人"(黄庭坚《小山词序》);"少游,词心也";纳兰性德"悲凉顽艳","北宋以来,一人而已"(《人间词话》)。中国文学史上,集艳骨之大成者莫过于"千红一窟,万艳同杯"的

---

① 游国恩著:《楚辞论文集》,古典文学出版社1955年版,第191页。
② 游国恩著:《楚辞论文集》,第203页。

《红楼梦》,贾宝玉身上凝结了从《柏舟》之诗人、《楚辞》之屈子直至纳兰性德的千古顽艳,即所谓"天下古今第一淫人",曹雪芹这样释"淫":"淫虽一理,意则有别:如世之好淫者,不过悦容貌,喜歌舞,调笑无厌,云雨无时,恨不能得天下之美女,供我片时之趣兴,此皆皮肤滥淫之蠢物耳,如尔,则天分中生成一段痴情,吾辈推之为'意淫'。惟'意淫'二字,可心会而不可口传,可神通而不可语达。汝今独得二字,在闺阁中固可为良友,然于世道中未免迂阔怪诡,百口嘲谤,万目睚眦。"(《红楼梦》第五回)"意"者,灵;"淫"者,肉。"意淫"者,灵肉为一的生命形态。从《诗经》之"淫奔"到《红楼梦》之"意淫",一脉文学,实有自形下到形上的以肉救灵之意,它一反主流文化以"理"抑"欲"之弊,词学之"艳骨",是此文学一脉中的华采乐章。"艳"在于肉,"骨"在于灵,前者是血肉情感,后者是思想灵魂。艳骨与意淫,可谓异曲同工。

蕙风一生,遍披世纪末之凉雾,清王朝沉重的身躯轰然倒塌于他的生命历程。烟水迷离中,蕙风更是目送了中国古代历史远逝的背影。无限辛酸,何以安顿心魂?与词为生,便成了他的唯一选择。面对满目疮痍的历史文化和人生世道,无边绝望中,只有固守君子为己,沉湎于酒边花下,在"男子而作闺音"的绮芳缛情中去求得一丝寄托,去感受和守护最后的一点生命真实,便成了蕙风唯一能做到的。无论是从中国古代历史文化之命运,从中国古代词史之命运,还是从不堪之人生来说,蕙风提出艳骨说,都是必然的。

(本文原载《文学遗产》2006年第3期)

犹疑与错乱：王国维清真词评的复杂文化心态

梅向东

一

研究王国维词学，就会碰到一个难题：王氏对周邦彦词的态度前后不同，自我抵牾，与王氏治学之心思缜密、考究谨严形成极大反差。何至于此？历来多有所论，而不外乎两种说法。一为"改正说"，即认为王氏改正前说，以《清真先生遗事》（以下简称《遗事》）的观点去修正《人间词话》（以下简称《词话》）的观点。[①]最有代表性者当是罗忼烈先生，他将王氏对周词的态度变迁细化为由不喜到渐喜再到深喜终至大喜这四个阶段。[②] 二为"一致说"，以蒋哲伦先生为代表，即认为王氏并无所谓前后不一、自相矛盾之处，也就无所谓改正前说；相反，王氏一向推重清真，而且"《遗事》的评论清真词同《词话》相比照，实可相互补充，相互发明，而并不构成显著的矛盾"[③]。两说看似不同，实则有三点相同，而这也是它们共同存在的问题：

其一，均以《遗事》之说为王氏对清真词的最终定评，又均以《词话》初刊本及其附录以及《遗事》为全部依据。王氏词学批评既非始于《词话》，亦非终于《遗事》。其清真词评也既早于前者，非终于后者。《词话》和《遗

[①] 俞平伯言："王静安《人间词话》尚以为美成劣于欧、秦，而于《遗事》则曰：'词中老杜断非先生不可。'盖亦自悔其少作矣。《词话》在先，《遗事》在后）"（俞平伯著：《读词偶得》，开明书店1935年版，第71页）叶嘉莹言："他在《人间词话》中论及清真词之'能入而不出'的不满口气，与其晚年所作的《清真先生遗事》中论及清真词时重视其工力成就的口气不同。"（叶嘉莹著：《王国维及其文学批评》，辽宁教育出版社1997年版，第246页）

[②] 参见罗忼烈：《王国维与清真词》，《两小山斋论文集》，中华书局1982年版，第106—115页。

[③] 蒋哲伦：《王国维论清真词》，《文学遗产》1996年第1期。

事》固然为王氏两个最重要的词学文本,但却并非其清真词评之全部。况且,即便是《词话》,也有手稿本、初刊本、重编本之分,它们分别是王氏在不同时期的原稿、调整和改编,而两说均未及手稿本和重编本。① 如罗忼烈,其文中自称所引王氏词话,出自徐调孚注、王幼安校订的《人间词话》②,而这一版本虽录王氏词话较全,但却不能反映手稿原貌,也就不能见出王氏撰写词话原本的先后次序。如以初刊本中的第三十二、四十八、六十则为王氏对周词的第一阶段评价,而这三则在原手稿中为第六十四、七十四、一百一十八则。手稿本共125则,从这三则在原手稿中的位置来看,它们绝非王氏的第一阶段评价。罗氏论及王氏清真词评的第二阶段时,所引证者有初刊本的第三十三、三十四、三十六则,然而这三则在原手稿中为第八、九、二十则。这就意味着罗氏将手稿中原本是后期的清真词评误以为是王氏对周词的第一阶段评价,而将手稿中原本是第一阶段评价者误以为王氏对周词的第二阶段评价。罗氏论及王氏清真词评的第三阶段时,引证手稿中的第九十八、一百一十二则,便得出王氏此时眼中的清真词"简直是一流中之一流"③的结论,也嫌轻率。且不说这两则词话一为未刊稿,一为王氏原本删去者,据此以立论本就欠妥;而且得出那一结论,恰恰是因为他误把原本应为后来之评的手稿第一百一十八则,看作是王氏第一阶段评价,因为这则词话正是对清真词的贬责而非揄扬。罗氏之误,在于既未得见王氏手稿,而把徐调孚、王幼安校订本当作了最完备的版本;又误以它的条则编排顺序为王氏撰作词话时的先后顺序。再如蒋哲伦,其文中对王氏所言"予于词……于北宋喜同叔、永叔、子瞻、少游,而不喜美成",作了这样的轻描淡写:"倒是与王氏其他评论有矛盾,可能系少时所记,兹不具论。"(《王国维论清真词》)以其为"少时所记"而未作确考,本

---

① 俞平伯当未见《人间词话》手稿本和重编本,叶嘉莹、罗忼烈较早论及王氏词学时亦如此。手稿本首次问世,是在滕咸惠校注《人间词话新注》(齐鲁书社1981年版)中;首次完整发表重编本三十一则,是在赵利栋辑《王国维学术随笔》(社会科学文献出版社2000年版)中。
② 参见罗忼烈:《王国维与清真词》,《两小山斋论文集》,第108页。
③ 罗忼烈:《王国维与清真词》,《两小山斋论文集》,第113页。

就是未窥全豹所致，而明明与其"一致说"有矛盾却以"兹不具论"来打发，则更不合适。

其二，均认定王氏根本上是清真词的推崇者，只不过"改正说"以为是先抑后扬，后来改正前说而推崇清真；而"一致说"以为是始终如一地推重清真。如此，两说均掩盖了王氏清真词评中客观存在的内在矛盾。"一致说"自不待言，"改正说"既以为王氏是以后论修正了前论，也就意味着它无所谓自相矛盾。然而，王氏对周词的态度反复多变，自我抵牾，本就是其词学批评中的一种客观存在，是一种结构性的词学生态。因而二说的症结在于，不去回答何以有自相矛盾，而是解释何以没有自相矛盾。

其三，二说均仅从词学内部去看王氏的清真词评问题，而未及词学之外。王氏对传统词学的超越正在于，他不仅从词内看词，而且从词外看词；不仅从传统视角看词，更从现代视角看词。这使得他将词学超越为一般诗学美学，也进入到20世纪初现代转型的历史文化语境中。即如《词话》，它不仅是词学，也是一般诗学美学，同时也体现了现代转型时期王氏的文化价值观念，因而是一个涵盖了词学、一般诗学和文化哲学的超文本。既如此，则讨论王氏的清真词评问题，就不能仅从词学内部和传统视角，还要由词学以外和现代视角去思考，必须将其放置于当时的学术文化语境中才可深察。

二说既有误，则不可再沿袭其误。[①]因为它是今天清理王氏学术研究史时需要解决的问题之一。事实上，在1905—1915年的词学批评中，王氏对清真词的接受呈现为一个十分复杂的过程。他不仅考订周词版本、两校《片玉集》，对周词的批评接受更是伴随始终。他在一系列眉批、序跋，尤其是在《词话》和《遗事》这两个重要文本中反复致意。王氏所涉词人众多，但其一生中专为一位词人撰写单篇论著，仅有《遗事》。可见

---

① 遗憾的是，近年仍有论者误以为《遗事》是王氏对清真词的最终定评，且认为："王氏评清真词前后一致，并无矛盾。"（徐玮：《关于王国维论清真词争议的再评价》，马兴荣、邓乔彬主编：《词学》第26辑，华东师范大学出版社2011年版）

清真词是王氏用心最久、用力最多的词学批评对象，更是他的一个词学情结。因而，有这样几个问题需要深入探讨：一、王氏的清真词评到底有怎样的全貌？二、王氏对周词的评价呈现为一种怎样的词学生态？三、王氏的清真词评出现这一复杂情形的原因是什么，意义有哪些？这些问题的答案，不仅要从词学内部去寻找，更要从当时的学术文化情境中去深入摸索。

二

首先，有必要对王氏的清真词评作全面清理。

1905年，王氏读旧藏周济《词辨》，曾留有四条眉批，其中之一即言及周词："美成词多作态，故不是大家气象。若同叔、永叔，虽不作态，而一笑百媚生矣。此天才与人力之别也。"并于卷末跋中云："予于词……于北宋喜同叔、永叔、子瞻、少游，而不喜美成。"①这当是其清真词评之始，也当是其词学批评之始。

王氏《人间词话》始于1908年10月，至1909年初《国粹学报》连载刊世，共64则。此即初刊本，也是现今最为通行本。但显然其始著词话比这要早，当在1906年。②原手稿共125则，其中有11则评及周词；初刊本64则，有6则评及周词。值得注意的是，除手稿本和初刊本，1915年1月，王国维又在《盛京时报》连载过共计31则的《人间词话》，是将初刊本再次作调整，此即重编本，其中有3则评及周词。以上情况，详见表1③：

---

① 谢维扬、房鑫亮主编：《王国维全集》第1卷，浙江教育出版社、广东教育出版社2009年版，第544页。该跋署"光绪乙巳十一月"，光绪乙巳即为1905年，故王国维眉批亦当作于此年。
② 关于《人间词话》手稿的撰写时间，有不同说法，本文从始自1906年说。参见佛雏：《〈人间词话〉手稿补校并跋》，王国维著，佛雏校辑：《新订〈人间词话〉·广〈人间词话〉》，华东师范大学出版社1990年版，第256页；陈鸿祥著：《王国维传》，人民出版社2004年版，第320—327页。
③ 表中所引《人间词话》手稿本、初刊本、重编本内容，均参见王国维著，彭玉平疏证：《人间词话疏证》，中华书局2011年版。该著以手稿本为底本，并附录有初刊本、重编本。

表1

对清真词的评价	手稿本中条则序位	初刊本中条则序位	重编本中条则序位
美成词深远之致不及欧、秦,唯言情体物,穷极工巧,故不失为第一流之作者;但恨创调之才多,创意之才少耳。(《人间词话疏证》,第112、416、429页)	8	33	17
词忌用替代字。美成《解语花》之"桂华流瓦"境界极妙,惜以"桂华"二字代"月"耳。梦窗以下,则用替代字更多。其所以然者,非意不足,则语不妙也。盖意足则不暇代,语妙则不必代。(《人间词话疏证》,第118、416、429—430页)	10	34	18
美成《苏幕遮》词:"叶上初阳干宿雨。水面清圆,一一风荷举。"此真能得荷之神理者。觉白石《念奴娇》《惜红衣》二词,犹有隔雾看花之恨。(《人间词话疏证》,第146—147、416—417、430页)	20	36	19
"秋风吹渭水,落叶满长安",美成以之入词,白仁甫以之入曲,此借古人之境界为我之境界者也。然非自有境界,古人亦不为我用。(《人间词话疏证》,第226页)	48		
词家多以景寓情。其专作情语而绝妙者,如……美成之"许多烦恼,只为当时,一饷留情",此等词古今曾不多见。(《人间词话疏证》,第232页)	52		
长调自以周、柳、苏、辛为最工。美成《浪淘沙慢》二词,精壮顿挫,已开北曲之先声。(《人间词话疏证》,第242页)	56		
词之雅郑,在神不在貌。永叔、少游虽作艳语,终有品格。方之美成,便有淑女与倡伎之别。(《人间词话疏证》,第259、415页)	64	32	
周介存谓:"梅溪词中,喜用'偷'字,足以定其品格。"刘融斋谓:"周旨荡而史意贪。"此二语令人解颐。(《人间词话疏证》,第279、420页)	74	48	
唐五代之词,有句而无篇。南宋名家之词,有篇而无句。有篇有句,唯李后主降宋后之作,及永叔、子瞻、少游、美成、稼轩数人而已。(《人间词话疏证》,第342页)	98		
词之最工巧者,实推后主、正中、永叔、少游、美成,而前此温、韦,后此姜、吴,皆不与焉。(《人间词话疏证》,第372页)	112		

续 表

对清真词的评价	手稿本中条则序位	初刊本中条则序位	重编本中条则序位
诗人对宇宙人生,须入乎其内,又出乎其外。入乎其内,故能写之。出乎其外,故能观之。入乎其内,故有生气。出乎其外,故有高致。美成能入而不能出。白石以降,于此二事皆未梦见。(《人间词话疏证》,第383、423页)	118	60	

三个版本的《词话》各为125则、64则、31则,数量大抵为对半递减,其评骘清真词者亦如此,各为11则、6则、3则,但它们在三个版本的词话中所占的比例却大约相当,都高达9%左右。

1906年和1907年,王氏托名樊志厚,分别作《人间词》甲、乙稿序,其中评清真词云:"君之于词……于北宋喜永叔、子瞻、少游、美成。""美成晚出,始以辞采擅长,然终不失为北宋人之词者,有意境也。"① 再者,据陈乃乾所录王氏旧藏《片玉词》眉批有云:"《片玉词》'良夜灯光簇如豆'一首……非美成所宜有也。"②

1910年12月,王氏草成《清真先生遗事》,次年刊于《国学丛刊》。这是对周邦彦作专门研究的长篇大作,该文包含"事迹一""著述二""尚论三""年表四"这四个部分。在第三部分中,王国维提出了几点结论:一、周氏"立身颇有本末",历来所有关于其品行不端的记载皆不足信,需"廓而清之"③。他认为,周氏为人,身正无邪,与新旧两党"均无依附",同蔡京之流"无所趋避","晚年稍显达,亦循资格得之"④。王灼《碧鸡漫志》、王明清《挥麈余话》、张端义《贵耳集》、周密《浩然斋雅谈》等书所记述的周邦彦与李师师等名优营妓苟且之事,皆无所据。二、周氏乃"词中老杜",周词"精工

---

① 王国维著,彭玉平疏证:《人间词话疏证》,第444页。
② 王国维著,彭玉平疏证:《人间词话疏证》,第441页。
③ 谢维扬、房鑫亮主编:《王国维全集》第2卷,第422页。
④ 谢维扬、房鑫亮主编:《王国维全集》第2卷,第360页。

博大"①,凌轹欧、苏、秦、黄,既能"模写物态,曲尽其妙",又能"入人至深,行世尤广",还富于音律之美。②

1911年,就在作《遗事》后不久,王氏又校《片玉集》并作长跋。跋云:"曩读周清真《片玉词》,《诉衷情》一阕(《片玉集》《清真集》均不载)曰:'当时选舞万人长,玉带小排方。喧传京国,声价年少最无量。'""颇疑此词或为师师作矣。"③王氏因词中"玉带""排方"而考诸宋代礼制,则以其自炫于万人之中者,唯有李师师,进而云:"曩作《清真先生遗事》,颇辨《贵耳集》《浩然斋雅谈》记李师师事之妄。今得李师师金带一事,见于当时公牍,当为实事。"④王氏因名器之乱而考出周氏《诉衷情》系为李师师而作,既如此,周、李必有瓜葛,则《贵耳集》等文献并有记述之事,便非毫无根据。颇可玩味的是,跋中似极大地迁怒于李师师:"何物倡优,乃以此自炫于万人之中?"又以"'国家将亡,必有妖孽',殆谓是欤"⑤的反问作结。

值得注意的是,王氏后来又曾将《遗事》和《片玉词跋》在《盛京时报》上重新发表。先是在1913年9月12—13日重刊《片玉词跋》,与1911年所作此跋相比,删减了原先大篇幅的考据;另将前文所引"曩作……记李师师事之妄"中的"妄"改为"误",将"颇疑此词或为师师作"中的"或"改为"真",将"'国家将亡,必有妖孽',殆谓是欤"改为"真《五行传》所谓服妖者也"⑥。后在1914年3月11日至4月25日,又再度全文连载了《遗事》。

1915年1月在《盛京时报》上连载重编的31则《人间词话》,当是王氏最后的词学批评实践,其前言云:"余于七八年前,偶书词话数十则,今检旧稿,颇有可采者,摘录如下。"⑦这就是说,王氏所检旧稿即为初刊本,而认为"颇有可采者",既为对初刊本观点的调整,也是体现此时其词学观念者;由

---

① 谢维扬、房鑫亮主编:《王国维全集》第2卷,第423页。
② 谢维扬、房鑫亮主编:《王国维全集》第2卷,第424页。
③ 谢维扬、房鑫亮主编:《王国维全集》第2卷,第439、442页。
④ 谢维扬、房鑫亮主编:《王国维全集》第2卷,第441页。
⑤ 谢维扬、房鑫亮主编:《王国维全集》第2卷,第442页。
⑥ 谢维扬、房鑫亮主编:《王国维全集》第3卷,第360页。
⑦ 王国维著,彭玉平疏证:《人间词话疏证》,第425页。

于从此彻底从词学中抽身而出,因而其中三则清真词评也就成了最终评价。

由以上清理可见,前人在论述王氏的清真词评时有三点遗漏:一、未注意到它实则始于1905年,终于1915年,伴随其词学批评之始末。二、未及《词话》手稿本和重编本,进而未能完整地对勘三个版本的《词话》。三、既未见《遗事》之后的《词话》重编本,也忽略了《遗事》之后1911年所作《片玉词跋》,1913年版的《片玉词跋》和1914年再刊《遗事》就更被置若罔闻,而它们都是完整考察王氏清真词评所不可或缺的材料。

三

如果把王氏1905—1915年的全部清真词评视为一个完整的过程,则会发现,它实在是充满了变动和矛盾。这既是一个过程性的症状,也体现在各个不同时期,演绎为其词学批评中的一种结构性生态。

世皆以为王氏最初不喜美成,所据即是其旧藏《词辨》的眉批和跋文[①],但其实仍有可细加考辨者。跋文署"光绪乙巳十一月",可见它作于1905年底。而王氏托名樊志厚所作《人间词》甲稿序云:"君之于词……于北宋喜永叔、子瞻、少游、美成。"该序署"光绪丙午三月",表明它作于1906年初。二者在写作时间上相差无多,甚至在表述句式上也十分相似。然而,二者对清真词的态度却显然有别:一为"不喜美成",一为"喜美成"。这不能不见出,王氏从一开始就对清真词有着喜与不喜的情感纠葛和认知困境。而到1906年后的《词话》手稿,这就更成为一种结构性存在。

王氏当真就不喜美成吗?当真就喜美成吗?这是一个非A即B的简单选择吗?事实上,手稿中充斥了对清真词的毁誉交错,恰恰是"喜"与"不喜"的犹疑不定。从原手稿125则中评周词的11则来看,它们分别位于第八、十、二十、四十八、五十二、五十六、六十四、七十四、九十八、一百一十二、

---

① "一致说"虽不这样认为,但它恰恰是对王氏此跋的忽视,如前引蒋哲伦所言。

一百一十八则(见表1)。这一分布表明,对清真词的关注几乎贯穿其创作词话之始终,可见其情系之切。从这十一则的内容来看,第八、十两则褒贬参半,第二十、四十八、五十二、五十六这四则均为褒语,第六十四、七十四两则均是贬词,第九十八、一百十二两则又是褒誉,最后的第一百一十八则又为贬责。稍加辨析,不难见其究竟:既推周邦彦为一流作手,所谓"言情体物,穷极工巧",且"创调才多",又嫌周词如"倡伎"般无格,以至见刘熙载"周旨荡"之语,欣然有"令人解颐"之快;既恨周词乏创意之才、少深远之致而不该有境界,又在具体词评中,连称其意足语妙而有境界;既以为周词"能入"而有"生气",又嫌其"不出"而乏"高致"。可见王氏撰作词话时,有一个复杂微妙的心理过程,其间充满了差异跌宕,既情系之切而挥之不去,又在价值判断和认同上难以确定。若再证之原手稿的两个删改细节,更见此论不虚。手稿第七十六则云:"白石写景之作……虽格韵高绝,然如雾里看花,终隔一层。梅溪、梦窗诸家写景之病,皆在一'隔'字。北宋风流,过江而遂绝。抑真有风会存乎其间耶?"王氏原本在"梅溪"前有"清真",却又在原稿上删去①。第八十二则云:"'池塘春草谢家春,万古千秋五字新。传语闭门陈正字,可怜无补费精神。'此遗山《论诗绝句》也。梦窗、玉田辈,当不乐闻此语。"原本在"梦窗"前有"美成、白石",却又在原稿上删去②。从中可见王氏原本要将清真与梦窗、玉田辈并列,却又觉欠妥,终归于心不忍的复杂心绪。二则词话,关乎"隔"与"不隔"、有无境界的重大问题:写景不隔,伫兴而成,情真景真,则有境界;闭门雕琢,过饰藻典,情则近伪,情隔景隔,则无境界。而王氏竟在如此根本性的问题上对清真词有拿捏不定、游移不决的态度。

总体而言,原手稿中王氏对周词的喜恶不定、褒贬不一,在初刊本里依然持续而略有不同。后者将原手稿评骘周词的11则减为6则,这六则反映了王氏于1908年10月到1909年初的认知评判。如果将它与减去的五

---

① 王国维著:《〈人间词〉〈人间词话〉手稿》,浙江古籍出版社2005年版,第77页。
② 王国维著:《〈人间词〉〈人间词话〉手稿》,第79页。

则对勘,便知后者多是褒誉之词,而前者中有五则是对周词的贬黜。具体而言,第三十二则斥其词格如"倡伎",第四十八则认同刘熙载的"周旨荡",第三十三则黜周氏"创意"少,第三十四则批其用替代字,第六十则责"美成能入而不出"。从原手稿到初刊本,似可体察,后者对周词的否定倾向愈为加重,但依然维持了原本的一些基本肯定,例如称周词"言情体物……不失为第一流之作者","创调之才多","能入",尚有境界。但值得注意的是,初刊本是从手稿中遴选出来的。这就意味着,如果说手稿中对周词的情感纠葛和认知困境尚是原生态,那么到初刊本中则已是理性状态下难以权衡的结果。

然而,王氏清真词评发展到不久后的《遗事》,陡然出现了变化。从《词话》初刊本到《遗事》的这一突变,历来论者多有所及,兹不赘述。而值得关注者有三:其一,这一突变本就是王氏微妙复杂心理的总爆发。即如前文所述,王氏于1905年底言"不喜美成",而于1906年初却陡变为"喜美成",从《词话》初刊本到《遗事》,实在是这一现象的放大版。如前一样,王氏当真就不喜美成吗?当真就喜美成吗?这是一个非A即B的简单选择吗?亦非是。其二,这一突变本就是王氏对清真词褒贬不一、自我抵牾的结构性生态中之一环,因为《遗事》远非其清真词评之终结。其三,此时王氏虽极推清真,但并未对《词话》的观点作出否定。他在1915年再次重编《词话》,恰可反证这一点。

时隔不久,王氏即作《片玉词跋》,此事向来为论者所忽视。虽然跋文看似不是详论周词,但毕竟如釜底抽薪,使《遗事》所构筑的精严大厦轰然坍塌。因为这座大厦的基石在于清真"立身颇有本末",而在《片玉词跋》中,问题却正出在这里。《遗事》曾对历来所载清真污事"廓而清之",但此时却发现,所辨之诬却为实事。虽然跋文再未由此而明显指责清真,或因从名器之滥见纲常崩坏,对周、李有苟且之事也就不足为怪;但愤懑于李师师,又顿足于"国家将亡,必有妖孽",其心理当不可能与清真毫不相干。当然,《遗事》中那种极尽供奉清真的倾向,自是荡然无存。这在叙说口吻上或最直观,《遗事》中恭维虔敬的"清真先生",现在又回到直呼其名的"周清真"。似可想见此时王氏的莫大尴尬和创伤:作《遗事》时曾以为找到了"词中老杜",但具有反讽意味的是,正是后者欺骗了他;《遗事》极尽考据之能事,但却并未得到一个客观真实的结论。这或又表明了一种反省:《遗事》考据的背后其实隐藏有先入为主的想法,即预设了一个完美的"清真先生"的存在①。对于《遗事》和清真,否而弃之似又不忍,且又不甘,便迁怒于李师师。不过王氏于跋中也并未否定《遗事》中对清真的推崇,这就像在作《遗事》时也并未否定《词话》对清真的指责一样,反映出王氏对清真词有着复杂的情感态度,对周词的喜或不喜、褒或贬,其实并不会因为一两次的变化就能确定,对于周词的情感纠葛和认知困惑也就并不会结束。

果然,这在1913—1915年再度演绎出来。1911年辛亥革命后,王氏携家眷东渡日本。旅日四年多,是王氏生活拮据而"学问变化滋甚"的时期②。显然,这期间由先前的哲文之学转向了经史考据,却也并未尽弃前学,词学即为其中之一,这体现为1913—1915年在《盛京时报》所刊词学的文字。这两年多的时间里,王氏应日人之邀,先后在该报发表十余万字的札记③,既为生计④,也为学术。其中涉及词学者,较之其恢宏的经史小学著述,虽为寥寥,但却是其平生最后斤斤于词学者。在这些论词文字中,经删改并于1913年9月12—13日再度发表的《片玉词跋》、1914年3月11日至4月25日再刊的《遗事》、1915年1月13—21日重编再刊的

---

① 早在1935年,龙榆生便对王氏《遗事》考论周邦彦冶游之事提出了质疑。参见龙榆生著《龙榆生词学论文集》,上海古籍出版社1997年版,第319—323页。孙虹、薛瑞生亦言王氏《遗事》有"未免以今观古"之处:"岂爱之深而昧于是非黑白欤?或考之未详而昧于事实欤?"参见孙虹、薛瑞生:《清真事迹新证》,〔宋〕周邦彦著,孙虹校注,薛瑞生订补:《清真集校注》上册,中华书局2007年版,第95—97页。
② 王氏《丙辰日记》云:"自辛亥十月寓居京都,至是已五度岁。实计在京都四岁余。此四年中,生活在一生中最为简单,惟学问变化滋甚。"(《王国维全集》第15卷,第911页)
③ 《盛京时报》由日本人中岛岭雄于1906年在沈阳创刊。1913年7月12日至1914年5月5日连载王氏《东山杂记》,1914年9月9日至1915年7月16日连载王氏《二牖轩随录》,1915年9月18日至11月28日连载王氏《阅古漫录》。赵利栋将其辑为《王国维学术随笔》(社会科学文献出版社2000年版)。
④ 赵万里云:"是岁,日人一宫主《盛京时报》,邀先生作《东山杂记》札记刊日报中,月致束脩三十元,且有时不至,遂解约。"(赵万里编撰:《王静安先生年谱》,《王国维全集》第20卷,第428页)

《词话》31则,最为醒目。它们均为已刊旧作而又择出再刊者,而在王氏于《盛京时报》发表的所有论词文字中,唯此三篇。惟其如此,它们就绝非为赚取稿酬的一般性的旧作重刊,因为从中既能见到王氏词学思想的一些调整,更可反映其对清真词的难以释怀。或许就是因为对《遗事》一直耿耿于怀,1911年后他在日本首度涉足词学,便是最先择出《片玉词跋》删改再刊。① 无疑,再度删改发表此文,不能不有强化对《遗事》的自我颠覆之意。但尽管如此,此时王氏却依然未否定《遗事》中对清真词的推崇。非但如此,富有戏剧性的是,就在重刊《片玉词跋》后,他于1914年又再度择出《遗事》重刊,这不啻为以往继《词话》后旋即发表《遗事》时的翻版。既已质疑周邦彦"立身颇有本末",而实是将《遗事》所论釜底抽薪了,却又为何再刊《遗事》呢?若孤立地看,最合理的解释莫过于只为了赚取稿酬,《遗事》篇长实用。然而恐非这般。若论篇幅,《片玉词跋》和《词话》原本也较长,而王氏却是将其删改重刊,这即说明非为稿酬而实有学术考虑。如果说重刊《片玉词跋》有强化对于《遗事》的自我颠覆之意,那么重刊《遗事》却又是再度强化了对它的认同之意。这一反复,其实正是王氏清真词评过程中的又一次跌宕和自我抵牾;正如前者并不意味着对《遗事》真正的自我否定,后者也并不见得就意味着对《遗事》真正的自我认同。

这一情感纠葛和认知困惑,在1915年重编本《词话》中有着最后的征验。其前言云"今检旧稿,颇有可采者",则尤可见非为一般的旧作重刊。查《盛京时报》1915年1—3月所刊王氏札记,均为词学、诗学和曲学研究成果②,可见王氏在日本的数月间最专注于文学批评,尤其聚焦于词学。那么,在此期间再刊重编本《词话》就绝非偶尔之举,而应是王氏对词学之事和清真词评的最后一次交代。③ 如果说之前的再刊《遗事》有再度认同的意

---

① 检王氏从1911年11月东渡日本到1913年9月12日再刊《片玉词跋》之前的著述,并无一篇涉及词学的文字。
② 赵利栋辑:《王国维学术随笔》,第166—190页。
③ 参见彭玉平:《被冷落的经典——论〈盛京时报〉本〈人间词话〉在王国维词学中的终极意义》,《文学遗产》2009年第1期。

味,则重编本《词话》却又再一次反拨。虽然看似只是将初刊本中的6则缩减成了3则,但这一遴选却非偶然。不难看到,于取舍之间,王氏的心理是微妙的。其所弃三则皆是贬黜之词:一则谓美成"多作态","不是大家气象";一则谓"周旨荡";一则谓周"能入而不出"。而留存的三则中,有两则褒贬参半,一则谓词艺精工却乏"深远之致",一则谓其词有妙语,却也多"替代字";另外一则褒赞周词《苏幕遮》"真能得荷之神理"。若将重编本与初刊本、手稿本对勘,能看出留存的三则即为王氏著词话时最初涉及清真的三则,也是三个版本的词话均予采纳的三则(见表1)。这表明,一方面,在经历了以往多次心理跌宕之后,此时显得理性而平静了,此时的清真既非"旨荡"如"倡伎",也非"精工博大"如"老杜",既没了污水,也没了光环;而另一方面,王氏也把对清真词的喜恶难定、褒贬不一的基本态度持续到了最后。

四

从1905年底、1906年初第一次对清真词"喜"与"不喜"的交集,到1906年后的《词话》手稿和1908—1909年的《词话》初刊本,从1910年的《遗事》,到1911年的《片玉集跋》,从1913年的再版《片玉集跋》,到1914年的再刊《遗事》,终至1915年的《词话》重编本,王氏始终存在着情感纠葛和认知困境,也就使其清真词评成为贯穿其词学批评的一种复杂生态。这在清真词评史上可谓前所未有,在词学批评史上亦是罕见。何以会有如此之情形?

首先从词学本身来说,是王氏对清真词双重认知的两难困境所致:一是对清真"人品"与"词品"的双重认知矛盾;一是对清真词"自然"与"人工"的双重认知矛盾。关于清真词,历来评章,或抑或扬,褒贬并存,各其一端,互有争议。黜之者多因其人品,扬之者多因其词品,至清代终酿成如周济与刘熙载之两极形态。周济首次将清真词推至"集大成者""独绝千古"[①]

---

① 周济:《宋四家词选目录序论》《介存斋论词杂著》,唐圭璋编:《词话丛编》第1册,中华书局1986年版,第1643、1632页。

之极则,实为只论词品而不计人品。刘氏则黜清真词"当不得个'贞'字","意贪旨荡","未得为君子之词",则是其"论词莫先于品"①而殃及其词的结果。周、刘二人各执一端,实是把历来清真词评之二端推为极至,虽互为抵牾,但各出于不同的认知主体。而王氏则把这两者扭结在一起,生成了一种双重认知主体,从而出现了认同混乱。王氏词学本就深受周、刘的双重影响:其1905年开始词学批评,即是以研读周济《词辨》而起;《词话》中征引论家言论颇多,而最多之六次者,即为周、刘二人②;周济也曾经历过一年间从初"不喜清真"到"笃好清真"的前后变化③。这当是形成王氏双重词学认知的直接原因。一方面,极重人品,则会因之而影响到对清真词品的是否认同及认同程度;另一方面,亦崇词品,则又无法因其人品而不重清真词。一方面,若不认同其人品,则受到"喜"其词品的牵系;另一方面,若认同其词品,则又受到"不喜"其人品的抑制。一方面,惟其清真之为人历来颇有争议,则对其人品的态度反复不定;另一方面,惟其重清真词品,便有期许其有与之相称的人品的心理诉求。如此盘桓不定,郁结于胸,犹如两种声音相摩相荡,有犹疑,有偏颇,有抵牾,有纠结,此消彼长,呈现为复杂心态。王国维在1905年底"不喜"周氏,是因为不认同其人品,所以称其词"多作态,故不是大家气象";1906年初又"喜"美成,是因为认同其词品,则升其格为"第一流作者"。1906—1909年的《词话》手稿和初刊本最为错综复杂,既有认同其词品而"喜"美成,又有不认同其人品而"不喜"美成。此消彼长中,重词品而期许其有相应人品的诉求之声较为凸显,便有了1910年的《遗事》。《遗事》提升清真人品,以与其词品相称,从而得以释放出对其词品的推崇,不啻为隆重加冕。然而时隔不久,却发现清真人品并不能"廓而清之",从而有1911年的《片玉词跋》,则《遗事》企图弥合的创伤,便不得不再度撕裂,周词也就由加冕而脱冕。又因不认同其人品,1913年再刊《片玉词跋》;

---

① 刘熙载:《词概》,《词话丛编》第4册,第3692页。
② 王国维著,彭玉平疏证:《人间词话疏证》,第53—54页。
③ 参见周济:《词辨自序》,《词话丛编》第2册,第1637页。

但终无法不认同其词品,1914年又再刊《遗事》。正是由于对清真词的那种双重认知矛盾,1915年重编本《词话》中,清真终由"词中老杜",降格为"第一流作者",也就意味着王氏对清真词的评价问题终究悬而未决。

对清真词"自然"与"人工"的双重认知矛盾,是王氏的另一认知困境。蔡嵩云曾言:"词尚自然固矣。……词之初期……均自然多于人工。宋初小令……人工甚于自然矣。宋初慢词,犹接近自然时代,往往有佳句而乏佳章。自屯田出而词法立,清真出而词法密,词风为之丕变。"①既论词史由自然向人工的衍化,又推清真为丕变之分水岭。叶嘉莹更云:"在周氏之前之诸作者,虽然在形式、内容、意境、风格各方面,也可能曾使词之演进产生过某些转变,然而在本质上他们却仍然都有着一点相似之处,那就是他们都以自然直接的感发之力量为作品中之主要质素。而周邦彦《清真词》的出现,特别是一些他的长调慢词,则使得词之写作在本质上有了一种转变,那就是一种以思索安排为写作之推动力的新的质素的出现。"②因为词至清真而在本质上真正有了一种新的质素,也就在本质上始真正具有"自然"与"人工"更替时的反差和不平衡。而正是对它的认知矛盾,每每让王氏陷入两难,从而出现抑扬不定、褒贬不一而自我抵牾的情况。

其实,是尚自然还是重人工,王氏从一开始就在两者之间既有权重,又有犹疑和错乱,而且这种状态一直延续到《遗事》及其之后。王氏在1905年底还指斥清真"多作态"、非天才而属人力,但到1906年以后的《词话》中嫌其"创调之才多,创意之才少"时,却云:"长调自以周……为最工。""词之最工巧者,实推……美成。""美成《解语花》之'桂华流瓦'境界极妙。""美成《苏幕遮》词……真能得荷之神理者。""(美成)借古人之境界为我之境界者也。然非自有境界,古人亦不为我用。"1907年亦云:"美成晚出,始以辞采擅长,然终不失为北宋人之词者,有意境也。"不仅颇称周词的"人工",而且对其既"以辞采擅长"却亦能臻"自然"境界更是赞赏,表

---

① 蔡嵩云:《柯亭词论》,《词话丛编》第5册,第4902页。
② 叶嘉莹:《论周邦彦词》,缪钺、叶嘉莹合撰:《灵谿词说》,上海古籍出版社1987年版,第289页。

现出对周词认同上的摇摆游移。如果再次关注前述《词话》手稿第七十六、八十二两则的删改细节，更见此言不虚。南宋梅溪、梦窗、玉田之辈的词，已是"人工"之极。王氏原本要将清真与其为伍，是有尚"自然"之意，而周氏正是"始以辞采擅长"的"人工"之始作俑者；然而之所以后来又将"清真"删去，则正因周词既"以辞采擅长"却能"有意境也"，又有重"人工"之意。足见面对处于北宋"自然"向南宋"人工"转变之分水岭的周词，王氏曾有的徘徊游移和拿捏不定。若将周词与梅溪等为伍，则它有"人工"之"隔"，隔则不"真"，不真则无境界，然而周词又"终不失为北宋人之词者，有意境也"；若不与之为伍，则它有"自然"之"不隔"，而周词又是"始以辞采擅长"的"人工"之始作俑者。要之，一则是将周词定位为"人工"还是"自然"本就拿捏不定，一则对于周词的"人工"与"自然"亦曾犹疑不决。《清真先生遗事》突变为偏重"人工"，就大可理解了。它原是先前就有的一种倾向的突显，而先前的认知矛盾也并未因《遗事》就消失了。《遗事》虽重周词之"人工"，搁置了多与"自然"质素相关的"真"和"不隔"，却也说："境界之呈于吾心，而见于外物者，皆须臾之物。"① 既为"须臾之物"，则非自然不能至，而非人工所强致。周词既为"精工博大"，却又不能有高远意趣；而欧、苏、秦、黄等既有高远意趣，却又不能"精工博大"。这实在是王氏面对周词时的复杂意绪，其根源依然是对"自然"与"人工"的认同错乱。之后1911年和1913年以《片玉词跋》两度对《遗事》有自我否定之意，而1914年却又重刊《遗事》而有再度肯定之意，当是出于对清真词"自然"与"人工"的双重认知矛盾。1915年《词话》重编本中，王氏又回到原初的基本认知，也大可证明其对清真词"自然"与"人工"之认同混乱终究悬而未决。

五

然而，仅由词学内部去考量王氏清真词评的复杂生态，还远远不够。因

---

① 谢维扬、房鑫亮主编：《王国维全集》第2卷，第424页。

为王氏毕竟不同于传统词学,后者是为学词,而他则是以词为学;后者仅从词内看词,而他则更从词外看词,将词学超越为一般诗学和文化哲学。因此,就更要探寻王氏在特定历史情境中的一般诗学观念和学术文化理念。

王氏词学是伴随文化心理和价值取向的变迁而发生的。新旧之学、中西之学、哲文与考证之学、"可爱"与"可信"之学的犬牙交错,以及在交错中的渐变转型,最清楚地体现在1902—1911年间的学术历程中。而这十年又可分为两段: 1902—1907年为前段, 1908—1911年为后段。① 前段的六年是新学为主,多为哲学、美学、教育学,汇于《静庵文集》《静庵文集续编》中,代表作有《论叔本华之哲学及其教育学说》《〈红楼梦〉评论》《叔本华与尼采》(1904),《论哲学家及美术家之天职》(1905)、《屈子文学之精神》《文学小言》《去毒篇》《教育小言》(1906)、《古雅之在美学上之位置》《人间嗜好之研究》(1907)等。后段四年则多为考据、编纂、目录之学,代表作有《唐五代二十一家词辑》《词录》《曲录》(1908)、《优语录》《戏曲考源》《宋大曲考》《曲调源流表》《录曲余谈》(1909)、《清真先生遗事》《录鬼簿校注》(1910)等。如果对比这前后两段,不难看出,在1902—1911年间新旧之学的交错转型中,王氏历经了以西学为主到新旧之学互涵互摄,再到以旧学为主的繁复多变。若从文学批评来说,则无疑前段的代表是《〈红楼梦〉评论》,后段的代表可推《清真先生遗事》。不过,稍加分辨即可见出一个独特现象——《人间词话》的原手稿及初刊本横跨于前后两段,即从1906—1909年,因而尤为复杂。这或许从由来已久的两种观点可见一斑。一种以为《词话》是王氏摆脱西学之围而回归传统诗学之作,这种观点比较普遍,如叶嘉莹认为:"多写于静安先生已厌倦于西方之哲学而兴趣转移于中国旧文学之际,故其中虽时时亦仍流露有早年所受西方思想之影响,然而就全书之体裁及其批评方式言,则实在与中国传统之

---

① 佛雏将王国维学术分为前期(1898—1911)和后期(1911—1927),前期又分为第一期(1898—1907)和第二期(1908—1911)。参见佛雏著:《王国维诗学研究》,北京大学出版社1987年版,第1—2页。

诗话词话一类之作品极为相近。"①而另一观点则大有不同，如缪钺以为《词话》"立论根据则多出于叔氏之书"，只是"不似《〈红楼梦〉评论》一文有显著之征验"②。佛雏也说："其基本原理之建立与展开，均于康（德）、叔（本华）美学有所吸取。""始终不曾与康、叔哲学美学真正脱节。"③冯友兰更谓是"从叔本华上窥柏拉图，倒是相当明显的"④。他们均以为《词话》毋宁是对康、叔的延续，而非"厌倦于西方之哲学"。之所以有如此分歧，正由于《词话》是西学与中学两种话语深度复合混杂的产物。王氏词学集中创作于1905—1911年，也就是说，它正处在王氏学术倾向和文化价值取向最为复杂多变的时期，而这也就是导致王氏清真词评纷繁复杂之根由所在。正如叶嘉莹所说："静安先生在当日中国的新旧文化激变之时代中，因为不能随时代以俱进，遂终于自探索求新而又复归于保守恋旧的一种认同混乱之矛盾心理。"⑤

1905—1907年，在西方思想观照下，王氏词学多绽放出现代性光彩，这在"天才""境界""真"等一系列范畴中均能见出。"天才"原就是王氏在1903—1905年的一系列哲学美学论著中反复提及的概念，其内涵和意义多来自叔本华。以文学为天才的事业，成为其时一个核心标准："独至精神上之趣味，非千百年之培养，与一二天才之出，不及此。"⑥"唯非常之人，由非常之知力而洞观宇宙人生之本质。"⑦"独天才者，由其知力之伟大而全离意志之关系。……故美者，实可谓天才之特许物也。"⑧要之，"天才"除了一般意义上所谓天赋才性外，还有崇高的人格、卓越的直观能力、直揭宇宙人生真相之深致、担荷之精神。为此王氏在1904年奉《红楼梦》为

---

① 叶嘉莹著：《王国维及其文学批评》，第109页。
② 缪钺：《王静安与叔本华》，何志韶编：《人间词话研究汇编》，台湾巨浪出版社1975年版，第392、395页。
③ 佛雏著：《王国维诗学研究》，第8页。
④ 冯友兰著：《中国哲学史新编》下卷，人民出版社1999年版，第543页。
⑤ 叶嘉莹著：《王国维及其文学批评》，第40、303页。
⑥ 谢维扬、房鑫亮主编：《王国维全集》第1卷，第138—139页。
⑦ 谢维扬、房鑫亮主编：《王国维全集》第1卷，第63页。
⑧ 谢维扬、房鑫亮主编：《王国维全集》第1卷，第40页。

天才之作,1906年以屈原、陶渊明、杜甫、苏轼四人为天才①。而1905年正式将天才观引入词学,首次即见于其清真词评:"美成词多作态,故不是大家气象。若同叔、永叔,虽不作态,而一笑百媚生矣。此天才与人力之别也。"1906年后《词话》有云:"文学上之习惯,杀许多之天才。"②而以李煜为最大之天才:"词人者,不失其赤子之心者也。……后主之词,天真之词也。他人,人工之词也。"③"尼采谓:'一切文学,余爱以血书者。'后主之词,真所谓以血书者也。……俨有释迦、基督担荷人类罪恶之意。"④赤子即为天才,王氏曾引述叔本华语:"天才者,不失其赤子之心者也。……故自某方面观之,凡赤子皆天才也。"⑤若将言清真与言李煜对比,则可见这里的"天才"与"人力",以及"天真"与"人工",本质上并非指词艺问题。也就是说,周氏非天才而属人力,更在于他没有天才之精神气象,故而难望李煜项背。如果说1903—1906年王氏多以天才观衡文学,之后的《词话》则多以"境界"论为主。其境界说之重"创意""高致",显然既非传统诗学的言志、兴寄、政教伦理之义,也与兴趣、神韵、格调等说有别,它更指一种揭橥宇宙人生之真相的哲学意旨:"文学中之诗歌一门尤与哲学有同一之性质,其所欲解释者皆宇宙人生根本之问题。"⑥更通于叔本华的"理念",冯友兰所谓"从叔本华上窥柏拉图"者,即柏拉图的"理念"。王氏言"入乎其内,故有生气。出乎其外,故有高致",冯氏即谓:"所谓'入乎其内',就是入于实际的自然和人生。所谓'出乎其外',就是从实际的自然和人生直观地认识'理念'。"⑦王氏云:"美术(指艺术)之所表者,则非概念,又非个象,而以个象代表其物之一种之全体。"这即是"实念"(理

---

① 谢维扬、房鑫亮主编:《王国维全集》第14卷,第94页。
② 王国维著,彭玉平疏证:《人间词话疏证》第2卷,第199页。
③ 王国维著,彭玉平疏证:《人间词话疏证》第2卷,第359页。
④ 王国维著,彭玉平疏证:《人间词话疏证》第2卷,第364页。
⑤ 谢维扬、房鑫亮主编:《王国维全集》第1卷,第85页。
⑥ 谢维扬、房鑫亮主编:《王国维全集》第14卷,第37页。
⑦ 冯友兰著:《中国哲学史新编》下卷,第554—555页。

念):"美之知识,实念(理念)之知识也。"① 又云:"真正之大诗人则又以人类之感情为其一己之感情。……遂不以发表自己的感情为满足,更进而欲发表人类全体之感情。"② 则表宇宙人生之理念者即为"真境物",表全体人类之感情者即为"真感情",而"能写真境物、真感情者,谓之有境界;否则谓之无境界"③,悬格极高。当王氏以此衡清真,则后者自是"创意之才少""旨荡""能入而不出",因为周氏既非"天才",则宇宙人生之理念、全体人类之感情自未梦见。不过,王氏并未将那种富有现代色彩的价值观持续下去。1907年,他在三十岁《自序》中称自己"疲于哲学";1908年,则转以旧学为主,踏上了回归传统之途;1910年,作《遗事》便是标志性事件。如果说《〈红楼梦〉评论》"全在叔(本华)氏之立脚地"④,《词话》是新旧之学混杂、中西文化会通的产物,那么《遗事》则主要为考据之学,它几乎全然抽离西学而归于传统语境中,这从其再度论及之"境界"说可见一般:

> 山谷云:"天下清景,不择贤愚而与之,然吾特疑端为我辈设。"诚哉是言,抑岂独清景而已。一切境界,无不为诗人设,世无诗人,即无此种境界。夫境界之呈于吾心,而见于外物者,皆须臾之物,惟诗人能以此须臾之物,镌诸不朽之文字,使读者自得之,遂觉诗人之言,字字为我心中所欲言,而又非我之所能自言。此大诗人之秘妙也。境界有二:有诗人之境界,有常人之境界。诗人之境界,惟诗人能感之,而能写之,故读其诗者,亦高举远慕,有遗世之意,而亦有得有不得。且得之者亦各有深浅焉。若夫悲欢离合,羁旅行役之感,常人皆能感之,而惟诗人能写之。故其入于人者至深,而行于世也尤广。先生之词,属于第二种为

---

① 谢维扬、房鑫亮主编:《王国维全集》第1卷,第39页。
② 谢维扬、房鑫亮主编:《王国维全集》第14卷,第115页。
③ 王国维著,彭玉平疏证:《人间词话疏证》,第194页。
④ 谢维扬、房鑫亮主编:《王国维全集》第1卷,第3页。

多。……自士大夫以至妇人女子，莫不知有清真。①

与《词话》相比，同为境界说，义界却大不同。这里似全然剥脱了来自叔本华美学的天才说和理念论，由高标天才之境界，变为推重"常人之境界"，虽也言"诗人之境界"，但既无法同"天才"的精神气度相比，也非《遗事》这里所推重者。先前的"境界"可"从叔本华上窥柏拉图"，既为"真境物"，表宇宙人生之理念，亦为"真感情"，表全体人类之感情；这里则回到传统诗义中，或为"遗世之意"，或是"悲欢离合，羁旅行役"。先前既重"入乎其内"，但更重"从实际的自然和人生直观地认识'理念'"的"出乎其外"；这里虽也言"高举远慕，有遗世之意"的"出乎其外"，但显然更重"入于人者至深，而行于世也尤广"的"入乎其内"。要之，王氏的价值观已发生了重大转移：先前视文学为天才崇高事业，"其所欲解释者皆宇宙人生根本之问题"；此时则不再纠结于这一根本问题，而更重诗词意境的"常人"化和普遍性。既如此，则清真词的传统词学价值便彰显出来，它于意境内容上入人深、行世广，于形式上创调才大、音律绝美，声情、词情并举，于词史为集大成者，堪为"词中老杜"。

正是"自探索求新而又复归于保守恋旧的一种认同混乱"，使王氏发生了突变。然而，这也正是其一向"认同混乱之矛盾心态"的总爆发。也就是说，它从一开始就存在，即便是到《遗事》及其之后也不无痕迹。王氏自1905年起的词学批评，是在浸淫于西学的语境中生成的，但它同时本就是由西学转向旧学的征验，这就注定了从一开始虽以西学价值观为主，却也伴随着对于传统的认同。1905年底的不喜美成与1906年初的又喜美成，当是这种文化认同混乱下的复杂心理。前文已及，《人间词话》堪称中西两种文化价值观之混合纽结，境界说即为其产物。"境界"一面通于叔本华以至柏拉图的"理念"，一面又通于王士祯的"神韵"和严羽的"兴趣"。作为

---

① 谢维扬、房鑫亮主编：《王国维全集》第2卷，第424页。

一种审美感知,"境界"既是两者的会通,有如冯友兰言:"艺术作品可以用各种不同的手段写出理念,所以叔本华说,如果自然看到艺术作品会说,这正是我要做而做不出的东西,这就是艺术家和艺术作品的意境。可以说艺术家的最高理想是对于'理念'的直观的认识。"①但毕竟又相互排异,因为神韵、兴趣在于心理之"感",即所谓"言有尽而意无穷"②;而理念则偏重于认识之"知",即"对于'理念'的直观的认识"。前者多诉诸情感心理之兴会,后者多为理智知力之直观,二者互有扞格。这个矛盾从一开始就存在于"境界说"中,也流露于其清真词评:一面多以西方的"理念"衡诸周词,则恨其"创意"少,乏"深致",无诠释"宇宙人生根本之问题";一面又以传统"神韵""兴趣"目之,则亦味出其《解语花》之"'桂华流瓦',境界极妙",《苏幕遮》"真能得荷之神理者"。依前者,周词当无境界,因为它无哲理之深致;而依后者,则又可有境界,因为它不乏传统之兴味。是为两种文化价值观交错之时认同混乱的奇异景观。至《遗事》,虽似离西学而返传统,但那种"认同混乱的矛盾"的痕迹却并未消失,只是变成虽以传统价值为主,却也伴随着对西学的认同。先前重天才而弃常人,此时重"常人"而弃"天才"。这表明王氏要割断"境界"与叔本华"理念"的关联。尽管这是逆转的信号,但与此同时却又推出一个"诗人之境界",而它是"惟诗人能感之,而能写之","高举远慕,有遗世之意",仍似是"天才"的影子。难怪佛雏谓:"所谓'诗人之境界',将词家的性灵与哲人的'反思'并融于境中,颇涉幽渺惝恍:其'意'多本于叔本华。"③也就是说,虽回返传统而推"常人之境界",但在其与"诗人之境界"的对举中,依然不无先前矛盾之心迹。而且正是它的作祟,让《遗事》中的境界论出现明显的逻辑混乱:"一切境界,无不为诗人设,世无诗人,即无此种境界。"这似是说,唯有诗人才是有境界的审美主体。然而又分"诗人之境界"与"常人之境界",则又似是说,并非唯有

---

① 冯友兰著:《中国哲学史新编》下卷,第551页。
② 〔宋〕严羽撰:《沧浪诗话》,〔清〕何文焕辑:《历代诗话》下册,中华书局1981年版,第688页。
③ 佛雏著:《王国维诗学研究》,第147页。

诗人才是。诗人之境界唯诗人有,而常人没有。常人之境界,常人能感不能写,唯诗人既能感且能写。而既为诗人,则就必有诗人之境界。而有诗人之境界,又非为常人。也许正是《遗事》中依然留有的认同混乱,为1915年他对周词所作的评价埋下了伏笔,重编本《词话》虽然有明显的"去西方化"痕迹,但也终究保留了初著《词话》时对于清真词的基本评价,也就意味着王氏文化价值观的含混和矛盾实际上悬而未决。

总之,对于中西文化的认同混乱,从根本上影响了价值甄别,使得王氏在西方之"天才"与传统之"常人"之间,在"境界"之通于西学之"理念"与合于传统之"兴趣""神韵"之间,摇摆游移。在这双重视域的错乱和变迁中,对清真词也就抑扬不定、褒贬不一,以至自我抵牾。王氏对清真"人品"与"词品"以及"自然"与"人工"的词学认同混乱,本质上根源于其"新学"与"旧学"的文化认同混乱。西方之"天才"与传统之"常人"的交错,影响到他对清真人品的认知困惑,进而影响他对清真词品的认同错乱,以及对"自然"与"人工"的价值选择。而"境界"之义界的中西混杂,影响到他对清真词品的认知不定,进而影响他对清真人品的认同错乱,以及对清真词"自然"与"人工"的价值评判。

如果说王氏历经了对于传统文化疏离与回归的学术进程,那么这实际上从其清真词评的复杂生态中即可窥见。如果说王氏始终具有中西文化、新旧之学繁复交错的矛盾混乱心态,那么从其清真词评亦可窥见:疏离而无法抛弃,回归又难依原路。王氏的清真词评,本质上是一个文化事件。20世纪初的历史语境中,充斥了古与今、中与西、传统与现代的并置、差异、含混和冲突,它们演绎成王氏的生命体验,流露于他对清真词的评价中。也就是说,对周词的反复不定、自我抵牾的背后,实际上是王氏文化心理动荡不安的征验。作为词学批评个案,其清真词评也就具有了重要的文化意义。

(本文原载《文学遗产》2016年第2期)

陈震《读诗识小录》之鉴赏论

谢模楷

清儒陈震,字淑起,号春麓,别号筼墅,河北文安人。一生以教谕为业,课余勤奋著述。清俞湘撰《筼墅陈公传》:"所著有《筼墅说四书》、《读诗识小录》十卷、《左传日知录》二十卷、《文安文献备考》二十卷,皆亲笔楷写,朱墨批点,装成卷帙,并有评选古诗、古文、唐宋八家、唐诗各体,以及隆万天崇名家、国朝制艺,均成善本,虽未获发刻问世,然附近郡邑景仰先生之文学者,业已借抄殆遍,几于洛阳纸贵。"① 可见陈震著述丰富,且当世并未刊刻,而是以抄本流传。本文所论《读诗识小录》②依据之版本,通篇以毛笔书写,书法美观,疑即陈氏之清稿本,或为同时代之传抄稿本。

陈震著《读诗识小录》,后世治《诗》者多有引用。张佩纶《读诗识小录》序:"先生是编,远取毛郑,而辅以汉诸家之说,近取朱子,而辅以宋诸家之说。虚心平意,无主奴门户之见,而惟以真是为归。"③ 今人夏传才等编《〈诗经〉要籍提要》④最为详备,但未录此书;今人专著如朱孟庭《清代〈诗经〉的文学阐释》⑤、何海燕《清代〈诗经〉学研究》⑥,博士学位论文如宁宇《清代文学派〈诗〉学研究》⑦、李兆禄《清前中期〈诗经〉文学诠释史论》⑧

---

① 〔清〕彭定泽修,〔清〕俞湘纂:《筼墅陈公传》,道光《安州志》(卷之九),清道光稿本。
② 〔清〕陈震撰:《读诗识小录》,李永明主编:《北京师范大学馆藏稿抄本丛刊》(第2、3册),国家图书馆出版社2011年版。
③ 〔清〕张佩纶撰:《涧于集》(文卷上),民国十五年涧于草堂刻本。
④ 夏传才等主编:《〈诗经〉要籍提要》,学苑出版社2003年版。
⑤ 朱孟庭著:《清代〈诗经〉的文学阐释》,文津出版有限公司2007年版。
⑥ 何海燕著:《清代〈诗经〉学研究》,人民出版社2011年版。
⑦ 宁宇著:《清代文学派〈诗〉学研究》,山东大学2004年博士学位论文。
⑧ 李兆禄著:《清前中期〈诗经〉文学诠释史论》,山东师范大学2009年博士学位论文。

等,亦无只语论及,专题论文更未见到。陈震《读诗识小录》不以"即诗见道"为目标,而以"即诗见文"为旨归。本文拟对其识诗之"鉴赏"进行分析,以引起学界关注。

一、仆本恨人:读诗之哀音

这是陈震对诗歌的情感鉴赏。陈震认为,诗歌的情感和"音节"有很大关系,其《诗大序》注曰:"声不止于言,凡嗟叹永歌皆是也。成文谓其清浊高下、疾徐疏数之节,相应而和也,然情之所感不同,则音之所成亦异矣。"① 由于作者所含情感不同,发之于诗,则诗之音节也不同,如《邶风·燕燕》首章陈震评曰:"哀在音节,使读者泪落如豆。"② 陈震评《大雅·荡》:"至其忧愤沉痛,有不在语言之内,而寓于音节之中者,所谓貌不瘁而神伤也。"③ 作者即使不在语言中明白表达内心情感,但情感已无形寓于音节之中了。

陈震认为古诗中有"性情",不用讲解只需吟诵,就可理解诗歌的情感,其《诗大序》注曰:"则凡诗之节奏指归,皆将不待讲说而直可吟咏而得之。"④ 如陈震评《王风·黍离》:"永清诸生胡裕八岁读此,则悲涕不自胜。问之,曰:'不解其言为何,但觉凄入心脾。'此与王阮亭七岁读《燕燕》诗而何异?可见古诗发于性情,音节中具有天真,故通孺子之天籁耳。"⑤

陈震强调诗歌的朗诵。通过朗诵诗歌,可以深入理解诗歌内在的情感。如陈震评《小雅·大东》:"作者字字皆潸然出涕中敷陈也,作流涕太息之声

---

① 〔清〕陈震撰:《读诗识小录》,李永明主编:《北京师范大学馆藏稿抄本丛刊》(第2、3册),第21页。
② 〔清〕陈震撰:《读诗识小录》,李永明主编:《北京师范大学馆藏稿抄本丛刊》(第2、3册),第172页。
③ 〔清〕陈震撰:《读诗识小录》,李永明主编:《北京师范大学馆藏稿抄本丛刊》(第2、3册),第369页。
④ 〔清〕陈震撰:《读诗识小录》,李永明主编:《北京师范大学馆藏稿抄本丛刊》(第2、3册),第23页。
⑤ 〔清〕陈震撰:《读诗识小录》,李永明主编:《北京师范大学馆藏稿抄本丛刊》(第2、3册),第309—310页。

读之,乃尽其妙。"①陈震评《大雅·荡》:"通篇皆作流涕太息之声以读之,即得其情矣。无此忧危之诚,则文字虽奇,只巧于谤者耳,圣人何取焉?"②所谓"流涕太息之声读之",是指充满情感的朗读,在这种朗诵的过程中,读者容易深入作者的内心世界。

朗读不仅有助于对诗歌的理解,还能使读者产生情感共鸣。如陈震评《陈风·宛丘》:"佚荡之人,无可自许,但自负有情耳。抑扬顿挫,即予即夺,千古文士,读之不自歉者何人哉?"③陈震评《大雅·召旻》:"咋断咋续,似哽似咽。意接语不接,语接气不接。冤促烦乱,与《商书·微子》篇音节意味皆同,真亡国之音也,读之每使人不乐而疲。"④

陈震还运用"对比诵读"的读诗方法,如《小雅·何草不黄》陈震评曰:"《北山》、《鸨羽》诸诗,亦怨行役,然作者犹有生气,读者犹为之生怨心也。至读此诗,但觉其气象直如木落草枯、霜寒日薄。作者之怨,并无生气,读者为之索然意尽耳。文章随乎世运,笔墨发乎性情,信然。此及《召旻》,真一卷之殿。《苕华》、《瞻卬》二篇,犹未至生气俱尽如此。"⑤通过对比诵读,陈震感受《北山》、《鸨羽》诸诗,有怨亦有望,见国势尚有可为;而《何草不黄》气息奄奄,已是末世的气象,真正的亡国之音。又如陈震评《郑风·东门之墠》:"汉酒泉太守不得见宋纤,铭其山曰:'丹崖百丈,青壁千寻。室迩人遐,寔劳我心。'试以此意读此诗,第见其语质味厚,绝无郑风轻纤之态。"⑥陈震认为,《东门之墠》与汉酒泉太守寻宋纤意相吻合,所以以酒泉太守铭文与《东门之墠》对比诵读,更见《东门之墠》"语质味厚",而没有郑风轻佻纤弱的风貌。

陈震还有间接的"读诗"法,即诗歌通过诗人之口"读出",而由读

---

① 〔清〕陈震撰:《读诗识小录》,李永明主编:《北京师范大学馆藏稿抄本丛刊》(第2、3册),第104页。
② 〔清〕陈震撰:《读诗识小录》,李永明主编:《北京师范大学馆藏稿抄本丛刊》(第2、3册),第369页。
③ 〔清〕陈震撰:《读诗识小录》,李永明主编:《北京师范大学馆藏稿抄本丛刊》(第2、3册),第538页。
④ 〔清〕陈震撰:《读诗识小录》,李永明主编:《北京师范大学馆藏稿抄本丛刊》(第2、3册),第480页。
⑤ 〔清〕陈震撰:《读诗识小录》,李永明主编:《北京师范大学馆藏稿抄本丛刊》(第2、3册),第227页。
⑥ 〔清〕陈震撰:《读诗识小录》,李永明主编:《北京师范大学馆藏稿抄本丛刊》(第2、3册),第388—389页。

者感受到，本质上还是读者读诗，但"哀音"却是发自诗人之口。如陈震评《王风·兔爰》："君子所以痛哭流涕而道之也。"①《毛序》解释是"君子不乐其生"②而作此诗。"尚寐无觉"、"尚寐无吪"，诗人所道出，"痛哭流涕"则是读者感受。又如《小雅·鸿雁》首章陈震评曰："一幅郑侠'流民图'。痛定思痛，语带泣声。此即所谓哀鸣嗷嗷也。"③"语带泣声"为诗人所发出，"哀鸣嗷嗷"为读者所感受。再如陈震评《魏风·十亩之间》："朝廷无政，俭陋偏急，如不终日。诗人含此意于言先，而高吟首二句，遂字字与意中事对照，悠然神往，黯然神伤也。"④首二句"十亩之间兮，桑者闲闲兮"为诗人所发出，"黯然神伤"为读者所感受。这种作者与读者"互动"的阐诗方法，在陈著中并不多，但较好体现了陈震鉴赏诗歌情感的特征。

陈震以读诗之"音节"鉴赏诗歌情感，基本上以悲音为主。在陈震的阐诗中，诸如"曼声哀吟"、"曼声危调"、"哀音曼响"、"音曼而悲"之类的文字，逐处可见。《诗经》中不乏"乐音"的作品，但陈震阐释《诗经》"乐情"却极为罕见，这可能与陈震的生活经历有关。《凡例》第十三条陈震曰："盖悔二十年来埋首时文，即以弋获科名，亦为逐流而弃源，则是编存以志悔焉……科名之念难忘，正不妨以此当下帷之奋也。"⑤第十四条又有"中年以饥驱奔走"⑥云云。科名难忘，下帷之奋，饥驱奔走，可见陈震人生坎坷、生活窘迫。心中盛满愁苦，满眼自是悲哀，如《卫风·氓》第四章陈震评曰："往复缠绵，曼声长吟，泪落如豆。仆本恨人，何以读此？"⑦

---

① 〔清〕陈震撰：《读诗识小录》，李永明主编：《北京师范大学馆藏稿抄本丛刊》（第2、3册），第313页。
② 陈子展著：《〈诗经〉直解》，复旦大学出版社1983年版，第216页。
③ 〔清〕陈震撰：《读诗识小录》，李永明主编：《北京师范大学馆藏稿抄本丛刊》（第2、3册），第735页。
④ 〔清〕陈震撰：《读诗识小录》，李永明主编：《北京师范大学馆藏稿抄本丛刊》（第2、3册），第450页。
⑤ 〔清〕陈震撰：《读诗识小录》，李永明主编：《北京师范大学馆藏稿抄本丛刊》（第2、3册），第18页。
⑥ 〔清〕陈震撰：《读诗识小录》，李永明主编：《北京师范大学馆藏稿抄本丛刊》（第2、3册），第18页。
⑦ 〔清〕陈震撰：《读诗识小录》，李永明主编：《北京师范大学馆藏稿抄本丛刊》（第2、3册），第284页。

二、笔峭味深：解诗之妙意

这是陈震对《诗经》的艺术鉴赏。在这个鉴赏过程中，陈震使用频率最高的是"妙"字，概括起来，大致包括妙笔、妙意、妙境、妙文几个方面，它们之间并没有绝对的分界线，往往融会贯通，并存在诗歌的鉴赏中。

陈震阐释诗歌"妙笔"，多使用"……之妙"的格式。如陈震评《桧风·隰有苌楚》："有知及有家有室之苦，岂更仆能数者耶？只说乐物之无此，则苦我之有此具见，此文家隐括掩映之妙。"① 又如《小雅·采绿》第二章陈震评曰："点明衍期，遂使首二句情态俱出。并上章归沐之故，亦反照而见，此文章隐见互出之妙。"② 再如《小雅·菁菁者莪》末章陈震评曰："忽追想道未见君子时情景，遂使各既见君子句，神味皆飞动矣。此文家反剔之妙。"③ 陈震鉴赏突出了"妙笔"所呈现出的艺术特征，隐括掩映，神味飞动，使诗歌具有含蓄和灵动之美。

陈震阐释诗歌"妙意"，大致有用意、写意、作意、意味、意旨等，需随诗而论。如陈震评《卫风·硕人》："庄姜品德文章，不涉及一字，用意正妙。至其诗语无不直，正无意不婉。故全诗有起而无结，以其包里言皆在言外也。《汉乐府·孔雀东南飞》一篇笔法，多从此脱出。"④ 这里的"用意"，当指诗歌的构思技巧。《毛序》："《硕人》，闵庄姜也……庄姜贤而不见答，终以无子，国人闵而忧之。"⑤ 作者构思不写这层意思，而是极力描写庄姜的高贵出身与美貌，与庄姜无子而不见答于君，形成强烈的反差，则庄姜所受到不公正的待遇，以及国人对之的"闵忧"之情，不写而在其中了。《孔雀东南飞》"用意"确有相似，开篇描写"十三能织素……"，见其从小受到良好教养。

---

① 〔清〕陈震撰：《读诗识小录》，李永明主编：《北京师范大学馆藏稿抄本丛刊》（第2、3册），第575页。
② 〔清〕陈震撰：《读诗识小录》，李永明主编：《北京师范大学馆藏稿抄本丛刊》（第2、3册），第201页。
③ 〔清〕陈震撰：《读诗识小录》，李永明主编：《北京师范大学馆藏稿抄本丛刊》（第2、3册），第711页。
④ 〔清〕陈震撰：《读诗识小录》，李永明主编：《北京师范大学馆藏稿抄本丛刊》（第2、3册），第280页。
⑤ 陈子展著：《〈诗经〉直解》，第175页。

又详细描写"新妇起严妆",见其秀外慧中的美貌与尊严。这些与她不幸的遭遇形成极端的反差,"时人伤之"之情也是不写而写了。

写意本是国画的一种技法,注重神态的表现,用到诗歌上也一样,如陈震评《郑风·缁衣》:"语有相接者,有绝不相接者;有相赞者,有绝不相赞者。迷离恍惚,一片神行。是画家写意,决定笔墨。"[①]陈震指出其特点在于"迷离恍惚"与"神行"。又如陈震评《召南·鹊巢》:"只说鸠字,未说德字,令人从宜有此百辆处恍然见之,妙如画家写意法。"[②]陈震指出其特点在于"恍然"。诗画艺术本相通,像"笔以神行"、"直以神行"、"悠然神行"类的阐释语言,在陈著中比较多见,可见陈震比较注重诗歌的内在神韵。

陈震诗歌鉴赏中还提到一种"意",是与"语"相对立的。如陈震评《商颂·那》"汤孙之将"句:"语质而意殷。"[③]"意"字是语言所包含的内在意义,陈震注意到诗歌语言和内在含义的对立关系,如《大雅·烝民》第四章陈震评曰:"字字玲珑,然浑然无痕。盖文章到微妙处,形迹不存,但余意味也。"[④]语虽"浑然无迹",意则别有味道。又如陈震评《鲁颂·閟宫》:"是全篇皆从一线天光中,顿开世界。以文字论,真尽变极奇之笔;以作意论,则纳约自牖之旨也。然恒令人读之不觉者。"[⑤]语则"尽变极奇",意则始终如一。陈震阐释的这种诗歌"语"、"意"的对立关系,意在提醒读者透过诗歌语言表象,寻找隐藏在背后的丰富意味。

陈震鉴赏诗歌之"妙境",主要是一种高妙的境界。如陈震评《郑风·将仲子》:"婀娜纵送,一波三折,然语不迫而意独至,则愈婉愈严矣。此风人妙境也。"[⑥]这是诗人创作的高妙境界。又如《王风·扬之水》首章陈

---

① 〔清〕陈震撰:《读诗识小录》,李永明主编:《北京师范大学馆藏稿抄本丛刊》(第2、3册),第334页。
② 〔清〕陈震撰:《读诗识小录》,李永明主编:《北京师范大学馆藏稿抄本丛刊》(第2、3册),第125页。
③ 〔清〕陈震撰:《读诗识小录》,李永明主编:《北京师范大学馆藏稿抄本丛刊》(第2、3册),第625页。
④ 〔清〕陈震撰:《读诗识小录》,李永明主编:《北京师范大学馆藏稿抄本丛刊》(第2、3册),第427页。
⑤ 〔清〕陈震撰:《读诗识小录》,李永明主编:《北京师范大学馆藏稿抄本丛刊》(第2、3册),第615页。
⑥ 〔清〕陈震撰:《读诗识小录》,李永明主编:《北京师范大学馆藏稿抄本丛刊》(第2、3册),第337页。

震评曰:"中二句与上不接,末二句与中不接。然如峰回冈伏,不联以形而联以脉,文字妙境。"① 这是诗歌句法的高妙境界。再如《小雅·楚茨》末章陈震评曰:"此章叙燕同姓,首四句已毕矣;下忽从颂祷中缴转全文,且隐对时事。一以为反照入江,一以为沉潭写月,古人文字,故有此妙境矣。"② 这是诗歌章法上的高妙境界。陈震对《诗经》"妙境"的鉴赏并不很多,但体现出陈震对《诗经》的由衷喜爱之情。

陈震鉴赏《诗经》之"妙文",往往也以"妙文"鉴赏之,陈震的文采笔墨,也体现在这里。如陈震评《卫风·考槃》:"山静似太古,富贵如浮云。悠然旷然,令读者神遇其人。"③ 陈震评《秦风·蒹葭》:"顿觉波共天长,葭随露冷,空濛秋色,杳然无际中。有高人逸士,若远若近,可遥臆其踪迹,而难接其形声。尺幅之内,恍见海上三神山矣。"④

文、笔、意、境原是古代文论中的重要概念,古文论家对此有过精彩的论述。陈震阐释只作感性评论,对这几个重要概念的使用,也显得比较随意。陈震本意是做文学阐释,他凭自己对《诗经》的感悟,却能将这些重要的概念包含其中,这是难能可贵的。当然陈震的阐释也有明显的不足,比如"意境"是诗歌重要的艺术特征,陈震的阐释却很少关注到,这可能与他学术个性有关。

三、诗可以观:诗意之类比

陈震阐释《诗经》篇目的时候,引入其他诗文进行类比,以便更深刻地领悟诗歌的情景、情感、旨意、风格等。引入的诗文大致有诗、赋、笔记、史书和历史人物。陈震在其他地方也有引诗的,如杜甫诗句"群山万壑赴荆

---

① 〔清〕陈震撰:《读诗识小录》,李永明主编:《北京师范大学馆藏稿抄本丛刊》(第2、3册),第315页。
② 〔清〕陈震撰:《读诗识小录》,李永明主编:《北京师范大学馆藏稿抄本丛刊》(第2、3册),第132页。
③ 〔清〕陈震撰:《读诗识小录》,李永明主编:《北京师范大学馆藏稿抄本丛刊》(第2、3册),第275页。
④ 〔清〕陈震撰:《读诗识小录》,李永明主编:《北京师范大学馆藏稿抄本丛刊》(第2、3册),第515页。

门",常被陈震用来比喻诗歌的句法。作"诗意类比"引用诗书最为集中,内容最为丰富,体现出陈震宽广的视野和敏锐的悟性。

1. 诗歌所反映的情景类比

陈震在体悟《诗经》情景的时候,自然引入类比诗句,加深对《诗经》的情景体悟,引入以唐诗为最多。如陈震评《周南·汝坟》:"由见而念其劳,由劳而念其所以劳。'妻孥怪我在,惊定还拭泪。世乱早飘蓬,生还偶然遂。'且慰且叹,极跌宕之妙矣。"① 按《毛序》的说法,此诗是在"王室如毁"的背景下,"妇人能闵其君子,犹勉之以正也。"② 陈震的阐释引入杜甫《羌村》诗,把《汝坟》妇人"闵其君子"形象化了。又如《邶风·燕燕》第二章陈震评曰:"'解缆君已遥,望君犹伫立',以为传神语矣。此加'以泣'二字情景不殊,深浅自别。"③ 引王维《齐州送祖三》诗,对《燕燕》诗送别情景复拟。又如《唐风·葛生》第三章陈震评曰:"上二章远取诸物,此一章近取诸身。独旦之苦,深入独处独息。'黄金不闭葳蕤锁,长伴鳏鱼夜不眠。'下两首句已应声而起矣。"④ 这里引诗并非成句,唐韩翃《江南曲》有"春楼不闭葳蕤锁",宋陆游《晚登望云》有"愁似鳏鱼夜不眠",陈震引用稍有出入,可见引用时并未查看原文,很有可能是根据记忆所写,两集句诗生动体现了《葛生》人物独旦独息的悲凉情景。

2. 诗歌所蕴含的情感类比

陈震在体悟《诗经》情感时,专门引入诗文类比。如陈震评《邶风·绿衣》:"前两章忧字浅看则悲惋常词,《长门》、《团扇》可以方并,下二章乃具大本领矣。"⑤ 引入司马相如《长门赋》、班婕妤《团扇》诗类比,二者皆是抒发内心忧伤的情感,与《绿衣》前两章直接抒发"心之忧矣"类似。《绿衣》后两章睹物思人,由叹己而思人,境界拔高,所以陈震说"具大本领"。又

---

① 〔清〕陈震撰:《读诗识小录》,李永明主编:《北京师范大学馆藏稿抄本丛刊》(第2、3册),第116页。
② 陈子展著:《〈诗经〉直解》,第23页。
③ 〔清〕陈震撰:《读诗识小录》,李永明主编:《北京师范大学馆藏稿抄本丛刊》(第2、3册),第172页。
④ 〔清〕陈震撰:《读诗识小录》,李永明主编:《北京师范大学馆藏稿抄本丛刊》(第2、3册),第495页。
⑤ 〔清〕陈震撰:《读诗识小录》,李永明主编:《北京师范大学馆藏稿抄本丛刊》(第2、3册),第169页。

如陈震评《小雅·鸿雁》:"人情遇困苦而畏人之不知也类如此,此《东山》、《四牡》、《采薇》、《杕杜》所以入人深也。"①陈震认为人之常情,怕别人不了解自己的困苦。如《小雅·四牡》:"岂不怀归?王事靡盬,我心伤悲。"《唐风·杕杜》:"独行踽踽,岂无他人?"《小雅·采薇》:"我心伤悲,莫知我哀。"这些诗篇和《鸿雁》一样,悲伤的情感深入人心,如曹操《苦寒行》诗:"悲彼《东山》诗,悠悠使我哀。"

陈震还引历史人物进行情感类比。如《卫风·氓》第二章陈震评曰:"此章则与氓之意已决矣。夫士之无良在反,而女之失德在耽。事事详忆,正字字追叹,此即氓不可说……文若失身于魏武,柳州濡首于叔文,虽悔曷追哉?诗之可以观如此。"②陈震以为《氓》写女子失身于氓,"悔曷追哉"?引入徐庶和曹操,柳宗元和王叔文,虽然女子遭遇与徐庶、柳宗元的性质并不一样,但他们刻骨铭心的悔痛之情却是一致的。又如陈震评《小雅·节南山》:"大书特书,字字著力,'究讻'、'讹心',结尽全旨……张世杰、陆秀夫拥宋少帝于海舶中,讲《大学》衍义,忠孝苦衷,千古一辙也。"③陈震引历史人物进行情感类比,收到事半功倍的效果。

3. 诗歌所体现的风格类比

《诗经》不同篇目风格不同,陈震引入类比的对象也不同,如陈震评《秦风·驷驖》:"西秦校猎赋。格法、节奏、意味,皆具廉峭劲悍之气,在秦风中亦自不同也。《左》史善写战,扬马善赋猎,此奄有其胜也。"④陈震引《左传》及扬雄、司马相如游猎赋类比,认为《驷驖》诗兼具《左》史写战、扬马赋猎的优点,其风格具"廉峭劲悍之气",是秦国的"校猎赋"。

其次引汉晋古诗,如《唐风·蟋蟀》首章陈震评曰:"简质朴茂,居然西汉古诗……读此诗,如见其人,如见其心。"⑤陈震评《小雅·大田》:"纯乎记

---

① 〔清〕陈震撰:《读诗识小录》,李永明主编:《北京师范大学馆藏稿抄本丛刊》(第2、3册),第735页。
② 〔清〕陈震撰:《读诗识小录》,李永明主编:《北京师范大学馆藏稿抄本丛刊》(第2、3册),第282页。
③ 〔清〕陈震撰:《读诗识小录》,李永明主编:《北京师范大学馆藏稿抄本丛刊》(第2、3册),第26页。
④ 〔清〕陈震撰:《读诗识小录》,李永明主编:《北京师范大学馆藏稿抄本丛刊》(第2、3册),第510页。
⑤ 〔清〕陈震撰:《读诗识小录》,李永明主编:《北京师范大学馆藏稿抄本丛刊》(第2、3册),第462页。

叙体,诗中不多见。古质朴练,西汉诗得其近似。"①陈震指出两首诗的风格质朴,俱类西汉古诗,其实是西汉古诗受到《诗经》的影响,具有典雅质朴的风格。又如陈震评《小雅·白华》:"故《绿衣》之思古人,《白华》之念硕人,皆不专为一己叹者也。后世班婕妤《团扇》诗,左贵嫔《啄木鸟》,犹不能见及此。长门塘蒲,风益下矣,于此见古人识大体,故无卑琐之谈也。"②陈震认为后不如前,同样抒忧,后者一味叹己,前者由己及人,所以形成诗歌风格的不同,并叹"长门塘蒲,风益下矣",显示他对"古人"的偏爱。

其次引唐诗,如《卫风·伯兮》第二章陈震评曰:"语直而味深,唐人闺怨诸名作,逊此一格。"③陈震认为唐代闺怨诗在风格上都逊《伯兮》一筹。《伯兮》第二章:"自伯之东,首如飞蓬。岂无膏沐,谁适为容?"此写相思的手法为唐诗宋词广泛继承。唐诗是诗歌的最高峰,但《诗经》以其"首创"而更具价值。又如陈震评《周颂·访落》:"雄宕浑浩,矫夭曲屈。后人唯杜陵、昌黎两家古诗,差近此笔力。"④陈震阐诗引入唐诗最多,但在风格类比方面引入却比较少,可能陈震认为《诗经》与唐诗在艺术风格上,总体上不属同类。

其次引宋人笔记,如陈震评《小雅·都人士》:"直是宋人一卷《梦华胥录》,琐屑重复,津津不已。"⑤《都人士》五章章六句,每章都描写周人的容貌、冠带、发型和装饰;《梦华胥录》即宋孟元老笔记体散文《东京梦华录》⑥,描述开封城风土人情,它们的共同点是"琐屑重复"。关于《诗经》的"重复"艺术,最明显和典型的莫过于"重章",清人方玉润《诗经原始》⑦多有论述。但陈震对这个明显的特征视而不见,却关注《都人士》的"琐屑重复",并以"一卷《东京胥录》"来评价,见其独特的价值判断和艺术眼光。

---

① 〔清〕陈震撰:《读诗识小录》,李永明主编:《北京师范大学馆藏稿抄本丛刊》(第2、3册),第149页。
② 〔清〕陈震撰:《读诗识小录》,李永明主编:《北京师范大学馆藏稿抄本丛刊》(第2、3册),第210页。
③ 〔清〕陈震撰:《读诗识小录》,李永明主编:《北京师范大学馆藏稿抄本丛刊》(第2、3册),第287页。
④ 〔清〕陈震撰:《读诗识小录》,李永明主编:《北京师范大学馆藏稿抄本丛刊》(第2、3册),第557页。
⑤ 〔清〕陈震撰:《读诗识小录》,李永明主编:《北京师范大学馆藏稿抄本丛刊》(第2、3册),第197页。
⑥ 〔宋〕孟元老撰,王永宽注释:《东京梦华录》,中州古籍出版社2010年版。
⑦ 〔清〕方玉润撰,李先耕点校:《〈诗经〉原始》,中华书局1986年版。

4. 诗歌创作主旨类比

《诗经》主旨最难明确，陈震论《诗》主旨多从《毛序》说，常以《诗经》不同篇目进行类比。如陈震评《小雅·瞻彼洛矣》："词措于实，而意运于虚。试身值《菀柳》之世，而口诵《车攻》之篇，则知此诗之游神远矣。"①《毛序》："《瞻彼洛矣》，刺幽王也。思古明王，能爵名诸侯，赏善罚恶焉。"②"《菀柳》，刺幽王也。"③"《车攻》，宣王复古也。"④陈震阐释《瞻彼洛矣》的主旨，身处幽王之世，口诵宣王之篇，与《毛序》"思古明王"吻合。诗歌词写"君子至止"，意托"古明王"，所谓"游神远矣"。

陈震以《诗经》不同篇目之间类比，有时还引唐诗以助理解。如陈震评《小雅·北山》："独劳而且畏咎，乃父母所忧者，不得养，乃《鸨羽》之旨，此篇似无此意也；'王事靡盬'句，说者云忠厚，此《采薇》之旨，亦非此篇意也。此句盖述'上之意'如此耳，当与'嘉我未老'四句类观。杜子美《前出塞》有云：'挽弓当挽强，用箭当用长。射人先射马，擒贼先擒王。杀人亦有限，立国亦有疆。苟能制侵陵，岂在多杀伤？'首四句即'多杀伤'三字，亦述'上之意'如此。全诗遂句句顿挫淋漓。"⑤首先引《唐风·鸨羽》和《小雅·采薇》篇类比，指出《北山》篇主旨既非"忧父母"，也非"言忠厚"。后引杜甫《前出塞》诗，前四句皆言多杀，后四句皆言少杀。前为"上之意"，后为"诗人意"。以此类比《北山》"王事靡盬"，也实为"上之意"，则《北山》"怨上"的主旨就很明确了，也符合《毛序》谓"大夫刺幽王"⑥说。

陈震也有识诗主旨不从《毛序》的，如陈震评《郑风·东门之墠》："山深林密，隐之迹也。室迩人远，隐之品也。东坡寄子由诗曰：'唯有王城最堪隐，万人如海一身藏。'即此诗之意。"⑦这里引用为数不多的宋诗类比，以

---

① 〔清〕陈震撰：《读诗识小录》，李永明主编：《北京师范大学馆藏稿抄本丛刊》（第2、3册），第154页。
② 陈子展著：《〈诗经〉直解》，第776页。
③ 陈子展著：《〈诗经〉直解》，第819页。
④ 陈子展著：《〈诗经〉直解》，第592页。
⑤ 〔清〕陈震撰：《读诗识小录》，李永明主编：《北京师范大学馆藏稿抄本丛刊》（第2、3册），第120页。
⑥ 陈子展著：《〈诗经〉直解》，第732页。
⑦ 〔清〕陈震撰：《读诗识小录》，李永明主编：《北京师范大学馆藏稿抄本丛刊》（第2、3册），第388页。

《东门之墠》的主旨在"隐之品"。从诗歌来看,"岂不尔思,子不我即",乃恋歌比较明显。《毛序》谓"男女有不待礼而相奔",[①]虽然迂腐,却也近似。陈震识诗大多从《毛序》,这里却弃而不用。陈震识诗有个特点,即说情不说恋,如《王风·采葛》、《郑风·将仲子》明是恋情无疑,陈震避开不谈,却大谈经学。陈震似乎在刻意回避,未识其中原因何在,但这无疑会影响到陈震阐诗的质量。

陈震还有引《书》识《诗》,如《豳风·七月》陈震评曰:"《书》有《无逸》,《诗》有《七月》,一为法语,一为巽與,一确是书,一确是诗,合之见引君当道。"[②]《尚书》有《无逸》篇,一般认为是周公归政时对成王的告诫。《毛序》:"《七月》,陈王业也。周公遭变故,陈后稷先公风化之由,致王业之艰难也。"[③]"法语"、"巽與"[④]出自《论语·子罕》篇,法语为正语,巽與为顺从语。《书》以正告,《诗》以顺讽,二者都是引导成王为君之道。虽然现代人不认同《毛序》的说法,认为《七月》是农事诗。陈震引《尚书》类比,《诗》、《书》并举,《七月》、《无逸》并列,具有典型意义。

四、鸿文有范:诗人之诗趣

诗人作诗,自有"诗趣"所在。说者论诗,须得诗人诗趣,方为妙赏。如陈震评《周南·苤苢》:"熙皞忘情,脱口而出。以一时之天,写四境之太和。作者未尝多着一语,说者不必多下一解也。"[⑤]但诗人渺远,诗趣难求,说者论诗,常入歧途。陈震在鉴赏诗歌的过程中,往往指出歧途所在,以示来者。

1. 误解文字

陈震认为《诗经》文字有妙处,正确理解方能得之。如《小雅·无羊》

---

① 陈子展著:《〈诗经〉直解》,第269页。
② 〔清〕陈震撰:《读诗识小录》,李永明主编:《北京师范大学馆藏稿抄本丛刊》(第2、3册),第601页。
③ 陈子展著:《〈诗经〉直解》,第474页。
④ 杨伯峻译注:《〈论语〉译注》,中华书局1980年版,第94页。
⑤ 〔清〕陈震撰:《读诗识小录》,李永明主编:《北京师范大学馆藏稿抄本丛刊》(第2、3册),第109页。

首章陈震评曰:"考室颂子孙,考牧颂富庶,皆文字结局热闹处。然一托寝者之梦,一托牧者之梦,皆文字不脱母而曲达本意处。下一正面赞美语,即成笨伯。"①此将《小雅·斯干》与《小雅·无羊》比照论述,两诗主旨俱在颂,但俱"借梦"点出本旨,而无一正面赞语。陈震指出这正是文字妙处,"以一毫端见出大千世界",如果正面下赞语,则失诗趣了。

陈震阐诗却有自误解处,如《郑风·溱洧》首章陈震评曰:"'女曰观乎'一语,突然生波,且叙语且叙事。满眼看不过,满心忍不住处,已藉以抒发净尽。妙在不须一字下断也。《传》目为'自叙',无论汩没诗人妙处,即字句已难训释稳顺矣,未识前贤意将何为也?"②陈震认为,女曰观乎,这是诗歌中女子的语言,接下来是士女对话,作者心情借以抒发。而朱熹《诗集传》却理解为'自叙'③,"汩没诗人妙处"。朱熹并没有误解诗歌,而是陈震误解了朱熹。朱熹所言"自叙",前有"淫奔者"三字,即"淫奔者自叙",和陈震阐释女子"叙语",本是一回事,陈震对"淫奔者"视而不见,未识意将何为也?

陈震还有曲解诗处,如陈震评《王风·大车》:"'不敢',未言其事也,则'不奔',徒抱其心也,此所以'谷则异室'也。'死则同穴',突转成奇矣。然'同穴'之誓,生死相要。而不敢奔,是加倍写'畏'字,有体开神合之妙。若谓'不得合于生前,而相从于死后',便成滞语。"④陈震认为此诗主要表现"畏惧"和"不敢",这个阐释实在离奇。此诗明写恋情,末两句"谓予不信,有如皦日",分明指天发誓,何来"畏惧"?如此曲解恋情诗,结合前文分析,笔者推测陈震心中或有隐情。

2. 段画分明

陈震认为《诗》应作整体读之,注重经脉相连、元气贯通。如陈震评《小

---

① 〔清〕陈震撰:《读诗识小录》,李永明主编:《北京师范大学馆藏稿抄本丛刊》(第2、3册),第25页。
② 〔清〕陈震撰:《读诗识小录》,李永明主编:《北京师范大学馆藏稿抄本丛刊》(第2、3册),第403—404页。
③ 〔宋〕朱熹注,赵长征点校:《诗集传》,中华书局2011年版,第72页。
④ 〔清〕陈震撰:《读诗识小录》,李永明主编:《北京师范大学馆藏稿抄本丛刊》(第2、3册),第325页。

雅·桑扈》："说者谓首章云得失,次章言卫人,三章言在国,四章言在燕。此譬之一人之身,首背腰足,分截四段,筋脉何以联?元气何以贯乎?"① 所以陈震识诗最忌"段画分明",如《豳风·七月》陈震评曰："衣食二事,开手标出,为全文之纲。然叙法浑融无迹。说诗者求段画分明,恐以割裂失其妙。"② 又如陈震评《小雅·巧言》："故首章势极重,重然后厌得君子信谗意出。后三章笔极轻,轻然后掉得君子信谗意醒也。然信谗于谗之致乱,二三章直言之,历言之,剀切言之。苟无后三章冷敲反掉,则文势一望而尽,故后半只为信谗句烘托也。吴正传师道乃谓'前三章刺听谗者,后三章刺谗人',顿觉平拙,失诗趣矣。"③ 陈震的这个见解十分准确,"段画分明"是八股文的做法,以此法识诗文,确实容易误入歧途。

3. 泥虚为实

"虚"是《诗经》中常见的表现手法,如"冥想"、"取影"等,读诗不可泥虚为实,否则就会失诗妙趣。如《小雅·小明》首章陈震评曰："二月出征,岁暮未归,役非甚久,何至呼天吁人如此耶?须识其句句皆含意未申。末二章互相注射,乃有圭判璋合之妙。句句看成老实话,非诗旨也。"④ 又如《周颂·泮水》第七章陈震评曰："以上四章,如蜃气楼台,悬空现像。而'顺彼长道,屈此群丑'语,乃其根蒂也。昧者误指虚景为实地,泊尽诗人意矣。"⑤ 又如陈震评《小雅·隰桑》："指拈波里月,心许画中人。纯是一片虚景,苟泥看'既见'二字,将谓过屠门而大嚼者,为真获餍饫耶?"⑥

4. 轻重文字平列看

陈震认为,诗歌文字有轻重,轻重皆含其义,识得其中要义,方可理解作者诗趣。如陈震评《大雅·皇矣》："故列叙三代,似乎递举,实有轻重。盖

---

① 〔清〕陈震撰:《读诗识小录》,李永明主编:《北京师范大学馆藏稿抄本丛刊》(第2、3册),第161页。
② 〔清〕陈震撰:《读诗识小录》,李永明主编:《北京师范大学馆藏稿抄本丛刊》(第2、3册),第601页。
③ 〔清〕陈震撰:《读诗识小录》,李永明主编:《北京师范大学馆藏稿抄本丛刊》(第2、3册),第85页。
④ 〔清〕陈震撰:《读诗识小录》,李永明主编:《北京师范大学馆藏稿抄本丛刊》(第2、3册),第122页。
⑤ 〔清〕陈震撰:《读诗识小录》,李永明主编:《北京师范大学馆藏稿抄本丛刊》(第2、3册),第594页。
⑥ 〔清〕陈震撰:《读诗识小录》,李永明主编:《北京师范大学馆藏稿抄本丛刊》(第2、3册),第209页。

以德之轻重,为文字之轻重。其起落隐现,回伏归结,遂有千岩竞秀、万壑争流之观。作平列看,弥望皆黄茅白苇矣。"①文字"轻重",就是作者寓意不同;"作平列看",就是忽略作者寓意。同样的道理,陈震还认为诗歌文字有"平列",不可"轻重"读,否则亦不得诗趣。如陈震评《大雅·烝民》:"规讽文字,寓于赞美中,而悉以理语出之,三百篇中仅见……泥为赞美,其失则愚;过为针锋,其失则佻。盖诗人只平举平叙,而讽刺自寓其中,未尝一字著迹也。"②文字"平列",是文字平中寓奇;不可"轻重"读,即不可过分解读,这样才能理解诗歌"雁过有声、踏雪无痕"的妙趣。如陈震评《小雅·斯干》曰:"如此奇变之作,无一句脱离居室题目。纵之千里,卷来一束,谁谓鸿文无范与?"③

陈震识诗之鉴赏,内容丰富而具有特点。从陈震阐释常常引用《史记》来看,陈震明显受到司马迁及其《史记》创作的影响,将大量的情感投射到赏诗之中。陈震善识悲音,模仿太史公借《史记》以哭泣,将其一生坎坷悲情寄寓其中;对恋情诗的回避,对古人古诗的偏爱,似乎都暗示他现实生活中难以言说的痛楚。陈震善写妙文,善作妙喻,引用诗书信手拈来,使得他的鉴赏具有浓厚的文学色彩。当然,陈震也有一些明显曲解诗歌之处,有的地方求之过深,影响到诗歌的感性审美,这些都影响了陈震鉴赏诗歌的质量。总之,陈震《诗经》鉴赏内容丰富,笔墨集中,情文并茂,在《诗经》文学阐释史上应有其位置。

(本文原载《湖北大学学报(哲学社会科学版)》2017年第2期)

---

① 〔清〕陈震撰:《读诗识小录》,李永明主编:《北京师范大学馆藏稿抄本丛刊》(第2、3册),第278页。
② 〔清〕陈震撰:《读诗识小录》,李永明主编:《北京师范大学馆藏稿抄本丛刊》(第2、3册),第427页。
③ 〔清〕陈震撰:《读诗识小录》,李永明主编:《北京师范大学馆藏稿抄本丛刊》(第2、3册),第22页。

顾太清词之"气格"论

魏远征

况周颐《蕙风词话》云:"铁岭词人顾太清与纳兰容若齐名。……今以两家词互校,欲求妍秀韶令,自是容若擅长。若以格调论,似乎容若不逮太清。太清词,其佳处在气格。"[①]这段话中有"格调""气格"两个词,但从上下文看,两者有相通之处,主要意思是"气格"。

气格是作品的体气品格及其所体现的创作主体的意气和品性。唐代皎然《诗式》卷一:"语与兴驱,势逐情起,作不由意,气格自高。"[②]可见气格多强调主体精神的趣迈而不事雕琢,且不拘于规范格律;裴度《寄李翱书》也说:"……故文之异,在气格高下,思致之浅深,不在其磔裂章句,隳废声韵也。"[③]《石林诗话》亦云:"欧阳文忠诗始矫'昆体',专以气格为主,故其言多平易疏畅,律诗意所到处,虽语有不伦,意不复问。"[④]足见"气格"是创作主体生命状态、精神境界、思想个性的最直接、最充分的、最自由的体现。

在况周颐的词学理论中,"气格"常常与"气体""格调"通用,并有他自己的词学主张和审美内涵。他在《蕙风词话》中说:"重者,沉着之谓,在气格,不在字句"[⑤],"气体深厚,异乎世之小慧为词者。……独抒性灵,自成格调,绝无挨门旁户画眉搔首之态。"[⑥]强调思想情感深厚,表达自然浑成、天

---

① 〔清〕况周颐撰,屈兴国辑注:《蕙风词话辑注》,江西人民出版社2000年版,第589页。
② 〔唐〕皎然著,李壮鹰校注:《诗式校注》,人民文学出版社2003年版,第110页。
③ 周祖譔编选:《隋唐五代文论选》,人民文学出版社1999年版,第196页。
④ 〔清〕何文焕辑:《历代诗话》,中华书局1981年版,第407页。
⑤ 〔清〕况周颐撰,屈兴国辑注:《蕙风词话辑注》,第99页。
⑥ 〔清〕况周颐撰,屈兴国辑注:《蕙风词话辑注》,第420页。

然质朴,尤其强调词要"有真气贯注其间"①。他评顾太清词基本上以此为标准,他评《江城子·题孙子勤西溪纪游图》"不须色泽,渐近沉稳";评《贺新郎·夏日饮净绿山房》"不必以矜炼胜,饶有清气扑人眉宇";评《江城梅花引·雨中接云姜信》"情文相生,自然合拍";评《浪淘沙慢·久不接云姜信》"朴实书情,宋人法乳,非纤艳之笔、藻绩之工所能梦见"②。所有这些评价都是强调感情深厚、浑成自然、真情质朴。

况周颐在《蕙风词话》中说:"填词第一要襟抱,惟此事不可强,非学力所能到。"刘永济在《诵帚词筏》中对此专门论述道:"按襟抱、胸次,非由词学工力所能得,特工力深者始能道出之耳。襟抱、胸次纯在学养,但使学养不丧,再以书卷之陶冶酝酿,自然超尘,但道出之时,非止不可强作,且以无形流露为贵。"③真可谓知音之论。胸次、襟抱是决定词之"气格"的最根本的因素。本文结合顾太清存世的诗歌和词,从文化阅读的角度分析她的精神修养、家庭生活、民族个性,深入探讨她词之"气格"生成的原因及其内涵。

乐道学佛以涵养精神

纵观顾太清诗词,字里行间无不充满着求道学道乐道的玄机道趣。佛道思想对她的生存状态、生命境界、价值取向和艺术趣味产生深刻的影响。在《天游阁诗集》中有一首诗云:

虚空浩浩转泥丸,一片清光万古寒。证到无为真妙乐,闲云野水本来宽。④

---

① 〔清〕况周颐撰,屈兴国辑注:《蕙风词话辑注》,第249页。
② 〔清〕况周颐撰,屈兴国辑注:《蕙风词话辑注》,第466页。
③ 〔清〕况周颐撰,屈兴国辑注:《蕙风词话辑注》,第69页。
④ 〔清〕顾太清、奕绘著,张璋编校:《顾太清、奕绘诗词合集》,上海古籍出版社1998年版,第32页。本文所引顾太清、奕绘诗词皆出自此书,不再另注。

这首诗了体现道家的思想,《庄子·刻意》说"夫恬淡寂漠虚无无为,此天地之本而道德之质也"[①]。"泥丸"是道教的术语。道教称人的脑为"脑神",名精根,字泥丸,是人的元神。《修真十书》云:"天脑者,一身之宗,百神之会,道合太玄,故曰泥丸。""泥丸"虽指渺小的个体生命,却又潜藏着浩浩虚空的全部信息和全部功能,是宇宙的一部分,与宇宙息息相通,道家的目标就是要修身入道,法天之自然,虚静无为,神与物游,就可达到天人合一,获得"妙乐",即佛家所说的"真如妙境",恢复生命的本真,可达于"闲云野水本来宽"的境界。太清《天游阁诗集》中有一首很特别的诗《集先恪王书玉皇印经零字四首》,先恪王即奕绘父亲绵亿,清高宗乾隆皇帝孙子。太清以先恪王书写的《玉皇心印妙经》题写四首诗。《玉皇心印妙经》即《心印经》,是全真道重要的四大经典之一。太清不仅读道教经典,而且经常与丈夫奕绘一起参加道教的斋醮仪式,这在她的诗中有大量记载,如《次夫子燕九白云观观放斋原韵》、《四月三日白云观看道场作》等。他们夫妇与道士来往很密切。在顾太清的词集《东海渔歌》中有四首词都是写与北京白云观主持张坤鹤来往的内容,直到老人去世。顾太清常常与老人坐而论道、探究教理:"谈论海天方丈""把身心、且自忘忧颐养。阅尽古今花样。"(《冉冉云》)可见学道使顾太清精神得到解脱和自在。

当然,作为女性文人,太清最爱读的是《庄子》,以至《庄子》的寓言、意象和语言,在她诗歌中不自觉的流入笔端:"马蹄秋水感庄生,诗如陶谢终为累"、"本来心似鱼游水,何事身如马縶蹄"、"天籁无声归浩荡,大钧一气转鸿蒙。""君有庄周临水乐,我如列子御风行"。此类句子在她的诗词集中触目皆是。

在太清诗词中出现频率较高的是"隐几""虚舟""观化"等语象:"经旬卧病强扶起,隐几南窗坐片时";"穿廊流水听无厌,堆案好书相对闲。隐几先生如丧偶,几曾步履到人间";"夜深人静,梦回酒醒,半隐乌皮几";"此际身心清凉甚,兀坐嗒然隐几";"隐几"见于《庄子·齐物论》的开头一段"南

[①] 〔三国魏〕王弼注,〔三国晋〕郭象注,〔唐〕陆德明音义,章行标校:《老子庄子》,上海古籍出版社1995年版。本文所引老庄皆出此文,不另注。

廓子綦隐机而坐,仰天而嘘,嗒焉似丧其偶"故事,借颜成子游和南廓子綦的对话说出"吾丧我"的境界,"吾"是摒除了主观成见的主体,而"我"则是被种种偏见所闭塞的自我主体,人世间一切是非争论都是由偏执的"我见"所引起,"吾丧我"就是摒除种种主观偏见,内心空灵虚静、澄明清朗的真我状态。"虚舟"是《庄子·山木》中有名的寓言:"方舟而济于河,有虚舟来触舟,虽有偏心之人而不怒。"表达"人能虚己以游世,其孰能害之!"人能处世无心,委任运化,去除巧智,让自己心地空虚,遨游于大自在的境地,自然能成为无所滞碍、圆融通达、来去自在的"高人"。太清神悟其理,自然而然融入她的诗词:"落日秋山远,长林一径斜。高人无所住,来往若虚舟。""秋江如练暮山低,纵棹虚舟好客携。"

　　由道入佛是中国文人思想的普遍历程,太清亦不例外。她不仅读道家哲学著作,从她的诗词中可以看出她也大量阅读佛经。"空山谁建法王坛,喜舍慈悲四相宽。日午灵风翻贝叶,一声清磬出云端。""四相本来无我相,深心普入众生心。""喜舍慈悲"为佛教四无量心,是成佛的基本资粮;"四相"即《金刚经》中"无我相、无人相、无寿者相、无众生相",其中"无我相"最关键,佛教认为"我相"之存在,形成我执,强烈的"我执"是导致烦恼痛苦的根源,能破除"我执",则能彻底解脱无明烦恼。"四相本来无我相",与《老子》第13章所说"吾所以有大患者,为吾有身;及吾无身,吾有何患",以及庄子的"虚舟"、"吾丧我"的精神也是相通的。从太清下面这首诗中可见她对佛学教理有极高的悟性:"大南谷里天台寺,楼阁参差云雾重。野鸟山蜂皆法象,苍松古柏宛游龙。"这里"野鸟山蜂皆法象"的"法象"本是中国哲学术语,是对事物现象的总称,《易经·系辞上》:"是故法象莫大于天地,变通莫大乎四时。"[①]北宋张载《正蒙·太和》也说:"盈天地之间者法象而已。"佛经汉译时就用此词表达事物现象,陈义孝编《佛学常见辞汇》说:"诸法显现于外之相状。"故也称为"法相"。佛教认为世间一切存在都是

---

① 黄寿祺、张善文撰:《周易译注》,上海古籍出版社2004年版,第519页。

法相，都是真如自性的显现。《佛学次第统编》认为："诸法一性而相万殊，以万殊之相以言法，故曰法相。"[①]法相与人的自性是一体的，因此大地山川虫鱼草木皆为心性之显现，心与物不是相对待，而是自他不二，宇宙万象与我为一，这种思想与《庄子》"齐物论"不是也很相通的吗？"野鸟山蜂皆法象"——太清在写景中自然巧妙地融入了这一深刻义理，一旦悟入此理，人的心量就会无限阔大、宽广无边。

太清的修道学佛并非止于抽象玄远的哲理探究，也不仅仅只是作为理论素养和理性知识，而是切入人事，归结为现实人生，时时处处融入日常生活，内化为生命存在的应世方法，形成对现实人生的超脱精神。无论是道家的"虚静"、"无我"，佛家的"无我相"、"心物一元"其思想精髓都是去除我执、偏狭和滞碍，从哲学的高度打破成见、消解内在的精神束缚，获得最高境界的自由。因此她心胸开阔、思想通达、性情乐观，有着磊然畅适、洒落澄明的情怀，有着健朗爽快、怡然自乐的心境。这种内在的生命境界、精神状态，以及性情直接在她的文学创作中表现出来，这是她的词有着独特"气格"的精神基础。

皇室宗亲的优裕闲暇

太清的丈夫奕绘作为乾隆皇帝的玄孙，享受皇室宗亲优厚的物质和文化生活待遇。首先，奕绘不必去做为了举业而不得不做的八股文，不必读为了科考而不得不读的书；其次，不必为生计奔波，奕绘只做过很短时间的闲职，38岁即请求解职，解职后却仍然享受一半的俸禄[②]，而且可以预支20年的银两[③]，以建筑南谷别墅。

[①]〔明〕杨卓编：《佛学次第统编》，宏化社1922年版。
[②]《顾太清、奕绘诗词合集》中《明善堂文集》，卷二十《蒙恩赐食半禄恭记》，第602页。
[③]《顾太清、奕绘诗词合集》中奕绘《明善堂文集·借俸纪恩诛愧诗》卷七，第550页，诗序曰："蒙恩支禄银十年二万七千两，价值官银三千三百万，分作二十年还户部"。

太清在奕绘退职后,夫妇两人享受充裕的闲暇。

欧阳修曾在《浮槎山水记》中说:"穷天下之物无不得其欲者,富贵之乐也,至于荫长松、藉丰草,听山溜之潺湲,饮石泉之滴沥,此山林者之乐也。"① 在这篇文章中,欧阳修说由于种种原因,富贵者、贫贱者不能兼得两种之乐。而太清和奕绘夫妇既享受了"富贵者之乐",又享受了"山林者之乐"。这是由于他们既是皇室宗亲,他们能够"穷天下之物无不得其欲者",充分享受"富贵者之乐";同时,又由于奕绘母亲及其祖母都是侧室,他天然远离皇权政治斗争的中心;与其他皇室宗亲相比,顾太清和奕绘夫妇具有更为深刻的佛道宗教崇仰,他们的价值观、审美观趋向于返璞归真。奕绘曾在《杏秋》中写道:"我志在丘壑,久谢俗尘羁。"奕绘38岁即解职,主要与他的世界观有关系。奕绘《流水编》卷十中有一首诗《在告满一月罢职述志》云:"予告闻明诏,抽身得退闲。中年疲待漏,短褐恣游山……行藏须早计,莫待鬓毛斑。"奕绘的这种世界观当然与顾太清是相知相乐的,他们的隐逸人格决定了他们疏离政治、追求艺术化的生活和生活的艺术化:登山临水、吟诗填词、营园作画、书墨抚琴、品藏文玩、坐禅求道……充裕的闲暇和皇室宗亲的身份为他们提供了高雅的艺术化生活的条件,使他们得以淋漓尽致的享受这种艺术化的人生。

这种艺术化、文人化的日常生活充分体现在太清诗词内容中。

他们夫妇闲暇的生活首先当然是读书。太清终身嗜书,手不释卷,她曾说"上善功夫在读书"、"读尽好书听尽瀑,水云声里寄闲眠"。顾太清诗词中大量写到读书,《春雪晚晴》写道:"绕坐花光何艳冶,袭人香气忒轻盈。摊书自向明窗坐,消受茶烟一缕清。"《雨中偶作》:"绿槐高柳对门居,心静能教万虑除。放下筠帘展冰簟,芭蕉窗里坐抄书。"读书的环境优雅清净。即使在远离京城的东山隐居的草堂,他们也拥有大量图书:"卉木见真趣,图书森古香。""堆案图书妆阁静,绿阶花木小庭幽。"奕绘在《题太清听雪小

---

① 李逸安点校:《欧阳修全集》,中华书局2001年版,第583页。

照》中说:"晚妆淡将卸,函书初罢读。"在根据这幅自画像翻刻而保存下来的画作上,我们看到顾太清身边"堆案图书"。太清不仅自己酷爱读书,手不释卷,而且督促儿女读书,《夏日听道初两儿读书》写道:"倏然花木荫茅庵,一炷炉烟经半函。闲向窗前课儿女,微风晴日诵周南"。她给女儿出嫁写的诗是这样的:"女子无才便是德(她自注道:"俗谚云然"),莫因斯语废文章。家贫媵汝无金玉,只有诗书作嫁妆",虽然俗谚说女子无才便是德,但顾太清嘱咐她女儿不要因此而荒废文章,可见她从来不受此局限,对此不以为然,她认为女子读书仍然是最重要的。直到77岁,双目失明,还无限感叹道:"从此岂能书下酒,可怜不见月当窗。"可见其一生与书为伴的生涯。这正是刘永济所说的"书卷之陶冶酝酿,自然超尘",大量读书丰富了顾太清精神世界,丰厚的学养正是顾太清词"气格"的底蕴。

品玩文藏字画、赏鉴艺术品也是他们夫妇家庭生活的日常内容。奕绘爱好金石古玩字画,每得一件珍宝,他们都题诗或题词。在他们鉴赏的艺术品类中,题写最多的是绘画作品,这几乎成为是他们艺术化生活的主要内容。有时就某一幅画一连题诗多首,比如《天游阁诗集》中有《辛卯正月同夫子题邹小山画册十首》一连题写十首;有一首诗题目很长《丙戌夫子游房山得山水小轴甲午同题丙申夏偶检图书又互次前韵各成二首》,从诗题中,是写十年前奕绘曾购得一幅山水画轴,当时已经题诗,十年后偶然翻检图书时,两人再次各题诗二首,太清诗中写道:"批图共话十年事,好景终归一卷藏。近水遥峰看不尽,蓬莱应在海东方。""逐世与人无不可,放怀随处总相宜。妙音入耳飞云瀑,翠壁当门老桧枝。更有青童侍左右,玉笙吹到夜凉时。"他们深深沉浸在十年前所购得的一幅山水画之优美意境中,再次享受其艺术美,他们收藏的这幅画今天已经很难见,但他们因这幅画而创造的诗歌却令我们享受了美。顾太清奕绘夫妇的题画诗词总数是古今第一。日久天长,这些题画诗词自然涵育了太清高雅的艺术品位、雅洁的清趣,成为她独特"气格"的重要内涵。

求道学佛也是他们夫妇闲适生活的重要内容。太清学佛读佛经与奕绘的影响有关。奕绘不仅15岁就好《易》学,著《读易》十则,而且好读佛经,为了阅读佛经他还学习梵文,太清在《癸巳正月十六次夫子生日原韵》诗中有"空花巧织天孙锦,妙理精书梵世文。禅榻鬓丝相结伴,心香一瓣破魔军"之句,在"妙理精书梵世文"句后自注道:"夫子善书梵字"。奕绘在《写春精舍词》中有一首《临江仙》词,词的末尾自注云"时方作《金刚经合论》",可见奕绘还写过佛教论著;他的诗集《流水编》中有《阅藏经》诗,他还写过《读楞伽经作歌》,末尾写道:"乾达婆城境中影,本来无缚谁能解。十二因缘究始终,我相灭尽神明通。昨宵梦见如来语,三界十方空复空。"

太清长期阅读佛道经典,精研佛理,使她思想通达,她"放怀随处总相宜","纷纷人事随时应,识破浮生乐有余";佛道文化思想的熏习渐渐除去了传统女性身上的柔弱卑小,根绝琐碎俗念,日渐生成"落落云间鹤,悠悠世上人"(《东山杂诗九首》)的人格气质,养成她磊然阔大的胸襟,她心宇拓展,有着光朗洁净的浩然之气,因此她的诗词境界高远阔朗、气象不凡:"一望苍茫界,涵光万象开。野云浮碳隶,澄水澹滢洄。"(《赋得云水光中洗眼来》)"日月双丸小,来复往。天地渺无涯,窈空旷。"(《迷神引》)"浑河东岸孤峰起,崔嵬绝顶佛图峙。陡辟四天门,天空祇树园"(《菩萨蛮》),"引群山万壑长风。透林皋,小日玲珑。楼外绿荫深,凭栏指点偏东。浑河水,一线如虹。清凉极,满谷溟蒙。任海天寥廓,飞跃此生中。云容,看白衣苍狗,无心者,变化虚空。""清风阁、高凌霄汉,列岫如童。谈笑各争雄。"(《高山流水》)她的诗词境界不仅高远阔大,而且清朗明澈:"乾坤天地清""化日煦春晴"(《戊戌元日》)"坐对东山月,清影落怀中"(《水调歌头》),一扫古代传统女性笔下的凄风怨雨、悲花泣柳的黯淡境界,她显示出异常乐观豁达:"惜花不作愁春梦,消受虚无天地宽!"她自觉追求"瑶台种,不作可怜红"的气象。宋代郭熙《山水画论》说:"人须养得胸中宽快,意思悦适,如所谓易直子谅,油然之心生,则人之笑啼情状,物之尖斜偃侧,自然布列于心中,不觉见之于笔下。"否则"志意已抑郁沉滞,局在一曲,如何得写貌物情,撼发人思哉!"①郭熙认为胸襟就是画境,胸中无欲无虑天地自宽,胸襟决定气格。

　　游历自然山川、探幽寻古是他们夫妇家庭生活的另一个重要内容,并成为太清诗词的重要内容之一。顾太清终身酷爱登山临水,她曾说:"平生留意好峰峦,愿得将身住此间。"她要"收拾烟霞过此生"。她的理想生活图景是"山中共享余年乐,坐对寒梅赋好诗"。"遇佳山水留诗句,对好花枝费笔尖"。她终身不废吟咏,将所游历之处写入诗词,"城西百里多名胜,知乐无过山水间。"山水足以养人性情,开阔心胸、增长智慧。在她的诗词中,我们看到她常常游兴十足,总是感到时间太短:"游兴最嫌秋日短,马头明月照人归";有时索性夜游不归:"吹面不嫌山气冷,满天星斗压春岑";在《朝妙峰六截句》中写道:"涉水登山无数层,清凉兰若喜初登。山僧遥指星星火,告是双龙岭上灯。"这首诗末尾自注:"晚宿石佛殿,望双龙岭。"他们夫妇几乎遍游京城附近的山水名胜,太清写下许多描写京城附近山水之美的词,如《祝英台近·潭柘龙潭》、《菩萨蛮·登石景山天空寺》、《风光好·天宁寺看花望西山积雪》、《杏花天·同游南谷》等。在太清的笔下山水是人格化的,充满情趣:"碧山待我有今日,好景娱人须及时。梦醒西窗残月影,枕边移过老松枝。"五十多岁时,她还能兴头十足地率领儿孙登山,即使山高到了"插天万仞摘星陀,仰望乔松似薜萝",她也能"到此不须生退意,个中上有景千般。"比她儿孙们更不怕辛苦。直到七十多岁不能登山时,她还多次梦见登临山川的情景,《西江月·光绪二年午日梦游夕阳寺》下阕写道:"好梦流连怕醒,偏教时刻无多。登山临水乐如何,好梦焉能长作。"她在梦中游历山水,且怕梦醒后美景消失。

　　清代戴鉴《国朝闺秀香咳集·序》云:"然吾谓女子之工诗,更难与男子者,何也?僻处深闺,非有名山大川以瀹其性灵,非有良朋益友以辨其正伪,而且操井臼,事针凿,米盐琐屑,扰其心思,藉非天资明敏、才高

---

① 转引自朱良志著:《中国艺术的生命精神》,安徽教育出版社2006年版,第84页。

颖悟者,且不知风雅为何事。"①太清既能游览山川,以"瀹其性灵",读佛道书以澡雪精神,又因为是贵族而不必"操井臼,事针凿,米盐琐屑"、为生计谋,且有广泛交友的自由(顾太清诗词涉及交友的内容很多,此待另拟文专论)。皇室宗亲的贵族生活使她有着得天独厚的生存状态,她的精神境界、生命状态与一般汉族女性就不一样了,这也是形成她独特"气格"的因素。

并非所有的皇室宗亲都真正懂得拥有"闲暇"、创造艺术的人生,佛道哲学思想的价值取向、对艺术化人生的追求,特别是个人秉赋的艺术才能、"天资明敏、才高颖悟"等诸多因缘,才使得他们真正拥有并享受"闲暇"。"闲暇"是哲学概念。现代德国哲学家约瑟夫·皮珀在《闲暇:文化的基础》中,从哲学的高度阐释"闲暇"意义,他是从西方文化历史发展角度来论述"闲暇"对于人类文化发展的意义的,书中有这样的话:"我们对许多伟大的真知灼见的获得,往往正是处在闲暇之时。在我们的灵魂静静开放的此时此刻,就在这短暂的片刻之中,我们掌握到了理解整个世界及其最深邃之本质的契机。"②他是把"闲暇"看做人类创造文明的基础。译者在序言中概括本书主旨时写道:"我们追求闲暇的至终目标就是期待能够把这样的能力发挥到淋漓尽致的地步,借以拓宽我们的观物眼界,然后丰富我们的内涵。""闲暇"是拓展精神空间、创造精神产品的重要基础。顾太清和奕绘夫妇终身没有辜负上天赐予的"闲暇"。充裕的闲暇使他们能够淋漓尽致的享受并创造艺术化的人生,这种生活即使在皇家宗室中也并不多见。他们这种高雅的文化和精神生活,最大程度地提升了他们的人生品位和精神境界,正是这种人生的日常状态,涵养了顾太清的人格气质,并将这一切凝结为诗词艺术风貌,为后人留下了独特的文学遗产。

---

① 胡文楷著:《历代妇女著作考》,上海古籍出版社1985年版,第917页。
② [德]约瑟夫·皮珀,刘森尧译:《闲暇:文化的基础》,新星出版社2005年版,第42页。

满族女性特有的个性

太清词之所以与汉族女性词人在艺术风貌上呈现出很大差异,形成自己独特的"气格",还有一层重要原因是与民族的历史和文化传统有关。满汉两族其实有很大差异,虽然今天由于处于相同的政治、经济、文化生活中,经历了几百年的融合过程,已经无法分辨满族和汉族性格的差异了;但如果把时间推至三百年前满族先世女真时期,在那样特定环境、经济生活与文化状态中,女真人形成了有别于汉族的民族性格。女真人生活在黑山白水之间,世世代代过着渔猎生活,在向大自然攫取生活所需的艰辛磨砺过程中,陶冶和造就了他们刚毅果敢、乐观豪放、无拘无束、奋发拼搏的民族性格。这种性格当然也体现在女性身上,使得满族女性与汉族女性有很多不同。其次,与相对稳定的农耕生活不同,旗人在入关前是全民皆兵,男子都是职业军人,需要经常离家在外,游走四方,有的甚至长期不归,因此操持家务、支撑门户的担子就由妇女独自承担,泼辣能干也便成为特殊环境对她们提出的要求。为了生计,她们往往也要与男子一样,执鞭驰马奔驰在大山森林中。这种骑射的剽悍生活方式,一方面造就了她们狂放不羁的性格,另一方面也使满族女性在家庭中的地位比汉族女性更高一些。这一点从一些史料记载中可见,据昭梿《啸亭杂录》记载,乾隆帝之第十女和孝公主备受其父钟爱,她"性风毅,能弯十力弓。少尝男装随上较猎,射鹿丽龟,上大喜,赏赐优渥"。她被其父嫁给和珅之子丰绅殷德,嘉庆帝即位之后"和相籍没,驸马继殂,公主主持家政十余年,内外严肃,赖以小康"①。可见满族妇女刚强和善于持家等特点即使在最为显贵的皇室公主身上也未泯灭。很显然,满族妇女在家族中的地位比汉族女性在家族中的地位更为重要。此外,满族女性受到的身心约束比汉族女性要少一些。以缠足为例,满族统治者

---

① 〔清〕昭梿:《啸亭杂录》卷五"续录",中华书局1980年点校本,第515页。

禁止满族妇女缠足的。在清入关后禁止模仿汉族女性缠足。入关之初孝庄皇太后曾下诏:"以缠足女子人宫者斩。"次年又谕:"以后人民所生子女禁缠足。"顺治十七年(1660)再次下诏,有抗旨缠足者,其父与夫杖八十,流三千里。朝鲜人朴趾源路过辽东时,曾对所见满汉女子做过比较:"汉女皆缠足,着弓鞋,姿色不及满女,满女多花容月态。"①满族人特别是男人并不以缠足为美。满族学者金启宗在谈到他曾生活于其间的北京满族时提到,满族男子欣赏的女人有两个突出特点,一是"精明能干,泼辣厉害",一是重视贞操。他认为即使后者,也是"在中原传统妇德外壳下,内中包含着满族固有性格"。总之,旗人妇女的天足,毕竟为她们的生活提供了诸多方便,也使她们的心灵较之汉族妇女受到较少的戕害和禁锢,获得更大的自由。由于女性较男性更少受到政治上的干涉,在满族汉化的过程中,妇女身上更多的保留下来本民族的意识和文化传统习俗。②满族人入主中原后,满族妇女虽然受到汉族文化和道德传统的影响发生了很多变化,然而作为一种民族的集体无意识仍然深深积淀在满族女性顾太清生命里,她坚强、乐观、勇敢,她能无拘无束地在山水自然中"高下田园策马寻",常常与奕绘并辔联骑,探古洞、寻幽涧;她能痛痛快快"贪看秋色归来晚,竟作南山十日留。"在社交上也享有比汉族女子更多的自由,她说"深闺雅效群贤集,盛世能容我辈狂!"作为满族女性顾太清的精神性格当然更为飞扬舒展。

况周颐不愧为独具慧眼的词评家,他发现顾太清词以"气格胜"的特点,这种"气格"的生成,正是由于:顾太清对佛道思想的追求和崇仰达到了高度自由的精神境界;皇室宗亲优裕条件使她得以享受高度艺术化的生存状态和高雅生活;满族女性不同于汉族女性旷达洒落、奔放不羁的民族

---

① 朴趾源:《热河日记》卷一,第30页,转引自定宜庄:《贞节、个性与才干:论清朝入关后满族妇女的变化和特点》,《浙江学刊》2001年第6期。
② 以上资料参见定宜庄:《贞节、个性与才干:论清朝入关后满族妇女的变化和特点》,《浙江学刊》2001年第6期。此外观点还可参考李爽、陶广学:《〈红楼梦〉作者的女性观与满族文化习俗》,《沈阳师范大学学报》2007年第3期;张菊玲:《清代满族作家文学概论》,中央民族学院出版社1990年版。在此特致谢意。

性格的影响。这一切既是她的词"气格"生成的原因,也是其"气格"的特定内涵:即高雅脱俗、澄明清朗、磊然畅适、自然浑成、真挚朴厚、丰盈深稳,所有这些构成了顾太清词及其文学创作独一无二、不可替代、也不可能重复的艺术存在。

(本文原载《民族文学研究》2011年第3期)

文学与文化

北美明清小说评点谱系研究与理论建构

李金梅

完整意义上的文学批评理论,应该具备一个自成系统的整体框架。一种文学批评理论能够确立,必然有使这个理论本身得以产生的条件,而对该种批评本身进行历史溯源和价值思考,是该批评走向理论体系的重要标志。小说评点是盛行于我国明清时期的小说批评形式。作为一种批评文体,它绝非突发而来,必有一个起源和发展的演化路径。李欧梵在"西方现代批评经典译丛"丛书总序中曾说:"任何传统都有一个复杂的谱系。"①一种文学批评,无论是对之前传统的继承,还是对之前传统的反叛,其背后依然有一个谱系,它是建立在继承或反叛之前传统的基础上才得以产生的。对于小说评点这一文学批评研究,北美学者通过理清它与之前文学批评在形式、内容和思想方面的谱系关系,完整地呈现了明清小说评点作为一种文学批评理论在中国传统文学评点中的内在发展轨迹,并为小说评点成为一种小说批评架设了强有力的理论支撑。

一、明清小说评点的形式谱系与理论建构

我国学者白盾在《说中国小说评点样式》一文中称:"探讨中国小说理论,必先探讨中国小说评点派的理论,而探讨中国小说评点派的理论,又必须先对中国小说评点这种样式,给予应有的估价。"②谭帆在《中国小说评点

---

① [美]刘若愚著,杜国清译:《中国文学理论》,江苏教育出版社2006年版,第4页。
② 白盾:《说中国小说评点样式》,湖北省《水浒》研究会编:《中国古代小说理论研究》,华中工学院出版社1985年版,第95页。

研究》一书中对"评点"形式作了界定,称"这种文学批评形式有其独特性,其中最为重要的是批评文字与所评作品融为一体,故只有与作品连为一体的批评才称之为评点,其形式包括序跋、读法、眉批、旁批、夹批、总批和圈点"[①]。由于评点文字依附在小说文本之旁,所评点内容必然侧重于对小说具体问题的分析和评论,因而,其理论是以具体创作实例作为根据而非泛泛空论,可见小说评点的最大特点是理论与实际的紧密结合,一些理论问题密切联系着小说创作实际。以评点形式呈现理论,其优点是,理论贴近作品,具体细致,且能够及时呈现小说的创作之法和艺术审美;然其缺点是,因评点形态零散碎乱,多着眼于具体技巧,又常常受到一部作品或作品中某个部分的限制,不能从理论上进一步作深入、全面而又系统的分析,且很难进行理论的抽象、概括和综合。其结果是造成了小说评点形态中确有小说评点理论,但又因其散乱的形式特征难以做到高度的凝练。

在国内学者纷纷探讨寓于评点形式下的批评理论时,北美学者也在做相关的研究。1990年,陆大伟在《中国传统小说批评溯源》("Sources of Traditional Chinese Fiction Criticism")一文中就对"评点"作了相关介绍:

> 大部分的中国传统小说批评都是以单个著作评点本的形式来体现的,评点包括放在扉页的一般性评论或文章,以及尽可能贴近文本所做的一些评论。这种类型的批评出现在评点本中,由批、评、阅和点这些不同术语组合而成,但它习惯上都是指一种常见批评活动:无论是小说批评,还是为戏剧、诗歌或古典作品所写批评,都称为评点。虽然有些人断言,"点"在上下文中的用途是要"点出"(pointing out)什么东西,具有"点破"、"指点"的意思,但最能确信的意义就是上面所提的批、评、阅和点。[②]

[①] 谭帆著:《中国小说评点研究》,华东师范大学出版社2001年版,第6页。
[②] Rolston, David L., *How to Read the Chinese Novel*, Princeton: Princeton University Press, 1990, pp.3-4.

在评点形式上，陆大伟认为，虽然那些用于澄清或扩大文本含义而非添加主观性和评价性的信息类注释通常不包含在评点之内，而是被放于另一组不同的名称如传、注、解、注和疏之下，但两者之间没有明确的分界线，适用于这一个领域的术语也常用于另一领域。这些传统的传、注、解、注、疏及经典文本评点通常都是为了消除文本中的阅读障碍，使文本的含义能够毫无阻碍地传递给读者。明清小说评点这一文学批评活动在形式上继承了中国文学传统批评中的评、注等形式，是对中国传统文学评点的一种继承，也可以说是中国古代典籍评注形式在小说批评中的运用。

把小说评点当作"注释"看待，实则是在形式上追溯了早期小说评点与古代典籍阐释方法之间的渊源关系。在追本求源同时，北美学者还全面梳理了小说评点的形式。我国诸多学者认为，明清时期的小说批评方式主要有三种：一是为小说所写的序跋，二是紧贴于小说文本的小说评点，三是散见于笔记杂著中的片段记载和评述。在这三种中，评点是中国古代小说批评中最主要的形式。而在北美的小说评点研究中，亦有类似研究。在《中国小说批评和评点的形式》（"Formal Aspects of Fiction Criticism and Commentary in China"）一文中，陆大伟根据小说评点本中出现和涉及的各种形式，完整地介绍了中国传统小说评点的主要形式，并根据小说评点的形态，制作出了一副完整的小说评点样式表。具体如下：

Ⅰ. Prefatory material

    A. Prefaces (hsü 序)

        1. Prefaces by the commentator

        2. Prefaces by his friends or patrons

        3. Concocted prefaces (such as the "Yü Chi" 虞集 preface in the Hsi-yu cheng-tao shu, the "Shi Nai-an" preface in Ti-wu ts'ai-tzu shu 第五才子书, and the "Chin Sheng-t'an" preface to the San-kuo yen-i)

- B. Statements of general principles(fan-li 凡例, li-yen 例言)
- C. General essays dealing with the overall theme of the book, treated item by item (tu-fa 读法, tsung-p'ing 总评, tsung-p'i 总批, tsung-lun 总论, lun-lüeh 论略)
- D. General essay in dialogue or question-and-answer form (wen-ta 问答, huo-wen 或问)
- E. Essays on specific topics (chuan-lun 专论)
    1. Evaluation of characters
    2. Physical settings
    3. Stylistics
    4. Miscellaneous
- F. Quotation of documents
    1. Biographies of reputed author
    2. Biographies of models for characters
    3. Historical sources
- G. Charts and lists of characters broken into categories (piao 表)
- H. Lists of vocabulary (with or without glosses)
- I. Commemorative poems (t'i-shih 题诗, t'i-tz'u 题词)
- J. Analytical table of contents

II. Text of the novel chapter by chapter
- A. Prechapter comments (hui-ch'ien tsung-p'i 回前总批)
- B. Marginal comments
    1. Ordinary (mei-pi 眉批)
    2. Chapter comment type (ting-p'i 顶批)
- C. Interlineal comments
    1. Double-column (shuang-hang chia-p'i 双行夹批)

        2. Single-column (p'ang-p'i 旁批, ts'e-pi 侧批)
    D. Postchapter comments (hui-hou tsung-p'i 回后总批)
    E. Emphatic punctuation
        1. Positive (ch'üan-tien 圈点)
        2. Negative (t'u-mo 涂抹)
III. Appended material
    A. Concluding remarks (tsung-chieh 总结)
    B. Postfaces (pa 跋)
    C. More commemorative poems①

  陆大伟按照"评点"形式所在位置的不同，将其划分为三类：第一类为前言资料，包括序、凡例/例言、读法/总评/总批/总论/略论、问答/或问、专论、引证材料、表、音释、题诗/题词和引首；第二类为回批，包括回前总批、旁批、夹批、回后总批、圈点和涂抹；第三类为附加资料，包括总结、跋和一些题诗。在这些形式当中，序、专论、引证材料、旁批、夹批和标点又包含若干种形式，如序就包括评点者写的序、评点者朋友或赞助人写的序以及伪序（如《西游证道书》中的虞集序，《第五才子书》中的施耐庵序及《三国演义》中的金圣叹序）。根据以上陆大伟给出的评点阐释和形式表，完整的小说评点形式包括贴近原作的序文、读法、凡例等单篇评论文章和附丽于原作正文中的眉批、夹批、侧批、总批等文本批注。它们皆具有评论文本的功能，或宏观，或局部，互相配合，共同完成对作品的意义揭示和全面阐释。贝莉（Catherine Diana Alison Bailey）认为："读法以及篇幅较短的回前批说明了较大单元与整体之间以空间为导向、以整体为动机的关系。夹批既组合了整体空间，又标记了这一部分与其他部分之间的局部关系……这种蛇形文本是一个三维有机体，但它并不是不可分的：它有一个头部、中部

---

① Rolston, David L., *How to Read the Chinese Novel*, Princeton: Princeton University Press, 1990, pp. 65–66.

和尾部,所有这些都是必要的,当他们动态交互时,仍然保留着线性结构的图像。"①

明清小说评点形式特殊,这在一定程度上影响了北美学者有关其理论系统性的判断,但其理论性仍为北美学者认可。吴华(Hua Laura Wu)认为:"定义一个系统理论,不在于其是否以专著、文章还是评论的形式呈现,而在于其选择形式中所研究和呈现的内容。对金圣叹的批评话语内容重构表明,金圣叹所讨论的问题如小说作品中的情节建构(plot construction)和人物塑造(character portrayal)以及他提出的概念如'史文之别'(shi/wen dichomoty)和'创作者'(the maker of the text),都具有重要的理论价值。"② 因此,形式上的散漫并不能否定其内容上的价值和意义。从某种意义上说,明清小说评点是"随意性和系统性的矛盾体,或被杂乱表面所掩盖的理论体系"③。可见,一旦将小说评点这类形式上看似杂乱无章的批评放置于一个各部分相互影响、相互关联的大框架内,这些评点形式就构成了一种相对连贯和系统的整体。

二、明清小说评点的内容谱系与理论建构

"评点"为合成词,由"评"和"点"二字构成。"评"有评论、评释、批评之意,与评点形式中总批、旁批、眉批、夹批中的"批"字之评论意义相通。明清之前,中国古代文学评点中多用"批点",自明以来,"评点"一词较为多见。"点"是指圈点,其作用相当于当今的标点符号。我国学者孙琴安比较了二者的重要性:"因为'评'是一种语言功能,他可以清楚、准确、

---

① Bailey, Catherine Diana Alison, *The Mediating Eye: Mao Lun, Mao Zonggang and The Reading of Sanguo Zhi Yanyi*, University of Toronto, Ph.D. dissertation, 1991, p.205.
② Wu, Hua Laura, *Jin Shengtan (1608-1661): Founder of a Chinese Theory of the Novel*, University of Toronto, Ph.D. dissertation, 1993, p.221.
③ Wu, Hua Laura, *Jin Shengtan (1608-1661): Founder of a Chinese Theory of the Novel*, University of Toronto, Ph.D. dissertation, 1993, p.223.

精致、详细地表达各种意思和思想,说出各种区别和差异,而稍长的评语甚至可以在对所评文章之外而单独地成为一篇文章……但'点'却不能具备这些功能,它只是一种符号,只能起一种提示作用,只能在'评'的主体之下起一种辅助和配合的作用……在一般情况之下,'点'还只是配角。"[1]可见,二字虽并列,但"评"的重要性远甚于"点"。北美学者常以英文单词"commentary"表示"评点"一词。"Commentary"有注释、解释、评注、评论和批评之意。可见,北美学者也侧重于"评"而忽略了"点",重视小说评点的批评意义。

明清小说评点内容庞杂,涉及小说的各个方面。这些评点似乎不受任何组织原则的支配,给人一种不系统、杂乱无章的印象,经常从一个小话题转移到一个普遍性话题,并且在很多词语的概念上含糊其词。然而,小说评点涉及对小说创作、文体、本质、人物刻画及叙事结构等方方面面的探讨,故而评点文本本身就具有很高的理论价值。我国学者陈洪曾指出:"在这汗牛充栋的评点中,有价值的理论成分并不是很多的;但是,中国小说理论史的最光彩的内容正是在评点之中。故过去那种鄙薄其散碎不成系统的看法实属片面,而应代之以耐心细致的披沙拣金的态度。"[2]陈洪的观点也表明我国大多数学者对明清小说评点价值的重新认识。无独有偶,北美许多研究者们也改变了早期忽略小说评点的批评态度,披沙拣金地整理和研究明清小说的评点文本。虽然他们认为明清小说评点家们提出的一些概念不成理论体系,但却具有理论性质。近年来,越来越多的北美学者提出,明清小说评点确实存在一种与其他艺术理论相称的成熟叙事理论,更有学者对明清小说评点的内容作了谱系性的理论建构。北美学者对明清小说评点内容谱系性的理论建构主要通过两种途径:一是通过小说评本不同形式所评点的不同内容建构批评理论;二是通过小说评点术语建立其与其他艺术理论之间的联系,从而获得一种理论支撑。

[1] 孙琴安著:《中国评点文学史》,上海社会科学院出版社1999年版,第81页。
[2] 陈洪著:《中国小说理论史》,天津教育出版社2005年版,第2页。

加拿大多伦多大学米列娜(Doleželová-Velingerová Milena)教授根据金圣叹、毛宗岗和张竹坡的评点,发现这些评点是被组织成一个整体的,有着截然不同但又相互关联的层面:序和凡例阐释写作行为和小说文本创作行为的问题;读法讨论小说结构的整体艺术特征;回前批描述每回的内部组织以及整个小说各回之间的关系;夹批是对个别段落、句子和词语的语言和风格方面进行评点。[①]通过将序和凡例、读法、回前批和夹批的评点功能进行划分和分层,米列娜揭示了金圣叹、毛宗岗和张竹坡三人的基本美学概念:1.全文及部分之间的统一;2.小说文本平行性组织原则;3.文本的显性和隐性级别之间的二分法。

明清小说评点虽继承了传统评点形式,但具体内容与中国传统评点有所不同。陆大伟根据传统评点的特点,将中国典籍评点分为六种不同的类型:1.对单个汉字的注音释意;2.将原文译为读者时代的语言;3.引用相关补充材料;4.对文本含义和(或)意义的阐释;5.典故的识别和说明;6.对特定作品的风格和创作的文学分析。[②]虽然陆大伟也提出,小说评点沿用了这几种典籍评点类型,如王希廉《新评绣像红楼梦全传》中一整套类似词义训诂的注释、《三国演义》中许多帮助读者理解语言或小说文本历史背景的"信息类评论"(informative comments)、张书绅引"四书"注《西游记》以及张新之以《易经》解《红楼梦》人物等,但他认为,明清小说评点在具体的评点内容发生了变化。首先,中国传统评注中的信息类评点(informational commentaries)通常包含两个层面:一是对一些生僻词发音和含义的注解,二是对文字的解释。但小说评点很少关注词汇含义,而是转向传统评点一直忽略的小说风格和写作技巧方面。对文体风格和写作技巧的评点成为小说评点的一大特色,陆大伟称其为"文体类评

[①] Milena, Doleželová-Velingerová, "Seventeenth-Century Chinese Theory of Narrative: A Reconstruction of Its System and Concepts", *Poetics East and West*, 1988, pp. 142–143.
[②] Rolston, David L., *How to Read the Chinese Novel*, Princeton: Princeton University Press, 1990, p.5.

点(stylistic commentaries)"①。其次,小说评点的内容不仅限于添加评论,更有圈点(一些小说前的凡例会解释该版本中罕见的或新采用的标注符号)、编辑文本、涂抹、改篡、删除等等。从源流上而言,明清小说评点由中国典籍评点发展演变而来的,但它们在批评的内涵上已发生了巨大的变化:与之前的典籍注释相比,明清小说评点已不再停留在训诂、解释和说明文字涵义的原位上,更多的是添加一些评点者的主观成分,涉及文学批评的范畴。这种文学批评的范畴,则代表着了小说批评的产生。贝莉曾指出:"将评点文本附在小说文本上的批点模式自古有之,这也是金圣叹、毛宗岗和张竹坡所采用的评点方法,但他们是首批对小说文本进行如此详细理论分析的评点家。他们的关注点是提升中国小说的地位,他们的理论方法是首次系统性尝试,试图引起读者们像关注诸多典籍一样关注小说。"②

基于明清小说评点形式和内容多样,浦安迪(Andrew Plaks)将他所讨论的明清小说评点关键资料分为信息性(informational)、印象性(impressionistic)、比较性(comparative)、创作性(compositional)和解释性(interpretive)几大类③。信息性评点通常是增加一些信息来解释小说文本中的特定段落,这类评论在效果上与脚注无异。第二类印象性评点在数量上最多,但大多数评点在批评内容方面无多大价值。这类材料主要包括对情节转折的主观反应、人物性格的揭示、对话中表达的想法和某段文章的总体基调或语气。据说,这类评点是评点者在细读文本的过程中在空白处草草写下的,后来刊刻时被合并到小说文本中。比较性评点是将小说文本和其他的中国文集文本相比较。这类评点为数不多,通常以牺牲另一部作品为代价来拥护一部作品。创作类评点又可称为结构性

---

① Rolston, David L., *How to Read the Chinese Novel,* Princeton: Princeton University Press, 1990, p.45.
② Bailey, Catherine Diana Alison, *The Mediating Eye: Mao Lun, Mao Zonggang and The Reading of Sanguo Zhi Yanyi*, University of Toronto, Ph.D. dissertation, 1991, p.37.
③ Rolston, David L., *How to Read the Chinese Novel,* Princeton: Princeton University Press, 1990, p.75.

(structural)评点,是最重要的一类评点材料,因为传统评点家们超越了随意的主观评论,提出了作家在小说中广泛运用的写作技巧,而这些写作技巧正是评点家们对小说价值判断最终所依据的东西。浦安迪特别重视这部分评点,称:"正是这部分评点,我们才有重建中国小说诗学的可能性。"[①]最后一类解释性评点在数量上占很大部分,通常以论文形式出现,如序跋、总批、总评、读法及独立批评文章等。这类材料需要对整部作品进行概括,极具价值,因为它们通常都提出了有关中华文明的问题,如毛宗岗在《读三国志法》中首先就大篇幅讨论三国时期的正统问题,金圣叹在《读第五才子书法》一文的开头就评述了反叛者性质的问题。

北美学者还通过追溯小说评点的诸多术语与其他文学评点和艺术理论的关系,揭示其借用的文化资源。明清小说评点与其他文学或艺术的关联是通过对"术语"的阐释而建立的。任何一种文学批评都有自己的一套批评"术语"(terminology),这套术语虽不足以构成一个完整的理论系统,却是整套理论中必不可少的一部分。韦勒克在《文学理论》中提出:"文学批评和文学史二者均致力于说明一篇作品、一个对象、一个时期或一国文学的个性。但这种说明只有基于一种文学理论,并采用通行的术语,才有成功的可能。"[②]由此可见,术语在文学理论中的重要作用。具体到明清小说评点术语,北美学者通过划定和阐释明清小说评点中的关键性词语以及通过它们与中国诗论、文论、画论词汇和概念之间的关系,获得评点术语彼此之间建构的关系意义,从而生发出小说评点理论的"术语"系统。这些术语通常都有它们自己的发展历史、含义转变和文类影响,并成为指导写作或阅读的通行术语。

小说评点中常见术语"借用"现象。明清小说评点的一些重要概念多由其他领域借来,如儒学的"忠恕""格物",佛学的"同而不同""因缘生

[①] Rolston, David L., *How to Read the Chinese Novel*, Princeton: Princeton University Press, 1990, p.84.
[②] [美]韦勒克、沃伦著,刘象愚等译:《文学理论》,江苏教育出版社2005年版,第8页。

法",道家的"虚""实"之论,文章学的"叙事养题""草蛇灰线"等等。虽然这些术语有时有概念含混、牵强附会的现象,但它们确实在一定程度上丰富了这些词汇的内涵,增强了其理论色彩。术语对小说评点的生成有着重要的作用。浦安迪在《明代四大奇书》中就指出:"伴随16世纪小说文体的发展而盛行起来的文本批注和评论文章,都自觉地把已有的古文(和诗词)批评中运用的许多概念和术语转用到这种新型文体上来,其中最主要的就是形象迭用原则和对类似型结构中同和异的复杂关系的掌控。"① 贝莉在分析毛宗岗父子的《三国志演义》评点时,提出:"毛氏父子在已建立的诗学范围内,利用抒情诗学的假设和塑造力量(以及绘画中固有的空间概念)来概述他们的思想,试图提供一种小说诗学。"② 陆大伟在《中国传统小说评点写作中的视角》("Point of View" in the Writings of Traditional Chinese Fiction Critics)一文中也指出:"小说批评术语完全缺乏,不得不借用其他批评传统中的术语,或根据自身特点创造出新的术语。"③ 基于此,陆大伟追溯了小说评点的术语来源,包括词义训诂的古典传统(the classical tradition of lexical and exegetical commentary)、诗歌评论(poetry criticism)和杂艺——画论、棋艺、园艺(Miscellaneous Arts-Painting, Chess, Horticulture)、儒家典籍评点(P'ing-tien Criticism of the Confucian Classics)、科举八股文批评(Examination Essay Criticism)和戏曲批评(Dramatic Criticism)六大方面术语对小说评点的影响。诗评对小说评点的影响主要在于小说批评家们常常修改一些诗评中的术语,并将其运用于小说评点。陆大伟概括道:"所有这些不同形式的诗歌批评,都包含用术语表述的创作修辞手法,这

---

① Plaks, Andrew, *The Four Masterworks of the Ming Novel*, Princeton: Princeton University Press, 1987, pp.96-97.
② Bailey, Catherine Diana Alison, *The Mediating Eye: Mao Lun, Mao Zonggang and The Reading of Sanguo Zhi Yanyi*, University of Toronto, Ph.D. dissertation, 1991, p.191.
③ Rolston, David L., "'Point of View' in the Writings of Traditional Chinese Fiction Critics," *Chinese Literature: Essays, Articles, Reviews* (CLEAR), 1993, Vol.15, pp.113-142.

些方法后来在小说批评中被部分采用了。"[1] 另外,绘画艺术评论中的"虚实""章法""宾主"概念,虽然在小说评点中有所改变,但对小说批评有着重要意义。园林艺术、棋艺和中药也都在小说批评的术语词汇(technical vocabulary)和轶事说明(illuminating anecdotes)方面效力不少。此外,儒家典籍评点、八股选文乃至戏曲批评中的人物刻画和结构批评对李贽、叶昼和金圣叹等小说评点家都产生了很大的影响。[2] 小说评点形式多样化的产生虽是建立在之前的诗歌、散文等评点之上,但它还具有它自身的特点。小说评点不再关心读者是否理解文中的"文字"(letter),而是通过圈点和批评文中值得注意的地方,引起读者的注意。从本质上来说,小说评点纯粹是评点者个人的阅读反应。

陆大伟和浦安迪对小说评点内容的分类,确立了小说评点在内容上继承中国传统评点的谱系关系,即小说评点融合了诸种中国传统思想和理论。但明清小说评点并非是照搬原有形式和内容,也不是简单地将不同文学艺术理论进行嫁接或拼凑,作为中国传统文学批评在小说文体里的批评形式,明清小说评点把普遍性的理论与小说这一中国后起的特殊文体熔冶一炉,继而创造出独具自身特点的小说批评方法和批评理论。

三、明清小说评点的思想谱系与理论建构

评点在小说文体中的兴起与明清文学观发生了巨大变化紧密相关。对小说进行评点的文学活动,不仅意味着明清文学思想的演变与革新,同时还体现了当时社会的文化内涵和审美旨趣。与传统"文以载道"的文学思想不同,明清小说评点者在心学思想浸染下,标举"为己之学",追求个性自

---

[1] Rolston, David L., *How to Read the Chinese Novel*, Princeton: Princeton University Press, 1990, p.11.
[2] Rolston, David L., *How to Read the Chinese Novel*, Princeton: Princeton University Press, 1990, pp.4–30.

由，并借小说评点抒发个人的价值观念和审美个性。小说评点在明清逐渐占据文学主流的文学现象，实则反映出明清时期的一个巨大思想运动，那就是之前复古主义思想的减弱和消失，主张人个性解放的新思想浪潮逐渐抬头。明清小说评点虽然继承了传统评点的批评方式，但其批评思想却有着很大的转变，评点由典籍转向一直被排除在正统文学之外的小说。表面上看，这是评点在文学文体上的转换，实则是文学思想观念和文学批评思维模式的深层变革。从明代中叶起，我国文学思想上出现了一股新思潮，强调未受污染的纯洁心灵，主张个性解放的自由性情，提倡真情，反对复古。这种思潮与言志载道的传统思想形成了鲜明的对比，而且具有明显的叛逆性。而这种思潮在小说评点方面体现的尤为明显。北美学者探讨了小说评点者对之前文学思想和小说观的批判，建构了属于小说文体的评点思想体系。这在一定程度上从明清小说评点思想谱系角度建立了其理论体系。

  北美学者王靖宇（John C. Y. Wang）通过梳理小说评点家之间的思想传承以及早期评点家们对之前文学思想的反驳，建立了小说评点思想的谱系关系。王靖宇在《金圣叹》(*Chin Sheng-t'an*) 一书中提出，金圣叹评点在文学思想方面受到李贽和袁氏三兄弟的影响。金圣叹的文学思想继承了小说评点先驱李贽的"童心说"和袁氏三兄弟（袁宗道、袁宏道和袁中道）的"性灵说"。再向上追溯，李贽和袁氏兄弟的思想是受王阳明心学的影响，而李贽和袁氏兄弟反对的是明初的复古主义文学思想。李贽的"童心说"受王阳明心学的直接影响，主张保持真实的自我。应用于文学领域则是指作者对真实自我真诚而自然的表达，认为好的文学作品都必须是发自内心的。从这样的文学观来看，作者怎样尽可能自发、自然地表达自我内心的情感和愿望成为衡量文学作品价值的重要标准。袁氏兄弟提出"性灵说"，主张写作重在以自然和本能的方式表达一个人与生俱来的、最原初的本性。"童心说"和"性灵说"在本质上是互通的。李贽和袁氏兄弟的思想最终被金圣叹继承。金圣叹也认为文学应当表现一个人内心的真实所感，而不应被束缚在古人的创作模式中。他在《唐才子诗》中提出："从来文章一事,发由自己'性灵',便听纵横鼓荡。一受前人欺压,终难走脱牢笼。"①随后又在《读第五才子书法》中提出才子也不限于特定的文学作者:"庄周有庄周之才,屈平有屈平之才,降而至于施耐庵有施耐庵之才,董解元有董解元之才。"②可见,李贽、袁宏道乃至金圣叹的文学思想都是王阳明心学的延展。

无论是李贽的"童心说"和袁氏兄弟的"性灵说",其目的都是为了反对明朝早期文学界经历的"复古运动"。复古运动的"前七子"③代表人物李梦阳、何景明等宣称,学习诗文创作的最佳途径就是拟古,即效仿秦汉时期的"文"和盛唐时期的"诗"。至明嘉靖、隆庆年间,"后七子"李攀龙、王世贞、谢榛、宗臣、梁有誉、徐中行、吴国伦兴起,把复古主义思潮推向了一个新的高潮。复古主义者认为,这两个时期的作家们早已穷尽诗文写作的所有秘诀和法则,后来作家所做的只能是发现和运用这些秘诀和法则。明代自嘉靖后期开始,出现了一股反复古的新思潮,并逐渐发展成为诗文、小说、戏曲乃至书画等各个领域共同倡导的文艺思想。在文学理论批评上,童心说、性灵说和情真说集中表现了这股新思潮。这些文学流派都要求文学冲破礼教藩篱,摆脱理学桎梏,强调文学要源于人的心灵,充分展现人的个性,以自然、真实为其审美原则。李贽的"童心说"奠定了这股文艺新思潮的哲学政治思想和文艺美学思想基础。李贽从反传统、反理学和提倡"自然之性"的人性解放出发,作了一个反传统的宣言,驳斥了李梦阳的"文必秦汉,诗必盛唐"(《与李空同论诗书》)的复古主义思想,提出"诗何必古选,文何必先秦"(《童心说》)的文学主张,从而对"复古运动"及作为其理论基础的新儒家文学观进行了最猛烈的抨击。李贽认为,先贤之所以能够创造出秦汉之文和盛唐之诗,

---

① 张国光选编:《金圣叹诗文评选》,岳麓书社1986年版,第204页。
② 〔清〕金圣叹:《读第五才子书法》,〔明〕施耐庵、罗贯中、〔清〕金圣叹、李卓吾点评:《水浒传》,中华书局2012年版。
③ "前七子"成员包括李梦阳、何景明、徐祯卿、边贡、康海、王九思和王廷相七人,以李梦阳、何景明为代表。

不是因为他们的论道和文辞，而在于他们具有"童心"，故而诗文能够脱口而出。李贽之后，袁氏三兄弟（袁宗道、袁宏道和袁中道）提出的"性灵说"也强调写作重在自然、本能的表达。袁氏兄弟强化了李贽的文学因时而变的思想，正式发起了一场反复古运动。袁宏道的"性灵说"提倡诗文创作要表现作家的真实感情，反对因袭模拟和仿作，从而对前后七子的复古模拟文风进行了严厉的批评。袁宏道在《雪涛阁集序》中提出"文之不能不古而今也，时使之也。……夫古有古之时，今有今之时，袭古人语言之迹而冒以为古，是处严冬而袭夏之葛者也。"①由此可见，李贽和袁宏道等小说批评者对小说文体的重视实则是反叛当时复古运动的文学思想。王靖宇对小说评点文学思想的梳理在一定程度上建构了小说评点在明朝时期的文学思想的继承和反叛谱系。

  作为中国古代小说批评的典范样式，小说评点成为明清之际浸染于心学思潮的小说评点家们借小说文体来标举文学自主意识和建立属于自身文学话语场的重要方式，也是小说评点家崇尚主体自由的外化显现。另外，明清小说评点家的思想反叛中还包含了对中国文学正统观的批判。小说评点家通过小说评点话语发声，成为宣传小说文体的代言人，批判了小说文体地位卑下不入主流的文学观念，同时也通过小说评点证明了小说的文学价值。

  明清时期小说评点的出现改变了中国传统的小说观。王靖宇总结了李贽"童心说"文学的两点看法：一是文学必须表现作者内心的真情实感；二是文学因时而变，不同的时代产生不同类型的文学。基于第二点，李贽看出了唐传奇、《西厢记》和《水浒传》等文白相间或白话文学的价值。这些文学形式也被冠以"古今至文"之誉。袁宏道将《水浒传》置于"六经"和《史记》之上；金圣叹将《水浒传》与《庄子》《离骚》《史记》、杜甫诗齐观，称《水浒传》为"第五才子书"。明清小说评点家们没有止于

---

① 孙秋克编：《中国古代文论新体系教程》，浙江大学出版社2014年版，第211页。

争辩小说的价值和重要性,而是以评点的形式进一步证明小说具有怎样优越的文学特性。在李贽看来,"作者勘破事务真相并赋予事物以生命的才能,是使《水浒传》成为一部杰作的原因"①。钟玉莲(Cheng Gek Nai)在其《晚清小说观》(Late Ching Views on Fiction)中称,从文学批评的角度而言,20世纪之前的中国没有给予小说应有的地位,更无小说理论的意识,但也并非说晚清之前就没有提倡小说者。实际上,致力于个性和本性写作的李贽就坚称所有的文学都出自"童心",并认同小说是伟大文学文体之一。李贽的观点极大地影响了袁宗道、袁宏道和袁中道三兄弟以及金圣叹。②

在证明白话小说文学价值方面,贡献最大的评点家莫过于金圣叹。陆大伟将金圣叹称为"评点先生"(Mr. "Pingdian"),并认为,在中国小说批评中,金圣叹是最重要的人物:"金圣叹作为小说拥护者的角色是众所周知的,但他并没有像李贽和其他人那样争论小说是一种适应时代的新兴文学类型,而是尝试将小说与经典文学和文学名著联系起来。"③但实际上,"小说评论家是利用史学的威望,直到他们觉得小说已经足够成熟,可以抛弃拐杖并独自行走"④。葛良彦称:"事实上,《水浒传》(特别是繁本)引起了李贽、胡应麟、袁宏道和金圣叹等著名文人的关注,这表明印刷版与口述不同,印刷版不再属于'勾栏'或'瓦子'。"⑤虽然葛良彦讨论的是繁本《水浒传》印刷版的重要意义,但明清小说批评家们对白话小说文体的关注和重视对提高小说文体文学地位的作用是毋庸置疑的。

---

① [美]王靖宇:《艾布拉姆斯的艺术四维坐标与中国传统的小说批评》,《金圣叹的生平及其文学批评》,上海古籍出版社2004年版,第145页。
② Cheng, Gek Nai, *Late Ching Views on Fiction*, Stanford University, Ph.D. dissertation, 1982, p.4.
③ Rolston, David L., *Traditional Chinese Fiction and Fiction Commentary: Reading and Writing Between the Lines*, Stanford: Stanford University Press, 1997, p.26.
④ Rolston, David L., *Traditional Chinese Fiction and Fiction Commentary: Reading and Writing Between the Lines*, Stanford: Stanford University Press, 1997, p.131.
⑤ Ge, Liangyan, *Out of the Margins: The Rise of Chinese Vernacular Fiction*, Honolulu: University of Hawai'i Press, 2001, p.179.

明清小说评点家们自觉从事小说这一文类研究并将小说置于评点中心的文学行为,确立了小说批评的形式,肯定了小说的重要作用,并将这种作用上升到理论的高度。北美学者通过讨论明清小说评点家们对小说文体的认识和价值,发现明清小说评点对小说文体文学地位的改变起到了巨大的推动作用。对小说文体的赞誉不仅是文学领域的文体认知问题,它实际上包含着对以诗、文和史学为文学正统的传统观念的挑战和对以文言为正统的传统语言的思想变革。通过北美学者对明清小说评点家们文学思想的梳理,我们可以看出明清小说评点的思想是在继承王阳明心学思想的基础上,驳斥和反叛明初的复古思想;明清小说评点家对小说文体的重视在一定程度上改变了以诗文和史学著作为正统的传统思想。这种思想谱系的梳理给明清小说评点的理论建构奠定了坚实的思想基础。

五、结　语

小说评点是中国评点传统中以小说为研究对象的一种文学批评活动。明清小说评点依附于原作,集阅读、欣赏和评论三者于一身,对原作进行分析和评价,是以探讨和阐释小说作品为目的的一种文学批评。而文学批评是对文学作品、文学活动和文学现象的理性分析、评价和判断。对于一种文学批评的考察,一般需将其置于"竖切面"和"横切面"两个维度,才能显示其价值和意义。所谓"竖切面",是指考察它对先前文学思想的继承或反叛,以及它对后来小说批评的推动作用,显示的是它在文学批评史上的价值;而"横切面"则指把握它与其他文学批评理论之间的联系,显示的是其自身作为小说批评的意义。在"竖切面"上,北美学者通过梳理明清小说评点在形式、内容和思想上与中国传统评点学和文学思想的关系,建立了小说评点谱系,并揭示了明清小说评点自身的批评特点。在"横切面"上,他们呈现了明清小说评点与中国其他艺术理论之间的关联,还将小说评点与当时的社会思想和文化状况联系起来,以显示它的评点意图和批评价值。正是基于这两个方面,北美学者在中国传统文学大框架下建构了一个完整的小说批评理论。顾明栋甚至通过小说评点"在小说国际化大背景下构建中国小说理论体系"①。由此可见,北美学者系统梳理小说评点发展源流、建构其谱系、反思其批评价值对明清小说评点研究及其理论建构有着重要意义。

(本文原载《明清小说研究》2022 年第 3 期)

---

① Gu, Mingdong, *Chinese Theories of Fiction: A Non-Western Narrative System*, Albany: State University of New York Press, 2006, p.2.

清代文化家族与桐城派的演进

汪孔丰

规模庞大、人才辈出的桐城派阵营中,存在着为数众多的文化家族。这些家族分布于大江南北、长城内外,如在安徽桐城,有方、姚、马、左、张、刘、吴、潘、胡、徐等家族;在江苏无锡,有秦、薛、华、侯等家族;在浙江秀水,有陶、郑、庄、杨等家族;在江西新城,有陈、鲁、黄等家族;在贵州遵义,有黎、宦、唐等家族;在湖南,有湘阴郭氏、湘潭欧阳氏、湘乡曾氏、新化邓氏等家族;在河北,有武强贺氏、安平弓氏、枣强步氏、任丘籍氏等家族。它们的存在,是桐城派演变进程中一个别具意义的重要文化现象,值得探究。至少有下列问题足以引人深思:这些文化家族的区域分布有何特点?文化家族以何种方式影响到桐城派的传承与发展?传统家族的近现代转型对桐城派的命运有何影响?等等。倘能弄清楚这些问题,不仅利于推动清代文化家族史抑或家族文学史的研究,也利于深入拓展桐城派研究的视界。

一、桐城派家族的区域分布及其特点

桐城派始崛起于安徽桐城,此后一路浪翻波涌,流衍于江苏、浙江、福建、江西、湖南、湖北、山西、河南、云南、四川、贵州、直隶等地,浩浩荡荡,波澜瀚漫,澎湃文坛。在这个流派播扬演变的潮起潮落进程中,与之伴随的是文化家族的接踵而入和脱榫退场。

从地理空间来看,桐城派家族的分布是不均衡的,区域差异较大。有学者曾根据刘声木《桐城文学渊源考》及《补遗》,依据作家籍贯,制成桐城文派作家地理分布图,认为:"从大区域来说,以山陕黄河——三峡一线为界,此线以东共出作家1 097人,以西只出14人,东西方的差距非常悬殊,东方占绝对优势。在北起燕山,西起山陕黄河、熊耳伏牛二山、四川盆地西部边缘以东,南、东至海的广大范围之内,到处都有桐城文派作家的踪影。再以秦岭——淮河一线分南北,南方出作家903人,北方出作家208人,南北方的地理分布也不平均,具有南多北少的特点。"① 作家出自家族,出产桐城派作家多的地区,必然也是文化家族分布密集的区域。显然,桐城派家族也呈现出东南多、西北少的特征。具体到省份,这些家族多集中于江苏、安徽、浙江、直隶、福建、湖南、江西七省,其中的直隶省是唯一的北方省份。

实际上,就桐城派作家分布较多的省份而言,其境内桐城派家族的分布也呈现出不平衡的态势。范当世弟子徐昂说:"桐城文章源于望溪,海峰嗣之,迄姬传而大昌。门弟子之流衍,江苏最盛,江西、广西、湖南弗能逮也。"② 他道出了桐城派流衍分布不平衡的事实:江苏分布最众最盛,即便熏染桐城之学较深的江西、广西、湖南等地亦不能及。在江苏,桐城派家族分布最密集区在苏州、常州两府,次密集区在太仓州、江宁府、松江府、淮安府、通州直隶州,而扬州府、镇江府、徐州府则是零星分布。显然,苏南的桐城派家族多于苏中和苏北。在安徽,桐城派家族分布最密集区在安庆、徽州两府,次密集区在庐州、宁国、凤阳府,而池州、滁州、泗州、颍州等地寥若晨星。显然,皖南(含安庆府)的桐城派家族多于皖中和皖北;在浙江,桐城派家族分布最密集区在嘉兴、杭州两府,次密集区在宁波、绍兴、温州、湖州等府,台州、衢州、处州等府就比较少。显然,浙西的桐城派家族多于浙东地区。在直隶,桐城派家族最密集区在冀州,次密集区在天津府、保定府、河间府、深州、定州等地,而广平、永平、正定、顺德、宣化等府仅零星分布。在福建,桐城派家族最密集区在邵武府,次密集区在福州府、汀州府、泉州府,而漳州、

---

① 胡阿祥:《魏晋本土文学地理研究》附录《桐城文派作家的地理分布与区域分析》,南京大学出版社2001年版,第202页。
② 徐昂:《范伯子文集后序》,陈国安、孙建编著:《范伯子研究资料集》,江苏大学出版社2011年版,第71页。

延平、建宁、台湾、龙岩等地分布较少。在湖南,桐城派家族分布最密集区在长沙府和岳州府,常德、宝庆、醴州、辰州、衡州、永州等地较少。在江西,桐城派家族分布最密集区在建昌府,而抚州、宁都、赣州、南安、饶州、南昌、广信等地略有分布。

就属于分布密集区的州府来说,桐城派家族在其所辖州县内的分布态势也不均衡,有着明显的差异。以安庆、徽州两府为例。清代安庆府领辖怀宁、桐城、望江、潜山、太湖、宿松六县,桐城派家族多集中于桐城,有方、刘、姚、张、马、左、吴、光、戴、徐、潘、何、胡等数十家,而怀宁仅有方、潘、刘、邓、查、李等族,望江仅何、倪两族,宿松朱氏一族,太湖、潜山未见。徽州府领辖歙、黟、休宁、婺源、祁门、绩溪六县,桐城派家族多集中在歙县,有程、吴、汪、鲍、方、金、江等族,而休宁仅有程、郑、陈三族,婺源仅有齐、程两族,祁门、黟、绩溪三县未见。至于嘉兴、杭州、长沙、建昌、邵武、冀州等州府,其所辖州县内桐城派家族分布也有明显的差异。这种家族分布不平衡的情形实际上也从侧面表明不同地区的文化发展存在着差异格局。

当然,就桐城派家族分布最密集的县域来说,当属安徽安庆府的桐城。这不仅缘于桐城是桐城派的发源地,也与桐邑作家数量众多、代有传承相关。在桐城派的酝酿创建期间,方、刘、姚三家披荆斩棘,在理论建设与创作实践上做出了重要贡献。与这几个家族有着千丝万缕联系的张、马、左、吴、潘、徐、许、光、杨、郑、周、章、朱、胡、苏等族也先后卷进桐城派阵营,推波助澜,合力驱动并延展着桐城派的运势。可以说,在桐城派队伍中,桐城的文化家族数量是最多的,力量也是最强的。这些家族声气相通,交相辉映,共同营造了桐城派丰沃的发展根基和持久的声色光芒。即便到了桐城派的终局阶段,"斯文将丧实堪忧"[1]之际,以姚永朴、吴闿生等为代表的桐城后学仍以维护桐城派的道统、文统为己任,挽危救颓,力延古文于一线。

---

[1] 〔清〕姚永朴:《蜕私轩集》卷一《师郑以自题诗史集诗见示,时方有废经之议,有感于怀,依韵和之》,民国六年(1917)北京共和印刷局铅印本。

需要指出的是,不同地区的文化家族进入桐城派阵营是有差异的,这种差异也影响到了文化家族以及桐城派自身的发展态势。有些家族自进入桐城派阵营后,代代传承桐城文法,堪称桐城派世家,这尤以桐城一县表现最为突出。像桂林方氏、麻溪姚氏、清河张氏、陈家洲刘氏、鲁谼方氏、扶风马氏、高甸吴氏等家族,在桐城派形成、发展、壮大、衰微的每一个演变阶段,皆有他们的活跃身影,他们是桐城派兴衰的参与者与见证者。兹以麻溪姚氏、扶风马氏为例。姚氏自元代由浙江余姚移居桐城,从始迁祖文一公传至姚范,已是第十五代,他是桐城派形成期的重要肇基者之一;十六世姚鼐,是桐城派的集大成者;十七世姚景衡、姚通意、姚原绶、姚原绂、姚骙等,十八世姚朔、姚莹、姚元之、姚柬之等,十九世姚莹之子姚濬昌、姚鼐曾孙姚声等,二十世姚永楷、姚永朴、姚永概等,二十一世姚纪、姚豫、姚翁望等,皆是桐城派传人。姚氏的姻亲桐城扶风马氏,其始迁祖为马骥,初姓为赵,自明永乐年间入赘桐城马家,遂承马祀。传至十三世马春田、马春生,皆是姚鼐的表兄弟,关系笃厚,可谓桐城派形成期的羽翼力量。十四世马宗琏师事过舅舅姚鼐,是桐城派传人;十五世马宗琏之子马瑞辰、马邦基之子马树华等,十六世马三俊、马起益、马起升等,十七世马其昶、马复震等,十八世马其昶之子马根硕、马根伟、马根蟠等,十九世马其昶之孙马茂元、马茂书、马茂炯等,也是代代传承桐城古文。姚、马两族皆与桐城派契合甚深,七代传承,堪称桐城派世家的典型代表。由此亦可验证桐城不愧为桐城派的大本营。

当然,桐城派世家不仅仅局限于桐城一地,在江苏、浙江、江西、湖南等地也都广泛存在。像江苏无锡秦氏、薛氏,江西新城陈氏、鲁氏,湖南湘阴郭氏、湘潭欧阳氏、湘乡曾氏等家族都可谓桐城派世家。

总而言之,在桐城派阵营内,来自不同省域、不同府县的文化家族是促使和推动这个流派演变的重要力量。桐城派家族分布的不均衡性,不仅显示出不同地区桐城派传衍的差异性和不均衡性,也揭示出不同地区学术文化发展的差异性与复杂性。

二、家族联姻与桐城派的姻亲网络

文学家族之间的联姻行为对文学流派的形成有一定的影响。罗时进先生说:"血缘亲族之外,文化家族往往还有一个复杂交错、关系纷繁(如累世婚姻、连环婚姻)的姻娅网络。由于坚持在文化层次相当的情况下建立家族婚姻关系,因此,其姻娅脉络实际上成为在原有家族基础上扩张的文学网络。这一姻党外亲网络,同样成为文学创作互感互动的平台,甚至被设置成文学创作的现场。一个规模宏大的文学群体乃至文学流派,正是在文化家族之'家脉'发展中得以产生。"① 的确,文学家族之间相互缔结婚姻,这层亲缘关系会促使文学的交流与合作变得更加方便、更加频繁,从而利于形成一片相互沟通、相互勾连的文学场域,与此同时也利于催生具有共同思想倾向的文学团体或文学流派。桐城派的形成与壮大,也离不开家族联姻这一文化衍生机制的催化作用。

在安徽桐城,桐城派阵营中的方、姚、张、马、左等世家之间通过相互通婚,构建起了桐城派在当地的姻亲网络。桐城舒芜(原名方管)在谈到家世时就说:"我们那里世家的观念非常深,打不破的,结成一个关系网。最常见的是婚姻关系,互相串在一起,一环套一环。比如,以我的外祖父马其昶为中心,就可以画出一个网络图:外祖父自己是姚家的女婿,他的一个姐姐一个妹妹都嫁到了方家,另有一个妹妹嫁到姚家,还有一个妹妹嫁到左家。外祖父六个女婿,除了一个是湖北人之外,全是桐城的张、姚、方等名门大族。他的一个儿媳又是从姚家娶的。这样,以外祖父为中心,桐城张、姚、马、左、方五大家族就串得很紧了。恐怕五大家族里面任取一人为中心,都可以画出一个串联五家的网络图。"② 他道出了桐城世家之间血脉相连的姻亲关系。

---

① 罗时进:《地域家族文学:清代江南诗文研究》"前言",上海古籍出版社2010年版,第6—7页。
② 舒芜述,许福芦撰:《舒芜口述自传》,中国社会科学出版社2002年版,第1页。

兹以姚鼐姻亲圈为例,姚鼐说:"鼐家与方氏世有姻亲。"① "方氏与姚氏,自元来居桐城……其相交好为婚媾二三百年。"② 他又说:"张氏与吾族世姻,其仕宦显贵者,固多姚氏婿也。……子女皆婚姚氏:女嫁母侄,子娶姑女,邑然门庭之间,日浸以盛。"③ 他的这些话指出了姚家与方、张两家存在着世代婚姻甚至连环婚姻的复杂情况,也说明他们之间的确血脉相连。其实,姚鼐自己的婚姻也与张氏有缘。他先娶黄州府通判张曾翰之女,后又继娶屏山县知县张曾敏之女。他的次子姚师古也娶了庠生张元黻女,还有两个女儿分别嫁给张元辑、张通理。在联姻的影响下,姚鼐弟子圈中也有一些姻亲背景的门人。如方绩,继配来自姚氏,为姚鼐叔父姚兴易之女;方绩子方东树,其姑曾嫁给姚孔钧之曾孙姚通意,而通意又是姚鼐之从侄;张元铬,其母为姚鼐从曾祖妹;马宗琏,是姚鼐四妹与妹夫马仪颙之子;张聪咸,娶姚鼐从侄孙姚元之妹;马树华,姚鼐表弟马春生之孙;潘鸿宝,潘江五世孙,其配为张元表女,其兄潘鸿业之妻则为张曾敏女,等等。

  当然,桐城世家的联姻对象也会扩展到桐城境外,通婚于省内外的名门望族。可以说,他们的婚姻枝蔓延伸到哪里,桐城派的网络就会嫁接到哪里。像麻溪姚氏,就曾与安徽省内的怀宁任氏、庐江王氏、休宁吴氏、全椒金氏等望族缔结秦晋,还与省外的武进庄氏、南通范氏、宜兴吴氏、汉阳江氏、曲阜孔氏等名门望族通婚。其中,她与南通范氏缔婚堪称桐城派传衍的佳话。通州范氏,系宋代范仲淹次子范纯仁之后裔支脉,世为儒族,自明朝范应龙、范凤翼到同光年间的范当世,代传诗文,风雅相继,书香绵衍。当世先师法于张裕钊、吴汝纶,得桐城文章法门,后又娶姚莹孙女姚倚云,问诗文于岳父姚濬昌,唱和于内兄弟姚永楷、姚永朴、姚永概、连襟马其昶之间,益得桐城遗绪,徐昂称"夫异之(管同)、伯言(梅曾亮)而后,江苏传桐城学者,

---

① 〔清〕姚鼐著,刘季高点校:《惜抱轩诗文集·文集后集》卷一《方恪敏公诗后集序》,第265页。
② 〔清〕姚鼐著,刘季高点校:《惜抱轩诗文集·文集后集》卷一《方氏文忠房支谱序》,第257页。
③ 〔清〕姚鼐著,刘季高点校:《惜抱轩诗文集·文集》卷八《旌表贞节大姊六十寿序》,第122页。

当巨擘先生焉"①。当世之弟范铠、范钟亦曾受桐城文风薰冶，"师事张裕钊、吴汝纶及其兄，受古文法"②，通州范氏一门由此汇入桐城文章一脉。在姚倚云的撮合下，范氏"凡婚嫁于桐城者四"③，如当世长子范罕娶马复恒之女，范铠次子范毓娶方家永之女，等等。此外，姚永朴长子姚东彦又娶范钟女，这种回馈交叉式联姻进一步不仅强化了通州范氏与桐城望族之间的文化交流，同时也巩固了范氏在桐城派姻亲网络中的重要地位。此外，桐城派姻亲支脉借助于范氏又嫁接到江西义宁陈氏家族身上。范当世女范孝嫦，嫁与义宁陈衡恪，而衡恪之父陈三立又游于当世门下，这种师缘与亲缘进一步强化了桐城派与义宁陈氏之间的密切联系。

在江西新城，桐城派阵营内的陈氏、鲁氏、黄氏、杨氏等名门之间相互联姻，构建起了桐城派在新城的婚姻网络。以陈、鲁两家缔婚为例。陈用光说："陈、鲁于中田为著姓，陈氏之兴后鲁氏，而世为婚姻。"④如陈用光娶鲁潢女、鲁仕骥姊，陈用光从弟陈沆娶鲁河孙女，陈用光女适鲁仕骥孙鲁应祜，陈旭娶鲁九皋女，陈用光从子陈希祖娶鲁兰枝女，等等。因为有这层密切的姻缘关系，两家之间的文学交往、学术交流也较为频繁，桐城之学在新城这两家的传衍也尤力。陈煦、陈用光、陈希祖、陈希曾、陈希孟、陈兰祥等人皆曾师事鲁九皋，受古文法，成为桐城派中人，而桐城之学亦因此渐渐涵化于新城陈氏家学体系之中。当然，陈氏姻亲圈也曾拓展到新城以外，如山西寿阳祁氏也在陈氏姻亲网络之中，祁寯藻曾娶江西新城陈用光之女，且师事陈用光，受古文法，"于立身本末、师友渊源、学力厓涘，若皆有以窥见仿佛"⑤，祁氏由此进入桐城派阵营，其子祁世长、其孙祁友蒙也承传家学，桐城文风在三晋大地渐炽。

可以说，桐城派的形成与壮大，家族之间的联姻是重要的催化剂。家族

---

① 徐昂：《范伯子文集后序》，陈国安、孙建编著：《范伯子研究资料集》，第71页。
② 刘声木著，徐天祥点校：《桐城文学渊源考》卷十，黄山书社1989年版，第293页。
③ 范毓：《蕴素轩诗集跋》，《范伯子诗文集》附录四，第629页。
④ 〔清〕陈用光：《太乙舟文集》卷七《鲁南畹七十寿序》，道光二十三年（1843）孝友堂武昌重刻本。
⑤ 〔清〕陈用光：《太乙舟文集》卷首祁寯藻《序》，道光二十三年（1843）孝友堂武昌重刻本。

之间交错繁复的姻亲网络,构建起了富有温情的文学活动空间,容易催生家族文学群体或地方性文学群体,甚至产生文学艺术流派或集团。在某种意义上,桐城派可谓是由姻缘与地缘复线铺展、交互作用而形成的文学集团。

三、家学传统与桐城派的学术谱系

家学是家族世代相传之学,也是家族文化赖以传承的一个重要途径。它对家族成员及其后裔的知识积累、文艺创作、学术取向等都有重要的影响。从流派形成的角度看,当某一家族文人群成为流派的重要生力军时,这个家族的学术文化也容易涵化成流派文化的重要组成部分。

桐城古文之学进入文化家族之后,往往就成为家族文化的重要内容。其传承方式呈现出多样化的特点,大致有父子相传、兄弟相传、直系隔代相传、叔侄相传、舅甥相传、隔代相传等形态[1]。这些传承路径往往会有所交织,从而形成家学传承的复杂网络。

在安徽桐城陈家洲刘氏家族,其古文传承有家学背景。刘大櫆是"桐城派三祖"之一,其文论主张与文学创作对桐城派的演进居功至伟;其族弟刘琢,"师事族兄刘大櫆,受古文法,从游最久,朝夕得其讲论,诗、古文词皆有法律"[2];其兄子刘越谭,"世其家学,有才宏逸"[3];刘宅俊,大櫆族裔,幼承父刘斗才之教,诗文精进,方东树称其诗为"卓然见先正典型"[4];刘元佐,宅俊子,幼承家范,专志实学,且与方宗诚交契甚深,惜壮年早逝[5]。

在江苏锡山秦氏家族,自秦瀛亲炙桐城、与姚鼐"弥有契合"[6]以来,桐

---

① 曾光光在《桐城派与晚清文化》中对桐城派家学传授的途径有所概括,兹不赘述。氏著:黄山书社2011年版,第116—120页。
② 刘声木著,徐天祥点校:《桐城文学渊源考》卷三,第148页。
③ 〔清〕王灼:《悔生文集》卷三《刘璇次诗序》,嘉庆十三年刻本。
④ 〔清〕萧穆著,项纯文点校:《敬甫类稿》卷十一《刘悌堂先生墓志铭并序》,黄山书社1992年版,第203页。
⑤ 〔清〕方宗诚:《柏堂集前编》卷十二《刘岱卿哀辞》,桐城方氏志学堂家藏《柏堂遗书》本。
⑥ 〔清〕秦瀛:《小岘山人诗文集》卷首陈用光《刑部侍郎秦小岘先生墓志铭》,清嘉庆城西草堂刻本。

城古文之学在家族内部绵衍相继,薪火相传。其弟秦瀸"师事兄,受古文法,每一艺成,为抉摘其瑕疵"①;其子秦缃武"工古文……风格得之于父教"②;秦缃业"幼禀小岘侍郎之教,笃志邃学,工诗古文词"③,"喜学归有光、方苞、姚鼐三家,其为文清真醇雅,一守秦瀛家法"④;其孙秦赓彤"以古文世其家学","读其文说理必精,修词必洁,深得震川、桐城之遗"⑤。

在江西新城鲁氏家族,鲁九皋是接引桐城之学的先导,嗣后代有传承。其长子鲁肇熊、次子鲁肇光、三子鲁嗣光、四子鲁迪光皆受庭训,能传古文,如鲁嗣光"其为文则守姚先生之矩镬,而杰然欲自成其体"⑥,等等;长孙鲁应祥也"习闻其祖绪论,工诗文,有家法"⑦;族内鲁缤、鲁云、鲁希晋、鲁元复等人亦皆师承鲁九皋,能古文。如姚鼐称鲁缤古文甚佳,"其气陵厉无前,虽极能文之士,当避其锋也"⑧。

在直隶武强贺氏家族,因贺涛先后师从张裕钊、吴汝纶,桐城之学由此传入贺府,风雅相继。其三子贺葆初、贺葆真、贺葆良得其父教,善古文,尤以葆真得父传最深⑨,造诣高超。其孙贺植新、贺翊新、贺培新、贺迪新等不坠家学,幼承庭训,谙熟古文义法。此一辈中,尤以贺培新成就突出,他幼禀其祖贺涛之学,长师桐城吴闿生,所作乔皇典丽,卓越超妙,"为莲池学者群体第五代的祭酒"⑩,且又是桐城派终局阶段的代表人物之一。

以上略举桐城之学在诸家族内部的代际传承谱系,可视为家学传统与桐城派文化传统融汇与传衍的典型代表。

---

① 刘声木著,徐天祥点校:《桐城文学渊源考》卷四,第190页。
② 刘声木著,徐天祥点校:《桐城文学渊源考》卷四,第186页。
③ 〔清〕秦缃业:《虹桥老屋遗稿》卷首杨昌濬《序》,清光绪十五年刻本。
④ 刘声木著,徐天祥点校:《桐城文学渊源考》卷七,第253页。
⑤ 〔清〕秦赓彤:《铁华仙馆集》卷首叶衍兰《叙》,清光绪四年锡山秦氏家刻本。
⑥ 〔清〕陈用光:《太乙舟文集》卷六《鲁习之文稿序》,道光二十三年(1843)孝友堂武昌重刻本。
⑦ 刘声木著,徐天祥点校:《桐城文学渊源考》卷十三,第374页。
⑧ 〔清〕姚鼐著,陈用光编:《姚惜抱尺牍》,《与鲁宾之》,上海新文化书社1935年版,第20页。
⑨ 贺葆真在其日记中详细记载了父亲贺涛课子授学的情况,参见《贺葆真日记》(徐雁平整理,凤凰出版社2014年版)。
⑩ 贺培新著,王达敏、王九一、王一村整理:《贺培新集》(上),"前言",凤凰出版社2016年版,第2页。

实际上,即便家族成员皆奉桐城义法为圭臬,但鉴于众人在学识、才气、禀性等方面的差异,他们在古文创作风格上并非千人一面,而自有个性,自有格调,自有特色。如江西南丰吴氏家族中,吴嘉宾文从姚鼐,推崇管同、陈用光,又师事梅曾亮,受古文法,所为文"英奇磊落,严峭深刻,才气不可一世"①;仲弟吴嘉言,师事其兄嘉宾,"于文章各体皆深通,文则清峻空远,心澹神闲"②;从子吴昌筹,"少随世父嘉宾,学得体要"③,为文文词畅达,直抒胸臆,不逾规矩,已能造其藩篱,"遗文数十首,皆足与编修(吴嘉宾)所论相发明"④。又比如在湖南武陵杨氏家族,杨彝珍私淑桐城,推崇方苞,学文于梅曾亮,"亦以姚氏文家为正轨"⑤,"凡所为文率自道其胸臆之所欲言,无所规橅,而自合乎古之法度"⑥;其子杨琪光"习闻其父言古文法,复理梅曾亮绪论,其为文深沉奥衍,神致隽永"⑦;琪光子杨世猷亦习闻祖父言古文法,缵承不替,为文"措辞甚艰而不苦于晦,用意虽琐而不伤于繁"⑧。总之,这些家族内部诸成员之间的文风差异亦可表明桐城派文风也存在着个性化、多元化的形态。

除了古文辞之学外,在桐城派的学术版图上,经史之学亦占有十分重要的板块,并形塑着桐城派的属性和品质。推究桐城派的经史之学,家学积淀与传承之功不容忽视。这一点可从桐城麻溪姚氏家族身上窥测而知。姚氏世代有治《易》的学术传统。早在十二世姚文焱就说:"余家世传羲经。"⑨可见《易》学为姚氏世代传承之家学。在十二世中,姚文燮以治《易》著称,

---

① 〔清〕吴嘉宾著:《求自得之室文钞》卷首郭嵩焘《序》,同治五年(1866)广州刻本。
② 刘声木著,徐天祥点校:《桐城文学渊源考》卷七,第252页。
③ 包发鸾修,赵惟仁纂:《(民国)南丰县志》卷二十八《文苑》,民国十三年(1924)铅印本。
④ 〔清〕李元度著,王澧华点校:《天岳山馆文钞》卷十二《吴伯俞传》,岳麓书社2009年版,第309页。
⑤ 〔清〕曾国藩著,王澧华点校:《曾国藩诗文集·文集》卷三《欧阳生文集序》,上海古籍出版社2005年版,第286页。
⑥ 〔清〕杨彝珍:《移芝室文集》卷首俞樾《序》,光绪二十二年(1896)刻本。
⑦ 刘声木著,徐天祥点校:《桐城文学渊源考》卷七,第255页。
⑧ 刘声木著,徐天祥点校:《桐城文学渊源考》卷七,第257页。
⑨ 〔清〕姚文燮著:《无异堂文集》卷一《易经圭约序》,民国五石斋抄本。

他"谈《易》如数家珍,秘理元机过于刻露矣"①。姚文然亦精通《易》理,且"集中诠《易》特详"②,还强调一部《易》全在教人知"无咎"二字③。此后,十三世中姚文然的四个儿子士塈、士堂、士坚、士基,以及姚士对、应甲、士庄、士圭、肤功等,十四世中姚士坚子孔铨、孔镇,姚士基子孔锌、孔锁、孔銴,等等,也都邃于《易》。十五世中,孔锌子兴渼、兴溁,孔锁子范、淑等亦治《易》,其中姚范成就卓异,其《援鹑堂笔记》中《周易》一卷,不空言说经,而是言必有征,以经解经,相互参证,多有发明。十六世中姚范长子昭宇、次子羲轮、四子勋隆及其侄子姚鼐等,承家传治《易》之绪。其中姚鼐认为:"《易》学自当以程朱为主,若言兼采人长,则岂独荀虞。凡说《易》有一言之当,皆不可弃。若执汉学为主,则大非矣。"④姚鼐侄孙亦留心于《易》,其《识小录》中《五十以学易》《朱子易经本义》两则札记可映射出他对《易》学的熟稔。⑤姚莹子姚濬昌承继家学,撰《读易推见》三卷。濬昌诸子亦都研《易》,仲子姚永朴"成童即喜读《易》,逮后授经皖之高等学堂,亦时有论著,以示诸生"⑥,著有《蜕私轩易说》二卷;季子姚永概《慎宜轩笔记》中《易》一卷,以义理为本,阐幽抉微,颇多创见。统而言之,麻溪姚氏治《易》自姚鼐以降至姚永朴、姚永概兄弟,大抵以宋儒义理为主,兼采汉儒考据,注重调和汉宋《易》学。诚如姚永朴所言:"夫治经之法,不越二家。守汉儒之训诂名物,而无取专己守残;守宋儒之义理,而力戒武断。"⑦姚氏治《易》之家法亦如斯言。作为桐城派世家,姚氏的这份家学资产也成为桐城派学术文化的重要组成部分。

除了麻溪姚氏家传《易》学外,桐城派中其他家族也有专门之学。如广

---

① 〔清〕姚文燮著:《无异堂文集》卷一《〈易盋〉序》,民国五石斋抄本。
② 〔清〕姚文然著:《姚端恪公文集》卷首徐秉义《序》,清康熙二十二年(1683)姚士塈等刻本。
③ 〔清〕姚文然著:《姚端恪公外集》卷十三《读易》,清康熙二十二年(1683)姚士塈等刻本。
④ 〔清〕姚鼐著,陈用光编:《姚惜抱尺牍》,《与陈硕士书》之八十九,第70页。
⑤ 〔清〕姚莹著,黄季耕点校:《识小录》卷一、卷二,黄山书社1991年版,第21、37页。
⑥ 〔清〕姚永朴著:《蜕私轩集》卷二《周易困学录序》,民国六年(1917)北京共和印刷局铅印本。
⑦ 〔清〕姚永朴:《蜕私轩集》卷二《蜕私轩读经记序》,北京共和印刷局1917年版。

西临桂龙启瑞家族，家传音韵之学，龙启瑞谓"治经自是学人第一要义"[①]，尤讲求音韵之学，以姚文田《说文声系》、张惠言《说文谐声谱》、苗夔《说文声读表》参互读之，间以己意析其所疑，撰成《音韵通说》，"自来言古韵者，于斯为备"[②]。启瑞子龙继栋少承父学，不仅擅诗文词，亦通小学。他在获罪流放期间，一本蒋廷锡《尚书地理今释》和李兆洛《地理韵编今释》，以韵为纲，以经为目，以地名所见之字隶韵，折中诸说，撰成《十三经廿四史地名韵编今释》，殚见洽闻，津逮后学，殆有过焉。又如湘阴郭嵩焘家族，世传四部之学，颇有建树。以治《庄子》《管子》而论，郭嵩焘有《庄子笺注》《读管笔记》，其次子郭焯莹少承家学，亦撰有《校管札记》[③]；其侄郭庆藩不仅有《庄子注释》《读庄子札记内外篇》[④]，还辑录多家之说，并附郭嵩焘之论，间下己意按语，撰成《庄子集释》，是书将西晋以来的治《庄》精华汇为一集，"疏解精严，征引宏博，与王葵园《庄子集解》同时并负盛誉"[⑤]。郭庆藩之次子郭振墉亦撰有《管子校注》。[⑥]可以说，不同文化家族的家学背景，助添了桐城派学术文化的丰富性与多样性。

当然，文化家族的家学有时并不仅仅在家族内部传承，它也会因联姻、师友等因缘而流播于族门之外，寖入其他家族。两个或两个以上家族的家学也由此产生交融，且相互资益。桐城派家族之间亦往往存在家学交流和融汇的现象[⑦]。这种文化资源的分享与交流不仅进一步强化了他们之间密切关系，也推动着桐城派学术的不断向前发展。

---

① 〔清〕龙启瑞著，吕斌校笺：《龙启瑞诗文集校笺·经德堂文集》卷三内集《致冯展云侍读书》，岳麓书社2008年版，第415页。
② 〔清〕龙启瑞著，吕斌校笺：《龙启瑞诗文集校笺·经德堂文集》卷五外集《〈古韵通说〉叙》，第469页。
③ 寻霖、龚笃清著：《湘人著述表》，岳麓书社2010年版，第856页。
④ 寻霖、龚笃清著：《湘人著述表》，第849页。
⑤ 夏剑钦整理：《湖南文献汇编第一辑》"艺文类"郭群《湘阴郭氏遗著提要》，湖南人民出版社2008年版，第271页。
⑥ 寻霖、龚笃清著：《湘人著述表》，第860页。
⑦ 参看徐雁平：《批点本的内部流通与桐城派的发展》，《文学遗产》2012年第1期，第100—112页。

四、家族转型与桐城派的现代命运

古老中国自进入近代社会以来,在西力东侵和西潮激荡的冲击下,政治、经济、文化、思想、教育等方面皆发生了巨大的变迁。西学的大量涌入、科举制度的废除、新式教育的兴起,等等,这些外在的新环境、新变化,逼迫着传统的文化家族不得不因时、因势而变,迈出了向现代转型的步伐。尤其在当时科学救国、实业救国思潮的鼓动下,许多家族成员纷纷弃文而从事理、工、医、军、商等业,文化家族也因此在转型的进程中呈现出多元化、复杂化的形态。[①]世易时移,这些接受新式教育的世家子弟,已不再是传统意义上的士人了,而是具有近现代色彩的知识分子了。他们也不再拥有"士为四民之首"的社会地位,而是逐渐趋于边缘化。[②]皮之不存,毛将焉附?文化世家性质及其成员身份地位的转变,也影响到了桐城派的存在。依托于他们的桐城派自身也在新陈代谢,逐步现代转型。

在桐城派文化家族中,家族成员思想的开明与解放,是这个家族现代转型的思想基础。传统的文化家族往往以科举入仕为家族发展之本,族中成员自幼攻经读史,能诗擅文,以求博得功名。在中西交冲的大背景下,作为时代思潮的先觉者,一些文化家族也开始关注泰西之学,不再排斥新学、西学,而是或主动或被动地接触和汲取着域外新知。他们在这个学习的过程中,不知不觉地化变了自身的传统特性。比如在桐城高甸吴氏家族,吴汝纶曾进入曾国藩幕府,由此"睁眼看世界","于西人新学新理尤兢兢,尝欲取彼长技,化裁损抱,以大行于天下"[③]。他说:"窃谓废夫时文,直应废去科举,不复以文字取士。举世大兴西学,专用西人为师,即由学校考取高才,举而

[①] 梅新林:《文学世家的历史还原》,《中国社会科学》2011年第1期,第188页。
[②] 罗志田:《近代中国社会权势的转移:知识分子的边缘化与边缘知识分子的兴起》,《权势转移:近代中国的思想与社会》(修订版),北京师范大学出版社2014年版,第109—153页。
[③] 吴闿生:《北江先生文集》卷二《先府君行述》,民国文学社刻本。

用之,庶不致鱼龙混杂。"①又说:"窃谓今后世界与前古绝不相同,吾国旧学实不敷用。今外国所以强,实由学术微奥,成效昭著。各国骎骎面内,各用其学战胜,吾学弱不能支。"②他的"废去科举""吾国旧学实不敷用"这些言论在当时可谓大胆、超前,显示出开阔的眼界和拔俗的见识。吴汝纶之子吴闿生自幼承父教,又得范当世、贺涛等人指点,不仅深谙桐城之学,亦涉猎西学新知。二十四岁时,他又负笈东瀛,留学于早稻田大学。民国初年,又任教育次长、总统府秘书。他曾翻译《克莱武赫斯丁传》、《法律学教科书》等书,又撰有《译理财学序》、《西史教科书译序》、《法律学教科书序》、《徐静澜所译生理学序》、《经济学译序》等文章,不仅显示出他对异域新学的熟稔,也揭示出桐城文章正在融汇和吸纳前所未有的新知识、新思想。不过,当这种新知识、新思想出现得越来越多,而桐城文章又无法吸纳和承受时,它的衰落命运也就无法避免了。又比如在桐城叶氏家族中,叶玉麟曾师从马其昶,得桐城古文真传。不过,他并不排斥白话,他的名下有许多著作,如《白话句解老子道德经》、《白话译解庄子》、《白话译解韩非子》、《白话译解墨子》、《白话译解庄子》、《白话译解国语》、《白话译解孙子兵法》等,都是用白话解释经典。③他的儿子叶葱奇承受庭训,思想开明,给其子叶扬讲《西游记》《水浒传》里的故事,还让其子看《红楼梦》、《儒林外史》,阅读视野已越出诗、古文之苑囿。叶扬母亲郑家,也是很开明的。"外祖父郑孝胥是办洋务出身,他是跟李鸿章的儿子李经迈一块到日本去的,在神户、大阪做领事,对所谓西学的态度,非常开明、通达。外祖父的孙儿一辈,也就是我的一些表哥,很多是圣约翰大学毕业的。"④吴、叶家族两代人在风云莫测的时代变局背景下,解放思想,因时而变,变而能达,这不仅改变了家族命运,

---

① 〔清〕吴汝纶著,施培毅、徐寿凯校点:《吴汝纶全集·尺牍》(第3册)卷四《学堂招考说帖》,黄山书社2002年版,第463页。
② 〔清〕吴汝纶著,施培毅、徐寿凯校点:《吴汝纶全集·尺牍》(第3册)卷二《与李季皋》,第194页。
③ 据叶扬介绍,这些著述很多不是祖父自己动笔的,实际上都是一帮子弟兵,他的叔伯帮助写的。参见郑诗亮采写:《百年斯文:文化世家访谈录》,中华书局2015年版,第149页。
④ 郑诗亮采写:《百年斯文:文化世家访谈录》,第149页。

也改写了桐城派的现代命运。

　　文化家族积极参与社会变革,是桐城派现代转型的具体表现之一。作为家族中的佼佼者,如曾国藩、张裕钊、吴汝纶、薛福成、黎庶昌等人,秉承传统的儒家经世精神,怀有承当世运的自觉意识,致力于匡济世务,注重实学,创办洋务,引领古老中国迈出现代化的步伐。可以说,"他们是当日中国最先自觉地回答和回应西方冲击的人物"[①]。在无锡城西薛氏家族,薛福成在十二三岁时,"慨然欲为经世之学,以备国家一日之用,乃摒弃一切而专力于是"[②]。曾先后师事曾国藩、李鸿章,并协助他们筹办洋务事宜,其《筹洋刍议》就是他多年筹办洋务的思想结晶,其中《变法》一章开启倡导变法运动之先声;他又曾出使英、法、义、比四国,洞察西方诸国经济、政治、教育、文化等情况,认为"欧洲立国以商务为本,富国强兵全借于商"[③];"知西国所以坐致富强者,全在养民教民上用功"[④]。可以说,他是薛氏家族最早"开眼看世界"之人,也是"一名集爱国者、改革者和启蒙者于一身的有志之士,堪称在近代中国新陈代谢历史进程中承前启后的杰出思想家"[⑤]。薛福成之弟薛福保亦曾入曾国藩幕府,习闻曾氏论文之旨。后又入阎敬铭、丁宝桢幕府,颇显才干,思想也超俗。他在《士说》中说:"今夫士者,治农工者也;仁义者,士之耒耜斤斧也。"[⑥]在薛福成的言传身教下,他的儿子薛南溟亦主张"救国之道在辟利源以裕民生"[⑦],并且甘心放弃仕宦转办实业,入军缫丝业,创办了永泰丝厂,成为近代缫丝业的著名民族资本家。薛南溟之子薛寿萱肄业于苏州东吴大学,又赴美国伊利诺伊大学学校铁路管理和经济管理,

---

[①] 杨国强:《经世之学的延伸和中国近代化的历史起点》,《衰世与西法:晚清中国的旧邦新命和社会脱榫》,中华书局2014年版,第21页。
[②] 〔清〕薛福成:《庸庵外编》卷三《上曾侯相书》,光绪二十八年刻本。
[③] 〔清〕薛福成著,蔡少卿整理:《薛福成日记》(下)(光绪十六年八月初九日),吉林文史出版社2004年版,第574页。
[④] 〔清〕薛福成著,蔡少卿整理:《薛福成日记》(下)"光绪十九年六月十四日",第818页。
[⑤] 丁凤麟著:《薛福成评传》,南京大学出版社1998年版,第2页。
[⑥] 〔清〕薛福保:《青萍轩文录》卷一《士说》,清光绪八年(1882)刻本。
[⑦] 薛学谦:《薛公慈明哀启》,民国石印本。

后管理永泰丝厂。经两代人的不懈努力，永泰集团成为丝织业的翘楚、民族工商业的楷模。薛氏家族由此实现了传统科举入仕之家向近代工商业家族的成功转型。

如上所述，近代社会中文化家族由传统向现代的转型，不仅改变了家族自身的发展轨迹，也改变了桐城派的属性和命运。从某种意义上说，近代桐城派不再是一个传统的文学流派了，而是一个具有强烈革新意识的文学流派，甚至还是一个具有鲜明改良色彩的政治团体，它参与和见证了近代中国社会的每一步探索与变革。王达敏先生说："为了救亡和启蒙，当桐城诸家分别成为洋务派、立宪派、革命派的时候，以西学为圭臬的时候，甚至用白话文创作的时候，桐城先正所尊奉的孔孟程朱之道、秦汉唐宋之文已经无处安放。可以说，当西潮涌来那一日起，当中国踏上现代化之路那一日起，当桐城派开始转型那一日起，桐城派式微的命运就已经注定。"[1] 伴随着近代以来中国社会遭遇"数千年未有之变局"，许多出身文化世家的桐城派传人秉承数代一脉相承的"因时而变"的观念和经世致用的理念，积极迎接时代巨变，桐城派的现代转型由此而启动，它一直持续到1949年以后因为新的政治文化出现而渐告终结。

五、结　语

有清一代，桐城派是一个作家最多、著述最丰、流播最广、绵延最久、成就最显的流派，它深刻地影响着那个时代的政治、文化、文学、学术、教育、思想等诸多方面，这种浃髓沦肌的社会影响甚至还持续到20世纪的上半叶。推究和追溯这种影响的成因，存在于这个流派阵营内部的不同地域、不同面相的文化家族，应当不容忽视。他们在桐城派由一县之隅不断拓展到华夏内外的恢宏史程中，各张学说，各逞才智，共襄盛业，扮演了非常重要的角

---

[1] 王达敏：《论桐城派的现代转型》，《安徽大学学报（社会科学版）》2015年第6期，第58页。

色。他们是这个流派得以延续两百余年的生存之基、力量之源、发展之本。这些家族在自身的文化建设过程中,有意识地将桐城古文之学有效地化入家学资源,从而夯实和丰富着自身的文化传统,并且代代相承,有力推动了桐城派的传播与衍递。

从某种程度上说,桐城派是因为文化家族的大量参与而渐起渐兴,又是因为文化家族的现代转型而愈衰愈危。在这带有"成也萧何、败也萧何"意味的演变态势中,桐城派也深深地烙上了家族化的色印。透过这鲜明的文化印记,我们不仅可以体认到这个流派演进的内在机制与传承方式,甚至还可以感知到清代文学乃至中国传统文化发展演变的潜在根脉和深层理路。

(本文原载《安徽师范大学学报(人文社会科学版)》2018年第4期)

明代《诗经》八股文中的文学阐释

汪祚民

明代是我国科举制最为鼎盛的时代。当时全国各级各类学校被纳入科举体系,科举层级、考试科目、科考文体、取士配额高度定型化、程式化。明代科考最重首场,首场所考就是以《四书》文句为题的四书文和以儒家《五经》中的文句为题的五经文。"其文略仿宋经义,然代古人语气为之,体用排偶,谓之八股,通谓之制义。"(《明史·选举志》)与宋代经义文相比,八股文有严格的破题、承题、起讲、股对、大结等程式,在艺术上除了股对排偶外,还要拟代古人言说,是一种典型的戴着镣铐跳舞的技艺文字。《诗经》不同于儒家其他经书与《四书》,其文本多富有深情与趣味。明代《诗经》八股文按照既定程式进行对富有情趣的《诗经》文句进行新颖独特的解读与重写,势必培育出比其他经书八股文更多的文学性阐释,构成明代《诗经》文学阐释的亮丽风景。目前学术界很少关注《诗经》八股文,《诗经》研究著作和专门的八股文研究著作几乎皆无论及。有鉴于此,特就《诗经》八股文中的文学阐释进行初步探讨,以揭示明代《诗经》文学阐释的别样洞天。

一、对《诗经》篇章主旨做出符合其文本情趣的概括

明代八股文程式较多,但不外分首尾与主体等几大部分。主体为股对;首即题头,包括破题、承题、起讲、入题等;尾即大结或结语。首尾部分实际上都是从不同的角度概括性地揭示、总结、点染文题的意旨。就《诗经》八股文来说,因其文题都是《诗经》中的原文句子,少则一句,多则一篇,其首

尾部分特别是其破题、承题等程式不期而然形成了一种对《诗经》某篇文句或全篇所做的概括性阐释。如徐光启《天作》①一文以《周颂·天作》全篇七句为题,其破题为:"诗颂祖功,终之以保业也。"这是全篇文本的意旨概括,类似于《毛序》和朱熹《诗集传》中的"诗柄"。《毛序》曰:"《天作》,祀先王先公。"朱熹《诗集传》则解释为:"此祭大王之诗。"两者主要从此诗的礼仪功能进行解说,相比而言,徐光启《天作》一文的破题更贴近《诗经》文本,概括诗的意旨更准确。

最为突出的是徐光启另一篇以《周南·卷耳》全篇为题的八股文②,其破题曰:"怀人之诗,备道其所为怀者焉。"明确指出《卷耳》一诗为怀人之作,备道怀人的情状。作为对破题部分进一步补充的承题则曰:"夫怀之于人无穷也,歌《卷耳》足以尽其变矣。"这又进一步道出《卷耳》之诗几乎穷尽了怀人时复杂的情感变化。破题与承题紧扣《卷耳》全篇文本,论说诗之情、情之变等核心概念,侧重点在诗学理论总结。《毛序》则曰:"《卷耳》,后妃之志也。又当辅佐君子,求贤审官,知臣下之勤劳。内有进贤之志,而无险诐私谒之心,朝夕思念,至于忧勤也。"如将此序比照八股文审视,首句"《卷耳》,后妃之志也"相当于破题,后面的文字相当于承题,那么其中论说的重点在所谓的后妃之志、后妃之德上,呈现出来的是政治教化的经学语境,与徐光启八股文中破题、承题所总括的诗旨形成了强烈的反差,论说的侧重点大不一样。再看朱熹《诗集传》对《卷耳》诗旨的概括:"后妃以君子不在而思念之,故赋此诗。托言方采卷耳,未满顷筐,而心适念其君子,故不能复采而寘之大道之旁也。""又托言欲登此崔嵬之山,以望所怀之人而往从之,则马罢病而不能进,于是且酌金罍之酒,而欲其不至于长以为念也。""此亦后妃所自作,可以见其贞静专一之至矣。岂当文王朝会征伐之时,羑里拘幽之日而作欤? 然不可考矣。"与《毛序》说《卷耳》诗旨相比,朱熹此处的说解

---

① 〔明〕徐光启:《诗经传稿》,朱维铮、李天纲主编:《徐光启全集》第3册,上海古籍出版社2010年版,第105页。
② 〔明〕徐光启:《诗经传稿》,朱维铮、李天纲主编:《徐光启全集》第3册,第12页。

显然更符合此诗文本意义,但最终还是与文王后妃"贞静专一之至"的道德准则联系起来。徐光启此篇八股文的破题与承题虽出自朱说但超越了朱说的"贞静专一之至",更重视其中"怀之于人无穷"的深情与"足以尽其变"的艺术技巧。其大结曰:"此之谓思之变也,诗之始也。审如是,何以异于匹妇之闺情乎哉?夫能尽乎匹妇之至情之□,后妃也夫。"虽然其中承用朱传之说以为《卷耳》为后妃思念君子之诗,但徐光启进一步强调此诗无异于"匹妇之闺情",将所谓的后妃之情进一步普泛化为"匹妇之闺情","能尽乎匹妇之至情",淡化了主人公的后妃身份地位,体悟到了其中深含的"匹妇之至情",表现出独特的艺术会心。清代方玉润《诗经原始》曰:"《卷耳》,念行役而知妇情之笃也。"直接将其主人公视为匹妇,或受到了徐光启等人八股文的影响。

再看魏浣初以《诗经·卫风·竹竿》全篇为题所作的八股文[①],其破题曰:"思宗国者,徒摹意中之景焉。"强调此诗以"徒摹意中之景"的艺术方式来表达"思宗国"之情,重点关注的是其中情与景的关系这一诗学的核心问题。其承题曰:"夫竹竿之钓也,松舟之游也,巧笑而佩玉也,景则犹故矣,其奈女子有行何?故为诗曰。"进一步点出诗中摹写的意中故国之景和主人公远嫁异国的女性身份之无奈。其起讲则曰:"人其最不幸而生为女子之身乎?谓他乡家也,谓吾土客也。欲返不得返,欲忘不得忘。夫远适异国,昔人所悲,虽丈夫志在四方者,旧国旧邦,望之犹为怅然,况女子之依依也。"以志在四方的大丈夫望旧国旧邦"犹为怅然"来反衬女子远嫁异国,"欲返不得返,欲忘不得忘"的人生不幸与悲情。可以说这篇八股文概括诗旨的部分无非情景二字,是忠实于原诗文本的诗艺体悟。虽然此文最后的结语为:"卒正乎礼义之防,空言之已耳,卫女亦可谓善怀而不过矣夫!"带有儒家经学的诗教意味,但并不影响其谈诗论艺、鉴赏诗情的主体。而《毛序》则曰:"《竹竿》,卫女思归也。适异国而不见答,思而能以礼者也。"侧重点在思归之情

---

① 〔明〕李长华撰:《诗经文准》卷三,明万历四十五年(1617)刻本。

与"适异国而不见答,思而能以礼",重在情与礼的关系。朱熹《诗集传》:"卫女嫁于诸侯,思归宁而不可得,故作此诗。"虽相较于《毛序》淡化了礼义,较少附会,但并未像魏浣初那样明确地从情与景的关系中给予诗艺的概括。

闵洪学有一篇以《周南·芣苢》全篇文字为题的八股文[①],其破题和承题曰:"妇人适情于采物,而随事以赋之也。夫'采采芣苢',不过事之适情者也,而妇人历为赋之,则熙皞之风亦可见矣。"对诗旨的概括继承了朱熹对此诗的解释:"化行俗美,家室和平,妇人无事,相与采此芣苢而赋其事,以相乐也",但更加重视对诗中"适情"和怡然自得的"熙皞之风"的情感基调与情感风格的概括与赏析,没有《毛序》"《芣苢》,后妃之美也。和平则妇人乐有子矣"之类政治教化的附会,体现出一种诗学鉴赏的眼光。

以上就以《诗经》某诗全篇为题的八股文为例进行分析。这样的分析最能说明问题,因为其破题、承题就相当于对此诗整篇诗旨的概括。至于其他以《诗经》某篇一章或几章、一句或几句为题的八股文,其破题、承题大多也同样如此。如薛近兖以《魏风·陟岵》第二章文句为题的八股文[②]是这样破题与承题的:"行役者望母,因体母之念己者焉。甚矣,妇人之怜爱少子也!陟屺者,真善体母心哉!"此破题、承题不仅准确地概括了《魏风·陟岵》第二章的情韵,而且视角也较为别致,重点关注其中的望母思母之情与体母念己之心的辩证关系,愈是善体母念己之心,愈见望母思母之情切。由于此诗为三章重章迭唱,每章只换了几字,概括一章诗旨也就等于概括了全篇。又如唐顺之以《唐风·葛生》中"夏之日,冬之夜"两句为题的八股文[③]是如此破题与承题的:"因时而切于情,妇人之思夫然也。盖妇人独居未有不思其夫者也,而于夏日冬夜为切焉,岂非因其时而重有感欤?"这里实际上指出"夏之日,冬之夜"写的只是一个"时"字,但"时"字深处却是

---

①②③〔明〕李长华撰:《诗经文准》卷三,明万历四十五年(1617)刻本。

"切于情"、"重有感"的真切表达,同时还体悟到了"因时而切于情","因其时而重有感"的人生境况是妇人独居而思夫,如果人生境况与之相反,则就如此八股文结语所说:"是则夏日虽永也,使君子而在焉,则'且以喜乐'不觉其为永矣;冬夜虽永也,使君子而在焉,则'与子同梦'亦不知其为永矣。""夏之日,冬之夜"就失去了其表情达意的意义。这里不仅言及时间与深情的关系,同时还为这种特殊的关系找到了特定场域。至此,作者对诗情的生成机制已洞察入微。《诗经》八股文中这样说《诗》解《诗》,分明是一种对诗艺的妙赏与洞见。

《诗经》八股文的首尾特别是其中的破题与承题部分概括诗旨之所以更贴近《诗经》文本及其情韵,这是因八股文文体要求所致。八股文的破题、承题等要求紧扣文题字眼进行概括。明代《诗经》八股文的文题就是《诗经》作品中的一句、几句,一章或几章或一篇,其破题、承题等实际上就是对作为文题的《诗经》作品文本进行据文求义的概括,很容易揭示《诗经》文本直接传达出了的情韵。虽然《诗经》八股文的写作要以朱熹《诗集传》为依据,但其破题、承题等程式要求使之在一定程度上超越了朱子集传的说解,更与脱离《诗经》文本进行政教义理附会的经学阐释迥然有别,奠定了《诗经》八股文大量文学阐释出现的基础。

二、对《诗经》义理性强的诗句给予形象化、层次化解析

在明代科举考试中,以《诗经》篇章中谈论修身、齐家、治国、平天下等义理性强的诗句为题的题型占有很大比例。这些诗句在《诗经》经解中解说较为简略,但在明代以之为题的八股文主体股对部分却做了形象化、层次化的生动解析。明代八股文的主体部分是由多组股对句群构筑而成。《诗经》中有关处世安邦之道的句子通过这些精心打造的多组股对句群,从不同侧面、不同层次加以排比描绘或论说铺陈,尽显其理趣与情韵。徐光启

《圣敬日跻一句》[1]就是这样的一篇《诗经》八股文。

这篇八股文以《诗经·商颂·长发》第三章中的"圣敬日跻"一句为题,文章在承题部分说"夫敬而不已则圣矣",已将"圣"定义为"敬而不已",使"敬"及其"不已"或"日跻"等动态走向成为全篇的阐发中心。文章主体部分的四组股对句群,集中围绕"敬"及其"日跻"来分层构建,递进阐释。起二股谈"敬之则"、"敬之量",即敬的标准与尺度。这种尺度就是"高而逾冲"、"进而逾有"的敬而求敬,其中不可或缺的两点为"冯冯翼翼,欲身体焉而罔敢纵"之谨和"矻矻孜孜,欲渐造焉而罔或释"之勤。同时"高而逾冲"、"进而逾有"是一种动态的摹写,"矻矻孜孜"、"冯冯翼翼"是一种充满深情的叠字描摹,使抽象的"敬"之尺度得到了生动的表现。中二股描写"敬"的具体表现和"日跻"的动态过程。写敬的具体表现用了两组四句对举成文:"负重肃于冰兢,临下威于朽驭";"燕闲同于御众,渊嘿齐于处喧"。前两句化用《诗·小雅·小宛》"战战兢兢,如履薄冰"和《书·五子之歌》"予临兆民,懔乎若朽索之驭六马"等经典比喻,形象地说明所谓敬是一种临事虑危、时存戒惧的谨慎的人生状态。后两句以"燕闲"与"御众"、"渊嘿"与"处喧"两组极端对立的场域来代表凸显持敬的任何场合,强调无论是在公余闲暇之时还是在治理公众事务领域,无论是在深沉静默之中还是在嘈杂喧闹声里,都要保持戒惧与谨慎的人生状态,也就是说无任何时何地,敬则始终如一。写"日跻"的动态过程则曰:"一日又日,其时习如环周,而其上达也,如登峻者之日峻矣";"日以继日,其精进如天行,而其诣极也,如行远者之日远矣。"这里用了两组四个比喻将"日跻"的过程形象化地再现出来。后二股通过对比来写出敬而日跻的理想至境。用以对比的一种境界是"增之无涯,减之一日,未必损于万一也";"未至于退,暂即于安,姑可俟之来日也"。这是人们在修身处事中通常的心态,即在总体保持增长精进的情况下,偶尔停歇,暂即于安,俟之来日,未必有

---

[1] 〔明〕徐光启:《诗经传稿》,朱维铮、李天纲主编:《徐光启全集》第3册,第133—134页。

损修养与世功,殊不知这偶尔安歇往往导致一蹶不振。这组股对充分运用这种辩证的思维来推出另一种理想的境界:"视终身黾勉,不补一时之戏豫";"视斯须辍业,顿隳积累之全功"。有了这样一种思想境界,敬而日跻才寓于其中,不会出现任何悬念。束二股仍是在对比的语境中强调"自治"、"自励"为敬而日跻的重要动力源和必要的前提条件。其中拟设了大多数君王的持敬状态:"夫人君者,百为庶政,易饰耳,若夫兢业自将,最师保疑丞所不及规也";"夫持敬者,日月以至,易勉耳,借曰张弛迭用,亦英君谊辟所时有也"。他们多以"百为庶政"、"张弛迭用"为借口来宽纵自己,要使之自觉敬慎行事,就是汇聚所有师保谏臣之力也无济于事,即便有持敬者,日久天长,也轻忽勤勉。与之相反,这组股对中还拟设商汤持敬日跻的情况:"汤之严心自治也,若此乎就将而日益也,兹所谓检身不及者乎?""汤之精勤自励也,若此乎改作而日新也,兹所谓慎终如始者乎?"在对比衬托中表明"严心自治"、"精勤自励"是"就将而日益"、"改作而日新"这种敬而日跻的必要条件。总之,全文四组股对由敬之准则、敬而日跻的表现、敬而日跻的理想状态、敬而日跻的必要条件四个层面而构建,又以饱含深情的叠字描摹、具体可感的动态摹写、经典生动的比喻、反向映衬的对比,多层面地将商汤"敬"与"日跻"三字概括的抽象人生状态阐释得淋漓尽致,富有文学意味。

再看一篇明万历四十七年《会试录》中所收《诗经》八股文《遹观厥成》。①"遹观厥成"一语出自《诗经·大雅·文王有声》。八股文将此句及其在原文中的上一句"遹求厥宁"联系起来破题与承题,将"厥宁"即宁民视为"厥成"的中心内涵。又"遹",郑玄《毛诗笺》根据《尔雅·释言》释为"述",但朱熹《诗集传》不从其说,认为:"遹义未详,疑与聿同,发语辞。"本篇八股文从朱熹说,故其破题与承题只重视"遹观厥成"一句中的"观"与"成"二字。所谓"观"即考察、审视与反思,所谓"成"即治理天下成功,

---

① 本局编辑部汇编:《明代登科录汇编》,屈万里主编:《明代史籍汇刊》,台湾学生书局1969年版,第12002—12004页。

黎民百姓安身立命。"遹观厥成"在《诗经》原诗中歌赞周文王,而此篇八股文破题、承题中的圣人自然也指周文王。全篇四组股对分层拟写周文王"观"与"成"的具体情状。起二股:"吾乃窥文之实念焉,惟不自为成而蕲于成者殷也;吾又窥文之虚神焉,惟欲竟厥宁而转于观者迫也。"从实念与虚神来拟写窥见文王观成。实念即"不自为成而蕲于成","欲竟厥宁"而观其成,虚神即观成的殷切心态。一般的经学阐释只注重实念,而对虚神的关注往往带上了一种审美色彩。中二股:"惠鲜时犹有如毁之政功,毋乃粉饰欤?夫所调剂轸恤何状也?湛泽荡夫痌瘝,务成厥乂安之象,是所愿旦夕睹已!怙冒中或有仰沫之民治,不几欢虞欤?夫古含哺击壤何状?酣化洽于肌髓,始观厥化成之风,复安能顷刻忘已?"主要拟写文王所观之成在治国理政中的表现,即"调剂轸恤"、"湛泽荡夫痌瘝"、"怙冒中或有仰沫之民治"、"酣化洽于肌髓"等等。后二股:"当其仁格于境,则并德也,何容独受偏枯,且并民也,何忍踦遭荼毒,此之成在修和,因以遏暴,而独观其深;乃至势阻乎心,则九州也,何乐使一方抱怨,且臣子也,何敢代君父任恩,此之成在止敬,并以止仁,而返观倍苦。"主要拟写"成"的实现途径:"仁格于境","势阻乎心","在修和,因以遏暴","在止敬,并以止仁",同时提及"独观"与"返观"的方法。束二股:"盖王道非期速成,而成以自为则私,成以为天下则公耳。即如伤非作两观,而观以计效则小康,观以计安则□(疑为"大")成耳。"写"成"与"观"两种品格:"成以自为则私,成以为天下则公耳";"观以计效则小康,观以计安则□(疑为"大")成耳"。总之四组股对拟写了文王"遹观厥成"的实念与虚神,文王所"观"之"成"在政治教化中的具体表现,实现"成"的步骤路径与"观"的方法,甚至分出了观与成的两种品格,使"遹观厥成"等抽象的治国理想与目标化作体系完整、层次多样的观测点和施政方案。四组股对实际构成了解析阐释《诗经》一句话语的四个层面,体现出精细的思辨力和高超的文字表现力。其中中二股与后二股使用了许多疑问句,将文王考察、审视、反思、质疑的情状与风神逼真地拟写出来,加以起二股对文王虚神的关注也使其阐释场域呈现出文学审美的色彩。

以上所分析的八股文皆是以《诗经》中一句为题的,由于《诗经》的句子多四言,这四言一句所包括的理性判断和概念较为单一,而内涵较少,以此为题的八股文就必须围绕这单一的概括或判断细密地梳理其内在的逻辑与层次,并调动尽可能多的文学表现手法来构筑股对,进行形象化的阐释,因此一句题的《诗经》八股文相比来说更能考察作者的思辨力和文学的表现力。当然在其他以《诗经》中两句或两个以上句子为题的《诗经》八股文中也有对抽象的政教道德概念与判断进行形象化阐发的,同样要运用文学的表现手法和技巧。如明正德十二年《会试录》所选张岳的八股文《穆穆文王,於缉熙敬止》。[1] 此篇篇题"穆穆文王,於缉熙敬止"是《诗经·大雅·文王》第四章首二句。此二句,《毛传》释曰:"穆穆,美也。缉熙,光明也。"郑《笺》云:"穆穆乎文王,有天子之容。於美乎!又能敬其光明之德。"朱熹《诗集传》对二句的解释与《毛传》《郑笺》稍有不同:"穆穆,深远之意。缉,续。熙,明,亦不已之意。止,语辞。""言穆穆然文王之德,不已其敬如此。"也就是说第一句总言文王穆穆然深远之德,第二句言文王缉熙不已之敬,为其深远之德的集中体现。这篇八股文主体的股对部分就是按朱熹之说来对二句进行深度诠释的。全文共有两组股对。前一组股对为:"德全天赋而声色为之,不形其深则如渊焉,蕴奥不可得而窥也;理本生知而聪明为之,不作其远则如天焉,限量不可得而穷也。"这里以两个双重否定的比喻以及股对句群排比反复所形成动态气势使"穆穆文王"一句所称许的文王天赋生知的深远之德得到形象化的生动呈现。后一组股对为:"彼严于显而肆于独居,非所以为敬也,文王则大廷敬焉,深宫敬焉,而严肃之意常存。缉而续之,引其绪于无穷,殆如元气之运乎四时也,而何有于间乎?谨于大而忽于细微,非所以为敬也,文王则大事敬焉,小事敬焉,而谨畏之心如一,熙而明

---

[1] 天一阁博物馆整理:《天一阁藏明代科举录选刊·会试录》第23册,宁波出版社2007年版。

之,极其光而有融,殆如日月之行两间,而何有于息乎?"股对句群通过否定"严于显而肆于独居"、"谨于大而忽于细微"这种在一般人看来为抓大放小之敬来反衬文王之敬。文王之敬表里如一,大事小事如一,一事至于无穷之事皆如一。又以"如元气之运乎四时"、"如日月之行两间"的比喻来突出文王之敬所具有的恒久穿透力和光明正大的品格与气度。反衬对比和形象比喻加之股对句所形成的互文、排比、反复渲染,使"於缉熙敬止"一句的阐释充满文学色彩。只是由于八股文的篇幅是基本固定的,以同样的文字篇幅构筑股对去分释《诗经》二句,与集中阐释《诗经》一句相比,其文学浓度似乎要弱一些。

《诗经》三百零五篇,有许多性情流溢的篇章,但也不乏谈论修身、齐家、治国、平天下等义理性强的诗句。就义理性强的诗篇来说,《诗经》与儒家其他经书大体一样,重视政治教化。从以上的分析考察可以看出,明代以义理性强的《诗》句为题的八股文,其主体部分并没有对题中义理概念学理本身进行创新性阐发,当时的科考规程也不容许这种创新性的阐发,而是设身处地地进入诗篇文本之中悉心体会,通过文字表述的翻新巧构股对句群,运用动态摹写、经典比喻、对比映衬等大量文学修辞手法,使文题中的义理得到生动形象和层次化的呈现。其文学性阐释的特点在这类义理性强的文题衬托下显得尤为突出。

三、对《诗经》中情景、心物关系的审美诠释

《诗经》作品中大量描写心物、情景关系的片断,是最早、最富有中国特色的诗学资源。汉代经解中对《诗经》比兴的探讨和《毛传》独标兴体,已开启了对这些诗学资源的挖掘,此后的《诗经》研究和诗学著作踵事增华,不断开拓,对《诗经》中的心物情景关系进行了多视角的审美阐释。同样以《诗》中比兴写景句为题的《诗经》八股文也是这种审美阐释的载体。我们的诗学史研究忽视了这方面的资料,不能说不是一种缺憾。

《诗经》中描写心物情景关系的名句很多，但最为人们关注的莫过于《小雅·采薇》中的"昔我往矣，杨柳依依。今我来思，雨雪霏霏"。自东晋谢安奉为《毛诗》最佳句，历代激赏不衰。明代薛廷宠以此四句为题的八股文[①]也是我们考察明人对《诗经》所描写的心物关系进行审美阐释的重要文本。此篇篇题"昔我往矣"四句出自《诗经·小雅·采薇》。朱熹《诗集传》说《采薇》是"遣戍役之诗"，而此四句所在的末章"设为役人预自道其归时之事，以见其勤劳之甚也"，所以此八股文据依据朱子诗传认为四句中的今昔时事与景物皆"设为役人之预自道"。既然如此，四句所写并非纯客观的"物随时变"，而是"感慨系之"，浸染了"还戍者之至情"。此八股文的主体部分很特别，没有真正意义上的八股，只有前后两大股。前后两大股对句群分别铺写昔往今来的场面与景物。前一大股先据原诗的前面几章内容想象虚构了昔我往戍的出师场面："烽火达于朔方，九重颁北戍之诏；家乡辞于万里，六军愤敌忾之行。但见祖饯休歌，促匆匆之去旆；采薇起兴，忍烈烈之忧心。"这种场面凸显出往戍之我乃"长往不来"、生离死别之人。后以精细的白描摹写暮春"杨柳依依"的迷人景色："有杨柳焉，淑气吹嘘，借东风之力为多者也。桑条弱质，披拂于道路之傍；黛色浓阴，掩映于车旗之外。莫春景气，固无在而不然者。""悲莫悲兮生别离"。生离死别为人生之大悲，而生离死别、长往不来的征戍之人目睹"杨柳依依"的暮春美景，悲何以堪？故此一股中想象虚构往戍出征的场面、白描细写杨柳依依的暮春美景就是要在具体可感的场景中揭示"昔我往矣，杨柳依依"诗句中"离人对景之悲"的深情与意境。后一股因与第一股是大体对偶成文，所以写作思路也大体一致。往戍之人，出生入死，终于挨到毕戍归来之日，欣喜、急切自不待言。根据这种心理规律，后一股中也同样想象虚构戍毕凯旋的场面："敌忾之义少伸，谢事于强圉之上；防秋之期已毕，驰心于桑梓之乡。但见卷甲韬弓，羸马遍谙乎故道；班师振旅，凯歌遥播于归途。"这种场面如果配

[①]〔明〕李长华撰：《诗经文准》卷三，明万历四十五年（1617）刻本。

合着"杨柳依依"的暮春美景也许更加和谐,《小雅·出车》中就出现过类似的场景:"春日迟迟,卉木萋萋,仓庚喈喈,采蘩祁祁。执讯获丑,薄言还归。"但在《小雅·采薇》诗中"今我来思"的背景却是"雨雪霏霏"。此篇八股文的后一股只能依题中"雨雪霏霏"的诗句进行摹写:"时则贬人骨而侵人肌者,有雨雪焉,寒威栗烈,随风之劲而下者也。阴阳和散,六花先天地之春;上天同云,一望动江山之色。岁晚风光,固无适而不然者。"这种岁暮苦寒之景与"凯歌遥播"、"驰心于桑梓之乡"的场面形成了巨大的反差,也构成了一个大大的跌转。八股文也利用这种跌转形成的艺术效果来凸显"今我来思,雨雪霏霏"两句中所含蕴的"虽有完师生还之庆,能无物换星移之伤乎"这种悲喜交集、急切难耐的复杂情绪。总之,全篇两股组成的股对句群,通过想象虚构、精细白描等表现手法,对《小雅·采薇》"昔我往矣,杨柳依依。今我来思,雨雪霏霏"四句诗语进行了充满深情的鉴赏性的扩写,同时还从理论上揭示了其中"物随时变,感慨系之",以"杨柳依依"的暮春美景反衬"离人对景之悲",以"雨雪霏霏"的岁暮苦寒反衬"虽有完师生还之庆,能无物换星移之伤乎"等心物情景关系的诗学内涵,是一篇精美的《诗经》写景名句的赏析文字。

瞿式耜以"昔我往矣,杨柳依依"两句为题的八股文[①],与上一篇基本上同题,但少了两句。此篇八股文开篇破题说:"追往戍之景,行者预拟之情也。""追往戍之景"准确概括了篇题"昔我往矣,杨柳依依"两句的内容和其中所具戍归者的视角,"行者预拟之情"是依朱熹之说作解,也是此篇八股文独特的视角。这一视角不是戍归者的视角,而是往戍者预拟戍归者的视角。在起讲部分,还说明采用这种独特视角的理由,即"今者荷戈往矣,归期未卜,往事犹属将来;而追其归也,则今不已成昔乎,此其景何不可预为想也。"也就是说就戍役者而言,分往戍者和戍归者。如果是往戍者,很多会战死疆场,没有归来的机会,即所谓"归期未卜,往事犹属将来",也就

---

① 〔明〕李长华撰:《诗经文准》卷三,明万历四十五年(1617)刻本。

不存在"昔我往矣"的追述。只有对那些往戍幸存者戍毕归来而言，往戍时之"今"才自然"已成昔"，才有"昔我往矣"诗句。也许八股文的作者不忍心忘掉那些往戍无归者，所以在解读"昔我往矣"时没有遵循此诗句中所具戍归者的视角，而采用往戍者预拟戍归时的视角。往戍者无人不期盼戍毕而归，人人心中都期待着将"今我往矣"变成"昔我往矣"。八股文作者对叙述视角的创造性变换，不仅仅是为了追求阐释的新颖独特，也体现出对述写视角辩证转换艺术的透彻参悟和对人类生命价值的普遍尊重。起二股和中二股就是以往戍者预拟的视角来进行铺写阐释的。起二股："边域风尘尚未经于身历，而先以春光之荡漾者，壮游子之行旌；勤王敌忾将有事于前驱，而故以春风之披拂者，绾离人之愁绪。"写往戍时的总物候，即"春光之荡漾"、"春风之披拂"，为"杨柳依依"特写出场做准备。大好的春光与往戍者的情感之间关系如何？此篇八股文不仅与上篇八股文一样，点出"春风之披拂者，绾离人之愁绪"的共识，同时还进一步阐发出"春光之荡漾者，壮游子之行旌"的新认知。也就是说，明媚的春光带给往戍者的不只是离愁别绪，还是一种鼓舞士气的好预兆，故能"壮游子之行旌"，这是对心物情景关系复杂性认识的深化。中二股集中特写"杨柳依依"之景："长途方涉，盼故乡以迢迢，将惟是塞草寒烟为吾伴侣，而此依依者，直摇飏于道旁，若怜我，关山一隔，草木无情，而不惜与出塞之旌旗相为掩映，以送予千里也；别恨正长，念逝期而杳杳，夫安得粟薪瓜苦瞥见他年，而此依依者，且徘徊于旅辙。又若知吾，家室一离，动值非故，而不惜与天涯之芳草共拂车尘，以留予一顾也。"这里以拟人的手法将依依杨柳化为自己的亲朋与故知："若怜我"，"若知吾"，"送予千里"，"留予一顾"。拟人的手法实际上是一种审美移情，外在的景物投染上了人的情感色彩，很好地诠释了"杨柳依依"的审美意蕴。后二股："穷荒绝漠之境，杀气之萧条者，一卉一木尽为兵戈，夫乌睹此依依之景色，而昔之往则犹在故国也，虽满怀无非惨思，而阳舒之气象自骄；执讯获丑之时，凯旋之快畅者，一卉一木竟为鼓舞，夫宁仅此依依之恋人，而昔之往则始事从行也，虽极目悉拟荣观，而报命之深心自惕。"转换了叙写视角,使"杨柳依依"之景拉远淡出。"穷荒绝漠之境,杀气之萧条者,一卉一木尽为兵戈",这是以正在戍边者的视角来写的境况。在此境况中,"杨柳依依"就成了"阳舒之气象自骄"的故国象征,使戍边者魂牵梦绕。"执讯获丑之时,凯旋之畅快者",这是以戍毕凯旋者的视角来写的场景。在此场景中,追念中的"杨柳依依"融入"一卉一木竞为鼓舞"的画面,使凯旋者"极目悉拟荣观"。这种解读诠释,关注到了昔时之景与今日之情的关系,拓展了审美阐释的维度。这篇八股的主体股对部分不断转换视角,就是为了新奇立体地重写、解读、再现《诗经》原诗中的"杨柳依依"景致。其中"杨柳依依"之景,对即将离别的往戍者来说,既可以"绾离人之愁绪",又可"壮游子之行旌";既可拟化为往戍途中戍者眼中"若怜我"、"若知吾"、"送予千里"、"留予一顾"的亲朋与故知,又可成为正在戍边的戍者心中的故国象征,还可为戍毕凯旋者"极目悉拟荣观"。同一景致,不同的时空,不同的心绪情怀,错综交织,显示出高超的想象创构才力,《诗经》原诗中的"杨柳依依"一句可能承载的心物情景之间的复杂关系都得到了很好的展示。

明代章嘉祯《彼黍离离,彼稷之苗》①也是一篇以《诗经》比兴句为题的八股文。作为文题的两诗句在《王风·黍离》中就是第一章写景起兴句,且全诗为重叠的三章,每章吟咏的皆为几乎同样的兴句所引发的忧伤之情,实际上全诗三章就是很好的抒写心物情景关系的诗歌范本。从此八股文破题看,"即物以致慨"就说出了此篇所要论说的主要内容,"即物"之"物"就是八股文题所写的外在物景,"致慨"之"慨"就是八股文题中外在物景的有机组成部分。至于说"大夫之适故都也",看起来出于题目之外,但这是为全诗增设的一个背景。这个增设的背景从《毛序》而来:"《黍离》,闵宗周也。周大夫行役至于宗周,过故宗庙宫室,尽为禾黍。闵周室之颠覆,彷徨不忍去,而作是诗也。"《毛序》所说的背景虽于《黍离》诗中找不到文本依

---

① 〔明〕李长华撰:《诗经文准》卷三,明万历四十五年(1617)刻本。

据,但与诗中的情韵是相合的,且得到历代多数说诗者的认可,明清《诗经》八股文写作的官方教科书朱子《诗集传》也认同其说。有了这样一个背景也可以更好地解读、阐发乃至再现诗中的心物情景关系。整篇八股文主体由三组股对组成。第一组股对写"彼黍离离,彼稷之苗"所在之地的前身:"自昔文、武开基以来,都邑之建非一日矣,是固车书之所会也;自昔周、召经营以来,庙貌之严非一日矣,是固冠裳之所集也。"这就为"彼黍离离,彼稷之苗"的当前之景构建了另一幅可资参照的繁盛的都邑景观。"宗周奄然而播迁,故宫一旦以沦没"才生成了当前的"彼黍离离,彼稷之苗",这是普通的一片禾黍,而承载着盛世衰亡、沧桑巨变的伤感与沉痛,景中寓悲,见景伤怀,确为"有不能为情之甚者哉"。第二组股对写"彼黍离离,彼稷之苗"文题本身:"相彼黍矣,此畎亩之所以有也,独胡为而在兹乎?彼其生而实也,实而离离也,固亦黍之常,而以此地而有此黍焉,甚非吾人之所忍见者矣;相彼稷矣,此甫田之所有也,独胡为而在兹乎?彼其生而苗也,苗而秀也,固亦稷之常,而以斯地而有斯稷焉,甚非人情之所欲见者矣。"那黍稷长在畎亩甫田,苗而秀,秀而实,实而离离,那是再寻常不过的场景,甚至充满着丰收的期待与喜悦,如今离离禾黍竟然取代了昔日的宫殿宗庙,茂盛地生长在其废墟之上,景非其地,乐景写哀,实乃"甚非吾人之所忍见者矣","甚非人情之所欲见者矣"。第三组股对:"当我生之初,虽不及见夫丰苞之泽,而都邑犹如故也;今也不见周官之威仪,而惟见植物之茂止。盖举祖宗数百载之所经营而就者,一变而为禾黍之区,黍则盛而周则衰矣。彼离离者无心也,其如见者之不能为情,何哉?当我生之始,虽不及睹夫菁莪之化,而庙貌犹如故也;今也不见人文之萃止,而惟睹品物之丛生。盖举祖宗数十世之所积累而成者,一变而为丘墟之地,稷则在而宫则亡矣。彼苗生者无心也,其如见者之不能为心,何哉?"这是本篇最长的一组股对,通过"我"一生的经历将上两大股对中的画面连接在一起。我生之初,都邑犹在,宫庙如故;而今周官威仪与荟萃之人文已荡然无存,祖宗数百载之所经营积累一变而为禾黍丘墟之地,"黍则盛而周则衰","稷则在而宫则亡"。我生前后经历的故都兴亡构成了强烈的对比反衬,形成了巨大的心理落差,叫人情何以堪?禾黍离离无心,苗壮生长,亲历沧桑之人睹之,能不"感极而悲者矣"?三组股对句群,先分后总,将《王风·黍离》"彼黍离离,彼稷之苗"二句之景与其中的难堪之情及其两者之间复杂的关系进行了分层细密的解读,并巧构股对予以层次分明而又精细的重写再现,其赏析之精到可见一斑。

情景关系的精妙表现是《诗经》作品艺术成就的一大亮点。就心物、情景关系来说,有以乐景写乐情、以哀景写哀情的同一关系,有以乐景反衬哀情、以哀情反衬乐情的背反关系;就景本身来说,有静态之景,有经历沧桑巨变之景。从以上个案分析看,三篇以《诗经》写景句为题的八股文都在悉心体会作品文本的基础上,尽可能从景物类别以及不同时空心物情景可能构成的复杂关系中寻找灵感,发挥想象,新奇地构筑股对句群来创造性地重写再现《诗经》文句中的情景关系,欣赏、解析其中的诗性机制和意境深情,进行艺术审美的挖掘与开拓。

四、对《诗经》作品中人物形象与心理活动进行生动的摹写

《诗经》中有不少刻画人物形象和表现人物心理的精彩篇章或片断。明代的《诗经》八股文如果以《诗经》这样的篇章与片断为题,自然要面对人物形象与心理活动的摹写与再现。李少华《诗经文准》选录的顾大章《"乘彼垝垣"一章》、薛近兖《"陟彼屺兮"一章》和魏浣初《"岂无膏沐"一句》等《诗经》八股文对《诗经》相关篇章人物形象与心理活动的重写与再现都很出彩。

先看顾大章《"乘彼垝垣"一章》。① "乘彼垝垣"一章即《卫风·氓》的第二章,其原文为:"乘彼垝垣,以望复关。不见复关,泣涕涟涟。既见

---

① 〔明〕李长华撰:《诗经文准》卷三,明万历四十五年(1617)刻本。

复关,载笑载言。尔卜尔筮,体无咎言。以尔车来,以我贿迁。"其中前六句活画了一个恋爱中的女子渴望见到心上人的急切痴情的形象。顾大章的八股文对诗中女主人公的形象进行了更为细致的体会与解读,发挥想象,增添了细节和人物的心理活动。如不仅以"惟是家有垝垣"、"时则乘之以相望"两句诠解原诗"乘彼垝垣,以望复关"两句,还增加了"昔尝逾之以相谋"一句,点出垝垣在其爱情生活中的象征意义。在此基础上,文中特地设计了一组股对句:"垝垣则足不待阶而可升,乘垣则视不加明而望远",进一步阐释了为什么要"乘彼垝垣",那就是便于望远,可在第一时间见到心上人,女主人公的急切心情在互文排比的渲染语境中得到初步彰显。原诗女主人公乘垣望远、"不见复关"时的急切之情与复杂心态全在"泣涕涟涟"四字之中,让人回味无穷。而这篇八股文又用了一组股对对此进行了透彻的解读:"心之相须也迫,顷刻而不能待;情之相要也重,一望而忽生疑。"这里不仅提到人们通常理会的男女之间一日不见如隔三秋的急迫心情,而且还解读出常被学人忽略的男女之间情深易于生疑的复杂心理。这两个方面相激相荡,共构出"此时悲怨交集,不觉涕零如雨也"的心理状态特征。"泣涕涟涟"四字就在这深情妙赏中得到了诗性增值。原诗中女主人公"既见复关"后的庆幸与欣喜之情以"载笑载言"四字出之,而这篇八股文别出心裁地再次创设了一组股对描绘男女相望相见时的情景与形象来进行阐释:"来者遥瞻垝垣之人,见趋翔之倍疾;望者渐睹予美之近,惟欢笑以相迎。"这里改变了原诗单独描写女主人公"载笑载言"形象的做法,而写男女相望相见时的互动形象。通过这种男女互动相见形象使女子的"载笑载言"更有活力机制,更富有生命魅力。《卫风·氓》第二章还有四句,虽不算精彩,但这篇八股文也没有忽视而轻易放过。"尔卜尔筮,体无咎言"二句在原诗中只是女主人公独自诉说,而此八股文却新奇地构筑了两组股对:"见笑且言曰:'尔卜吉乎?'曰:'无咎也!''尔筮吉乎?'曰:'无咎也!'始信二人同心,鬼神亦皆见许;一朝会合,终身可以相依矣。"前一组股对将原诗中的女主人一人单调的独白改编为诗中男女主人公的两问两答,对问之间,人物形象鲜活起来;后一组股对总之,着意渲染卜筮无咎对男女主人公爱情的催化作用,为女主人公的痴情爱恋提供了心理支撑,很好地解读出诗中人物心理特征。"以尔车来,以我贿迁"两句,在原诗中只不过写男女主人公收获爱情而成家,而此八股文又以一组股对进行重写:"'以尔车来',忘其为尔之车也;'以我贿迁',忘其为我之贿也。"突出"忘其为尔"、"忘其为我",将男女主人公沉浸爱河、难分难舍、忘分你我的陶醉与痴情传神地表现出来。总之,顾大章这篇《诗经》八股文精细巧妙地解读再现了原诗中的人物形象及其内在的心理状态和机制,是一篇精美的文学赏析文字。

再看薛近兖《"陟彼屺兮"一章》。①"陟彼屺兮"一章即《魏风·陟岵》的第二章,原文为:"陟彼屺兮,瞻望母兮。母曰:嗟!予季行役,夙夜无寐。上慎旃哉,犹来!无弃!"开头两句写主人公陟屺望母的形象,按常规的写作思路,接下来写主人公如何如何思念母亲,可原诗打破了这一常规,却以主人公想象中的远方家里的母亲叨念自己的一番话语取而代之,母亲的形象在慈爱的叨念中得以显现,而自己善体母心和思母之情蕴含其中。这是《诗经》开创的表达怀思的一种绝构。从人物形象描写的角度看,原诗中行役者举动与其想象中母亲的叨念可以互文呈现,使其形象相得益彰,但就两个主人公的单个形象看,毕竟显得单一。此八股文的主体部分就致力于人物形象丰满性的摹写。第一组股对句群:"陟岵未已,继而陟屺;既瞻吾父,随望吾母。予岂谓此一屺也,可借以见吾母哉!思之不置,是以有望;望之又远,不得已而陟屺耳。陟屺而犹之无见也,吾独且奈何哉!"其中上一股句群并不是简单地就原诗此章行役者陟屺望母敷衍成文,而是将此与原诗中上一章的陟岵望父勾连在一起,形成了一个"陟—望"的反复动作系列,役行者思家心切、陟望不已的形象更加凸显,达到了原诗三章共构描写行役者形象的艺术效果。下一股写思母之情不可排解,于是有望母之念;望之

---

① 〔明〕李长华撰:《诗经文准》卷三,明万历四十五年(1617)刻本。

又欲其远,于是有陟屺登高;陟屺远望,仍无所见,无可奈何?最后只得"以我望母之意"化为"度母念我之情"。这样将行役者陟屺望母背后的强烈思念和情感流程一步一步动态地勾画出来。不仅如此,文章最后一组股对仍在致力于人物形象与心理的摹写:"我思行役以来,倚门而望,倚闾而望,盼盼者凡几,而况存亡在念,则母之感怆可知;我又思行役以来,定省之常、尸饔之事,缺然者凡几,而又多恤为劳,则子之心神奚若。"上股中的"倚门而望,倚闾而望,盼盼者凡几"写活了一个望儿盼儿早归的母亲形象,这是对原诗中母亲单一叨念形象的很好补充,同时再次点出了母亲"存亡在念"的内心"感怆";下股着重写主人公在外行役,无法尽赡养之责,将愧对母亲之心和盘揭出,拟说了原诗主人公欲说而未说出的心里话。薛近兖这篇八股文不仅准确地再现了原诗中的人物形象和人物的心理活动,而且在重写再现中使之得到更加充分的审美开拓。这些都是建立在富有想象力的文学解读之上,具体较高的文学价值。

魏浣初的《诗经》八股文《"岂无膏沐"一句》[①],涉及《诗经》中一位对服役丈夫思念不已、无心梳洗的少妇形象。作为文题的诗句出自《卫风·伯兮》第二章:"自伯之东,首如飞蓬。岂无膏沐?谁适为容!"这一章四句写丈夫行役东方,女主人公在家思念不已,无适为容,无心梳洗以至于"首如飞蓬"。"首如飞蓬",比喻生动,形象真切。接着"岂无膏沐?谁适为容"两个反诘句将女主人公对夫君真挚的爱和内心复杂微妙的心理感受简劲地传达出来,与唐代杜甫的《新婚别》"罗襦不复施,对君洗红妆"两句在意韵上有异曲同工之妙。而这篇八股文并非以上述四句而只是以其中的"岂无膏沐"一句为题。"岂无膏沐",作为反问句,即有膏沐而无用的意思。该八股文主体就围绕着这一点进行细腻的体悟,充分发挥联想,将原诗中女主人公自伯之东不好意思膏沐、没有理由膏沐和期待膏沐的复杂心态及昔日与伯相随、薄施膏沐的美好形象精妙地再现出来,体现出八股文作者对原诗深情

---

① 〔明〕李长华撰:《诗经文准》卷三,明万历四十五年(1617)刻本。

体悟基础上的艺术创造。

描写人物形象及其复杂的心理活动是《诗经》作品中最为普通的现象，也是《诗经》作品艺术成就的又一亮点。以《诗经》描写人物形象及其复杂心理活动的诗句为题的八股文很多构成了对《诗经》相关文本的翻新重写。上述的个案分析表明，这种翻新重写不仅准确充分地再现了原诗文本中的人物形象及其心理活动，而且使之得到了更为传神、更加精微的审美拓展，是建立在妙悟深情、充满想象基础上的文学解读与阐释。

五、《诗经》文学阐释的渊薮及其缘由

通过以上四个部分的考察分析，我们可以对明代《诗经》八股文得出如下认识：其一，明代《诗经》八股文的首尾特别是其中的破题与承题部分在科考程式中要求其紧扣文题字眼进行概括，实际上构成对作为文题的《诗经》作品文本所做的据文求义的解读与阐释。这种据文求义的解读与阐释，往往能够很好地把握《诗经》文本直接传达出的本义与情韵，在一定程度上超越了朱子集传的说解，更与脱离《诗经》文本进行政教义理附会的经学阐释迥然有别，奠定了《诗经》八股文大量文学阐释出现的基础。其二，《诗经》三百零五篇，不乏谈论修身、齐家、治国、平天下等义理性强的诗篇。这些诗篇与儒家其他经书大体一样，重视政治教化。明代以义理性强的《诗》句为题的八股文，其主体部分并没有在题中义理概念学理本身进行创新性阐发，而是设身处地地进入诗篇文本之中悉心体会，通过文字表述的翻新巧构股对句群，运用大量文学表现手法，使文题中的义理得到形象化和层次化的呈现，具有很强的文学性。其三，情景关系的精妙表现是《诗经》作品艺术精华。以《诗经》写景句为题的明代八股文在悉心体会作品文本的基础上，尽可能从不同的景物类别以及不同时空心物情景可能呈现的复杂关系中寻找创新点，新奇地构筑股对句群来创造性地重写再现《诗经》文句中的情景关系，深入地进行艺术审美的挖掘与开拓。其四，描写人物形象及

其复杂的心理活动是《诗经》作品中最为普通的现象，也是《诗经》作品艺术成就的又一亮点。以这类诗句为题的明代八股文不仅准确充分地再现了原诗文本中的人物形象及其心理活动，而且使之得到了更为传神、更加精微的审美拓展。这四个方面足以充分表明明代《诗经》八股文是《诗经》文学阐释的渊薮。

明代《诗经》八股文何以成为《诗经》文学阐释的渊薮，这主要是由八股文"词章之学"的本质决定的。

明代的八股文是在宋元经义文基础上发展而来的。宋初科举多承唐制，因进士主试诗赋，重在词章；学究、明经诸科主试帖经、对墨义，"专取记诵，不询义理"[①]，以儒家《五经》及其传注为载体的主流意识形态难以在科考中得到有效的贯彻落实，于是出现宋神宗熙宁初年的科举改革："罢诗赋、帖经、墨义，士各占治《易》、《诗》、《书》、《周礼》、《礼记》一经，兼《论语》、《孟子》。每试四场，初大经，次兼经，大义凡十道，（后改《论语》、《孟子》义各三道。）次论一首，次策三道，礼部试即增二道。中书撰大义式颁行。试义者须通经、有文采乃为中格，不但如明经墨义粗解章句而已。"（《宋史·选举志》）这次变法力度较大，其最大的亮点在于：一是废明经、学究诸科，只保留进士科；二是罢诗赋、帖经、墨义，"专以经义、论策试进士"[②]。论、策原是进士科考固有的科目，新设的经义取代了原来的诗赋、帖经、墨义三项，合通经与文采于一体。尽管稍后的元祐四年，科考又分诗赋进士和专经进士，但经义是两类进士必考的科目。经义文不同于"专取记诵"帖经和墨义，而要求"务通义理，不须尽用注疏"[③]，同时还要"有文采"，"不但如明经墨义粗解章句而已"。务通义理离不开论说，要有文采离不开排比、对偶等多种文学手法，所以经义文实际上是用以深入透彻阐发诸经文句义理且有文采的论说文。吕祖谦《宋文鉴》所录张庭坚

---

①② 〔宋〕司马光：《上哲宗乞置经明行修科》，〔宋〕赵汝愚：《宋名臣奏议》卷八十一，四库全书本。
③ 〔宋〕李焘撰，上海师范大学古籍整理研究所、华东师范大学古籍研究所点校：《续资治通鉴长编》卷二二〇，中华书局1995年版，第5334页。

《惟几惟康其弼直》和《自靖人自献于先王》两篇经义文,《刘安节集》所录《达瑞节同度量成牢礼同数器修法则》等十七篇经义文,无一不是紧扣论题深入阐发诸经义理的论说文,也无一不用排比、对偶等修辞手法。钱大昕在其《十驾斋养新录》卷一〇《经义破题》一文说:"宋熙宁中,以经义取士,虽变五七言之体,而士大夫习于排偶,文气虽疏畅,其两两相对,犹如故也。"这也看到了宋代经义文的文采所在。明代的八股文是由宋元经义文进一步程式化而来。《明史·选举志》:"科目者,沿唐、宋之旧,而稍变其试士之法,专取四子书及《易》、《书》、《诗》、《春秋》、《礼记》五经命题试士。盖太祖与刘基所定。其文略仿宋经义,然代古人语气为之,体用排偶,谓之八股,通谓之制义。"八股文有严格的破题、承题、起讲、股对排偶、大节等程式,还要求拟代古人言说,别出心裁地构筑股对排偶以对文题中的《四书》《五经》句子进行解读与重写,是一种典型的技艺文字。明代中期的制艺大家和心学大师王阳明说:"守仁早岁业举,溺志词章之习。"[①]"世之学者,承沿其举业词章之习以荒秽戕伐其心,既与圣人尽心之学相背而驰,日骛日远,莫知其所抵极矣。"[②]很明显他将明代八股文视为"词章之学"。稍后的李贽则把明代的举业八股文与古诗、秦汉文、《西厢记》、《水浒传》并称为"古今至文"[③],自然也视之为词章之学。明代八股文既为词章之学,其写作的着力点自然不在《四书》《五经》义理的创新上,而在于词章,讲究起、承、转、合,要求拟代古人口气,运用一切文学手段来巧说翻新,重视妙赏与证悟,可以说是一种以文学性的言说方式解读《四书》《五经》的文体。因《诗经》文本本身就富有文学性,相比其他八股经义文,明代《诗经》八股文中的文学阐释更加丰富,更为浓密,文学价值更高。

明代是八股文繁荣的时代,八股文的写作直接关系到文人学士的前途

---

① 〔明〕王阳明:《朱子晚年定论》,《王文成公全书》卷三,四部丛刊本。
② 〔明〕王阳明:《重修山阴县学记》,《王文成公全书》卷七,四部丛刊本。
③ 〔明〕李贽著:《童心说》,《焚书 续焚书》卷三,中华书局1975年版,第99页。

命运,正因如此,明代八股文的繁荣不只是一种文体的繁荣,它对于当时社会文化领域产生了广泛影响,特别是直接影响到当时的学风与文风。目前学界关于八股文的研究主要以《四书》八股文为考察对象,很少涉及《五经》八股文;经学史研究对明清八股文不屑一顾;《诗经》经学史研究与《诗经》文学接受史研究也几乎无视《诗经》八股文的存在。本文的写作意在抛砖引玉,让《诗经》研究领域的学者领略明代《诗经》八股文中文学阐释的亮丽风景,让学术界关注《五经》八股文的学术价值。

(本文原载《学术研究》2017年第12期)

唐代文学家族的地域性及其家族文化探究

童岳敏

魏晋以来,公立学校沦废,学术中心移于家族。陈寅恪在《崔浩与寇谦之》一文中曾言:"中原经五胡之乱,而学术文化尚能保持不坠者,固有地方大族之力,而汉族学术文化变为地方化与家族化矣。故论学术,只有家学可言,而学术文化与大族盛门常不可分离也。"[①]可见家学的传播殷衍,不仅是家族持久不衰的保证,更是民族文化延伸的脉络。在唐代,门阀制度虽受到一定的冲击,但学术文化与大门盛族不可分离的状况依旧得以延续。在一定程度上,唐代的家族文化的盛衰演变,成了唐代社会文化嬗变的重要因素之一。唐代的文化家族,凭借深厚的家学传统,冠冕蝉联,绵延不坠。而作为文化家族的次生态之一,唐代的文学家族,也同样盛极一时,引人注目。元辛文房《唐才子传》卷二云:"历观唐人,父子如三包、六窦、张碧、张瀛、顾况、非熊、章孝标、章碣、温庭筠、温宪;公孙如杜审言、杜甫、钱起、钱珝;兄弟如皇甫冉、皇甫曾、李宣古、李宣远、姚系、姚伦等;皆联玉无瑕,清尘远播。"当然,唐代文学家族的兴盛,一方面是由于世家尚文的传统为其底蕴,另一方面,则是唐代君臣的文学爱好及进士科的诗赋取士为文学家族提供了生存的空间,此外,家族教育中的重文习尚也致使着家族内文学传统的骚雅接响。

一、文学家族的区域性及其分析

隋唐统一南北之后,学术文化渐趋融合,但在这融合统一的过程中,各

---

① 陈寅恪著:《金明馆丛稿初编》,上海古籍出版社1980年版,第131页。

区域之间也同样保留着文化的相对独立性。唐代的文化区域,若从宗教信仰、学术风格及语言、生活习惯等因素来考察,可以分成南北两大区,南方以江南文化区域为主,北方有关中、山东两大区域。就地域的文学特性而言,关中尚气力。故文风多雄深雅健,山东多经学世家,文风则崇义理。而江南艺文精湛细腻,重情韵。下面我们可以从区域的角度来审视唐代的文学家族,并对其作横向的比较与纵向的考察。

1. 文学家族的区域分布(参见附表)

唐代的文学家族,其地域分布并不均衡。总体而言,政治、经济与文化教育发达的区域,聚集的文学家族比较多,而边陲荒芜的州县则反之。唐代共有十五道,其中陇右道、黔中道、岭南道、关内道及剑南道,或地处边隅,或交通不便,经济落后,文化也相应的滞后,文学家族则少之又少。只有秦州姜氏、沙州李氏、张氏,梓州李氏与严氏、韶州张氏与周氏及桂州裴氏等少数文学家族。而关内道、山南西道与黔中道则基本上无文学家族的存在。这六道的面积占唐代总面积的一半多,但文学家族只有区区的八个左右,只占4%。相比较而言,淮南道、江南西道及山南东道虽然地处荆襄蛮夷之地与沿海边陲地带,但中唐以后,北方战乱,南方发展迅速,江南的物质往往通过长江干道运及荆襄,然后北上两京,而淮水的漕运作用也日益突出。经济、交通的发展也刺激着文化的进步,这些地区的文学家族也相应的有所增加,共计二十五个,占总数的14%左右,其中邓州就有六个著名的文学家族,而襄州的皮日休家族、荆州的岑文本家族、段文昌家族及扬州的王起家族也曾兴盛一时。当然,文学家族汇集最多的当属两京地带和南方的江南东道,其中京畿道、都畿道、河东道及河北道的文学家族共计一百余个,占总数的56%强。北地尚阀阅,重家学,故多文化世家,"山东则为'郡姓',王、崔、卢、李、郑为大。关中亦号'郡姓',韦、裴、柳、薛、杨、杜首之。代北则为'虏姓',元、长孙、宇文、于、陆、源、窦首之。"[①]其文学家族可分为关中

---

① [宋]欧阳修、宋祁等撰:《新唐书·柳冲传》,中华书局1975年版。

文学家族群与山东文学家族群。关中以京畿道、河东道为主,文学世家有京兆的韦氏、杜氏、崔氏,弘农杨氏,河东柳氏、裴氏等。此外,代北胡姓的元氏、令狐氏及窦氏等家族,崇文之风也非常兴盛。山东地区,历来重礼法经术,为华夏文化之德镇,世家大族虽多以经术干政,但也同样重视诗文,如,清河、博陵崔氏,"嗣后达官膴仕,史不绝书,而能诗之士弥众,他姓远弗如也。……初唐之融,盛唐之颢,中唐之峒,晚唐之鲁,皆矫矫足当旗鼓。以唐诗人总之,占籍几十之一,可谓盛矣。"①此外如绛州王氏、洛阳张氏、宝鼎薛氏,皆为诗书簪缨之族。南方江南地区,也是文学家族众多的地方,但主要汇聚在开发较早,文化传统比较深厚沿太湖地带,如润州权氏、常州萧氏、苏州陆氏和杨氏及杭州的钱氏。而江南西道。如宣州、池州、虔州等地方则地处荒凉,文学家族较少,只有八个,占总数的4%左右。

细言之,若单从数量来衡量,两京一带的文学家族最兴盛,其中京兆府二十三个,河南府十六个,究其原因,除了地处政治、经济中心,文化发达外,科举仕进也是吸引山东、江南士族汇萃京师的一个重要原因。"隋氏罢中正,选举不由乡曲,故里间无豪族,井邑无衣冠。人不土著,萃处京畿。"②一些士族著支也多往此迁徙,如兰陵萧氏,六个著支,三个在京兆府,三个在河南府。河北士族迁往两京地带的情况也极为明显,如清河崔氏悉数迁移河南府附近;范阳卢氏、赵郡李氏、博陵崔氏绝大多数迁往河南府,少数迁向京兆府;渤海高氏族迁移京兆和河南各半。③这些士族往往以科第仕进,注重诗文传家,自然也促使着文学家族的进一步发展壮大。但安史之乱时,中原鼎沸,士族多播迁南方,"自中原多故,贤士大夫以三江五湖为家,登会稽者如鳞介之集渊薮。"④崔峒《送王侍御佐婺州》云:"闻君作尉向江潭,吴越风烟到自谙。客路寻常随竹影,人家大抵傍山岚。缘溪花木偏宜远,避地衣

---

① 〔明〕胡应麟:《诗薮·外编》卷三,上海古籍出版社1979年版。
② 〔唐〕杜佑:《通典·选举》,中华书局1984年版。
③ 毛汉光:《从士族籍贯迁移看唐代士族之中央化》,《中国中古社会史论》,上海书店出版社2002年版,第330—332页。
④ 〔唐〕穆员:《工部尚书鲍防传》,〔清〕董诰等编:《全唐文》卷七百八十三,中华书局1983年版。

冠尽向南。"如柳宗元、崔翰、梁肃、王质等北地文人皆转徙南方，扶风窦叔向家族则举家迁往江东。这对南方文学家族的发展无疑起着推波助澜的作用。山东地区，虽然饱受战争的破坏蹂躏，但凭借教育的普及和深厚文化传统的底蕴，其文学家族数量依然可观，并且在州县的分布上也比较均衡，如河东道的蒲州、绛州、太原府及河北道的深州、赵州等地文学家族数量均在五个以上，其他如潞州、博州及邢州等也多有文学世家。

2. 文学家族的构成及其分析

唐代的文学家族，在人员构成上，或父子，或祖孙几代，或兄弟多人。首先，父子皆擅长文学的有万年李氏、河南府于氏、缑氏吕氏、魏州罗氏、博陵崔氏、延陵包氏、金城窦氏、句容刘氏、义兴蒋氏及东阳滕氏等。而延及几代人的文学世家则更多，如万年王珪族、韦应物族、长安韩休族、颜真卿族、华原柳公权族、洛阳张说族、陕州姚合族、郑州李益族、徐州刘知几族、齐州崔融族、蒲州薛元朝族、绛州王勃族、荆州岑文本族、润州权德舆族、湖州钱起族及袁州郑谷族等，其中绛州王氏与博陵、清河的崔氏，皆是文人辈出，盛极一时。此外，兄弟皆通诗文者也极为普遍，如曲阿皇甫冉、皇甫曾；洛阳李渤、李涉；相州沈佺期、沈全交、沈全宇；下邽白居易、白敏中、白行简；同州乔知之、乔侃、乔备；定州赵夏日、赵东曦、赵和璧、赵安贞、赵居贞、赵颐贞、赵汇贞等。另外，还有一种情况应值得我们注意，即在家族的文人中，尚有许多擅长诗文的女性作家，如上官仪孙女上官婉儿，一度秉掌宫廷文坛创作，并多次参与游宴唱和，诗作绮丽，有其祖父之风，时人多有讽诵。又贝州宋氏姊妹，除著有《女论语》外，还精通诗文，与德宗君臣多诗文酬唱。另如杨炯侄女杨容华，幼善属文，曾作《新妆诗》。杨敬之之女杨德邻，十三岁时即题诗于长安奉慈寺。而元稹妻裴氏、杜羔妻刘氏及元载妻王氏皆擅诗文。

从时间上看，唐初文学家族一般为传统的文化世家，多集中在两京地带与河东道、河北道，这些文学家族，传统文化底蕴深厚，不但诗文传家，骚雅相续，还擅长经术、史学。如长安韩休家族，工诗文，但韩滉还熟精《易象》、《春秋》，并善绘画。徐州刘知几家族，虽以词学著称，但史学成就更知名于时。如刘知几《史通》、刘秩《政典》等。而在南方,只有吴郡陆氏、兰陵萧氏还能冠冕蝉联,其他如陈郡谢氏、吴郡的朱氏、顾氏也都光彩不再,全面没落了。但唐中期以后,随着科举仕进的进一步发展,一些出身寒门的文学家族也崭露头角,这在南方的江南东道尤为明显,如润州包融族、常州蒋子慎族、蒋乂族、湖州徐齐聃族、钱起族、苏州归崇敬族、沈既济族、睦州皇甫湜族、章八元族等,皆通过科考仕进,凭借文学才华成了新兴文学家族,并进而在仕宦之中占有一席之地。

二、唐代文学家族藏书述略

在唐朝,家族的盛兴仅依靠敬宗睦族、孝悌慈惠的礼法家传显然不够。一些家族也充分地认识到只有文化教育的传承才是世代簪缨的保证,俗谚有云:"遗子黄金满籯,不如教子一经",白居易曾言:"虽有子弟,无书不能训也。"① 而培养家族博学好文的文化品质,最基本的条件就是必须拥有大量的皮藏书籍,只有这些丰富的文化资源才能为家族积淀出深厚的文化底蕴。进而在科第与文学上获得成功,并以此保持家族的延续与壮大。另一方面,随着文化的普及,唐人也热衷于买书、抄书及藏书,并以家富藏书作为文化身份的象征。"藏书挂屋脊,不惜与凡聋。我愿拜少年,师之学崇崇。"(孟郊《劝善吟(醉会中赠郭行馀)》)"朱氏西斋万卷书,水门山阔自高疏。我来穿穴非无意,愿向君家作壁鱼。"(张祜《题朱兵曹山居》)"万卷图书千户贵,十洲烟景四时乐。"(殷文圭《题陆龟蒙山斋》)许多藏书家也受到了世人的敬仰与推崇,如王方庆,王羲之后裔,聚书甚多,不减秘阁,连武则天都曾向他访求羲之墨迹,王氏也乘机好好炫耀家世与自己的皮藏。② 又晚唐徐修矩,拥有图书数万卷,颇受皮日休与陆龟蒙的推崇。皮氏《二游诗·徐诗》云:"念我曾苦心,相逢无间别。引之看秘宝,任得穷披阅。"陆龟蒙《奉和

---

① 〔后晋〕刘昫等撰:《旧唐书》卷一百六十六,中华书局1975年版。
② 〔后晋〕刘昫等撰:《旧唐书》卷八十九。

袭美二游诗》中也赞云:"吾闻徐氏子,奕世皆才贤。因知遗孙谋,不在黄金钱。插架几万轴,森森若戈铤。风吹签牌声,满室铿锵然。"

据统计,唐代的藏书家人数多达六十余人①。其中许多是诗文传世的文学家族。就地域而言,北方庋藏丰富的文学家族多聚集于两京,如:

万年李泌家族,李氏家族善于藏书,李泌父李承休,每遇秘籍,比购买或抄录,藏书渐多,后为李泌所继承,王应麟《困学纪闻》卷十云:"李承休藏书二万卷,诫子孙力读,不许出门。有求读者别院供馔。其子泌承父藏书,构筑书楼,积书至三万余卷。"李泌子李繁后任随州刺史,书籍也随之而走,韩愈《送诸葛觉往随州读书》云:"邺侯家多书,插架三万轴。一一皆牙签,新若手未触。"李繁大和三年为舒元舆诬构下狱赐死,其书籍也渐渐散佚。

华原柳公绰、柳公权家族,书法传家,也工诗文,柳氏一家也以藏书著名,公权,史称不善理家,但"唯砚、笔、图籍,自镵秘之"②,公绰家藏书千卷,其子柳仲郢曾为校书郎,家里藏书更丰,《新唐书·柳仲郢传》云:"家有书万卷,所藏必三本:上者贮库,其副常所阅,下者幼学焉。"仲郢子柳玭在《柳氏序训》中也提及其家升平里西堂富有藏书。

蒲州张弘靖家族,三代为相,弘靖祖张嘉贞,应五经举,善属文,平生好储图书,并刻有"河东张氏"之印,其子张延赏,工诗,有才名,亦好藏书,并刻以"乌石 瑞"印,延赏子弘靖,少为才俊,为杜佑赏识,后居相位,致力于典籍收藏,"家聚书画,侔秘府"③,其藏书之印有"鹊"、"瑞"、"鹊瑞"等字。

此外,京兆韦述家族、杜牧家族皆以藏书著称。如《旧唐书》卷一百零二云:"家聚书二万卷,皆自校定铅椠,虽御府不逮也。兼古今朝臣图,历代知名人画,魏、晋已来草隶真迹数百卷,古碑、古器、药方、格式、钱谱、玺谱之类,当代名公尺题,无不毕备。"杜牧《冬至日寄小侄阿宜诗》也云:"旧第开朱门,长安城中央。第中无一物,万卷书满堂。家集二百编,上下驰皇王。"

---

① 范凤书:《唐代的私家藏书》,《中国私家藏书史》,大象出版社2001年版,第40—45页。
② 〔宋〕欧阳修、宋祁等撰:《新唐书·柳公权传》。
③ 〔宋〕欧阳修、宋祁等撰:《新唐书》卷一百二十七。

南方藏书家在人数上虽不及北方，但也有典藏甚丰的文学家族，如江夏李墉为北海太守李邕从孙，任京兆尹时，家富藏书，至李栻、李磶时，积藏已达万卷，《新唐书·李墉传》云："磶好学，家有书至万卷，世号'李书楼'，所著文章及注解诸书传甚多。"至李沈时，广求天下秘本，曾建"万卷书楼"。常州蒋氏，蒋乂外祖父吴兢居史职多年，家藏典籍甚多。晁公武《郡斋读书志》卷二云："《西斋数目》一卷，吴兢撰，其家藏书凡一万三千四百六十八卷。"吴氏藏书大部分后皆归蒋乂所有，蒋氏由曾入集贤殿校点官藏，"结发志学，老而不厌，虽甚寒暑，卷不释于前，故能通百家学，尤明前世沿革。家藏书至万五千卷。"① 又荆州段氏，段文昌，自幼博览经史，后为相二十余年，藏书颇丰，但往往凭权势所得，如《旧唐书·钱徽传》载云："文昌好学，尤喜图书古画。故刑部侍郎杨凭兄弟，以文学知名，家多书画，钟、王、张、郑之迹在《书断》、《画吕》者，兼而有之。凭子浑之求进，尽以家藏书画献文昌，求致进士第。文昌将发，面托钱徽，继以私书保荐。"段氏藏书后皆归其子段成式，《旧唐书·段成式传》云："家多史书，用以自娱。"如其《酉阳杂俎》，内容繁杂，足见书籍征引之广泛。

另外，一些著名的文学家也富有庋藏。如白居易，有书一车，并作池北书库。② 柳宗元也富有藏书，《新唐书》卷一百八十一载其《诒京兆尹许孟容》云："家有赐书三千卷，尚在善和里旧宅，宅今三易主，书存亡不可知。"卢仝，《唐才子传》卷五云："家甚贫，惟图书堆积。"后自扬州迁徙洛阳，唯书一船而已。

与前代庋藏相比，唐人藏书不仅人数增多，藏书卷数也更多，如吴兢、蒋乂、韦述等家族的典藏都在万卷以上，其中李泌多达三万余卷。另外藏书方式更具特色，如有专门的藏书楼，其中著名的有江夏李磶的万卷书楼、眉山孙长孺书楼及莆田许寅的万卷楼，而在藏书的分类上，还出现了以不同牙签颜色来区分各部类，如明彭大翼《山堂肆考》卷一百二十四云："唐李邺侯起

---

① 〔宋〕欧阳修、宋祁等撰：《新唐书》卷一百三十二。
② 孙安邦、孙蓓解评：《白居易集》卷六十九，山西古籍出版社2004年版。

书楼,积书三万余卷,经用红牙签,史用绿牙签,子用青牙签,集用白牙签。"如果书籍丰富,还有私家编目,如吴兢《西斋书目》、杜信《东斋籍》及蒋彧《新集书目》等。

三、文学家族家学因素的考察

唐代的文学家族,最显著的文化特性即诗文传家。而家族的这种文化特性又往往具有一定的延续性与稳定性。具体而言,一种创作模式形成后,在家族中一般都会得到因袭。如杜审言的律诗创作即有家学渊源,"杜必简于初唐流丽中,别具沉挚,此家学所有启也"①。审言五言律诗,体格整栗,气局雄丽,乃律诗正宗,这也深深地影响到杜甫,《唐律消夏录》云:"杜必简用意深老,措辞缜密,虽极平常句中,一字皆不虚设。其于射洪。犹班之于史也。后来尽得其法者,唯文孙公部一人。"杜甫对其能绍述家业,也极为自豪,如"吾祖诗冠古"(《赠蜀僧闾丘师兄》)、"诗是吾家事"(《宗武生日》)。又张说,诗法特妙,晚贬岳阳,诗益凄婉,人谓得江山之助,其子张均,诗风与张说相类,《岳阳晚景》意致哀恻,含情无限。《唐诗选脉会通评林》引周敬话曰:"章法整,不病板;对法工,不嫌排。句调优柔明秀,不刻不肤,居然燕公家传。"此外祁县温庭筠与温庭浩,润州皇甫曾与皇甫冉,定州三杨以及金城六窦等,诗风皆有因袭相似之处。

当然,唐代文学家族的家学内容丰富,除了诗文传家外,还包括经学、史学及书法绘画等艺术方面。魏晋以来,世家累世经学,代代因袭。唐代儒学虽然受到一定冲击,但经学的家传在家族中依旧占有重要的地位,如:绛州王氏,文学著称,但也为儒学世家。王勃自称"吾家以儒辅仁,述作存者代兴"②。王通为隋末大儒,曾撰《中说》。王通弟王凝,也精儒术,曾整缉王通《元经》与《中说》,并对王通子福郊、福祚、福畤三人言传身教,"召三子

---

① 〔清〕翁方纲撰:《石洲诗话》卷一,粤雅堂丛书,清咸丰元年刻本。
② 〔唐〕王勃:《送劼赴太学序》,〔清〕董诰等编《全唐文》。

而教之《略例》焉"①。王绩受王通影响,也颇通儒术,此外尚精易学,《答处士冯子华书》云:"床头素书三帙,《老》、《庄》及《易》而已,过此以往,罕尝或披。"王勃自幼也熟精六经,并撰《元经》之传,为《续诗》、《续书》作序。而王通五代孙王质,曾寓居寿春,以儒学教授门徒。又京兆柳氏,也代传儒术。柳公权博贯经术,尤精《左传》、《国语》、《尚书》、《毛传》、《庄子》。其兄公绰也儒素笃行,"公绰理家甚严,子弟克禀诫训,言家法者,世称柳氏云"②。公绰子柳仲郢,善礼仪,尤重义气,曾将九经、诸史等分门抄编为《柳氏自备》三十卷。仲郢子柳玭,作《柳氏叙训》训喻子弟,以绍述家业。此外,蒲州吕温家族、京兆颜真卿家族以及江南张后胤家族、陆龟蒙家族,皆以经术、礼法著称。

唐代文学家族中,兼通史学的情况更为普遍,如彭城刘氏家族,文名显著,更以史学著称于世。刘知己父藏器精《古文尚书》、《春秋左氏》,知己本人少受家学,多所撰述,《史通》更为后代史家奉为圭臬。太子右庶子徐坚曾云:"居史职者,宜置此书于座右。"③其子贶、悚、汇、秩、迅、迥,皆以史才知名于时。又京兆韦氏,韦述,自幼博览经书,笃志文学,其舅氏元行冲,曾任弘文馆学士,家富藏书,曾编《群书四部录》,后撰《魏典》,韦述受其影响,也有史才,生平著述甚丰,如《唐春秋》、《开元谱》、《唐职仪》、《高宗实录》等,可惜多已散佚。韦处厚,受经学于其父韦万,学文于伯舅许孟容,以文名著称于世,有《韦处厚集》、《翰苑集》,韦氏也熟精史学,曾预修《德宗实录》与《宪宗实录》。此外,河东柳氏、京兆杜氏、吴郡沈氏及常州的秦氏等文学家族,皆擅长史学。唐代家族史学的盛行,主要原因应与朝廷注重史才的文化导向及社会重史尚学的文化观念有关。

唐代文化繁盛,各种艺术日臻成熟,一些文学家族也兼通其他技艺,一般以书法、绘画为主。如蒲州张氏,张氏家族工于诗文,又精于书画。张嘉

---

① 〔隋〕王通著,郑春颖译注:《中说·关朗篇》,黑龙江人民出版社2003年版。
② 〔后晋〕刘昫等撰:《旧唐书·刘公绰传》。
③ 〔后晋〕刘昫等撰:《旧唐书》卷一百零二。

贞，能诗善文，家聚图籍，并有"河东张氏"之印，子张延赏，精于典藏，也擅长书法，孙张弘靖精书法，《金石录》卷九曾录其《唐魏博田绪遗爱碑》，弘靖孙张彦远，博学有文辞，曾撰《法书要录》，评点历代书法，较详备。又著有《历代名画记》十卷，叙述绘画之源流及装裱、鉴赏等方法，并附有历代画家小传，其中隋唐二百二十八人，此书内容翔实赅备，为古代绘画史之集大成者，被尊为"画史之祖"。

苏州陆氏，传统文化世家，善诗文，也工书法。陆柬之，少聪颖多才，学书于其舅虞世南，虞氏善文辞、书翰，精正行草书，风格遒劲，与欧阳询并称"欧虞"，其子虞纂、孙虞郁、虞焕皆善书法。柬之一族也书法传家，如其子彦远、侄孙景融也精翰墨，彦远外甥张旭，工诗文，善书法，颜真卿曾师学之，称其"楷法精详，特为真正"①。景融四世孙陆希声，博学善文，工诗，《阳羡杂咏》十九首尤为著名，又精于正书，笔法多端，《唐诗纪事》卷四十八云："古者善书鲜有得笔法者，希声得之，凡五字：擫、押、钩、格、抵。用笔双构，则点画遒劲，而尽其妙矣。"

另外，华原柳公权族、钱塘褚遂良族、会稽徐师道族及丹阳蔡希逸族，皆代代翰墨，以书法见称于时，而在一些文学家族中，也有文人兼通书画，如京兆李氏之李元嘉，聚书万卷，善画龙马虎豹。②蒲州薛氏之薛稷，薛收孙，多才艺，工书画，精人物花鸟，擅长画鹤，书法宗虞世南、褚遂良，称誉一时。太原王氏之王维，自称"宿世谬词客，前身应画师"（《偶然作》），工画山水，体涉古今。长安裴氏之裴休，长于书翰，《宣和画谱》称其"作行书尤有体法"、"字势奇绝"。京兆杜氏之杜牧，书画双绝，书法"潇洒流逸，深得六朝风韵"③，米芾《画史》称其"精彩照人"。杜牧《赠张好好诗》手迹今存故宫博物院。又江陵岑文本、郑州李揆、弘农杨师道、洛阳于頔及高邑李岩，皆工书画，见称于时。

---

① 〔唐〕颜真卿：《怀素上人草书歌序》，〔清〕董诰等编：《全唐文》。
② 〔后晋〕刘昫等撰：《旧唐书》卷六十四。
③ 〔清〕叶奕苞：《唐杜牧赠张好好诗》，《金石录补》，中华书局1985年版。

相比较而言，唐代出身寒门的文学家族，其家学略显单薄，无法与世家大族深厚的文化根基相比拟，但他们因文起家，并跻身仕途，也能累世不衰。如常州蒋子慎家族，出身低微，子慎子绘有文名，绘子捷，捷子洌、涣，洌子炼，涣子铢，皆进士第，其后仕途通达，成了典型的官宦世家。① 又湖州徐光聊、吴县归崇敬家族，俱无深远的家族底蕴，但他们诗文传家，也显赫一时。特别在中晚唐时，随着士族门阀进一步衰微，寒门家族日益崛起，这种因家学背景而形成的士庶分化渐趋消失。

四、家族的文学实践及家学的变异性

唐代的文学家族，以文著称于世，文学的创作与实践是其主要的社会活动，也是他们获得声誉的重要手段之一。下面我们主要从家族视域的角度来考察其具体的文学实践。

首先，唐代文人创作的崇宗意识。如前文所揭，家族的文学创作具有一定的因袭性与相似性，辛文房《唐才子传》卷三曾云："芝兰续芳，重难改于父道；骚雅接响，庶不慊于祖风。"这种创作的趋同性往往表现为对家族文化传统的接受。如陈子昂，家学传统尚儒业，又兼诸家杂说，也善饵食炼丹之术。子昂自己也云："余家世好服食，昔尝饵之。"② 又《堂弟孜墓志铭》中云："吾家虽儒术传嗣，然豪英雄秀，济济不泯。常惧后来光烈，不象先风。每一见尔，慰吾家道。"陈氏的诗文创作也明显受到家学的影响。如《感遇诗》及其他一些古体诗"考察天人"、"幽观大运"的创作主题，则是家族善于幽观大运、觇时隆污的文化传统的诗学体现。③ 又杜甫，不仅在诗体创作上曾追摹其祖审言，在《宗武生日》、《又示宗武》等训喻诗文中也告诫子孙要秉承家业，维护诗文传家的美誉。此外如王勃、杜牧、陆龟蒙等的

---

① 〔后晋〕刘昫等撰：《旧唐书》卷一百八十五。
② 〔唐〕陈子昂：《观荆玉篇序》，〔清〕彭定球编：《全唐诗》，上海古籍出版社1986年版。
③ 杜晓勤著：《初盛唐诗歌的文化阐释》，东方出版社1997年版，第224页。

创作都有强烈的崇宗意识。此类情况在唐代家族文学中皆普遍存在,兹不胪列。

其次,家族内的文学研习与交流。如弘农杨凭、杨凝、杨凌,大历中擢进士第,时号"三杨",俱善属文,杨氏兄弟幼时皆一块研习艺文,《大唐传载》曾云:"杨京兆(凭)兄弟皆能文,为学甚苦,或同赋一篇,其坐庭石,霜积襟袖,课成乃已。"又怀州穆氏家族,穆宁礼法传家,其子赞、质、员、赏,皆有文名,《旧唐书》卷一百五十五云:"赞俗而有格为酪,质美而多入为酥,员为醍醐,赏为乳腐。"其中穆员尤善为文,许孟容《穆员集序》云:"属词匠意,必本于道。其文融朗恢健,沉深理辨。墉闳四会,精铓百练。结而为峻极,散而为游衍。其工也异今而从古,其旨也惩恶而从善。"穆氏四子,曾于和州郊外筑馆读书课文,崔佑甫《穆氏四子讲艺记》云:"于是考州之东西四十里,因僧居之外,阶庭户牖,芳划拳石。近而幽,远而远旷,澶漫平田,鬐沸温泉。可以步而适,可以濯而蠲,谓尔群子,息焉游焉。"此外,家族的诗文唱和往来也是诗艺交流的主要形式之一,柳宗元在《王氏伯仲唱和诗序》中云:"间以兄弟嗣来京师,会于旧里。若璩、场在魏,机、云入洛。由是正声迭奏,雅引更和,播埙篪之音韵,调律吕之气候,穆然清风,发在简素。非文章之胄,曷能及兹?"①又如白居易,与白行简、白敏中等多诗文唱和,并一起教喻子弟,其《孟夏思渭村旧居寄舍弟》云:"前年当此时,与尔同游嘱。诗书课弟侄,农圃资童仆。"而当其学有所成时,欣喜之情则油然而生,《闻龟儿咏诗》云:"恋渠已解咏诗章,摇膝支颐学二郎。莫学二郎吟太苦,才年四十鬓如霜。"可见,家族中的吟咏唱和不仅是情感的纽带,也为艺文的切磋提供了便利。

第三,郡斋诗文集会中家族化现象。以浙西联唱为例,大历八年至十二年,颜真卿任湖州刺史,曾聚江东文士撰编《韵海镜源》,并有登临游赏、联句唱和之举。浙西联唱,以颜真卿、皎然为核心,前后共聚集九十五位文

---

① 〔清〕董诰等编:《全唐文》卷五百七十七。

士^①,其中多文人家族,典型的有颜氏家族、张氏家族等。真卿任职湖州,家人多参与当时诗文唱和,《嘉泰吴兴志》卷十二《古迹·石樽》载云:"大历中刺史颜真卿及门生弟侄多携壶舣楫以游,乃作《故李相公石樽宴集联句》诗。"据真卿《湖州乌成县杼山妙喜寺碑铭》记载,参撰《韵海镜源》的颜氏家族文人有颜真卿、颜察、颜策、颜浑、颜暄、颜超、颜岘、颜顾等。颜岘、颜颢、颜及颜须还参与竹山题潘氏书堂的联句唱和。深州张氏家族,诗文传家,张荐祖张鷟,精判策书文,著有《龙筋凤骨判》及《朝野佥载》。荐精史学,其兄著、谟与弟芳也有文名,皆为真卿赏识,并一起参撰《韵海镜源》。其中张荐还与颜真卿、皎然、李萼等联句唱和。又弘农杨氏之杨凭、杨凝于大历十一年来湖州聚会,并多唱和,今存《水亭咏风联句》、《溪馆听蝉联句》中四联。另外,隋末唐初的河汾作家群的酬唱往来就有王氏家族(王通、王绩)、薛氏家族(薛收、薛德音、薛元敬)。大历年间,鲍防、严维等于浙东联唱,江南文士登会稽者如鳞介之集渊薮,南阳谢氏家族的谢良辅、谢良弼兄弟即参与其盛况。而晚唐五代时的詹氏家族(詹敦仁、詹琲)则是泉州诗人群后期的积极倡导者。

　　第四,家集的编撰。为了彰显家族的创作,唐代文人往往乐意于家集的整理编撰。如杜牧《冬至日寄小侄阿宜诗》云:"家集二百编,上下驰皇王。多是抚州写,今来五纪强。尚可与尔读,助尔为贤良。"^②皇甫松也《古松感兴》云:"我家世道德,旨意匡文明。家集四百卷,独立天地经。"^③唐人家集有:《李敬方家集》三百首,李敬方,长庆三年进士,工诗文,顾陶《唐诗类选后序》云:"歙州敬方,才力周备,兴比之间,独与前辈相近,亡殁虽近,家集已成三百首。"又《廖氏家集》一卷,《新唐书·艺文志》著录匡图《廖氏家集》一卷,后《崇文总目》总集类及《通志·艺文略》皆著录。廖氏为虔州著名的文学家族,匡爽,工诗文,其子匡图、匡齐、匡凝、匡偃皆有

---

① 贾晋华著:《唐代集会总集与诗人群体研究》,北京大学出版社2001年版,第93页。
② 〔唐〕杜牧著:《樊川文集》卷一,上海古籍出版社1978年版。
③ 〔清〕彭定球编:《全唐诗》卷三百六十九。

文名。齐已《寄廖匡图兄弟》云:"风骚作者为商榷,道去碧云争几程。"又《窦氏联珠集》五卷,褚藏言编,收窦常、窦牟、窦群、窦庠、窦巩五人诗一百首。此外尚有《李氏花萼集》二十卷、《韦氏兄弟集》二十卷及李逢吉的《家集》。①

要之,唐代家族文人在文学实践中,具有明显的家族化特征。主要体现为创作上的崇宗意识及文风因袭相传性。而家族内部的诗文唱和则为其研习交流、切磋艺文提供了便利。另外,对家集的整理,一方面是家族文献得以保存,另一方面则是彰显家族的文业功德,以增强后人的自豪感与凝聚力。

最后我们谈谈家族家学的变异问题,家学一旦形成,就具有一定的稳定性与因袭性。但仅有传承而无创新开拓的一面,那么这个家族就很难适应外部新的文化环境,可能就会被时代淘汰。就家学的内部传承而言,因生活环境与个人禀性的不同,家学的世代传承还是具有异质的因素,如杜审言,精五言律,为律体之正宗,杜甫诗学虽有家学的一面,但更多是以"尽得古今之体势,而兼昔人之所独专"为后人敬仰。又京兆韦氏,韦应物,五言诗高雅闲淡,自成一体,至韦庄,诗风雅正,兼有神韵,有家学的色彩,但韦氏更以词学著称,与温庭筠并称"温、韦"。当然,家学的变异性,还受到外部因素的影响,如时代的变迁、家族的迁徙、新的文化时尚及科举标准的变化等,都会对传承中的家学产生很大的冲击。如郭峰先生研究吴郡张氏家学时曾说:"吴郡张氏后胤一支,家学自南朝至唐肃宗、代宗时期,经历了一个玄易——玄乳佛兼综——经学为主——道学这样一个变化过程,又与时代好尚之变迁一致。"②此外,外家之学介入也会引起家学的变异。唐代的文学家族,特别是文化世家,其婚姻网络极为发达,这为外家之学的产生提供了便

---

① 陈尚君著:《唐代文学丛考》,中国社会科学出版社1997年版,第218—219页。
② 郭峰著:《唐代士族个案研究——以吴郡、清河、范阳、敦煌张氏为中心》,厦门大学出版社1999年版,第152页。

利,一些文人也多受学于外家,如元稹受教于姊夫陆氏[①];韩弘从舅氏学[②];薛据、薛播、薛塞等早孤,悉为伯母济南林氏教以文辞[③];韦丹以甥孙从太师颜真卿学[④],这些外家之学既延续着家族的文化传统,又为家学带来了新的内容。以京兆颜氏为例:魏晋以来,颜氏家族皆儒学传家,如颜之推、颜师古、颜杲卿等皆以通经义、重节气著称于时,至真卿一族,与殷氏家族累世联姻,殷氏奕世工书尚画,如殷仲容、殷践猷等,以书额、草隶擅名。真卿及其父惟真、伯父元孙皆早孤,并都养育于舅家,其书艺成就则明显受益于舅氏之学。又常州蒋乂,家传儒术,工诗文,乂幼时受史学于外祖父吴兢,颇得吴氏精传,后蒋氏以史传家,则应源于吴兢。此外,苏州陆柬之家族,精于书法,则受到了舅氏虞世南的影响,陆氏书法后又传于张旭,而张氏为陆彦远之外甥。可见,正是这种姻亲关系的存在,外家之学才得以传承,并在一定程度上丰富了家族原有的文化传统,为其补充了新鲜血液,在新的文化环境中也能表现出灵活的适应性,进而为家族的延绵兴盛提供强有力的保证。

道、州		文学家族人数	总数	比例(%)	道、州		文学家族人数	总数	比例(%)
京畿道	京兆府	23	29	16.0	河南道	滑州	2	11	6.1
	华州	3				许州	1		
	同州	3				豫州	1		
都畿道	河南府	16	25	13.8		亳州	1		
	汝州	1				徐州	1		
	陕州	2				齐州	1		
	郑州	6				海州	1		
河南道	虢州	3	11	6.1	河东道	蒲州	8	21	11.6

① 〔唐〕元稹:《诲侄等书》,冀勤点校:《元稹集》卷三十,中华书局1982年版。
② 〔唐〕韩愈:《司徒兼侍中中书令赠太尉许国公神道碑铭》,马其昶校注:《韩昌黎文集校注》卷七,上海古籍出版社1987年版。
③ 〔后晋〕刘昫等撰:《旧唐书》卷一百四十六。
④ 〔唐〕韩愈:《唐故江西观察使韦公墓志铭》,马其昶校注:《韩昌黎文集校注》卷六。

续 表

道、州		文学家族人数	总数	比例(%)	道、州		文学家族人数	总数	比例(%)
河东道	蒲州	8	21	11.6	陇右道	沙洲	1	3	1.7
	绛州	5				甘州	1		
	太原府	6			淮南道	扬州	4	7	3.9
	潞州	2				楚州	1		
河北道	魏州	4	26	14.4		光州	2		
	博州	1			江南东道	润州	6	37	20.4
	相州	3				常州	3		
	贝州	3				苏州	9		
	邢州	3				湖州	1		
	冀州	2				杭州	4		
	深州	5				睦州	2		
	赵州	5				越州	3		
	沧州	1				歙州	2		
	德州	1				婺州	3		
	定州	3				福州	1		
	幽州	2				泉州	3		
	莫州	1			江南西道	宣州	2	7	3.9
	瀛洲	1				池州	1		
	蓟州	1				洪州	1		
	营州	1				虔州	1		
山南东道	襄州	2	10	5.5		袁州	1		
	邓州	6				永州	1		
	荆州	2			剑南道	梓州	1	1	0.1
陇右道	秦州	1	3	1.7	岭南道	韶州	1	3	1.7

续 表

道、州		文学家族人数	总数	比例（%）	道、州		文学家族人数	总数	比例（%）
岭南道	桂州	1	3	1.7	岭南道	昭州	1	3	1.7

附表：主要根据周祖譔先生主编的《中国文学家大辞典》、陈尚君先生《唐代诗人占籍考》及《旧唐书》、《新唐书》等资料进行的收集整理，具体的文学家族可以参考本人博士论文《唐代的私学与文学》第四章《唐代的家学与文学》。

（本文原载《人文杂志》2009年第3期）

论唐代私学的兴盛对唐诗的影响

童岳敏

作为文化传承的重要纽带,唐代私学的演变深受社会经济发展、朝代更替的影响,而当时的文教政策、官学状况以及科举制度的变化也制约着私学的规模。当然,私学的兴盛在一定程度上拓展了唐代文人的文化空间与生存环境,进而影响到士子的文化心态及创作中的价值取向。基于"私学"与"诗歌"的深度关联性,本文从私家讲学、蒙学家训以及隐读修业等层面来探讨两者之间的互动关系,并从地缘、血缘和学缘的角度来认识唐代诗歌的发生与发展、特点与价值。

一、唐代私学兴盛的时代特征及其科场文化背景

我国古代的私学源远流长,春秋战国时期,私学兴盛,百家争鸣。魏晋南北朝时,私学呈多元化趋势,私家讲学昌盛,家族教育异军突起。宋元以降,私学主要形式为书院、家塾、义塾等,随着王朝专制体制的强化,私学也多受到官学体系的管辖,其式微衰退之势已是必然。相比较而言,唐代私学形式多样,内容丰富,具有广泛的社会性和鲜明的时代特性。

其一,私家讲学的阶段性与家族教育中外家之学的传承。唐代初期的私家讲学虽然没有先秦两汉时期的宏大格局,但经学教育也蔚然成风。吴兢《贞观政要》卷七云:"时诸儒传习师说,舛谬已久,皆共非之,异端蜂起。"撇开太宗君臣的价值判断,就"异端蜂起"的局面而言却是事实。如王恭"每于乡间教授,弟子自远方至数百人"[①],马嘉运"退隐白鹿山,诸方来授业

---

① 〔后晋〕刘昫等撰:《旧唐书》卷七十三,中华书局1975年版。

至千人"①。此外,王通、虞世南、朱子奢及王方义等饱学大儒也屏居乡里,择地开筵讲授。但伴随着官学的逐步健全与完善,孔颖达、颜师古、王恭、马嘉运等民间儒师皆先后应征入主官学,参与五经考定,并撰修《五经正义》。这种经师由民到官的转化一方面促进了官学的恢复与壮大,而另一方面也致使民间的聚众讲学渐趋衰落。中唐时期,私家讲学则拓展出新的学术内涵,若从地域因缘来考察的话,此阶段的私家学术多衍生于江南地方的兴学之举,进而流播延伸至京城,并对当时的文化思潮产生了深远的影响。如袁滋客居荆郢,起学庐讲授。窦常、韩滉也多于毗陵淮南等地著述讲学,另啖助、赵匡及陆质《春秋》新学可谓江南私学的典型。《春秋》学派由啖、赵导其源,陆质发扬光大。陆氏后经陈少游举荐入京进献《集注春秋》,影响颇巨。他们的学术精神与文化导为元和时期尚新求变诗风的形成创造出一个很好的契机。晚唐时期,国势衰微,战乱频繁,官、私学具废,虽也有一二宿儒聚徒授课,但不复昔日兴盛。

  如果说私家讲学是唐代私学的主导形式,那么,私学中家族教育无疑更具有广泛的社会性。一般而言,家族门运兴衰实系于家风、家学之传承,其道德取向与学问兴趣往往源自祖训懿德的弘扬与文化传统的认知,这在很大程度上体现为家族文化链的传承导授。唐人的家学就其类型而言,除了熏炙于父辈外,兄弟间相互濡染也是家族文化生成的重要形态之一。如颜真卿早孤,蒙仲兄允南亲自教诲;韩愈受教于其伯兄会;大历时,弘农三杨切磋共研,俱有令誉。在文化的簪缨延续中,家族内部的学业嗣承应是其重要的保障,但家族困厄之时,外家之学的传承则能及时拯救弥补即将产生的文化断层,外家亲谊的援助不仅解困除厄,更体现为文化和教育层面的殷衍承续。唐人的外家之学,从授者的文化渊源来看,应是母教之延伸,如柳宗元、颜真卿及杨收等皆启蒙于母教,母系教育推而广之往往延伸至舅氏的文化介入,在人才培养与文化路向的引导上,舅权的陶淑更能拓展出新的知

---

① 〔唐〕欧阳修、宋祁等撰:《新唐书》卷一百九十八,中华书局1975年版。

识空间。如韩弘从舅氏学；薛据、薛播、薛塞等早孤，悉为伯母济南林氏教以文辞；韦丹以甥孙从太师颜真卿学，蒋乂史学传家，源自外祖吴兢，京兆颜真卿一族书艺则受益于舅氏之学。这些外家之学既延续着家族的文化传统，又为家学补充了新鲜血液。可见，外家之学以其骚雅接响的多元形态及时弥补家族文化传承内部单一线性的缺憾，也为家族之间学术文化的融汇创新提供了优良的生态环境。

其二，隐读修业、书院教育等私学形态的兴起。唐人的隐读修业，虽然在生存方式上表现为远离都市、遁迹山林，但本质上却追求仕进，以科第为目标，故多纳入功利的范畴。山中的习业者往往相互教授，并形成一定的师承关系。如河阳韦安之与张道，约为兄弟，前往少室山，师事李潜。[①]长兴三年，庞式肄业于嵩阳观之侧，临水结庵以居，东郡人薛生，少年纯悫，师事于式。[②]与私家讲学和家学传习相比，唐人之隐读，居无定点，学无专师，入学条件没严格限制，而且师徒授受关系相比较而言较为随意，具有很大的开放性。因此，隐读不再是山人隐者的专利，大众的参与使得隐居山林更平民化，更具有社会性。士子隐读时多修书院、书堂以治学，其中著名的有林嵩草堂书院、欧阳詹书堂、林蕴书院等。这种读书治学之举，一方面是官学衰微，文人读书山林所致。另则受到汉魏以来精庐、精舍的影响，如韦应物同德精舍、扶风精舍、柳宗元龙兴精舍及窦常方山精舍等，即为参禅炼丹处，也是隐读修业的场所。但从严格意义上讲，具有聚众讲学性质的书院教育则产生于中晚唐期间。如漳州的松洲书院、江洲的义门书院等，此阶段的书院，虽然在规模、数量上还处于初始阶段，但影响深远，宋代一些规模颇大的书院其源头可溯至唐五代书屋，同样，晚唐五代书院的藏书、读书以及教学体制的设置也为后世书院教育所继承并发扬光大。

除了上述私学主要类型外，唐代尚有佛寺的儒学教育，如敦煌寺学，属于启蒙的教育层次，而乡里村学，若按照教育中等级属性来辨析的话，应属

[①] 〔宋〕李昉等编：《太平广记》卷三百四十七，中华书局1986年版。
[②] 〔宋〕李昉等编：《太平广记》卷三百一十三。

地方官学的基层教育。但安史之乱以后,地方学校毁坏严重,乡里村学只能游离于官学体系之外,与自资开馆的私塾相差无几,从这层意义上讲,它应是"带有民办官助的性质,属特殊意义的私学"①。

唐代私学的发展,基于尊崇儒术的文教政策为其昌盛提供了体系上的保障,而朝廷对民间私学教育的保护与肯定,在一定程度上也将私学纳入了国家教育体制之中,如《唐会要》卷三十五《学校》云:"开元二十一年,许百姓任立私学,其欲寄州县受业者亦听。"另从大历时宋少真《对聚徒教授判》(甲聚徒教授每春秋享时以素木瓠叶为俎豆)的判文来看,聚众教授的授学形式及束脩之礼也得到了律法相应的支持。此外,私学的兴衰起落,还受到官学与科举导向的影响。安史之乱以后,唐王朝分崩离析,官学渐趋衰落,在太学中,一些生徒不专经业,骄横恣肆,学风极为败坏,柳宗元《与太学诸生喜诣阙留阳城司业书》曾言:"(诸生)聚为朋曹,侮老慢贤,有堕窳败业而利口食者,有崇饰恶言而肆斗讼者,有凌傲长上而悻骂有司者,其退然自克特殊于众人者无几耳。"②同样,学官的地位与素质也大为降低。韩愈《进学解》所言"冬暖而儿号寒,年丰而妻啼饥"虽有夸大之嫌,但也从另一侧面反映出教师困窘的生活状况。代宗时鱼朝恩为国子监事,通达名儒皆遭离弃,而朴儒学官以风诵章句为精,以穿凿文字为奥,王道根源也即荡然莫存。再者,科考重诗赋之学,而官学以经业为主,这种养士与选士的脱节使得官学教育难以培养出来适应进士科考的人才。"贞元十年以来,(进士)殆绝于两监矣"③,后杨绾、赵匡及李德裕等企图以停诗赋试来纠正浮华之风,振兴学校教育,但难免矫枉过正,官学的衰微已是必然,这也为私学的发展提供了空间。

唐代科举制度的建立与完善,对私学影响甚巨。如朝廷允许出身私学的乡贡参加科考是私学发展壮大的前提条件,唐初乡贡荐士,不仅人数稀

---

① 吴霓著:《中国古代私学发展诸问题研究》,中国社会科学院出版社1996年版,第182页。
② 〔清〕董诰等编:《全唐文》卷五百七十三,中华书局1983年版。
③ 〔五代〕王定保撰:《唐摭言》卷一,上海古籍出版社1978年版。

少，还为舆论所轻，但中唐以后乡贡成了科举考试的主要来源，据柳宗元《送辛殆庶下第游南郑序》及韩愈《论今年权停举选状》的叙述来看，乡贡人数已远远超过了官学子弟。同样，其地位与声望也大大抬升，为士林所重，甚至连唐宣宗也曾称自己为"乡贡进士李道龙"。可见，唐王朝允许私学士子参加科举考试，一方面扩大了科举人选的来源，另一方面也为私学的发展提供了更广阔的舞台，而出身私学的乡贡能在中唐以后的科举考试中鳌头独占，也证实了私学教育的成功。另外，科考内容的变迁及标准的变化也影响到应举私学的发展方向。如进士科重诗赋，这在家学中体现得尤为明显。而私家讲学除了经术传授外，也注重文章辞赋的学习，其中《文选》学的兴盛，便是一个极好的例证。

  总之，唐代科举制度的推行，为私学的发展提供了广阔的舞台，乡贡荐士的形式打破了豪门阶层对政权的垄断，从人才培养取径上看，科场诗赋取士的导向不仅为私学注入新鲜的内容，也使得私学在教育的多样性与层次性方面更具有竞争力，这既丰富了唐代的教育体制，也为文人的仕宦及其诗歌创作拓展出更为广阔的空间。

二、学术传承的私学化与诗学观的建构

  唐代实行崇圣尊儒、政教合一的教育体制，官学教育中固定规范化的义疏之学虽然有助于思想领域的大一统，但也桎梏了学术的创新与发展，如元行冲撰《礼记疏》为张说所沮，鄄城王元感曾撰《尚书纠谬》、《春秋振滞》、《礼记绳愆》以立新义，却被祝钦明、郭山恽、李宪讥为蹖驳掎摭。[①]天宝元年，朝廷甚至颁布《禁止生徒问难不经诏》对不得辄请的疑经者"宜令本司长官严加禁止，仍委御史纠察。"这往往造成治经者多恪守旧说而排斥新义。与官学衰微停滞相比，唐人的私授讲学虽然赓续着两汉以来传统的讲

[①] 〔后晋〕刘昫等撰：《旧唐书》卷一百八十九。

授模式，但已形成了新的概貌，学术品质极富有独创性与个性化，经世通变的批判精神也引领着士风、学风的重塑。纵观学术传承由官向私的转化，这不仅是学术话语的下移，更体现为多元文化导向的崛起，在意识形态上，则对传统的儒家义疏之学形成一定的冲击与动摇，诉诸政治、文化层面，就会产生新的政治指向与文化批评，在文学观念的演进上，也必然折射于文学理论的重新建构，并对当时的诗歌创作产生深远的影响。

一、河汾之学与初唐诗学观的建设。隋末唐初，王通河汾设教，从学界对王通其人、其事及其书的发覆考证来看，薛收、杜淹、魏徵皆为龙门弟子，另王珪、文彦博及陈叔达等皆曾私淑王通。鉴于魏晋以来王道丧失、经学衰微的局势，王通效法孔子聚众讲学，倡导经学革新，企图通过经学的复古来重振紊乱的政统。在道德修养方面，王通提出了"行道复礼"的伦理观与"穷理尽性"的修行法则。当然，这种伦理观的提倡与其"明王道"的政治理想及经世致用的诗歌批评是互为表里的。如其认为《诗经》可显世道之兴衰，并用续《诗》的方式来表述对王道的关怀与讽谕，将诗之性情溯至"征存亡，辩得失"的高度，这在本质上有着鲜明的现实针对性，体现在作家论与风格论上，王通主张先德而后文，先品行而后品文，以儒家伦理道德的准则来衡量文风。王氏论文皆以政教入手，以儒家经世致用为旨归，所强调的"征存亡、辩得失"及"文贯乎道"，既体现了传统儒家文艺观，又与隋末刘绰、刘炫等经学家的重质史观即文学史学化的实用态度相适应。这种文学活动的儒学本源论虽然在一定程度上违背了文学的特质，但在隋末动荡的政治环境里，还是极具现实意义的。

河汾之学以儒学道统自居，所彰显的"文以德先"、"亡国之音"的批判精神，也为唐初史臣所继承，贞观君臣着眼于诗歌的政教作用，其审音知政的批评阐释，在一定程度上延续着王通经世致用诗学观的价值标准，而其后极具前瞻性的和南北之长的文学主张，则修正了王通政教功利的片面性。另外，从地域文化渊源的角度来考察，河汾之学还受到山东文化因子的影响，强调兼习百家诸子之学，其中王绩、王勃等人的诗歌追求既有家学因素，又有强烈的时代内涵。需要进一步说明的是，王通的王道之志及对天人感应、谶纬迷信的批判，对韩愈、柳宗元及李翱等中唐的经学革新也有一定的影响，如皮日休《请韩文公配飨太学书》云："文中之道，旷百祀而得室授者，惟昌黎公焉。"此外，王通的伦理观及修行法则也为石介、朱熹及二程等所推崇，从学术渊流的层面看，河汾之学应视为宋明理学之肇端。

二、《春秋》学派与中唐的讽谕诗风。安史之乱以后，唐帝国内忧外患，国困民穷，求新求变成了时代呼声，政治上，永贞革新立纲纪、除弊制以重塑政治秩序。学术上，啖、赵、陆《春秋》新学依经立义，学以干政，其批判精神与学术导向也深深地影响到元白等人讽谕诗风的形成。

天宝末年，儒学文章知名者，多致力于聚众讲学，大阐儒风，其中尤以元德秀、刘迅及萧颖士为代表，李华《三贤论》云："元之道，刘之深，萧之志，及于夫子之门，则达者其流也。"① 他们的经义之术为《春秋》新学的兴起提供了契机。如萧颖士，熟稔《春秋》，为文折中三传，"左氏取其义，谷梁师其简，公羊取其核"②。赵匡曾师事萧颖士，自然深得其理，又萧氏与刘贶友善，刘贶为刘迅兄，曾著《六经外传》三十七卷，《春秋啖赵集纂例》也曾多次征引刘氏所论。另外，韩滉典掌浙西时，与顾况、姚南仲、戴崇等多有唱和讲学之举，曾撰《左氏通例》一卷，刻石金陵府学，这种学术氛围也进一步促进了南方《春秋》新学的发展。大历十年，陆质由陈少游举荐入京任奉礼郎，撰《春秋集注》、《辩疑》、《微指》，其学经吕温、柳宗元、凌准、李景俭等永贞党人的阐扬多为中唐文士所接收，特别是元白等讽谕诗人，他们诗歌的批判精神与《春秋》新学的学术路径是一脉相承的。从人事交往来看，元白、李绅等与韦执谊、吕温关系密切，有着相似的政治取向，皆主张匡时救弊，勠力革新。而考察中唐时期的科场文化，从宝应二年杨绾、贾至的反帖诵、黜诗赋，至贞元年间鲍防、陆贽、权德舆知贡举时经世致用、以学干政的科场导

---

① 〔清〕董诰等编：《全唐文》卷三百一十七。
② 〔唐〕萧颖士：《赠韦司业书》，〔清〕董诰等编：《全唐文》。

向,也都反映了《春秋》学派"从宜救乱,因时黜陟"的学术思潮成了新的文化热点。受此影响,元白等人的应制之作及讽谕诗篇也有着强烈的政治批判意识。如《策林》十五《忠敬质文损益》认为"忠与敬,各系于时;而质与文,俱致于理。标其教则殊制,臻其极则同归。"主张"稍益质而损文,渐尚忠而救僿",用夏政以救周之失,这完全是引用啖助《春秋集传纂例》卷一《春秋宗指议第一》的观点,两者的论证如出一辙。又三十三《革吏部之弊》、四十三《议兵,用舍逆顺兴亡》、五十一《议封建论郡县》也与《春秋集传纂例》中的《改革例》、《军律例》及《盟会例》的内容相一致。再者,啖、赵、陆《春秋》新学强调尊王道、救时弊,在《春秋集传纂例》中论及用兵、军旅及赋税,这些改革举措都有强烈的现实针对性,所体现的变革精神与民本思想在白居易《新乐府》、《秦中吟》,元稹《阳城驿》及张王乐府中也有所表述。

当然,元、白等人讽谕诗风的形成,除了《春秋》学派的影响外,还与当时的谏官文化及务实尚德的社会风气有关。随着永贞革新的失败及帝国的江河日下,这些讽谕诗人的淑世情怀渐趋淡薄,后期的诗风向着闲适感伤类型转变,也无惩时救弊的责任意识与开拓进取的勇气,讽谕诗的经世之风也渐渐退出了诗歌的舞台。但不可否定的是,在那求新求变特殊的年代里,元、白等人以讽谕诗创作为主的新乐府运动与《春秋》学派革新的政治导向相辅相成,为疮痍满目的时代注入了新的气息。

三、《文选》学的兴盛:唐音对《选》调的继承。隋唐以来,《选》学日益兴盛,帝王童蒙皆为熟稔,文士也多摘藻之举。若考察《选》学之源流,则要溯及萧该《文选音义》,萧氏熟精音韵、训诂,聚徒教授,著录者数千人。后曹宪、李善师徒扬其流波,于江淮间讲授《文选》,形成庞大的学术团体,声势规模大兴于代,"《选》学"已成为显学。开元六年,吕延祚进《五臣集注文选表》,《五臣注》流行一时,从师承的角度来看,这也属于李善《文选注》的传衍嗣响。故此,《选》学在很大程度上应属于私学的范畴。

唐人习《文选》,也有科考的因素,分析唐代应试诗,其命题取资多受

《文选》的影响。而品鉴批评的标准也依齐梁体格。如开成二年,高锴知贡举,将李肱、沈黄中比附何逊与谢庄。张笃庆云:"盖唐人犹有六朝余习,故以《文选》为论衡枕秘,举世咸尚此编。"①此外,《文选》文体完备,也足够满足科场举子临摹取资之需。考虑到李善《文选注》与《五臣注》训释征引极为精审富赡。这也为文士抄集寻检提供了便利。总之,唐代科举以文取士,《文选》常与经书并列,其地位崇高可见一斑。唐人最重《文选》学,"熟精《文选》理"也自然在情理之中了。"熟精《文选》理"出自杜甫训谕诗《宗武生日》,体现了杜甫的家学渊源与诗学主张,在使字、造句、谋篇布局等具体的创作技巧方面,杜诗对《文选》也多有衍延变革。另李白曾三拟《文选》,韩愈、白居易、元稹等也曾仿拟取精,可以说,《选》诗已经完全浸透在唐代文人诗歌创作的血液之中,虽然"唐音"对"选调"有所继承,但是在诗学形态上更为成熟完善,"唐诗不可注。诗至唐,与《选》诗大异,说眼前景,用易见事,一注诗味索然,反为蛇足耳"②;"齐梁人欲嫩而得老,唐人欲老而得嫩,其所别在风格之间。齐梁老而实秀,唐人嫩而不华,其所别在意象之际"③。这种气象风骨、吕律声韵兼备的盛世唐音,非齐梁鲍、谢等人所能企及。在批评领域,唐人理想中的诗学体系并没建构出《选》体的批评概念,更多从《文选》中拈出齐梁体等来表述对传统诗学的价值判断。如唐之初,齐梁体格以形似、绮丽、声病等特性作为批评对象进入陈子昂、李白及殷璠等人的视野,中唐以后,与律诗体制的声律相比。齐梁诗风成了"古体",范摅《云溪友议》卷上将其称为"古制兴",后白居易、李商隐及陆龟蒙多有拟作,但复古声势也只是昙花一现。

唐代科举以文取士,风尚所趋,士子往往人手一本《文选》,奉为圭臬。《选》学的兴盛为唐人的诗文创作指出了康庄大道,在创作范式方面为唐诗的建构提供了更多的运行机制与诗学背景,这点是毋庸置疑的。

---

① 〔明〕王夫之等撰:《清诗话·师友诗传录》,上海古籍出版社1999年版,第129页。
② 〔明〕胡震亨著:《唐音癸签》卷三十二,上海古籍出版社1981年版。
③ 〔明〕陆时雍:《诗镜总论》第三十九条,中华书局2014年版。

三、家训蒙学的诗学考察及家族的诗歌实践

　　古代学术文化的发展,就私学而言,若师法传衍是承其源流,那么,家学训蒙则是固其根本。前者有鲜明的理论倾向呈现出成熟的学术品格,后者因广泛的社会性更具有普世的伦理意义,是宗法社会思想道德的建构基石。既规范着基本的价值理念,也体现了时代的文化脉动。唐代家训蒙学,一方面承六朝余绪,崇尚门第观念,重视伦理道德的培育,讲究家风、家法。另则受科场以文取士的影响而致力于诗赋教育,追求文章显世、诗文相继的世家风范。考察其类型,从内容与主体属性来看,可分成帝王家训、女训及士大夫文人家训三大类型。帝王家训如李世民《论教戒太子诸王》、李治《诫滕王元婴书》等处于政治伦理序列的高端,内容以修性养德和安邦定国为主。女训类有《女论语》、《女孝经》及《崔氏夫人训女文》等,多清俭礼法等闺门典则的训导,不逾儒家教化的畛域。相对而言,士大夫文人的家训,不仅体系完备,内容也趋多样化,如萧瑀《临终遗子书》、卢承庆《临终诫子书》提倡薄葬。苏环《中枢龟镜》、颜真卿《与绪汝书》言仕宦之节操,柳玭《戒子弟文》、李商隐《骄儿诗》探究家风、礼法的教诲等。总体来看,唐人庭诰之作,特别是训谕类诗歌,其核心精神在于弘扬儒家文化的道德传统,但透过社会风貌与文化思潮的变迁来检视此类诗歌的生成内涵,则可窥探出其训导取向与科场文化及文学观念的嬗变都存在着内在的契合。

　　第一,训谕诗的劝学崇文意识及其科举观。唐人家训,既强调修身养性,也重文史,柳玭《柳氏家训》及元稹《诲侄等书》皆训谕子弟要佩服诗书以精其业,唐太宗《帝范·崇文篇》则从治国的角度告诫太子李治应文翰导俗、因文隆道。同样,在训谕诗歌中,也有着重文的风宪,如淑德郡主《教子诗》云:"人生励志应早立,汝宜经史勤时习。"另刘禹锡《名子说》、杜牧《冬至日寄小侄阿宜诗》也多有表述。受科场文化的影响,唐人热衷

科第,"草泽望之起家,簪绂望之继世"[1],训谕诗歌也多科场情节,如韩愈《示儿》、《符读书城南》以"金鱼"、"峨冠"激发昶读书以求功名,并通过及第与否的反差来彰显利禄的追求。对此,宋人非议颇多,苏轼、邓肃批其庸俗,李如箎抨击以此训后生则"文锦覆陷阱者哉!"[2]赵翼《瓯北诗话》卷三则云:"此亦徒以利禄诱子,宜宋人之议其后也。不知舍利禄而专言品行,此宋以后道学诸儒之论,宋以前固无此说也。观《颜氏家训》、《柳氏家训》,亦何尝不以荣辱为劝诫耶!"此说较公允。但仕宦蹭蹬者,则有另一番感慨,白居易《狂言示诸侄》、《闲坐看书,贻诸少年》、《遇物感兴因示子弟》规劝子弟淡薄科名,以柔为善,体现了白居易独善其身的处世哲学,而李商隐《骄儿诗》云:"儿慎勿学爷,读书求甲乙",明显含有自嘲的寓意。

第二,家训中所涵摄的诗学观。如果说礼法道德是唐代世族的精神底蕴,那么诗文传家则足以展现科场文化导向下家族的学术修养与文学兴趣。在一些训谕诗歌中甚至还曾抉示着感性的创作经验与批评取向。如杜甫《宗武生日》云:"诗是吾家事,人传世上情。熟精《文选》理,休觅彩衣轻。"《又示宗武》诗云:"觅句新知律,摊书解满床。试吟青玉案,莫羡紫罗囊。"宗武,自幼聪颖好学,杜甫对其钟爱有加,希望他能继承家业,声显翰林。"熟精《文选》理"不仅体现杜甫的诗学主张,也有其祖审言五律拓殖齐梁的家学渊源。又杜牧《冬至日寄小侄阿宜诗》,除了自述家学,还勉励阿宜"李杜泛浩浩,韩柳摩苍苍。近者四君子,与古争强梁。愿尔一祝后,读书日日忙"。细加勘验,杜牧诗中只提李杜、韩柳,不言元白,则与杜牧《读韩杜集》、《唐故平卢军节度巡官陇西李府君墓志铭》等诗文中所体现出对元和诗体的批评精神相契合。另李华《与弟莒书》、韩愈《示儿》及李翱《寄从弟正辞书》等也揭橥着他们的创作态度及诗学观念。

---

[1]〔五代〕王定保撰:《唐摭言》卷九。
[2]〔清〕陈鸿墀:《全唐文纪事》卷七十七,同治十二年刻本。

第三，训谕诗的艺术特色。唐人训谕诗，五言居多，虽有"塾训体"之讥，但在一定程度上也体现了他们的创作风格。如杜甫《又示宗武》、《宗武生日》等五律，语句精审，律法细密，显示了杜氏严于诗律的艺术追求。韩愈《符读书城南》则以文为诗，句式结构上为上一下四或上三下二，这种拗句夹在诗中，往往会形成一种生硬排奡的特色，又卢仝《寄男抱孙》诗风怪僻，好用硬语，如"捞滤蛙蟆脚，莫遣生科斗"、"万箨苞龙儿，攒迸溢林薮"，颇似《月蚀诗》，充分地展现了诗尚险怪，又多率语俗字的艺术特性，刘克庄《后村诗话》卷十一评曰："此篇用尽俗字，而不害其奇崛，何常似近世诗人学炼字哉！"

家训的文化价值在于维系宗族的道德规范与学识的传承，而从文脉衍续的角度考量，基层的发蒙教育则是诗文传家的原始保障，也能从一个侧面展现出唐代诗学概况的多样性。如敦煌遗书中就有《秦妇吟》、《李峤杂咏注》、《高适诗集》、《张祜诗集》等学仕郎的诗歌抄本，可见西北边陲诗学教育的兴盛，说明了唐诗在此地广为流传。又训蒙著述中有大量的咏史组诗，其中以《读史编年诗》、《百岁叙谱》、佚名《古贤集》为代表，这些童蒙读本，史实丰富，内容多样，虽然艺术上略显朴质幼稚，但在一定程度上促进了文人咏史怀古诗的兴盛。另外，《兔园册府》、《文场秀句》及初学类各种诗格，虽为诗学启蒙，但也完善了唐诗的表现手法。综言之，这些蒙训读物，与儒家文化体系中的高文典册相比，虽未免浅俗粗陋，但却再现了基层的文学兴趣与知识空间，更能真实地反映当时诗歌创作及传播的原生场景。

魏晋以来，家族文学竞称者甚众，唐代更为兴盛，究其成因，一则世家尚文的传统为其底蕴，另则唐代君臣的文学爱好及科场文化为文学家族提供了生存空间，从区域分布来看，两京地带及江南东道多文化世家，而陇右及剑南道等地，边陲荒芜，教育落后，文学家族较少。在人员构成上，或父子，或祖孙几代，或兄弟多人。相对而言，唐之初期，文化世家，不但诗文传家，骚雅相续，还擅长经术、史学。而中后期一些出身寒门的文学家族崭露头角,这在南方的江南东道尤为明显,如润州包融族、常州蒋子慎族、蒋乂族、睦州皇甫湜族、章八元族等,皆通过科考仕进光耀门楣。唐代的文学家族,在具体的文学实践时往往具有家族化的特性,表现在创作领域,则是文学经验与写作模式的因袭。如杜甫律诗,自有其祖审言五律的家学渊源。张均,诗风与张说相类。又祁县温庭筠与温庭浩,润州皇甫曾与皇甫冉,定州三杨以及金城六窦等,诗风皆有相似之处。当然,这种风格趋同性的形成,应基于家族群体的文学性互动,一门风雅的吟咏联唱不仅是情感的纽带,也为他们艺术的切磋提供了便利。如穆宁四子,曾于和州东郊筑馆读书治学,课文之余多有唱和。又柳宗元《王氏伯仲唱和诗序》中云:"间以兄弟嗣来京师,会于旧里。若璩、玚在魏,机、云入洛。由是正声迭奏,雅引更和,播埙篪之音韵,调律吕之气候,穆然清风,发在简素。非文章之胄,曷能及兹?"①可见这种家谊的互动,不仅是骚雅的接续,同时也为他们在士林中赢得了巨大声誉。此外,在一些郡斋诗文雅集的场所,家族性的文学参与也是引人瞩目的现象,如大历八年至十二年的浙西联唱,颜真卿家族就有十余人参与了诗文唱和,深州张氏家族的张著、张谟及张荐兄弟也来湖州聚会,参修《韵海镜源》。而晚唐五代时詹氏家族的詹敦仁、詹琲也多次联唱,引领着泉州区域诗学的兴盛。为了表征家族文化的斯文不坠,唐人也乐于对家集加以裒辑编撰,如皇甫松《古松感兴》也云:"我家世道德,旨意匡文明。家集四百卷,独立天地经。"据陈尚君先生统计,唐人家集有《李敬方家集》、《廖氏家集》、《窦氏联珠集》、《李氏花萼集》、《韦氏兄弟集》及李逢吉的《家集》等。②

显然,唐人文学实践的家族化倾向,不仅体现为理论意义上的崇宗尚文,具体至血缘关联的创作实践,则为文脉的因袭相承提供了保障。而家族文献的整理编撰,一是缅怀追溯先人文业功德的昌盛,另则展现家族的艺术好尚,为后世的弦诵风雅树立相应的人文标杆。

① 〔清〕董诰等编:《全唐文》卷五百七十七。
② 陈尚君著:《唐代文学丛考》,中国社会科学出版社1997年版,第218—219页。

四、文人的隐读修业及其诗歌创作

中晚唐时期,朝纲紊乱,政治环境恶化,士大夫心怀归隐之志,如白居易、韦应物引领士林,提倡中隐、吏隐,体现了儒道互补的人格特性。而文人的隐读修业,就其生存形式而言,有着远离市廛的特点,但展现的文化追求是"隐而仕",与一些方外人士遁隐的人生哲学相比,更多地体现为功利的色彩。

唐代科考选士,设有制科招徕天下隐士,对隐读修业者多有旌扬,武则天时"大搜遗逸,四方之士应制者向万人"[①],据《唐会要》卷七十六《制举科》所载,从高宗显庆四年至文宗太和二年,招隐征逸的科目多达十三个,这对隐读者而言,无疑是一条青云之路。玄宗时甚至对"未测津涯"的落第书生也有恩赐以充药物之资。[②]但安史之乱以后,校舍荒废,生徒流散,学子无鼓箧之志,官学渐趋衰颓,一些权贵子弟更愿意隐读山林。如牛僧孺,幼时隐读于乡间别墅,数年业成,名声入都中,登进士第。[③]弘农杨真伯,世代官宦,却于洪州精舍中课文修业。[④]另外,晚唐科场腐败失衡,大量文士苦心文华,厄于一第。黄滔《莆山灵岩寺碑铭》中云:"咸通、乾符之际,豪贵塞龙门之路,平人艺士十攻九败。"[⑤]这些退黜文人,"青云路不通,归计奈长蒙"(罗隐《遣兴》),多退居山林,读书自娱以伺机缘。

基于仕、隐互补的生存状态,唐人的隐读修业就其实现方式而言,体现了异质同构的文化性格。受科考体制及环境诸因素的影响,隐读又具有区域性与阶段性的特性。其中两京地区为士族辐辏迁徙之地,文人隐读多聚

---

① 刘肃:《大唐新语》卷八《文章》,中华书局1984年版。
② 唐玄宗:《处分高蹈不仕举人敕》,〔宋〕宋敏求等编,洪丕谟等点校:《唐大诏令集》,学林出版社1992年版。
③ 〔唐〕杜牧:《唐故太子少师奇章郡开国公赠太尉牛公墓志铭并序》,《樊川文集》,上海古籍出版社2009年版。
④ 〔宋〕李昉等编:《太平广记》卷五十三《杨真伯》。
⑤ 〔清〕董诰等编:《全唐文》卷八百二十五。

集于京畿的终南山、华山及都畿的嵩山、少室山等地，"放利之徒，假隐自名，以诡禄仕，肩相摩于道，至号终南、嵩少为仕途捷径。"①而南方以江州、荆楚及淮扬为胜，如庐山、衡山、九华山等，或地处水陆之会，交通便捷；或名山胜水，文化底蕴深厚，为隐逸渊薮。而晚唐时期。蜀中闽莆等地，因士人南奔而文风隆兴，隐读之风也传盛一时。如福建莆阳莆山，贞元年间林藻、季蕴、欧阳詹即隐读于此，大中年间陈蔚、黄楷、欧阳碣、黄滔肄业于莆山灵岩寺，陈峤、许龟图及黄彦修等居莆之北岩精舍与北平山，黄滔《司直陈公墓志铭》云："两地穴管宁之榻，十霜索随氏之珠。"②可见当时隐读之盛。

文人隐读修业，家境多为贫寒，如吕向，"少孤，托外祖母隐陆浑山。"③柳璨、马怀素等人家徒四壁，无灯烛，昼采薪樵，夜燃木叶以照书④。王播、李绅先后肄业于惠昭寺与惠山寺，曾遭寺僧讥讽，甚至殴打。这些隐读之士，虽穷愁潦倒，但苦学自励，也曾声显翰林。其中许棠、张乔、张蠙、周繇隐读九华山，被称为"九华四俊"。另韦昭度、张镐、徐商、杨收、李泌、段文昌等，则官至宰相⑤。唐人隐读，往往寄寺修学，佛陀禅房幽谧，可息心览胜，义学高僧也足以禅诵对吟，这皆为士子寓居修业提供便利。寺院虽属方外之地，但名流显宦也多来此品茗饮馔、诗文唱和，一些隐读寺院的文士则借此结交显要。如刘轲隐读匡庐时，结识了白居易，后白居易曾为之作《代书》一封，将其举荐于长安同僚。刘轲早年漫游江浙，师事寿春杨生，元和初，隐读匡庐，师从隐士茅君，与具寿大师、智满、道深及云皋等甚熟，这些僧人与白居易曾结诗社，多有唱和之举。故刘轲结识白居易也在情理之中。元和十三年刘轲进士及第，呈知贡举庾承宣《上座主书》中，刘轲也自言隐读庐山时："流光自急，孤然一生，一日从友生计，裹足而西。"其中"一日从友生计"，显得委婉含蓄，应是指白居易吧。可见文人士子隐读山林寺院，既能修心养性，

---

① 〔宋〕欧阳修、宋祁等撰：《新唐书》卷一百九十六《隐逸传》。
② 〔清〕董诰等编：《全唐文》。
③ 〔宋〕欧阳修、宋祁等撰：《新唐书》卷二百零二。
④ 〔后晋〕刘昫等撰：《旧唐书》卷一百七十九、卷一百零二。
⑤ 严耕望编著：《唐史研究丛稿》，新亚研究所1969年版，第415页。

温习科试,又能交游达官名士,这也应算是一条终南捷径。

　　唐人隐读以备科考,习业多以儒经及诗文著述为主,吕温《送薛大信归临晋序》云:"大信与予最旧,始以孝弟余力,皆学于广陵之灵岩寺,云卷其身,讨论数岁。常见大信述作,必根乎六经,取《礼》之简,《乐》之易,《诗》之比兴,《书》之典刑,《春秋》之褒贬,《易》之变化,错落混合,峥嵘特立。"① 李鹭《题惠山寺诗序》也云:"居三岁,其所讽念《左氏春秋》、《诗》、《易》及司马迁、班固《史》、屈原《离骚》、庄周、韩非书记及著歌诗数百篇。"② 功课之余,这些士子也有大量的诗歌创作,于鹄《题宇文裔山寺读书院》云:"读书林下寺,不出动经年。草阁连僧院,山厨共石泉。云庭无履迹,龛壁有灯烟。年少今头白,删诗到几篇。"从其内容来看,多描述在清幽静怡的环境里修心炼性或潜心读书的过程,如"书屋倚麒麟,不同牛马路。床头万卷书,溪上五龙渡"(莫宣卿《答问读书居》);"从此静窗闻细韵,琴声长伴读书人"(李群玉《书院二小松》)。若寄宿寺院,与佛陀为伍,隐读文人的诗歌自然会受到禅林哲理的影响,如李端,少时居庐山,依皎然读书,意况清虚,酷慕禅侣,诗作取意空灵,造语雅洁清澹。与佛教的浸润相比,唐人隐读时也热衷于丹药的效验与神仙信仰,薛据《出青门往南山下别业》云:"弱年好栖隐,炼药在岩窟。"吕温《同恭夏日题寻真观李宽中秀才书院》也云:"披卷最宜生白室,吟诗好就步虚坛。愿君此地攻文字,如炼仙家九转丹。"此外,施肩吾、陈陶先后隐读于洪洲西山,学神仙方技之术;晚唐顾云、杜荀鹤及李昭象等在九华山入道,皆留有大量的隐逸诗歌彰显其神仙美学。除了表现隐逸的情致,唐人隐读时也会流露出对仕途科第的向往与功名的渴望,伍乔《闻杜牧赴阙》云:"旧隐匡庐一草堂,今闻携策谒吾皇。"又刘禹锡《送曹璩归越中旧隐诗》也云:"数间茅屋闲临水,一盏秋灯夜读书。地远何当随计吏,策成终自诣公车。"这也应是隐读文人典型的心态吧。唐人隐读山林寺观,有时也有题壁之举,一般题于树叶、竹林、树林、石头、门梁、佛

---

① 〔清〕董诰等编:《全唐文》卷六百二十八。
② 〔清〕董诰等编:《全唐文》卷七百二十四。

房①。如张乔《题诠律师院》、李洞《题西明寺攻文僧林复上人房》等诗作，多体现淡远疏散的情趣。而当科举及第后重游故地，又有另一番感慨，如罗向题诗福泉寺云："二十年前此布衣，鹿鸣西上虎符归，行时宾从歌前事，到处杉松长旧围。"②而王播在惠照寺木兰院重题诗时，则以"饭后钟"与"碧纱笼"的巨大反差讽刺了寺僧的趋炎附势③。

总体来看，唐人隐读诗歌，主题以隐逸闲适为主，在林泉之中追求萧散的风神，诗风多清奇峭拔，创作上走苦吟一路，如周朴，寓居闽中僧寺时，"性喜吟诗，尤尚苦涩，每遇景物，搜奇抉思，日旰忘返，苟得一联一句，则欣然自快。"④这种苦吟锻炼的精神也往往为晚唐的隐读诗人所推崇，特别是五代时期庐山诗人群，隐读修业者多达二十余人。著名的有陈沆、陈贶、江为、刘洞、夏宝松等，这些同门私淑多奉贾岛为宗，工五律，精造语，诗风清丽冷峻而又超俗隽永，格调较纤弱，对宋初晚唐体诗风的形成有一定的影响。

五、余 论

唐代私学的兴盛传衍，不仅影响诗歌的发展嬗变，与其他文体之间也有一定的"互动关联"，如中唐韩柳等人的古文运动，在时代背景、群体构成以及政治指向等方面与《春秋》学派多有款通之处。虽然韩愈集团不赞同永贞革新，但经学观与永贞党人《春秋》新学的学术精神颇为契合。其中韩愈《论语笔解》依经立意，深入阐述赵匡的立说，并兼同殷侑《春秋》之学，樊宗师《春秋集传》、卢仝《春秋摘微》的治学风格也皆延续着啖、赵新学的学术路径。就文学观念而言，古文运动所倡导的文以载道、宗经说也切合《春秋》新学去文就质的观点，如韩愈论文反因袭模拟，柳宗元古文有创

---

① 戴军：《唐代寺院题诗与寺院学习之风》，《中国典籍与文化》2004年第2期。
② 〔五代〕何光远撰：《鉴戒录》卷八《衣锦归》，崇文书局，光绪六年刻本。
③ 〔宋〕计有功撰：《唐诗纪事》卷四十五《王播》，中华书局1965年版。
④ 〔宋〕尤袤撰：《全唐诗话》卷六《周朴》，〔清〕何文焕辑《历代诗话》，中华书局1981年版。

新尚奇的一面,樊宗师则以"涩体"著称,这些尚奇求新的文风与《春秋》学派疑古辨伪、以意去取的学术品格是互为表里的。另外,在唐人小说中,文人的隐读修业往往成了叙述的逻辑起点或主题背景,这些隐读类小说从一个侧面展现了唐人婚恋观、幽冥观及科举观,如《异物志·李元平》、《广异记·朱敖》中通过隐读文士的异类恋情反映了唐人"以色当婚"的风尚及对婚恋自由的向往,《灵异录·韦安之》、《录异记·李生》等记载了书生志怪杂谈的琐事,表现了唐人好奇的文化心理及幽冥体验。而《太平广记》卷十七《卢李二生》、卷十七《薛肇》彰显的道教神仙美学,折射出隐读文士对"仕"、"隐"两种人生模式的折衷与妥协。此外,隐读类小说,美色佳缘、灵异怪诞之事多发生于文士寓居寺院之时,这应与寺院多元的文化空间及"坟寺"的风俗有关,此类小说中文士与葬身寺院的鬼魂,或席谈游学,或两情缱绻。这些题材的创作,一方面迎合了佛教轮回的观念,另则承启了六朝以来冥报及幽婚的民俗内涵。

唐代私学虽然兴盛一时,在一定程度上还引起了士风、学风的转变,但局限性也很明显,受科举制度的制约,私学的教育内容略显单一,而且缺乏稳定性与连续性,也没有形成完整的教育体系,所起的作用,仅仅是官学教育的一种补充而已。它不可能超越制度以及阶级的限制而独立自由的发展,因此,随着唐王朝走向衰落,私学是很难挽救教育总体衰颓之势,也无法阻止学术文化的全面没落。

(本文原载《苏州大学学报》2015年第2期)

方苞《离骚正义》"道义"阐释的思想文化特征

谢模楷

清代桐城文派领袖方苞,一生研习经学古文,著述丰富,闻名天下。其著《离骚正义》[①]一卷,颇受益于李光地《离骚经注》[②]及钱澄之《屈诂》[③],对清代楚辞学研究有一定影响。关于其著述时间,因原著并无序跋,文中也无说明,难以明确断定,但其首页引用李光地所著《离骚经注》的内容,李著可明确刊刻于康熙五十八年,则方苞《离骚正义》刊行更在其后,此距方苞出狱已有十年之久,毛庆先生言《离骚正义》大约作于方苞晚年。《离骚正义》的阐释独具特色,其中融有方苞一生的学行思想,尤其有"南山案"影响下的痕迹。本文从方苞《离骚正义》的"道义"阐释入手,挖掘这种阐释背后的现实缘由,并进一步分析其蕴含的思想文化特征。

一、《离骚正义》的"道义"阐释

1. 为官之道:洁清守正

方苞《离骚正义》论"为官之道"是其突出表现。首先方苞直言论述当官守道之义,如"朝饮木兰之坠露兮,夕餐秋菊之落英。"句,方苞论曰:"此自喻居官之清洁也。以贪食喻众之污,故以饮露餐英喻己之洁。"又如"揽木根以结茝兮,贯薜荔之落蕊"句,方苞论曰:"此自喻当官守道,审固而不可摇夺也。曰揽,曰结,曰贯,曰矫,皆坚持固揽之义,《九章》所谓重仁袭义

---

① 〔清〕方苞撰:《离骚正义》,乾隆十一年方氏家刻望溪全集本。
② 〔清〕李光地撰:《离骚经注》,《四库全书存目丛书·集部》第二册,齐鲁书社1997年版。
③ 〔明〕钱澄之著,殷呈祥点校:《庄屈合诂》,黄山书社1998年版。

也。"再如"謇吾法夫前修兮,非世俗之所服"句,方苞论曰:"当官而洁清守道,所以法前修也。法前修自不得同世俗之所服。非世俗之所服,自不合于今人,遭遇如此,计惟守死以善道耳。"方苞这些论述阐明为官之道的内涵,主要包括廉洁、清白、重仁袭义、法前修等。

其次,方苞强调"守道"不移的坚固意志,如"忽反顾以游目兮,将往观乎四荒"句,方苞论曰:"忽然反顾昭质之未亏,而不忽坐视滔滔天下。故欲往观四荒,或有重我之佩饰,好我之芳菲者乎?然持我所守,安往而得合者?"又如:"依前圣以节中兮,喟凭心而历兹?"方苞论曰:"言我非不知道举世之好朋,守正之贾祸,但依前圣之道以自节于中,独任忠直之心,以至于此极也。"再如:"既替余以蕙纕兮,又申之以揽茝"句,方苞论曰:"言君所以替我者,以我之服义而不阿也。所以重替我者,以所持坚固而不移也。然求仁得仁,亦余生之所善,虽九死无悔,况废斥乎?"天下滔滔,守正者贾祸,所守安合?但所持依然坚固不移,九死而不悔。

方苞阐明为官之道在于"洁清",同时又强调"守正"、"守道"、"守忠"、"持义"等,这些不仅仅限于"为官之道",还包括人生的信念。如李中华曰:"方氏通过解说《离骚》,阐发居官应该正直廉洁的道理,则为前人所未发。他立身正直耿介,重视人生道德节操的树立。理学家'民胞物与'的精神,陶冶着他的情怀,并贯穿在他的学术活动中。他注释《离骚》,亦时时不忘发挥这种人生原则。"[①]"为官之道"与"做人之道"相通,方苞论述"为官之道",贯穿了他的人生原则。

2. 介臣之道: 以技事君

方苞在《离骚正义》中论述了一介臣之道,在于以技事君,辅治而善成。方苞论"吾令丰隆乘云兮,求宓妃之所在"句曰:"贯鱼以宫人宠,后夫人之职也;以有技彦圣事其君,一介臣之道也。故以帝妃喻左右大臣。"方苞在这里直接论述了"以技事君"为一介臣之道。

---

① 李中华等著:《楚辞学史》,武汉出版社1996年版,第202页。

具体言之,人臣之道在于辅助君王以成善治。如方苞论"朝发轫于苍梧兮,夕余至乎悬圃"句:"自明见疏之后,犹依依于君侧之故也。言吾欲稍留此灵琐,非有他也,念日之将暮,仍冀扶君及时图治耳。"又如方苞论"饮余马于咸池兮,总余辔乎扶桑"句:"饮马咸池,总辔扶桑,自喻长驾远驭之志也。拂日以廻光,欲稍缓须臾以俟善治之成也。"又如方苞论"吾令凤鸟飞腾兮,继之以日夜"句:"凤鸟喻贤德,言吾方欲贤德联翩而进,夜以继日,辅成善治。"再如方苞论"前望舒使先驱兮,后飞廉使奔属"句曰:"此喻用众贤以辅治也。治道修远,时既不逮,必众贤同心协规,并力庶或有济。"这些皆论述了屈子和众贤欲辅君以成善治。

同时方苞也批评了人臣无德的情形,如方苞论"保厥美以骄傲兮,日康娱以淫游"曰:"人臣无德而怙其势宠,犹女之无礼而恃其色美也。康娱、淫游,尚何美之有?曰保厥美,曰信美者,盖以色言之,为怙其势宠之喻。"人臣无德怙其势宠,反衬一介臣之道以技事君。

方苞论"为官之道"与"人臣之道",看似有相同之处。方苞论"为官之道"在"洁清"与"守正","人臣之道"在于"辅治"与"善成"。前者重在修,后者重在治,皆为儒家思想的体现。

3. 同姓亲臣:舍死无由

方苞在《离骚正义》里,反复论述了同姓亲臣之义。如开篇"帝高阳之苗裔兮,朕皇考曰伯庸"句,方苞论曰:"首推所自出,见同姓亲臣,义当与国同命也。"又如方苞论"跪敷衽以陈辞兮,耿吾既得此忠正"句曰:"溘埃风余上征,喻己为同姓亲臣,虽遭时浊乱,义不可以苟止也。"又如论"何离心之可同兮,吾将远逝而自疏"句曰:"其实同姓亲臣无去国之义,原思之审矣。"再如方苞论"乱曰"段曰:"同姓亲臣舍死将安归哉?"这些从"与国同命"到"舍死安归",方苞论述了同姓亲臣当遵守的道义。

方苞还论述了"同姓亲臣"在现实中的遭遇。如"吕望之鼓刀兮,遭周文而得举"句,方苞论曰:"以二子之疏远,而三君者一见而信用不疑。今以同姓亲臣久于君所,而乃为群小所间,则君非其人可知,又何责夫党人,何怀乎故宇？"又如"溘吾游此春宫兮,折琼枝以继佩"方苞论曰："以众女比谗邪,则下女为亲臣重臣能为己解于君者。原之屡摧于谗嫉,已无意于人世矣,及反顾高丘而不能忘情于宗国,则精神志趣勃然兴起,而有与物皆春之思,故以游春宫为喻也。众女虽多嫉妒,然下女中独无好贤乐善,而可诒以琼枝之佩者乎,不可不多方以求济也。"方苞论"同姓亲臣"为群小所间,受到疏远而徘徊于君所,然不能忘情于宗国。

方苞论述"同姓亲臣"之义,或受到王夫之《楚辞通释》的影响。王夫之曰："言己与楚同姓,情不可离；得天之令辰,命不可褒；受父之鉴锡,名不可辱。"① 王夫之论述了三个方面,方苞只就"与楚同姓,情不可离"展开论述,阐发"同姓亲臣"之义,可见"同姓"在《离骚正义》阐释中的分量。方苞的"同姓亲臣"说,在《楚辞》阐释史上值得重视。

二、《离骚正义》"道义"阐释的生成缘由

1. 方苞出生世宦,幼受庭训,期以经术报国

方氏家族自明清以来,一直是比较显赫的家族,绵延不断,虽然到方苞父亲时家道已中落,但笃学修行的家族传统依然延续,据《清史稿》载："父仲舒,寄籍上元,善为诗,苞其次子也,笃学修内行,治古文,自为诸生,已有声于时。"② 据方苞撰《台拱冈墓碣》："五岁课章句,稍长治经书、古文,吾父口授指画焉。"③ 方苞幼时聪颖敏慧,四岁时即能作韵语,父亲尝以"鸡声隔雾"命对,即以"龙气成文"答之,五岁时父亲口授经文章句,十岁时跟随兄长方舟读经书古文。

方苞年轻时候刻苦向学,最惧虚度光阴,碌碌无为。如《与王昆绳书》曰："君子固穷,不畏其身辛苦憔悴,诚恐神智滑昏,学殖荒落,抱无穷之

---

① 〔清〕王夫之撰：《楚辞通释》,上海人民出版社1975年版,第2页。
② 赵尔巽等撰：《清史稿》,天津古籍出版社2012年版,第2956页。
③ 〔清〕方苞著,刘季高校点：《方苞集》,上海古籍出版社2008年版,第491页。

志而卒事不成也。苞之生二十六年矣，使蹉跎昏忽，常如既往，则由此而四十五十，岂有难哉？无所得于身，无所得于后，是将与众人同其蔑篾也。每念兹事，如沉疴之附其身。中夜起立，绕屋彷徨，仆夫童奴怪诧不知所谓。苞之心事，谁可告语哉？"①又《与徐贻孙书》曰："苞之生二十八年而吾子加长焉，使侵寻玩愒，年倍于今而所得于中者，于今无异；虽欲不与世俗愚无知人混混以没世，岂可得哉？"②可见方苞年轻时最担心空负怀抱而事业不成。

经术报国自古是文人的传统，也深深植根在方苞心中，如方苞入仕后作《与鄂张两相国论制驭西边书》："学先圣之道，仁义根于心，视民之病，犹吾兄弟之颠连焉；视国之疵，犹吾父母之疾痛焉。"③《与鄂相国论荐贤书》："圣主求贤之论，殷切感人；但其中尚有宜分别者，如汤、陆二先生，湛心圣学，深明古贤以道事君之义，诚难多觏。"④学先圣之道，以古道事君，这是方苞的志向所在。

方苞十九岁开始科举应试，三十年仕宦生涯，至七十五岁告老还乡。其间虽有穷困侵扰，亲人死亡，尤其"南山案"带来的巨大转折，但纵观方苞一生，基本还是封建文人的正常轨迹。"南山案"最终使方苞对清政权由离心变为向心，据《清史稿》载："苞初蒙圣祖恩宥，奋欲以学术见诸政事，光地及左都御史徐元梦雅重苞。苞见朝政得失，有所论列……苞屡上疏言事。"⑤方苞三十年的仕宦生涯，亲身践行文人以经术报国的传统。方苞在《离骚正义》中，以"以技事君"来论述屈原的人臣之道，应是基于这样的背景。

2. 方苞从"南山案"解脱，对皇帝感恩戴德

方苞为戴名世《南山集》作序，被牵连入狱，刑部论罪拟斩。后得李光

---

① 〔清〕方苞著，刘季高校点：《方苞集》，第667页。
② 〔清〕方苞著，刘季高校点：《方苞集》，第677页。
③ 〔清〕方苞著，刘季高校点：《方苞集》，第737页。
④ 〔清〕方苞著，刘季高校点：《方苞集》，第649页。
⑤ 赵尔巽等撰：《清史稿》，第2956—2957页。

地营救,康熙御批:"方苞学问天下莫不闻。"署"勿论"。①方苞得以出狱,并以白衣入值南书房,开始三十年的仕宦生涯。康、雍、乾三世,皇帝似乎对方苞优待有加。如方苞撰《圣训恭纪》曰:"上怜臣苞弱足,特命内侍二人,扶翼至养心殿。入户,再进,跪御坐旁,垂问苞疾所由及近状。"②又据《清史稿》载:"苞老多病,上怜之,屡命御医往视。"③方苞以戴罪之身而行走中枢,其对皇恩自是感激不尽。

方苞对皇恩的感激之情,集中记录在《圣训恭纪》和《两朝圣恩恭纪》中。如《两朝圣恩恭纪》曰:"臣身叨恩待,趋走内庭近十年,教诲奖掖,虽无过亲臣,蔑以加也。此圣祖之仁,所以如天,而皇上肆赦臣族,揆之圣祖迟疑矜恤之心,实相继承。顾臣何人,任此大德?自惟愚陋衰疾,欲效涓埃之报,其道靡由。谨详纪颠末,俾天下万世知两朝圣人之用心,盖不欲一夫或枉其性云。"④又四川内江博物馆现存方苞铭文端砚,其铭曰:"我皇嗣服,治如底平,皇有言,众心载宁。训迪有位,惟呼惟咨。勤思民隐,其寒其饥。一日二日万几,心营手救,惟尔必在侧。皇敛多服,用敷锡于亿兆群生,而锡尔嘉名。天章奕奕,于万斯年,尔终以无泐。"铭文为康熙五十三年方苞所作,属进献给皇帝的珍品,表达对皇帝的感激之情。

方苞对皇恩浩荡,除了记录"两朝圣恩"之类的文字,使之流传天下万世,还有就是勤于值守,清正为官,这应是方苞"效涓埃之报"的有效方法。"清正为官"是方苞"为学宗程朱"的践行,对皇恩的感激更加深了方苞"居官守正"的理念。方苞《离骚正义》发前人所未发,以清正为官的理念阐释屈原,应是基于这样的背景和缘由。

3. 方苞重宗子、讲宗法、念宗亲

方苞特别看重方氏宗族的传承与延续,尤其注重"宗子"的重要地位与

---

① 〔清〕马其昶著,毛伯舟点注:《桐城耆旧传》,黄山书社1990年版,第305页。
② 〔清〕方苞著,刘季高校点:《方苞集》,第516页。
③ 赵尔巽等撰:《清史稿》,天津古籍出版社2012年版,第2957页。
④ 〔清〕方苞著,刘季高校点:《方苞集》,第516页。

作用。方苞文集中,有家训四篇,都是写给其亡兄方舟之子道希,其爱侄之心昭然可见,方苞撰《兄子道希墓志铭》曰:"余子女五人,爱道希或过于同生。"①方氏在遭遇宗祸时,道希一身担起家庭重任,体现出"宗子"的责任与担当。

方苞强调"宗子"不得随意废立。如《己亥四月示道希兄弟》:"宗子非有大过不废,废则以子承;无子,支子以序承。虽有贵者,别为小宗,不得主祭。"②强调宗子身份,无大过不废。又如《甲辰示道希兄弟》:"自副使公以下,道希为宗子,凡出自副使公者,宜宗之……道希之世嗣,当为百世不迁之宗。"③方苞明示,道希宗子的身份,不可动摇。又《兄孙仁圹铭》曰:"盖先兄之子二,而在孙惟仁,曾祖副史公以后之宗子也。"④方仁为道希之子,生十岁而夭,方苞明确肯定其宗子身份。

方苞立"宗法",亦强调"宗子"的地位和权威,如《教忠祠规》:"副史公曾孙苞为长,宗子惟敬尚未冠,苞宜主祭,惟敬再献,长兄弟三献。苞身后,子孙爵列相近,则三房主之。三房无爵,则五房有爵者主之,宗子有爵,支子虽异爵不敢干。"⑤明确"宗子"在祭祀中的主祭位置。又如《教忠祠祭田条目》:"凡田契官印后,房长即集宗子,众子姓,会同族姻、友朋助理祠事者,敬书余遗命于契末,各署名字。"⑥明确"宗子"掌管宗族的祭田文书。又如《教忠祠禁》:"故粗立祠禁,子孙有犯者,宗子及房长缚至祠右敦崇堂,挞如数,随注籍。"⑦明确"宗子"有惩罚族人的权力。

方苞对家族亲人怀有深厚的感情,从其文集"家传志铭哀辞"十五篇中,可以清晰体现出来,如《沈氏姑生圹铭》:"苞客游,家居日稀,曾不知姑之艰也。姑老矣,偶袒内襦,补缀无间尺隔者……虽知姑之艰,未暇为谋,常

---

① 〔清〕方苞著,刘季高校点:《方苞集》,第506页。
② 〔清〕方苞著,刘季高校点:《方苞集》,第477页。
③ 〔清〕方苞著,刘季高校点:《方苞集》,第484页。
④ 〔清〕方苞著,刘季高校点:《方苞集》,第507页。
⑤ 〔清〕方苞著,刘季高校点:《方苞集》,第765页。
⑥ 〔清〕方苞著,刘季高校点:《方苞集》,第768页。
⑦ 〔清〕方苞著,刘季高校点:《方苞集》,第772页。

私自忖,以为生养死藏,吾终当任之,而今无望矣。"①表达了对穷困老姑的愧疚之情。又如《鲍氏姊哀辞》:"苦不能悉,生不能依,疾不能养,又无子女以寄其爱。呜呼,苞其若此心何哉?"②表达对出嫁姐妹的关切之殷。又如《弟椒涂墓志铭》:"有坏木委西阶下,每冬月,候曦光过檐下,辄大喜,相呼列坐木上,渐移就暄,至东墙下。日西夕,牵连入室,意常惨然。"③回忆手足之情,表达对早逝弟兄沉痛的哀思。

最后,方苞对方氏宗族由"南山案"所遭不幸深表痛心,其文章中屡言"吾宗""宗祸",如《大父马溪府君墓志铭》:"及遭宗祸,近支皆北徙。""今天子嗣位,布大德,赦吾宗还乡里。"④《台拱冈墓碣》:"会宗祸,有司奏宜族诛。""且承圣制,谓以苞故而宥及全宗。"⑤《兄孙仁圹铭》:"雍正元年,吾宗邀恩赦,除旗籍。"⑥"呜呼,仁之生,适当吾宗祸气之兴。"⑦方苞族祖方孝标因《滇黔纪闻》而牵入"南山案"中,方式济为方孝标之孙,官内阁中书,父子俱被流放。方苞撰《弟屋源墓志铭》,回忆两家交好的往事,记叙族弟惨死异乡的遭遇,表达了幽怨与痛心之情。

据《清史稿》载:"苞为学宗程、朱,尤究心《春秋》、《三礼》,笃于伦纪。既家居,建宗祠,定祭礼,设义田。"⑧这与方苞的著文相互佐证,方苞作为中国传统文化培育出来的正统文人,在理论与实践上都宗奉儒家,对宗法血亲极端重视,所以方苞作《离骚正义》,以"同姓亲臣,义无可去"来阐释屈原和《离骚》,即是顺理成章。

---

① 〔清〕方苞著,刘季高校点:《方苞集》,第495页。
② 〔清〕方苞著,刘季高校点:《方苞集》,第499页。
③ 〔清〕方苞著,刘季高校点:《方苞集》,第497—498页。
④ 〔清〕方苞著,刘季高校点:《方苞集》,第490页。
⑤ 〔清〕方苞著,刘季高校点:《方苞集》,第492页。
⑥ 〔清〕方苞著,刘季高校点:《方苞集》,第507页。
⑦ 〔清〕方苞著,刘季高校点:《方苞集》,第508页。
⑧ 〔清〕赵尔巽等:《清史稿》,第2957页。

三、《离骚正义》"道义"阐释的思想文化特征

1. 君尊臣卑

早在先秦时代,就产生了"君尊臣卑"的思想,据《周礼》:"惟王建国,辨方正位,体国经野,设官分职,以为民极。"①《周礼》记录了三百多种职官的职务,及其具体执掌的事务。王者建国,臣子分职,君尊臣卑的文化传统开始建立。如《周易·系辞上》曰:"天尊地卑,乾坤定矣。卑高已陈,贵贱位矣。"②《管子·明法解第六十七》曰:"故君臣相与,高下之处也,如天之与地也。"③《礼记·乐记》曰:"天尊地卑,君臣定矣。卑高已陈,贵贱位矣。"④这些皆以"天尊地卑",比拟君臣位置。

汉代以阴阳五行学说演绎"君尊臣卑"的思想,如董仲舒《春秋繁露·基义》:"天为君而覆露之,地为臣而持载之;阳为夫而生之,阴为妇而助之……王道之三纲,可求于天。"⑤继承天地比拟君臣,以阴阳说论王道三纲。又班固《白虎通·天地篇》:"天道所以左旋,地道右周何?以为天地动而不别,行而不离;所以左旋右周者,犹君臣阴阳相对之义也。"⑥又如《白虎通·五行篇》:"地之承天,犹妻之事夫,臣之事君也。其位卑,卑者亲视事,故自同与一,行尊于天也。"⑦"子顺父,妻顺夫,臣顺君,何法?法地顺天也。"⑧以天地阴阳论君臣夫妇,并将君臣与夫妇类比。

唐代孔颖达又有进一步阐释,如《周易正义·坤卦》以"坤道其顺"、"地道无成"论为臣之道,孔颖达疏曰:"阴虽有美,含之以从王事,弗敢成

---

① 陈戍国点校:《周礼·仪礼·礼记》,岳麓书社1989年版,第1页。
② 周明邦主编:《周易评注》,中华书局1995年版,第194页。
③ 梁运华校点:《管子》,辽宁教育出版社1997年版,第191页。
④ 陈戍国点校:《周礼·仪礼·礼记》,第427页。
⑤ 〔汉〕董仲舒撰,叶平注释:《春秋繁露》,中州古籍出版社2010年版,第162页。
⑥ 〔汉〕班固撰:《白虎通》,中华书局1985年版,第234页。
⑦ 〔汉〕班固撰:《白虎通》,中华书局1985年版,第81页。
⑧ 〔汉〕班固撰:《白虎通》,中华书局1985年版,第95页。

也。地道也,妻道也,臣道也,地道无成,而代有终也。"孔颖达认为,"臣不可先君,卑不可先尊。"因此臣子必须做到"不为事始","待命乃行","能自降退","事主顺命","上唱下和",即使讽谏,也必须"不自擅其美,唯奉于上"①。至此关于"君尊臣卑"的思想创造基本完成,后世或有损益,但大体不超出这样的范围。

这种"君尊臣卑"的思想,在清代多被引入"楚辞学"研究中,如钱澄之《屈诂》曰:"臣之于君,犹女之于夫。故《坤》曰:'地道也,妻道也,臣道也。'"②如方苞论"朝吾将济于白水兮,登阆风而绁马"曰:"古人以男女喻君臣,盖地道也,妻道也,臣道也,以佐阳而成终一也。有男而无女则家不成,有君而无臣则国不立。故原以众女喻谗邪,以蛾眉自喻,盖此义也。"方苞在《离骚正义》里反复论述的"为官之道""人臣之道"等,虽然其中也有论及"君昏国危"、"君度昏迷"等字眼,但并无批评君王的言论,在本质上都是"君尊臣卑"思想的体现。

2. 以技论道

按照传统文化,中国古代处于社会底层的人,可以凭借自己的才能,通过与君王论道,从而达到辅助君王以成善治的目标,也实现自己的人生理想与价值,这就是"以技论道"。战国时期大量来往奔走于诸侯国之间的策士,是这种文化的践行者。"朝为田舍郎,暮登天子堂",是这种文化效应的真实写照,它对后世产生深远的影响。

司马迁在《史记》里记载了不少"以技论道"的例子。如《史记·殷本纪》载:"伊尹名阿衡。阿衡欲干汤而无由,乃为有莘氏媵臣,负鼎俎,以滋味说汤,至于王道。"③这是以烹调技术论道。《史记·管蔡世家》载:"曹野人公孙强亦好田弋,获白雁而献之,且言田弋之说,因访政事。伯阳大说之,有

---

① 〔清〕阮元校刻:《十三经注疏》,中华书局1980年版,第17—18页。
② 〔明〕钱澄之著,殷呈祥点校:《庄屈合诂》。
③ 〔汉〕司马迁著:《史记》,岳麓书社2001年版,第12页。

宠，使为司城以听政。"①这是以田弋技艺论道。《史记·平准书》载卜式语："非独羊也，治民亦犹是也。以时起居，恶者辄斥去，毋令败群。"②这是以牧羊论道。司马迁《报任少卿书》曰："主上幸以先人之故，使得奉薄技，出入周卫中。仆以为戴盆何以望天？故绝宾客之知，忘家室之业，日夜思竭其不肖之才力，务一心营职，以求亲媚于主上。"司马迁的愿望被汉武帝的匕首刺碎，但以技论道的传统一直延续下来。

自隋朝开始的科举考试，到清代末年结束，这是士子"以技论道"的新体现。历代士子麻衣如雪，趋之若鹜。"学成文武艺，货与帝王家。"成为士子"以技论道"的最高目标。"所谓文武干济、英伟特达之才，未尝不出乎其中。"③唐太宗曰："天下英雄入吾彀中矣。"④科举制度虽然从明代开始暴露出它的极端腐朽，但士子们修齐治平的人生理想和终极追求，顽强续写着"以技论道"的传统，历代文人如孟郊、苏轼、归有光、方苞等，他们都在这条道路上演绎了悲喜交加的故事。

据《尚书·秦誓》："昧昧我思之，如有一介臣，断断猗无他技，其心休休焉，其如有容。人之有技，若己有之。人之彦圣，其心好之，不啻若自其口出。是能容之，以保我子孙黎民，亦职有利哉！人之有技，冒疾以恶之；人之彦圣而违之，俾不达是不能容，以不能保我子孙黎民，亦曰殆哉！"⑤这可能是"以技彦圣事君"的最早文献记载，方苞阐释"一介臣之道"的思想，直接来源于此，它生动体现了方苞"道义"阐释的思想文化的特征。

3."宗子维城"

自传说中的夏启开创家天下，就有了宗亲文化。西周实行分封制度，把宗亲文化上升到国家制度，《诗经·大雅·板》："价人维藩，大师维垣，大邦

---

① 〔汉〕司马迁著：《史记》，第219页。
② 〔汉〕司马迁著：《史记》，第182页。
③ 赵尔巽等：《清史稿》，第3151页。
④ 〔五代〕王定保撰：《唐摭言》，三秦出版社2011年版，第4页。
⑤ 张馨编：《尚书》，中国文史出版社2003年版，第342—343页。

维屏,大宗维翰,怀德维宁,宗子维城。无俾城坏,无独斯畏。"①宗亲成为捍卫国家安全的长城。至此,"非我族类,其心必异"的理念千年延绵。

刘邦夺取天下后,"非刘氏而王者,若无功上所不置而侯者,天下共击之。"②刘氏分封血亲的制度,造成了"七王之乱";西晋分封司马氏各地为王,又上演了晋初的"八王之乱",导致了晋王朝的分崩离析;明成祖朱棣原为驻守北京的燕王,后来夺取政权。血亲分封虽然一直都是皇室政权的隐患,但"宗亲封王"制度依然延续到清代。

这种"宗子维城"的思想,在《楚辞》阐释中起到了重要的作用。明清时期尤其是清代,屈原由"忠臣"上升为"孝子",就是基于这种"宗亲"的思想。如清刘献廷《离骚经讲录》总论:"若屈子者,千秋万世之下,以屈子为忠者无异辞矣。然未尝有知其孝者也。其《离骚》一经,开口曰:'帝高阳之苗裔兮,朕皇考曰伯庸',则屈子为楚国之宗臣矣。屈子即为楚国之宗臣,则国事即其家事,尽心于君,即是尽心于父。故忠孝本无二致。然在他人,或可分为两,若屈子者,尽忠即所以尽孝,尽孝即所以尽忠。名则二,而实则一也。是故《离骚》一经,以忠孝为宗也。"③家国一体,忠孝合一,屈原由此成为"圣人之徒",这是清代《楚辞》阐释出现的新现象。

清代安徽是宗亲文化特别繁盛的地域,古徽州就是一个典型的宗族社会。清代皖籍学者在楚辞学研究中,多融入了这种宗亲思想。如贵池吴世尚《楚辞疏》曰:"首原远祖,以见宗臣无可去之义,次本天亲,以见忠孝乃一致之理;次叙所生之月日,以见己之所得于天者隆;次及所锡之名字,以见亲之所期于子者厚,盖通篇大义皆櫽栝于此。"④又如宣城梅冲《离骚经解》曰:"其所以不可他去不能退隐者,则以国之宗族恩深义重,世同休戚,己又

---

① 〔宋〕朱熹著,赵长征点校:《诗集传》,中华书局2011年版,第267页。
② 〔汉〕司马迁著:《史记》,第114页。
③ 刘献廷:《离骚经讲录》,黄灵庚主编,《楚辞文献丛刊》第53册,国家图书馆出版社2014年版,第333—334页。
④ 〔清〕吴世尚:《楚辞疏》,雍正五年尚友堂刻本。

曾柄用,见国之破君之亡,同草野未仕之臣萧然高蹈哉?"①又如桐城马其昶《屈赋微》曰:"宗国者,人之祖气也,宗国倾危,或乃鄙夷其先故,而潜之他族,冀绵须臾之喘息。吾见千古之贼臣篡子,不旋踵而即于亡者,其祖气既绝,斯无能独存也。"②可见传统的宗亲文化对皖地学术产生的影响。

方苞《离骚正义》开篇即论:"首推所自出,见同姓亲臣义当与国同命也。"中间反复论述"不能忘情于宗国",至结尾处又论述:"则帝高阳以来之宗绪,将至此而卒斩矣。"方苞的"宗亲"意识贯穿《离骚正义》的始终,或以屈子一身担当楚国之兴亡,正是"宗子维城"的传统思想的体现。

方苞《离骚正义》以"道义"阐释屈原及其《离骚》,在《楚辞》学史上独树一帜,对后世尤其是皖地学者楚辞学研究,有较大的影响,其所蕴含的思想文化特征也具有一定的意义。清代楚辞的经学阐释和文学阐释融合,促进了骚旨阐说的发展,方苞《离骚正义》具有浓厚的"经学"意味,使清代《楚辞》的经学阐释达到了集中的新的高度,同时也折射出皖桐古地浓厚的学风与家风。方苞作为清代桐城文派的领袖,所著古文天下莫不闻,《离骚正义》是其研究《楚辞》仅有的成果,值得引起学界关注。

(本文原载《河北师范大学学报(哲学社会科学版)》2018年第5期)

---

① 〔清〕梅冲:《离骚经解》,嘉庆二十年刊本。
② 孙维城等点校:《马其昶著作三种》,安徽大学出版社2009年版,第95—96页。

文献与考据

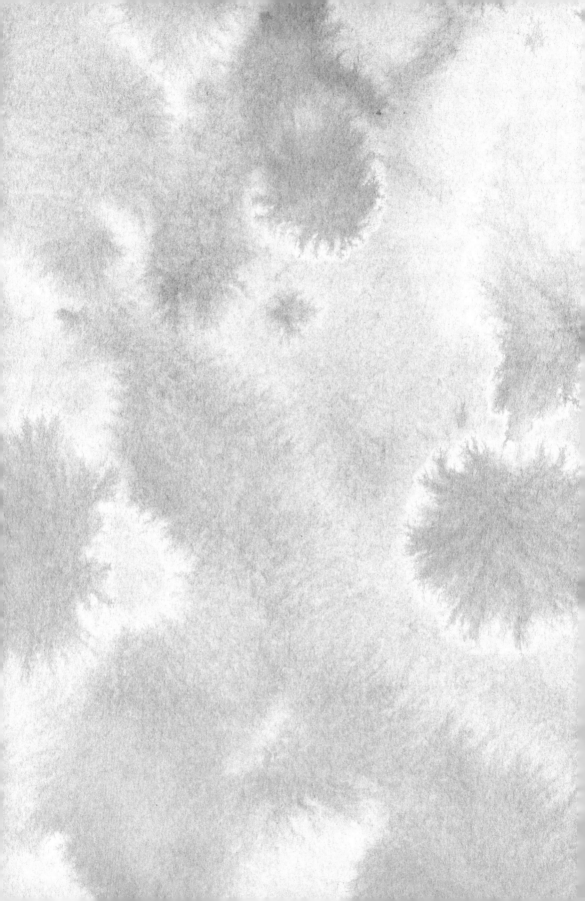

吕太后事迹与"潜用福威"及"尚私食其"考辨

芮文浩

吕太后是中国历史上罕有的临朝称制的女主之一,后世学者对其为人施政颇有评议,诸多争议中涉及《史记索隐述赞》的一则异文。中华书局1959年校点本《史记·吕太后本纪》附唐代司马贞《索隐述赞》:"高祖犹微,吕氏作妃。及正轩掖,潜用福威。志怀安忍,性挟猜疑。置鸩齐悼,残戚姬。孝惠崩殒,其哭不悲。诸吕用事,天下示私。大臣菹醢,支蘖芟夷。祸盈斯验,苍狗为灾。"①其中"潜用福威"多有异文,《史记》诸版本如南宋庆元黄善夫本、元彭寅翁本、明汲古阁《史记索隐》单刻本、清武英殿本等作"尚私食其"②。此异文涉及版本众多、经历年代久远,足见"潜用福威"与"尚私食其"之歧由来已久,然二者何者于义为胜呢?我们不妨结合相关文献,从《史记》所载吕太后事迹、《史记》的版本传承及世人对吕太后的评价以及小司马撰述《史记索隐》的本旨等方面予以探讨。

一、"尚私食其"与吕太后事迹

首先,从《史记》所载吕太后与审食其相关事迹来看,百衲本等诸《史记》版本之《索隐述赞》中"食其"指辟阳侯审食其。《吕太后本纪》载"太后称制","乃以左丞相平为右丞相,以辟阳侯审食其为左丞相。左丞相不治事,令监宫中,如郎中令。食其故得幸太后,常用事,公卿皆因

---

① 〔汉〕司马迁撰:《史记》,中华书局1959年版,第412页。
② 〔汉〕司马迁撰,〔日〕泷川资言考证,水泽利忠校补:《史记会注考证附校补》,上海古籍出版社1986年版,第285页。

而决事"①。且《史记·陈丞相世家》亦云"陵之免丞相,吕太后乃徙平为右丞相,以辟阳侯审食其为左丞相。左丞相不治,常给事于中","食其亦沛人。汉王之败彭城西,楚取太上皇、吕后为质,食其以舍人侍吕后。其后从破项籍为侯,幸于吕太后。及为相,居中,百官皆因决事"②。《史记》又载"辟阳侯行不正,得幸吕太后",并言"辟阳侯幸吕太后,人或毁辟阳侯于孝惠帝,孝惠帝大怒,下吏,欲诛之。吕太后惭,不可以言"③。《汉书·郦陆朱刘叔孙列传》亦承此论④,《史》、《汉》二书"太后惭"而"不可言"之语反映了吕后复杂微妙的心理。况且从《吕后本纪》本文来看,惠帝最主要的性格是"仁弱",《汉书》称其为"宽仁之主"。(《汉书·惠帝纪》)然而惠帝"弱"却至于"大怒"、"仁"而至于杀人,其间必有激其盛怒难遏之事,是否指的就是吕后与审食其之间的私情呢?《史记》、《汉书》未予明说,司马迁在颂扬汉家一统之功德的同时,也委婉曲折地揭露了汉王室的一些隐私。⑤从《史记》、《汉书》载审食其"行不正,幸太后"、吕太后在惠帝欲诛杀审食其时"惭"且"不可言"以及惠帝一反常态的表现来看,《索隐述赞》异文"尚私食其"并非空穴来风,而是有着足够的文献依据。至于"潜用福威"则显得与《史记》所载吕太后事迹冲突得厉害。返观《史记·吕太后本纪》中所载吕后之残戮戚姬、置鸩齐王、幽杀废帝、先后杀三位赵王、封建诸吕等事迹,吕太后所用诸般威权可谓尽人皆知而绝非"潜用福威"。

其次,从"私"之字义考查,撇开"私"之男女私情之义,"私"亦有"偏爱、宠爱"之意。《仪礼·燕礼》:"对曰:'寡君,君之私也。'"郑玄注:"私谓独有恩厚也。"⑥《楚辞·离骚》:"皇天无私阿兮。"王逸注:"窃爱为私。"⑦直

---

① 〔汉〕司马迁撰:《史记》,第400页。
② 〔汉〕司马迁撰:《史记》,第2060页。
③ 〔汉〕司马迁撰:《史记》,第2702—2703页。
④ 〔汉〕班固撰:《汉书》,中华书局1962年版,第2117页。
⑤ 张大可辑释:《史记论赞辑释》,陕西人民出版社1986年版,第68页。
⑥ 〔清〕阮元校刊:《十三经注疏》,中华书局1980年版,第1024页。
⑦ 〔宋〕朱熹撰,蒋立甫点校:《楚辞集注》,上海古籍出版社、安徽教育出版社2001年版,第7页。

至唐人诗句及相关注解中亦不乏沿用此义者,如杜甫《夔府书怀四十韵》:"病隔君臣议,惭纡德泽私。"柳宗元《哭连州凌员外司马》:"平生负国谴,骸骨非敢私。"又,王粲《从军诗》:"身服干戈事,岂得念所私。"唐人李善注:"私,情所亲也。"①即便不论及吕后与辟阳侯是否有私情,《史记》、《汉书》所载辟阳侯审食其深得吕后宠爱、宠幸却是不争的事实,因此《史记索隐》异文"尚私食其"之"私"不为无据。

再者,从西汉皇族与官员对辟阳侯的态度来看,西汉时人对辟阳侯与吕后的关系便极为看重。《史记·淮南衡山列传》载淮南厉王椎杀辟阳侯审食其,起因是赵王张敖手下谋反,厉王母亦受牵连被囚,厉王母以曾经得幸高祖而有身孕上告,"上方怒赵王,未理厉王母。厉王母弟赵兼因辟阳侯言吕后,吕后妒,弗肯白,辟阳侯不强争"②。故厉王母生刘长后,羞愤自杀。厉王入朝时借机杀死辟阳侯后,至宫阙之下谢罪,历数审食其罪责:"臣母不当坐赵事,其时辟阳侯力能得之吕后,弗争,罪一也。赵王如意子母无罪,吕后杀之,辟阳侯弗争,罪二也。吕后王诸吕,欲以危刘氏,辟阳侯弗争,罪三也。臣谨为天下诛贼臣辟阳侯,报母之仇,谨伏阙下请罪。"③赵谦等人谋划营救遭囚系的厉王母之策和厉王椎杀辟阳侯后的陈词表明,他们对辟阳侯与吕后之间非同寻常的关系极为看重,淮南王刘长更是笃信不疑,若辟阳侯肯为厉王之母在吕太后前争辩,"力能得之"。

而在惠帝盛怒之下欲诛杀辟阳侯时,审食其的朋友平原君求见惠帝幸臣闳籍孺,并进言:"'君所以得幸帝,天下莫不闻。今辟阳侯幸太后而下吏,道路皆言君谗,欲杀之。今日辟阳侯诛,旦日太后含怒,亦诛君。何不肉袒为辟阳侯言于帝?帝听君出辟阳侯,太后大欢。两主共幸君,君贵富益倍矣。'于是闳籍孺大恐,从其计,言帝,果出辟阳侯。"平原君计救辟阳侯审食

---

① 〔南朝梁〕萧统编,〔唐〕李善注:《文选》,中华书局1977年版,第387页。
② 〔汉〕司马迁撰:《史记》,第3075页。
③ 〔汉〕司马迁撰:《史记》,第3076页。

其免于死难,关键还是看重了"辟阳侯幸太后"①。从赵谦等人谋划营救遭囚系的厉王母与平原君计救辟阳侯的计策中、从淮南王刘长宫阙之下的陈词中,我们不难得知:汉高祖至文帝时期,西汉时人熟知辟阳侯审食其与吕后之间的特殊关系,上至皇帝——汉惠帝,下至王室、官员及世人均极其看重这层异乎寻常的关系。

因此,结合《史记》所载吕太后事迹与"私"之词义以及西汉时人对吕、审二人的态度上看,"尚私食其"均较"潜用福威"有据。

二、"尚私食其"与《史记》版本传承及世人对吕太后的评价

从版本传承上来看,保留"尚私食其"异文的不仅有《史记会注考证校补》提及的南宋庆元黄善夫本、元彭寅翁本、明《史记索隐》单刻本、清乾隆年间武英殿本,而且,稍后于武英殿本编纂的文渊阁《四库全书》本《史记》与再后来张元济于1936年据黄善夫本辑印的《百衲本二十四史·史记》亦作"尚私食其"。上述各本均系《史记》流传中的重要版本。其中南宋黄善夫本为迄今发现最早的《集解》、《索隐》、《正义》"三家注"合刻本,明代毛晋汲古阁《史记索隐》是现存最早的《史记索隐》单刻本,"单行之本为北宋秘省刊板,毛晋得而重刻者,录而存之,犹可以见司马氏之旧"②。可知"尚私食其"有可靠的版本依据。

"潜用福威"与"尚私食其"还关涉到世人对吕后这一特殊历史人物的接受与评价。唐代大诗人高适有《辟阳城》诗云:"荒城在高岸,凌眺俯清淇。传道汉天子,而封审食其。奸淫且不戮,茅土孰云宜。何得英雄主,返令儿女欺。母仪良已失,臣节岂如斯。太息一朝事,乃令人

---

① 〔汉〕司马迁撰:《史记》,第2703页。
② 〔清〕永瑢等撰:《四库全书总目提要》,中华书局1965年版,第399页。

所噬。"①诗中"奸淫"、英雄主为儿女欺及母仪已失等语,对吕后与审食其之"私"描写得非常直白。李白《雪谗诗赠友人》:"妲己灭纣,褒女惑周。天维荡覆,职此之由。汉祖吕氏,食其在旁。秦皇太后,毒亦淫荒。"②唐代史学家刘知几对辟阳侯审食其亦有评:"夫使辟阳、长信,指挥马、郑之前,周勃、张飞,弹压桐、雷之右。"③李白诗歌与刘知几史论均将西汉审食其与受秦太后宠幸的嫪毒等列齐观。联系前文所录高适诗来看,唐人对于吕太后和审食其之"私"多是认同的,再由此返观司马贞《史记索隐述赞》之异文,"尚私食其"与唐人对吕后的评价与接受并不矛盾。

唐以后世人对吕后与辟阳侯之间的特殊关系又有何认识呢?《资治通鉴·汉纪》载汉哀帝朝董贤事:"贤年二十二,虽为三公,常给事中,领尚书事,百官因贤奏事。"元代胡三省注:"审食其以丞相而侍禁中,吕后嬖之也。董贤以三公侍禁中,哀帝嬖之也。"④明人章潢论吕太后与审食其关系谓:"后吕氏,名雉,高祖之后。惠帝崩,无嗣,临朝称制,擅王诸吕,诛杀刘氏子孙,宠幸审食其而不耻者,僭位八年。"⑤上文所提及《史通》"夫使辟阳、长信,指挥马、郑之前"清代浦起龙《通释》:"初,吕后获于楚,食其以舍人侍,得幸","《通鉴·秦纪》:文信侯以舍人嫪毒为宦者,进太后。太后幸之,封嫪毒长信侯"⑥。清康熙年间《御定渊海类函·人部·宠幸三》将审食其与武周时受武后宠幸的薛怀义并列:"辟阳侯、白马主,《汉书》:辟阳侯审食其侍吕后在楚军,遂见幸。《唐书》:僧怀义见幸武后封为白马寺主。"⑦以上所述表明,唐代之后世人在论及审

---

① 〔清〕彭定求编:《全唐诗》,中华书局1960年版,第2241页。
② 〔清〕彭定求编:《全唐诗》,第1737页。
③ 〔唐〕刘知幾撰,〔清〕浦起龙通释,吕思勉评,李永圻、张耕华整理:《史通》,上海古籍出版社2008年版,第200页。
④ 〔宋〕司马光编著,〔元〕胡三省音注:《资治通鉴》,中华书局1956年版,第1120页。
⑤ 〔明〕章潢:《图书编》,景印文渊阁四库全书第971册,第307页。
⑥ 〔唐〕刘知幾撰,〔清〕浦起龙通释,吕思勉评,李永圻、张耕华整理:《史通》,第203页。
⑦ 〔清〕张英、王士禛等奉敕撰:《御定渊海类函》,景印文渊阁四库全书第990册,第239页。

食其与吕后关系时往往将其和受秦太后宠幸的嫪毐、受武后宠幸的薛怀义联系起来。清人邵泰衢《史记疑问》:"审食其为左丞相,常给事于中,幸于吕太后,《绛侯世家》周勃常为人吹箫给丧事"条云:"为人臣者为国讳,虽曰史笔,亦有体裁,况以汉人而作汉史,嫌疑之祸所宜远避,今日吹箫送殡,拟之社长之卑田,给事后宫,大揭娥姁之丑恶。"①《史记·楚元王世家》载:"汉兴,吕娥姁为高祖正后。"②"娥姁"实指吕太后,很显然,邵氏认为《史记》记载审食其幸于吕太后事无疑是揭露了吕太后的丑行,而《吕太后本纪》在记述吕后与审食其的关系时以一"幸"字拈出,自然又平添了几多说不尽的意味。

上述现象表明世人对吕太后与辟阳侯之间关系的认识及其对吕后形象的接受有着久远的历史传承。

从司马贞时代至南宋庆元年间黄善夫本《史记》的刊刻,直至清乾隆年间武英殿本《史记》的校刻以及四库开馆编修《史记》、再到张元济于1936年辑印《百衲本二十四史·史记》,《史记》不同版本的传承其实也是人们在不同历史时期对于《史记》正文、注文以及对其中所载历史人物评价的选择。《史记索隐述赞》异文之"尚私食其"不仅传达了《史记》注文的版本信息,也传达了不同历史时期人们对于吕后这一独特历史人物的评价与接受。目前学界研习《史记》的权威文本是中华书局于1959年以清末学者张文虎校刻的金陵书局本为底本的点校本,而"张文虎根据钱泰吉的校本和他自己所见到的各种旧刻古本、时本加以考订,是清朝后期较好的本子"③。张文虎在《校刊史记集解索隐正义札记》里留有详细的校勘记,其中所称"官本"即指《史记》殿本及《四库全书》本,殿本与四库本之"尚私食其"虽赫然在目,张文虎却未置

---

① 〔清〕邵泰衢撰:《史记疑问》,景印文渊阁四库全书第248册,第714页。
② 〔汉〕司马迁撰:《史记》,中华书局1959年版,第1969页。
③ 参中华书局点校本《史记》之《出版说明》。

一词。①中华书局本点校本以张文虎校刻的《史记》为底本，失却了历史上自司马贞时代、至迟自南宋建安黄善夫时代到清末直至二十世纪三十年代人们对于吕太后这一特定历史人物的评价与接受。

三、"尚私食其"与司马贞撰写《史记索隐》的本旨

最后，我们从司马贞本人撰《史记索隐述赞》的本旨考虑上述异文问题。审食其于刘邦起兵时侍吕雉、刘盈多年，楚汉相争时与吕雉俱陷项羽军中，成了项羽手中的人质，高祖晏驾后被吕后拔擢为丞相，"幸吕太后"，审食其与吕后的关系可谓盘根错节。从司马贞本人撰写《史记索隐》的本旨来看，小司马意欲"解其所未解，申其所未申者，释文演注"，而"重为述赞"。而最初小司马欲补《史记》，其功殆半，"乃自唯曰：'千载古史，良难闲然。'因退撰音义，重作赞述，盖欲以剖盘根之错节，遵北辕于司南也。凡为三十卷，号曰《史记索隐》云。"②可见，小司马"重作述赞"旨在剖析《史记》中的盘根错节。但《史记·吕太后本纪》载周勃计夺北军，刘章等人杀吕产、斩吕禄、笞杀吕嬃、诛吕通，遂后诸大臣们议立代王刘恒，对与吕后关系非同寻常的辟阳侯审食其却未作任何处置，至文帝立九月，审食其虽被罢免丞相之职，但亦未至死。淮南王刘长椎杀辟阳侯而文帝却又不问刘长的罪责，或许文帝的做法顺应了当时之人心③，甚或是刘长之举正合了文帝心意亦未可

---

① 中华书局1977年整理出版了张文虎《校刊史记集解索隐正义札记》，张氏于《吕太后本纪》计出校勘记59条，但不见其对殿本"尚私食其"的校勘。张文虎于同治二年应曾国藩之邀入金陵书局校勘《史记》诸书，前后长达十年。（陈大康整理：《张文虎日记·前言》，上海书店出版社2001年版，第1页）而据《清史稿》载，清文宗于咸丰十一年晏驾，同年十月慈禧太后便尚垂帘听政："十一月乙酉朔，上奉慈安皇太后、慈禧皇太后御养心殿垂帘听政。"（《清史稿》，中华书局1977年版，第773页）整个同治朝更是不用说了，"光绪六年，慈安皇太后薨，慈禧皇太后始专垂帘，制十三年归政"。（《清史稿》第2619页）慈禧太后主政时间相当长，因此，人们在论及吕太后、武后时会不自觉地联想到与此二人有惊人相似之处的慈禧太后。张文虎身为《史记》校勘大家，对《史记》殿本与《四库全书》本之"尚私食其"这一赫然在目的异文何以不出校而付之阙如，亦足怪矣。或张氏于同治年间校刊《史记》时漏校？或惮于文字狱而付诸阙如？或有意为尊者讳？文献难征，暂可存疑。

② 参中华书局1959年点校本版《史记》第10册之《史记索隐序》及《史记索隐后序》。

③ 韩兆琦编著：《史记笺证》，江西人民出版社2004年版，第5844页。

知。总之，辟阳侯审食其与吕太后的特殊关系不可不说是《史记》中诸多盘根错节之一，而《史记》百衲本等诸版本之"尚私食其"与《史记》中审食其与吕太后之间的特殊关系不仅不相违背，而且还概括性地凸显了二人盘根错节的关系。

综上所述可知，从《史记》所载吕太后事迹及相关文献的记述、从《史记》版本流传与后人对吕太后的评价接受以及从小司马撰写《史记索隐》的本旨等方面综合考察，诸版本如百衲本《史记索隐》作"尚私食其"于义为胜。

（本文原载《晋阳学刊》2012年第2期）

三种稀见刘大櫆《小称集》及其文献价值

汪孔丰

刘大櫆是"桐城派三祖"之一,上承方苞,下启姚鼐,在桐城派演进史乃至清代文学史上都占据重要一席。他的诗文集,版本多且复杂。此方面情况,吴孟复先生编校《刘大櫆集》时在《前言》中已有详述。[①]简言之,以刊刻时间而论,《小称集》最早,刻于雍正年间。[②]其后,乾隆年间刊印了《海峰文集》和《海峰诗集》,有缥碧轩、醒园、敦本堂等刻本。同治年间,刘大櫆诗文集又有徐宗亮编刻本、刘继邢丘重刻本等。光绪年间,又有桐城吴大有堂木活字排印本、萧穆刻本等。此外,日本明治十四年(1881),佚存书坊也曾翻印敦本堂刻本。1990年,上海古籍出版社出版吴孟复点校的《刘大櫆集》,是以徐宗亮编刻本为底本,校以刘继重刻本,并以缥碧轩刻本、日本翻刻本参校,这是目前比较完备的通行本。不过,由于吴孟复在《前言》中交代他未见刘大櫆的《小称集》,这对《刘大櫆集》的点校成果有一定的影响。笔者在访书过程中,经眼了三种不同版本的《小称集》,它们中有《刘大櫆集》所未收的诗文,而且还存有大量的诗文评点,这些都有助于进一步推动刘大櫆的诗文版本、创作艺术、文学批评等方面研究,具有非常重要的文献价值。

一、刻本《小称集》

此书现藏于南京图书馆和天津图书馆。一册,不分卷,半叶十行,行

---

① 〔清〕刘大櫆著、吴孟复标点:《刘大櫆集》,上海古籍出版社1990年版,第9—10页。
② 孙殿起撰:《贩书偶记》卷十四,上海古籍出版社1999年版,第365页。

十七字,黑口,双鱼尾。卷首依次有苏州吴士玉的序及其诗作《刘生诗学昌黎即用其韵》、海盐俞兆晟序(此序不见于其后不同版本的刘大櫆诗集)。目录页首行题为"小称集目",其后行格依次题为"海盐俞颖园先生、吴趋吴荆山先生、同里方灵皋先生全阅";"桐城刘大魁耕南氏著、弟万选药村氏校"。

集内作品分论著、经义、诗歌三部分。文有30篇,含《观化》《辨异》《养性》《达命》《明分》《再与左君书》《舅氏杨君权厝志》等文,其中《明分》一文不见于《刘大櫆集》,属佚文;集中文章有批语,分夹批和尾批。这些夹批不见于后来诸刻本文集,尾批文字也与它们大不相同。诗仅有《题穆西林杂拟宋元山水八幅》,副题依次为《黄鹤山樵丹台春晓》《黄子久夏山》《倪高士疏林平远》《荆关合作》《赵承旨翠壁丹枫》《巨然烟浮远岫》《梅道人烟江叠嶂》《李营亚寒林烟景》,其中《梅道人烟江叠嶂》为《刘大櫆集》所收,其余7首失收。考察这些诗文的创作时间,目前可知最晚的当是《徐昆山文序》,作于雍正九年(1731)。①由此也可推断:《小称集》的刊刻时间当不早于这一年。

显然,《小称集》是刘大櫆青年时期部分诗文作品的首次刊刻。那么,他为何选择如此少的诗文作品结集呢?刘大櫆诗文中没有表露相关信息,这恐怕要从《小称集》名称说起。"小称"一词,出自《管子》中《小称》篇。据黎翔凤《管子校注》云:"称,举也,小举其过,则当权而改之。"②意思是指管仲略举桓公之过,规劝其改正。推之于《小称集》,刘大櫆殆有小举其诗文以供同道指正之用意,这显然是他的自谦。这部小集除了有诗文辑佚价值外,它还有两点尤需注意:

其一,佚文《明分》有助于丰富我们对刘大櫆青年时期思想的认知。此文篇首即言:"江海山林闲放之士,居下讪上以为傲,世之人不之察也,而相与高之。呜呼!此君臣之义所以不明于天下欤?"起始开门见山,于世人习

---

① 孟醒仁著:《桐城派三祖年谱》,安徽大学出版社2003年版,第79页。
② 〔清〕黎翔凤撰,梁运华整理:《管子校注》卷十一《小称第三十二》,中华书局2004年版,第598页。

焉不察处生发议论，引出"君臣之义"这个重要的名分问题。紧接着刘大櫆又提出："且夫势之出于不得不然者，必皆为天之所使，是故分非人之所能为也，天也。"这个"名分天定"论断由此成为全文的核心。此后，行文一直紧扣这层意思铺陈论述，以彰显"君臣之别"、"君臣之义"得自天授的神圣性与正当性。显然，刘大櫆的"分非人之所能为也，天也"的观点，与荀子《非相》所说"辨莫大于分，分莫大于礼"①有所不同，他进一步把名分产生之由引向了统治一切、神秘莫测的"天"。他的见解虽然比较有新意，但也有其局限性，所说的"天"，不过是皇权的抽象化而已，"分由天定"实则在说明"皇权"的神圣性与不可挑战性。这比荀子所论要保守得多、抽象得多。

其二，文章批语虽带有浓厚的时文旧习，但也揭示出桐城文人"以时文为古文"的内在秘钥，闪烁着独到的批评之光。以《心知》为例，开头"东海之产"句，夹批："来得飘忽甚奇。"至"盈天地之间，皆吾心也"句，夹批："奇语至理。"至"夫天下之人，盖无一不在吾心"句，夹批："奇语至理。"至"则两人相语之几"句，夹批："精微至此。"至"日之夕矣"句，夹批："韵语似经。"文章尾批："真实微妙"；"发千古人所未发，及发出又如在人人意中，奇绝。"这些批语揭示出本文的高超之处在于奇语迭出，妙远莫测。这也正好印证了刘大櫆所倡"文贵奇"②的审美旨趣。可以说，文中批语为理解刘大櫆文章的句法、章法、神气、风格、渊源等方面提供了指南，借助于它，世人可以更加方便地触摸到桐城派文章的法度与风神。

此外，《小称集》的刊刻，对当时际遇蹭蹬的刘大櫆来说，具有非常重要的作用。它的刊行与传播，有利于世人较为方便地品鉴刘大櫆的作品。如方苞为刘大櫆谋求教职时，曾写信给魏定国，并呈赠了《小称集》，说："公见其文，自知其峣然而异于侪辈。"③尹会一往返吴门时，曾在舟中读到《小称

---

① 〔清〕王先谦撰，沈啸寰、王星贤点校：《荀子集解》卷三，中华书局1988年版，第79页。
② 〔清〕刘大櫆著，舒芜校点：《论文偶记》，人民文学出版社1998年版，第7页。
③ 〔清〕方苞著，刘季高校点：《方苞集·集外文》卷十《与魏中丞定国》，上海古籍出版社1983年版，第801页。

集》,称"甫展卷,惊其奇宕,细按之,则大义微言,不爽毫发"①。可见,此书的刊行既有利于刘大櫆彰显创作才能,亦有助于他获取文坛声名,拓展人生道路。

二、上海图书馆藏《小称集》

此书仅一册,封面墨笔题"刘海峰小称集"。集内首页首行以诗句"路逢两少年"起始,缺少诗题,明显残缺。无边栏行格,半页九行,行二十六字。至于集中是否有序跋、藏印、目录,已无从考知。

集内虽未标明卷数,但诗作编次有序。自首页至《郭外》诗,为一编;从《感兴》至《杂兴二十三首》为一编;从《归思》至《书怀寄徐缮部》为一编;从《金谷岩寺》到《雨后寄沈畹叔》为一编。此编次虽无分卷之名,却有四卷之实。后三编各自起始页首行顶格题"小称集",其下注"五言诗",次行始为诗题。

集内有批语和圈点。眉批以朱笔为主,偶有墨笔;尾批或用朱笔,或用墨笔,或两者兼用。圈点亦有朱笔与墨笔之别。批语或针对诗歌全篇发论,或针对部分诗句评论。从批点内容来看,朱批与墨批并非同一人。以《杂诗》九首之七为例:"南浦有芙蓉,汀洲有芳杜。褰裳试采撷,聊以闲余步。采采不盈襜,斜阳忽云暮。忆昨别佳人,方舟从此渡。怅然怀感伤,委之在中路。"墨批曰:"欲删'聊以闲余步,采采不盈襜'十字,何如?"朱批曰:"删之,气便不接。"朱批与墨批观点的差异性,显示出批评者绝非同一人。至于批者为何人,墨批者不详,仅可考知朱批者为沈德潜。因为据缥碧轩刻本《海峰诗集》,卷前有"诸先达友人评论",其中存"沈归愚先生评五言诗四十七事","归愚"是沈德潜的号,他所评《杂诗》"落日临大江""翩翩游侠子""南山有文豹"等数十首诗批语与抄本中的朱批内容一致。

---

① 尹会一:《健余先生文集》卷九《书〈小称集〉后》,乾隆十五年(1750)刻本。

需要指出的是，这个抄本的分体编排方式和诗歌排列次序，与诸刻本《海峰诗集》大有差异。诸刻本中，先列古体诗卷，后列今体诗卷，每卷均含五七言诗，其中诗作排次也与抄本不一致。这些充分表明：刘大櫆诗集的编纂方式并非只有一种。由此，这涉及一个重要的问题：抄本与刻本之间有着什么样的关系？

兹将抄本与缥碧轩刻本《海峰诗集》进行比照。因为在诸刻本中，缥碧轩本刊印时间最早，是原刻本，其后醒园本、敦本堂本、徐宗亮重刻本、刘继重刻本等版本皆承此而来，它们虽然在卷次上不尽相同，但其诗歌内容大致相同。两者相较，除了刻本无批语外，相关差异胪列如下：

其一，两者收诗，不尽一致。抄本中有五言诗不见于刻本，如《杂兴》组诗在抄本中有23首，而在刻本中，有7首见于《杂兴八首》，2首见于《书怀二首》，1首见于《杂诗》，余13首皆不见，属佚诗。当然，刻本中也有五言诗不见于抄本中，如《寄怀故人》《宿祥符寺》等作品。

其二，诗题相同，内容有异。或一两字之差，或一两句之差，甚至还有内容差异很大的，以《感别诗》为例，抄本中"昔别发如漆，于今双鬓斑"、"妻孥本片体，视之如草菅"四句不见于刻本，"丈夫志西向"、"布衣尚如昔"句在刻本中为"丈夫志四海"、"贫贱如宿昔"。

其三，诗题有别，内容不变。如抄本中《同书山出京中途话别》《过甘道渊斋有怀方二颂椒》《舟行见月有怀倪九》三诗，刻本中诗题分别为《同叶书山出京中途话别》《过甘道渊寓斋有怀方二颂椒》《舟行见月有怀倪九司城》，题目略异，诗作内容相同。相比而言，刻本诗题信息比较全面、明晰，更易于读者理解诗作。

实际上，抄本与刻本存在差异的原因及其相互关系，可借助于抄本中批语推测出来。以《感别诗》为例，抄本中"昔别发如漆，于今双鬓斑"后，朱笔夹批曰："意欲删此二句"，接着在"妻孥本片体，视之如草菅"后，朱笔夹批曰："并欲删此二句。"对照缥碧轩刻本，批语中提到欲删之句已经删掉，这表明刘大櫆在诗歌刊印前，确实听取了朱批者沈德潜的意见，对诗歌文本做了细致改动。

由于抄本与诸刻本存在不少差异,特别是它保留了一些五古改定之前的原初面貌,揭示出刘大櫆作诗、改诗、定稿的全部过程,这不仅具有重要的文献校勘价值,还对开展进入"过程"的文学史研究具有非常重要的意义。在这一点上,亦非另外两种《小称集》所能及。以《贾妇怨》为例,诗云:

> 食蓼讵云辛,尝胆未为苦。惟有远别离,相思泪如雨。忆昔啼红妆,芳年正三五。见人辄低头,未敢出房户。谁知父母心,重利轻儿女。为愁夫婿贫,嫁与钱塘贾。自从十年来,足不践乡土。泽居喜见舟,山居不畏虎。生长贾胡家,何能免羁旅。寄言堂上亲,肝胆断绝汝。(抄本)

> 食蓼讵云辛,尝胆未为苦。惟有负贩人,重利轻俦侣。忆昔扫蛾眉,芳年正三五。见人辄羞颜,低头向房户。谁知命不犹,嫁与瞿唐贾。贾人惯风波,江湘未为阻。终年远游行,足不践乡土。寄言堂上亲,肝胆断绝汝。(刻本)

显然,从抄本到刻本,《贾妇怨》诗经历了伤筋动骨的修改。不仅在字词、章句、笔法方面有较大的不同,而且在商妇怨情内涵上也有变化。前诗之怨,首怨父母,次怨夫婿;后诗之怨,首怨夫婿,次怨命运。把"怨父母"改成"怨命运",这种诗旨的变化虽然对父母包办婚姻制度抨击力度有所减弱,但也暗合了"温柔敦厚"的儒家诗教观念,由此亦可觇示刘大櫆诗学取向的变化。总之,这首诗的"变容",有助于了解作者在字句、章法、神气、主旨等方面的前后考量,而这种思考与调整最能显现文学生产的细致过程以及作家的诗学素养。

尤需注意的是,抄本中的批语所论较为精到,切中肯綮。尤其是诗坛名宿沈德潜的朱批,不仅揭示出刘大櫆诗作的艺术特色,还体现了沈氏的诗学思想。如他评《寄沈维涓》云:"胸次抑塞,时发奇想。"《怀田舍》云:"作者襟抱,每在三古。"《授徒》云:"生平抱负,具此数言。"这些批语皆注意到了刘大櫆诗中所蕴含的创作主体的志趣与抱负，同时也彰显了沈德潜"有第一等襟抱、第一等学识，斯有第一等真诗"①的诗学主张。又如评《博学鸿词被放归途再述》云："略无怨尤，乃见敦厚。"亦表现出沈氏推崇"温柔敦厚，斯为极则"②之诗教理念。进一步说，由这些批语，我们还可看出桐城诗派与沈德潜之间的诗学渊源关系，在以后的岁月里，这种渊源持续发酵，还有力影响到了姚鼐弟子方东树，他编撰《昭昧詹言》时大量择取了沈德潜的论诗之语。③

总而言之，上图藏抄本《小称集》，具有以下鲜明特征：其一，它是仅存五言古诗的残抄本，与刻本《小称集》迥异，亦与诸刻本《海峰诗集》有明显差异；其二，它的面貌最接近刘大櫆诗集的原稿，其底本要早于缥碧轩刻本，它不仅保存了作者所作五言古诗未改定之前的原初面貌，还反映了刘大櫆诗歌结集的原初编次方式；其三，它曾经诗坛宗匠沈德潜审阅和批点，后来原刻本中不少诗歌是据此抄本批点而改定。由这些看来，这个抄本的价值与意义极为重要。

三、台北"国家图书馆"藏《海峰小称集》

此书现藏于台北"国家图书馆"，题为"海峰小称集"，两册。有"台北中央图书馆收藏"朱文长方印、"北山愚公鉴藏"朱文方印。蓝格，十行，行二十一字。版心黑口，单鱼尾，有朱笔圈点。卷首行格题"海峰小称集"，其后下注"今刻作《海峰诗集》"，次行底端题"桐城刘大櫆才父"。

本集虽无分卷之名，却有分卷之实。集内诗歌依次分为"今体诗一"至"今体诗六"。这种编排，与将今体诗分为六卷的缥碧轩刻本《海峰诗集》一

---

① 〔清〕沈德潜撰，霍松林校注：《说诗晬语》卷上"六"，人民文学出版社1979年版，第187页。
② 〔清〕沈德潜撰，霍松林校注：《说诗晬语》卷上"一八"，第191页。
③ 〔清〕方东树著，汪绍楹校点：《昭昧詹言》卷二一，"一三〇——九〇"、"二二六——二二七"，人民文学出版社1961年版，第505—522、535页。

致。而且"今体诗一"至"今体诗四"内的诗作编次,两个版本也基本一致,仅有个别诗题稍显差异,不过其诗作文字相同。如抄本"今体诗二"中的《雍正九年在京修禊》诗,在刻本中题为《在京修禊》;"今体诗四"中的《送弘勋之山左》诗,等等;"今体诗五"与刻本相比,差异较大:《望武昌县城》《晚过黄州》两诗排次放在篇末,这与刻本放在篇首不同;《武昌杂诗》在刻本中题为《武昌杂诗五首》;《郢城早春次韵》《荆台咏古》《郧阳怀古》《净乐宫》等诗不见于刻本;刻本中的《登大别山》《登楼》《有叹》《琵琶亭》未见于此,出现于"今体诗六"。"今体诗六"与刻本相比差异更大,不仅部分诗歌编次有异,而且刻本中的《夏日杂感二首》《歙县道中三首》《春日杂感十一首》《送孙明府迁任凤阳四首》等近五十首诗未见于抄本。

这个抄本最大的价值在于其中的《郢城早春次韵》《荆台咏古》《郧阳怀古》《净乐宫》四首佚诗,它们有助于人们进一步认知刘大櫆游幕湖北的行踪及其思想。乾隆十九年(1754),刘大櫆入湖北学政陈浩幕府①,其间多次跟随学政陈浩视学湖北境内州县,途中写下了《登黄鹤楼》《荆州道中次韵奉酬学使陈公》《郢中》《襄阳道中次韵》《均州道中》《望武当山次韵》《郧阳道中》等诗篇。这四首佚诗与前面诸诗共同呈现了他游幕湖北时的见闻与感怀,其中七律《净乐宫》不同于一般的同类题材的写景之作,诗云:

> 诛求岂惜困黎民,愧作惟思媚鬼神。殿阁恢宏丰城市,丹青炜丽逼星辰。只言日月长光照,谁料河山变劫尘。借问雷公能发怒,为何隐忍及斯晨?

净乐宫是武当山八宫之首,建于明代永乐年间,宫内楼阁殿宇,鳞次栉比,巍峨高耸。曾多次遭火焚,亦屡屡重修。此诗首联以议论开篇,破空而来,批评矛头直指统治者,说他们建造宫观献媚鬼神,不顾惜黎民苍生。接着颔

---

① 吴孟复:《刘海峰简谱》,《刘大櫆集》,第619页。

联描写净乐宫的恢宏壮阔,富丽堂皇,从侧面反衬统治者的奢靡作风。颈联笔锋突转,再发感慨:日月长照、皇恩普锡的净乐宫并不能护佑山河不被轮替。尾联突发奇想,质问雷公为何隐忍至今,不怒发雷火?此中深意,不言而喻。综观全诗,立意独特巧妙,旨趣脱俗不凡,鲜明地表现了刘大櫆对耗费民力工程的讥讽精神和心忧黎民的拳拳之心。另外,从艺术表现上看,此诗融议论、描写、抒情于一体,也体现出刘大櫆诗歌"熔铸唐宋"的诗学追求。

显然,这个抄本不同于与前面所提到的两种《小称集》,除了四首佚诗外,还表现在:其一,它仅存五七言今体诗,缺少五七言古体,并非诗集全璧;其二,它在文本面貌上更接近原刻本《海峰诗集》,除了篇目数量及诗题略有差异外,它在编排方式、诗作内容等方面与刻本大致相同。

统而言之,三种《小称集》,三种面貌:一是以文集为主的诗文集刻本;二是仅存五言古诗的诗集残钞本;三是仅存五七言今体诗的诗集抄本。三种版本,书异而名同,其中原因,难以尽悉。即便如此,它们所包含的内容比较丰富,具有版本、文献、史料、文学批评等多方面价值。自1990年,吴孟复先生编校的《刘大櫆集》出版后,学界对刘大櫆及其作品的研究大多依赖是书,而对《小称集》知之甚少,这在一定程度上影响到了世人对刘大櫆及其作品的全面而深入的研究。此外,从桐城派视角看,这三部书是这个流派的稀见文献,它们的发现也对进一步推动桐城派研究具有十分重要的价值与意义。

(本文原载《文学遗产》2018年第4期)

金长溥生平与学术思想考述

汪祚民

金长溥,字瞻原,号复堂①,是清代雍正年间迁居歙县岩镇的金氏家族的第一代进士,乾嘉时期著名学者金榜的父亲。乾隆、道光、民国年间三个版本的《歙县志》与道光《徽州府志》皆有其简略的传记,桐城派二祖刘大櫆的《金复堂先生八十寿序》较为详细地记叙了他的生平与学术思想,但对其家迁居岩镇的时间、其生卒年等重要资讯都没有载录。民国刘声木根据刘大櫆的这篇文章作金长溥小传,收入其《桐城文学渊源考》中,因刘大櫆的文章没有交代金氏大名,刘声木作其小传时又未及考证,故《桐城文学渊源考》中的金氏小传以金氏之号为字,而名以两个空缺方框代之,直到现在,刘声木此书的整理本还是如此,人为地导致了学界对这位文章家认知的疏离。清代岩镇金氏家族是乾嘉时期三代出了四位进士和一位巡抚的显贵家族,金长溥对这个家族的崛起发挥了重要作用。本文拟对其生平学术中一些重要问题试做考述。

一、家庭背景与迁居岩镇的时间

根据刘大櫆应金家之请写的《金节母传》②、《金府君墓表》③、《乡饮宾金君传》④、《金复堂先生八十寿序》⑤四篇家传类文章以及县志的记载,金长溥

---

① 道光《徽州府志》卷十一《人物·文苑》。
② 〔清〕刘大櫆著,吴孟复标点:《刘大櫆集》,上海古籍出版社1990年版,第195—197页。
③ 〔清〕刘大櫆著,吴孟复标点:《刘大櫆集》,第223—225页。
④ 〔清〕刘大櫆著,吴孟复标点:《刘大櫆集》,第176—178页。
⑤ 〔清〕刘大櫆著,吴孟复标点:《刘大櫆集》,第141—142页。

家族是从杭州迁徙到歙县西部呈坎,又由呈坎迁至县城。至其曾祖,家道衰落,几乎绝祀。他的曾祖名文启,祖父名五聚,父名宣先字公著。"五聚之父文启早世,遗孤五聚才五岁,不能自存,乃从王母冒叶姓而同居于叶"(《金节母传》)。"随其母适赵村为叶氏,而本宗乏祀。先府君(即茂宣)隐痛于中,而先生(即金长溥)更彷徨饮泣,早夜以归宗自矢"(《金复堂先生八十寿序》)。在宗法制为主导的封建社会里,复姓归宗是人生追求的最高目标之一。要达至这样的目标,必须以既富且贵为前提。于是,金茂宣与其长子金长洪背井离乡,托迹市廛,经商致富,然后"市典籍,延师儒课子孙以进士业","自赵村更迁岩镇"(《金府君墓表》)。金长溥半耕半读,发愤为举子业。通过父子三人共同努力,终于实现了这个家族的梦想:长溥"成进士,乃得上请复姓为金氏,而祖墓亦得之郡城西北丛薄中,且与其兄创建宗祠,修完谱牒,续百有余年中绝之祀事"(《金复堂先生八十寿序》)。

那么金家是何时从歙北赵村迁居岩镇的?刘大櫆的四篇金氏家传类文章和徽州府县志皆没有记载。最近在进行相关的研究中,读到了金长溥少年时同学好友程襄龙的诗文集,发现了其中的一些线索。程襄龙,字夔侣,号雪崖,晚号古雪,出生歙县岩镇,康熙壬寅拔贡生,候选教谕(《澂潭山房古文存稿》卷首《皇清诰赠中宪大夫古雪府君程公墓表》[①])。其《澂潭山房古文存稿》卷四有《一支会同人公祭叶老伯文后复姓金》一篇,是程襄龙代表一支会成员为长溥之父金茂宣所作的公祭文。其中说:"次君(指金长溥,茂宣次子,故如此称呼)既举于乡,诸孙竞爽,有声黉序,是则公之不得于身必得于子若孙,显扬以收其报者也。曩时公家山中,余辈尝不远数十里诣次君肄业所,退而谒公丁堂。公接之有加礼,款洽备至。迨移居岩溪,里闬相望,频过从,或赏奇析疑,竟日达旦。公必命侍者奉汤茗毋倦,内戒庖人治具丰洁,盖十余年犹一日也。"[②]这段文字中有几个重要资讯。一是只说到金长

---

① 《清代诗文集汇编》编纂委员会编:《清代诗文集汇编》第293册,上海古籍出版社2010年版,第445—447页。
② 《清代诗文集汇编》编纂委员会编:《清代诗文集汇编》第293册,第511页。

溥中举而没有提及其进士及第,说明金茂宣之死和此文的写作在长溥中举之后,尚未考取进士。考道光《徽州府志》卷十一《人物·文苑》载:金长溥"领雍正壬子乡荐。乾隆戊辰成进士,官吏部稽勋司主事"。则此文作于雍正十年壬子(1732)与乾隆十三年戊辰(1748)之间。二是谈到金家迁居岩镇后,程襄龙常去金家,茂宣十余年如一日地热情款待,说明茂宣之死与此文写作是在金家移居岩镇十年之后。刘大櫆亦说茂宣"迁岩镇十年而卒"(《金府君墓表》),可以印证。三是谈到程襄龙曾经不远数十里去过歙北山中金家原居处,亲到金长溥读书习业之所进行学习交流,并拜见了长溥之父金茂宣。这三点为进一步探讨金家迁居岩镇提供了指南。

再来翻阅程襄龙《澄潭山房诗集》(《清代诗文集汇编》第293册),发现集中诗作多按创作时间先后编排。其卷三有一诗《腊初访叶二瞻原方六芷田崇福寺叶后复姓金》,排在《丙午除夕前一日得伯兄客怀诗次韵却寄》一诗之后,表明此诗也是作于丙午(雍正四年)除夕前后。诗题中"腊初"显为丙午年腊月,"叶二瞻原"即金长溥,他在兄弟中排行老二。"方六芷田"就是其诗集中其他地方提到的"方六丈梓恬"和"方六丈素畹",在方家兄弟中排行老六。此诗诗题实际记录了程襄龙于雍正四年丙午在崇福寺访见金长溥、方芷田一事。《澄潭山房诗集》卷十三还有另一首诗《初读金复堂诗有赠》:"忆昔与君结交时,君初见我数篇诗。霜天月高山寺静,评鉴一一厘渑淄。丙午访君北村读书处,今廿四年矣。尊前复有凤同调方六丈素畹,相期细论穷窈眇。"诗句与作者小字原注正好对上一首诗进行了印证与说明。原来雍正四年丙午,程襄龙访金长溥"北村读书处"是在歙北赵村附近的崇福寺中,在"霜天月高山寺静"的环境中相互评鉴诗文。程襄龙的这次拜访就是他在《一支会同人公祭叶老伯》一文中提到的"曩时公家山中,余辈尝不远数十里诣次君肄业所"。此时金长溥家尚未迁移岩镇,其读书处在歙北赵村附近的崇福寺。不过,程襄龙《澄潭山房诗集》卷四《雨霁过叶瞻原斋中集饮同方梓恬立行乘醉步市心桥看月》一诗诗题表明,金长溥家已迁至岩镇。他已有自己的书斋,会聚宴饮之后可去镇上的街市:"籁寂市方静,夜凉尘不惊。"而此诗后第四首是《蜀源即景诗》,其引序明确交代作于雍正七年己酉秋天。此诗后的第三首为《秋夜独坐怀伯兄扬州叔兄襄阳》,其中有云:"岁云暮矣胡不归",从诗题与诗句可以看出作于深秋季节。此诗后第二首是《送一枝会同人赴省试》,正好雍正七年秋天是三年一次的乡试之期。此诗后的第一首是《插秧歌》,从诗题看作于"乡村四月闲人少,才了蚕桑又插田"的初夏。此诗本身有"浮烟宫柳细,漾水碧溪深"的诗句,正好写的是春天的景致。由此可见,程氏诗集作品是按创作先后排列的。按此规律,此诗应作于雍正七年己酉春。此时金长溥家已在岩镇,那么其家迁至岩镇的时间是在雍正五年六年两年间。乾隆《歙县志》卷八《选举志·科第》在雍正十年壬子乡试条下载金长溥"榜姓叶,字瞻原,岩镇人"。其榜已填"岩镇人"也很好地印证了这一点。金长溥之父金茂宣"迁岩镇十年而卒",则其去世在乾隆元年或二年,程襄龙写作《一支会同人公祭叶老伯文(后复姓金)》即作于此时。

二、金长溥的生卒年

关于金长溥的生卒年,在方志文献和一些人名辞书中都是缺载的。先考察其生年。鲍倚云是金长溥的同里好友,是金家子弟金榜等人的老师。一生以诗记事,涉及金氏家族人事的诗作很多。其《寿滕斋诗集》(《清代诗文集汇编》第311—312册)卷九有一首题为《寿瞻原先生五十》。排列在此诗之前的诗目依次为《乙丑九日同人集空翠亭》《次韵酬经耘四首》《师林先生六十华辰避客入黄山敬献长歌为寿韵如二十六峰之数》。《乙丑九日同人集空翠亭》中的"九日"是九月九日重阳节的特指,其诗有"尘世几重阳"之句,正指重阳节,则其乙丑显为纪年即乾隆十年乙丑。鲍氏《滕寿斋诗集》收诗若干集,每集诗作大体按写作时间先后排列,《寿瞻原先生五十》排在《乙丑九日同人集空翠亭》之后,表明此诗也作于乾隆十年乙丑(1745)。又诗中说:"我识先生岁丁未,十有八载缔交情。"丁未即雍正五年(1727),历十八年,正是乾隆十年乙丑,即此诗所作之年。乾隆十年乙丑,金长溥五十岁,则其生年为康熙三十五年丙子(1696)。鲍氏《滕寿斋诗集》前面收录了四篇序,其一篇后署曰:"乾隆庚寅秋仲朔,同里堂弟金长溥拜撰。时年七十有五。"乾隆庚寅,即乾隆三十五年(1770)。金长溥自署此年为七十五岁,则其出生年正好也是康熙三十五年丙子,与上面的论证相吻合。排在《寿瞻原先生五十》之前一诗,是为"师林先生六十华辰"而作。师林即金长溥之兄金长洪的字,金长溥五十岁之时,金长洪为六十岁,年长十岁,即康熙二十五年生,也可补刘大櫆《乡饮宾金君传》之缺。

再考金长溥卒年。刘大櫆写了《金复堂先生八十寿序》,按上面论证的生年,可知金长溥八十岁为乾隆四十年乙未。鲍倚云《寿藤斋诗集》卷三十五《后课孙集》下有《立夏后二日复堂先生邀同人集芬舟庵三首》,排在《丙申新年咏循陔堂梅花用放翁西郊寻梅韵》后第四首,显然作于丙申年,即乾隆四十一年(1776),表明金长溥在此年还健在,身体状况较好,能邀同人聚会。道光《徽州府志》卷十一之三《人物志·儒林》:"金榜,字辅之,歙岩镇人,长溥次子,师事婺源江永,友休宁戴震,书法二王。乾隆乙酉,高宗南巡,召试,赐举人,授内阁中书。壬辰成进士,廷对第一,授翰林院修撰。丁酉典试山西,戊戌会试同考官,以疾归。"而吴定为金榜写的《翰林院修撰金先生墓志铭》:"官翰林院修撰,尝一出为山西副考官,以父丧归,遂不出。"(《紫石泉山房文集》卷十)金榜辞官归家,一说是"以疾归",一说是"以父丧归",综合起来可能是先以父丧请归,然后不想复出,以疾请归。那么金榜"以父丧归"的时间是乾隆四十三年戊戌会试结束之后,否则他不会担任此年春季"会试同考官"。又张惠言《祭金先生文》说金榜"杜门养疴,二十一年。既定礼堂,其人未传"①。方起泰、胡国辅在三卷本《礼笺》序目中说:"金檠斋先生所著礼笺十卷,其书未写定,秘不以示人。癸丑冬以髀痛卧床褥间,因刺取其荦荦大者数十事录寄大兴朱大中丞。大中丞既为之叙。"(金

---

① 〔清〕张惠言著,黄立新校点:《茗柯文编》,上海古籍出版社1984年版,第161页。

榜《礼笺》,《续修四库全书》经部109册)但到了嘉庆三年,《礼笺》十卷正式写定,于是请姚鼐再作序,姚鼐序最后所署时间为"嘉庆三年五月"可证。金榜"既定礼堂"之年即为嘉庆三年。向上推二十一年,正好是乾隆四十三年。其因父丧归,后以养疴为名再未出官。吴定《紫石泉山房诗钞》(《清代诗文集汇编》第431册)卷一《扬州闻金司勋瞻原先生讣哭之》,是痛悼金长溥去世而作的。吴定去扬州的时间是可考的。姚鼐《吴殿麟传》:"两淮运使朱孝纯,亦海峰弟子也,请姚鼐主扬州书院,会殿麟亦有事扬州,附鼐舟,于是相从最久。"夏炘《景紫堂文集》(《清代诗文集汇编》第565册)卷十三《吴徵君定传》"两淮盐运使朱公孝纯刻海峰文集,延主校雠之役。"王灼《悔生文集》(《清代诗文集汇编》第431册)卷七《保举孝廉方正吴君墓志铭》:"两淮盐运使朱孝纯子颖,同门友也,尤重澹泉。澹泉居其幕最久,读书论文而已。"综观这些记载可以看出,两淮盐运使朱公孝纯刻《海峰文集》,延吴定入其幕,主校雠之役,同时"请姚鼐主扬州书院",吴定是搭乘姚鼐租用的船只一道到扬州的。郑福照《姚惜抱先生年谱》说姚鼐乾隆四十一年秋到扬州,不一定准确。姚鼐到扬州后,王文治《梦楼诗集》(《清代诗文集汇编》第370册)卷十四有一诗《次韵和姚姬传于朱子颖运使处相见遂同累日览扬州诸园馆之胜子颖适阅工江上复连舟上金山再宿焦山之作》,其中说:"同心久别离,相见如望外,迢迢十寒暑,始获兹良会。"王文治此时已辞官归居镇江老家,与扬州很近。诗的篇名和诗句内容表明此诗作于姚鼐应朱孝纯之请刚来扬州游览聚会的情况。而朱孝纯也有一诗抒写此次盛会,其诗篇名为《丁酉暮春同王梦楼先生姚姬传比部上宿焦山为僧担云写山水障子》[1],明确点出了姚鼐此次来扬州是在乾隆四十二年丁酉暮春。吴定与之同舟抵扬,到达时间自然相同。又吴定《紫石泉山房文集》卷四《答任幼直先生书》开头说:"丁酉之冬,识先生于广陵。邂逅之交,情逾故旧。"由此可知他在乾隆四十二年丁酉冬还在扬州。吴定《紫石泉山房诗钞》卷二

---

[1] 〔清〕朱孝纯撰:《海愚诗钞》卷十二,《清代诗文集汇编》编纂委员会编:《清代诗文集汇编》第388册,第305页。

《送姚比部姬传先生奉太夫人归桐城》:"身事艰如此时比部丧偶,飘然返故乡。关山依老母,幻梦托空王。野阔风驱雾,秋深月带霜。"此诗排在《戊戌八月闻黄河决》一诗之后,大概也作于乾隆四十三年戊戌。考姚鼐《继室张宜人权厝铭》并序:"乾隆四十三年,两淮运使朱子颖,请余主梅花书院,又劝以家往。宜人之疾以多产气虚……故以闰六月朔殒于扬州。……八月,柩还,厝之县南五里而铭其室。"①吴定诗中的小字注文"时比部丧偶"和正文所写的节候"秋深月带霜"与姚鼐文中所叙是一致的,只是多了奉母情节,这就确证了此诗作于乾隆四十三年秋。在吴定诗集五言律诗类,排在《送姚比部姬传先生奉太夫人归桐城》之后还有《客扬州寄家蕙川暨其弟箕渑》、《钓台》、《日泊金山》、《焦山》,都是在扬州时所作,一般按创作先后排列,其中《客扬州寄家蕙川暨其弟箕渑》有"扬州春正好,目断杏花前"之句,表明乾隆四十四年春天吴定尚在扬州,他在乾隆四十三年戊戌春天会试之后写作《扬州闻金司勋瞻原先生讣哭之》一诗是完全有可能的,这就进一步证实金榜之父金长溥卒于乾隆四十三年戊戌(1778)。金长溥此卒年距其生年康熙三十五年,享年八十三岁。

三、金长溥的著述及学术思想

关于金长溥的著述,刘大櫆在《金复堂先生八十寿序》中只提到了其《敦复堂文集》,但因作者"深自讳匿而人亦鲜有知之者",只是藏于家,可能没有刻版印行问世。

吴定《紫石泉山房文集》卷八《南山文会记》载:"歙西岩镇南山会文之馆,里人方君尚锦兄弟奉其大父遗言所建也。馆之兴废始末,乡先生金君长溥既为文记其事矣。其言曰:'由学校推之而有书院,由书院推之而有文会,文会与书院相表里。'至哉斯言!"据此,金长溥曾为歙西岩镇南山会文馆写

---

① 〔清〕姚鼐著,刘季高标校:《惜抱轩诗文集》,上海古籍出版社1992年版,第212—213页。

过一篇文章,其文全篇不存,只存吴定引用的其中三句。

在程襄龙的《澂潭山房古文存稿》中每篇文章都有时人的评语,其中八篇文章后面录有金长溥的评语,现按程襄龙集中文章的排列先后一一迻录这八篇评语:

(1)苍苍浑浑,古劲之气从十指间岔出,是为真文。同研弟金复堂跋。(卷一《刘君家传》篇后评语)

(2)扩置义田一举,足以风世。文特详叙而赞叹之,是为古良史之笔。同研弟金复堂。(卷一《代撰吴损斋传》篇后评语)

(3)缠绵婉挚,直是欧文。同研弟金复堂。(卷一《太学吴莘庐传》篇后评语)

(4)曲折顿挫,绝似六一居士之学《史记》。同学弟金复堂。(卷一《敕封吴母王安人传》篇后评语)

(5)搏捖一气,结构天然,以文言叙琐屑,太史公家法犹在。同研弟金复堂。(卷二《汪叔丈元配程太孺人七秩寿序》篇后评语)

(6)立义坚卓不磨,文境尤肃括。参之太史以著其洁,吾于斯文亦云。同研弟金复堂。(卷三《家季兄严鹤先生五十片征诗引序》篇后评语)

(7)中有金石语。同研弟金复堂。(卷三《寄同学诸友书》篇后评语)

(8)唐宋八家集中,凡祭文可传者必存之,以其有一段真意融贯其中也。如此作那得不传耶?余与方素畹、程古雪少同研席,最为莫逆之交。古雪清修耿介,文章品行俱造不可攀跻之境;素畹则雄才伟略,言论侃侃。每篝灯夜集,俯仰今古,余三人不忍离弃。后素畹出宰粤邑,著有治声,不谓今竟死矣。追维感慨,不禁怃然。同研弟金长溥书后。(卷四《奠方六丈素畹先生文》篇后评语)

这些古文评语都是以《左传》《史记》等"古良史"之文和"唐宋八家"之文为准的,既标举立义坚卓、文境肃括、苍浑古劲、有金石语的高古雅洁文

文献与考据　291

风,又推崇缠绵婉挚、曲折顿挫、"搏挽一气"、真意融贯的深情格调,其古文理论深得唐宋八大家的精髓。第(8)则评语之后,金长溥就他与襄龙(号古雪)、方素畹三人的关系作了特别说明:"余与方素畹、程古雪少同研席,最为莫逆之交。"又据程襄龙《澂潭山房古文存稿》卷四《奠方六丈素畹先生文》提到方素畹"榜捷春官"中进士,"出宰粤西(指广西)"边邑,"声绩日著",检索乾隆、道光《歙县志》中的《选举志》和《人物志·宦绩》中的记载,方素畹正是其中以进士出宰广西融县、罗城、凌云的方骞。方骞即方素畹,也为程襄龙评点过文章,评语存于集中数则。由此可以推想,金、方、程三位好友当年就是相互评文的,方、程也一定评点过金长溥的文章。

金长溥对程襄龙的诗也作过总评。程襄龙《澂潭山房诗集》前辑录的《诸家评阅诗语》,就收录了一则评语:"金复堂曰:雪崖七古诗所谓横空盘硬之语,晚年集中更佳。"借韩愈推尊孟郊诗歌作品的《荐士》诗句"横空盘硬语"表达对程氏晚年七言古诗的特别肯定以及自己的诗歌艺术追求。较为全面反映金长溥诗歌理论的是他为鲍倚云《寿藤斋诗集》所作的序,其全文如下:

> 鲍君薇省自辑其前后所作古今体诗合为三十卷而以示余。盖鲍君之于诗,其境屡迁矣。少禀承其尊甫家学,胚胎风雅,束发即能诗。中间锐志进取,焚膏宿火,并日夜治经艺,诗故未遑卒业。后因人赋远游,收江山之助,瀰海荡其胸,灵峰揽其胜,而诗以益进。方将和其声,放厥词,烺烺炳炳以润色太平鸿业,乃归自闽而神志菱苶病矣。岁在戊己庚辛,坐卧一小楼,如枯禅头陀,嗒然忘其形,足迹不踏户外者,阅六寒暑。冷风打窗,炎曦炙瓦,浮沤身世,天君殆止水若也,而诗人顿门透彻之悟,即从此证入焉。震川先生跋唐道虞答问疾书云:疾作时思虑之淫,无药可止,盖心为病累如此,惟东坡居士因病得闲,自在受用,即在病中,闲斯静,静斯悟,妙悟从天,神解剙获,其机若启若翼,不知病魔之缠体也,不知诗鬼之入肠也。"诗家三昧忽见前,屈贾在眼元历历。"过来

人自道得力其善传。鲍君悟后境耶?嗟夫!人世之荣名、福泽,剗遗都已殆尽,而举半生所为怡愉悦怿、侘傺忧伤,一寓之于诗,若造物困之以穷,阨之以病,独于其诗故纵之。盖浸淫于三唐宋元诸大家者,酝酿既深,而又键关息影,捐万虑以养慧,取心注手,不觉浩乎莫御,譬诸轮囷古干,冰封雪裏而生意盎然,中函自错绣者其花,而蔽日者其叶也。方其沉思独往,幽兴沓来,悲喜无端,诗成掷笔,忽低昂而起舞,忽欷歔而掩涕。此境惟寸心自领会,固不能举似人人,亦谁过问焉。今日者须发毵毵白矣,其将嗛志于此生之不遇乎,抑将意满于来者之我知乎?序其诗还以问之。乾隆庚寅秋仲朔,同里学弟金长溥拜撰,时年七十有五。

这是金长溥现存最完整的诗论。他认为鲍倚云的诗歌创作有一个"其境屡迁"的过程。在此过程中,鲍氏经历了"胚胎风雅"、收"瀣海荡其胸,灵峰揽其胜"的江山之助和"浸淫于三唐宋元诸大家者"等学习实践,为其诗歌创作走向成熟奠定了基础。他还注意到鲍氏"归自闽而神志萎苶病矣"开启了其诗歌创作的妙悟历程:"坐卧一小楼,如枯禅头陀,嗒然忘其形,足迹不踏户外者,阅六寒暑。冷风打窗,炎曦炙瓦,浮沤身世,天君殆止水若也,而诗人顿门透彻之悟,即从此证入焉。"这种状态没有陷入归有光所论及的唐道虔"心为病累"的悲剧,而是达到了苏东坡式的理想境界:"因病得闲,自在受用,即在病中,闲斯静,静斯悟,妙悟从天,神解创获,其机若启若翼,不知病魔之缠体也,不知诗鬼之入肠也。"正是有了学习与社会实践的陶冶磨练,有了疾病带来的正能量的深沉妙悟,鲍氏的诗歌创作达到了"悟后境"审美高度。"悟后境"是相对陆游的诗歌创作论提出来的。陆游《九月一日夜读诗稿有感走笔作歌》:"诗家三昧忽见前,屈贾在眼元历历。"意思是经过军旅生涯的历练,掌握了诗歌创作奥秘,清晰地领悟到了屈原、贾谊的创作精神。这在金长溥看来是"过来人自道得力其善传"的悟前境,他提出鲍氏的诗歌创作达到了另一种独到的"悟后境":"举半生所为怡愉悦怿、侘傺忧伤,一寓之于诗","沉思独往,幽兴沓来,悲喜无端,诗成掷笔,忽低昂而起舞,忽欷歔而掩涕"。也就是说不拘执于尊唐尊宋、学屈学贾,而是在转益多师、生活历练中形成独特的诗心,在创作中让此诗心独运,伴随着自己深情妙悟,迸发出不知手之舞之、足之蹈之的生命律动和精彩诗章。"悟后境"是对鲍倚云诗歌创作的崇高礼赞,更是金长溥诗歌创作审美至境追求的感悟与总结。这种诗歌创作观比较新颖独特,值得另作专题探讨。此篇也是金长溥最完整的一篇古文。全篇以鲍倚云诗歌创作"其境屡迁"为线索,以归有光题跋、苏轼"因病得闲"状态以及陆游诗家三昧为正反参照,揭示了鲍氏诗歌创作的"顿门透彻之悟"和"悟后境"的创作特色及艺术成就,也表达了自己对歌创作的独特体会和审美取向,呈现出条理清晰、视野开阔、点面结合、对比映衬、重点突出、新颖蕴藉的艺术特点,是一篇很好的古文。

金长溥是清代雍乾时期快速崛起的歙县岩镇金氏家族的代表人物,也是推尊刘大櫆桐城派古文的重要人物。对其迁居岩镇时间、生卒年的考证,可以大大拓展学术界对他和他的家族的认识空间;对其诗文的辑佚分析,也可补充和丰富学界对其学术思想的已有认知。这对于深化徽州家族文化研究和早期桐城派研究无疑具有一定的学术价值。

(本文原载《古籍研究》2020年下卷,总第72卷)

《四八目》题意析疑

胡祥云

长期以来,在中国大陆出版的诸种《陶渊明集》中,除了袁行霈先生的《陶渊明集笺注》,都把《五孝传》和《四八目》作为伪作而排拒在陶集之外,然而他们在排拒的同时却并没有说明排拒的理由,想必是默认了乾隆皇帝的"睿鉴"和四库馆臣罗织的狱目[①]。对此,潘重规、袁行霈诸先生研核事实,精心考辨[②],逐条推翻了四库馆臣在《子部类书类存目提要》与《陶渊明集提要》中的"指瑕",还《五孝传》和《四八目》在陶集中的应有地位,这种正本清源的学术贡献,功不可没。

在《五孝传》和《四八目》中,《五孝传》卷题的题意易于理解,该卷收录了《天子孝传赞》、《诸侯孝传赞》、《卿大夫孝传赞》、《士孝传赞》、《庶人孝传赞》五篇短文,叙述了五种人的孝行,故冠之《五孝传》的总题,一目了然,向无异议。但对于《四八目》卷题的由来,却令人不甚明了,尤其是宋代及其以后,《四八目》的卷题被"集圣贤群辅录"(或曰"圣贤群辅录")所替代,更使《四八目》卷题的题意扑朔迷离。因此,要知《四八目》卷题的题意,我们有必要对由"四八目"向"集圣贤群辅录"名称演变的过程作一考察。

北齐阳休之在其所编《陶渊明集》的序录中说:"其集先有两本行于世,

---

① 乾隆皇帝的"睿鉴"与四库馆臣的"辨伪",见《文渊阁四库全书总目提要》卷一百四十八《陶渊明集提要》(影印本第4册第17页)和卷一百三十七《子部类书类存目提要》(影印本第3册,第888页)。台北商务印书馆影印,1986年版。
② 潘重规先生的考辨文字见《圣贤群辅录新笺》,刊于《新亚书院学术年刊》第七期,第305页至第312页;袁行霈先生的考辨文字见《陶渊明集笺注》中华书局2003年版,第597页至第600页,本文所引陶渊明诗文及相关材料,均据此书。

一本八卷无序;一本六卷并序目,编比颠乱,兼复阙少。萧统所撰八卷,合序目传诔,而少《五孝传》及《四八目》,然编录有体,次第可寻。余颇赏潜文,以为三本不同,恐终致忘失。今录统所阙并序目等,合为一帙十卷,以遗好事君子焉。"①由此可见,在萧统编辑陶集之前,陶集已有两种本子行于世,且《五孝传》和《四八目》已收录其中;萧编陶集虽编录有体、次第可寻,然少收了《五孝传》和《四八目》,但经阳休之择善而从地补缺拾遗,终使陶集既编录有体、次第可寻,又篇章齐备。因此在阳休之之时,《四八目》还未尝称之为"集圣贤群辅录"。及赵宋,宋庠在陶集《私记》中说:陶集"有十卷者,即杨仆射所撰。……别为《四八目》,自《甄表状》杜乔以下为第十卷,然亦无录。余前后所得本仅数十家,卒不知何者为是。晚获此本,云出于江左旧书,其次第最若伦贯。又《五孝传》已下至《四八目》,子注详密,广于他集。"②宋庠这段话告诉我们,在他所见的最好的陶集本子中,《四八目》还是称"四八目";并且自《甄表状》杜乔处分出了上下两卷,这与目前陶集《四八目》的情况是一致的。后来僧思悦于治平三年(1066)重新刊印陶集,其《书靖节先生集后》亦称《四八目》上下二篇。③南宋绍熙壬子(1192)曾集刊《陶渊明文集》,其《题识》说:"集窃不自揆,模写诗文,刊为一编,去其卷第与夫《五孝传》以下《四八目》杂著,所为犯是不韪,非敢有所去取,直欲嚅哜真淳,吟咏情性,以自适其适,尚庶几乎!"④故在此时,《四八目》名称仍被有些人称唤,但曾集因求得陶集的"真淳",已把《五孝传》和《四八目》作为"杂著"但不是作为伪作而排拒在其所刊刻的《陶渊明文集》之外了。然而,就陶集现存最早刻本(宋刻递修本)来说,其中《四八目》已被称为"集圣贤群辅录"了,但其下有"一曰四八目"之注,可见此时的"集圣贤群辅录"之名已反客为主;而"一曰四八目"的下注,也把改题的意思交代得一清二楚。据袁行霈

---

① 〔东晋〕陶渊明著,袁行霈撰:《陶渊明集笺注》,第614页。
② 〔东晋〕陶渊明著,袁行霈撰:《陶渊明集笺注》,第615页。
③ 〔东晋〕陶渊明著,袁行霈撰:《陶渊明集笺注》,第616页。
④ 〔东晋〕陶渊明著,袁行霈撰:《陶渊明集笺注》,第617页。

先生考证，陶集宋刻递修本是北宋末南宋初的产物①，故最迟在南北宋之交，"集圣贤群辅录"的名称已出现，由于陶集宋刻递修本要比曾集刊刻的《陶渊明文集》早刊六七十年，由此可知，"四八目"和"集圣贤群辅录"两名并称于世至少有六七十年的时间。南宋晁公武在《郡斋读书志》中考订陶集版本时说："今集有数本，七卷者，梁萧统编，以序、传、颜延之诔载卷首；十卷者北齐阳休之编，以《五孝传》、《圣贤群辅录》、序、传、诔分三卷益之，诗篇次差异。"②据《郡斋读书志·原序》披露，该书成于绍兴二十一年（1151），比曾集刊刻的《陶渊明文集》早四十一年，处在宋刻递修本与曾集刻本之间，故这又是一个早于曾集但已改称《四八目》的例证。综上所述，我们可推导出这样的结论：至南宋初年，多数人已把《四八目》改称"集圣贤群辅录"或"圣贤群辅录"了；尽管曾集还沿袭旧称，但他却把《四八目》从陶集中剔了出去，故其沿袭旧称的影响力是很微弱的。至此，"集圣贤群辅录"或"圣贤群辅录"之名替代原名"四八目"已成定局。

在《集圣贤群辅录》的结尾处，陶渊明说："凡书籍所载及故老所传，善恶闻于世者，盖尽于此矣。"③因此，陶渊明在撰写这些传说与历史人物时是善恶互见、不避恶者的，对于陶渊明来说，他并无"集圣贤群辅"之意。尽管《集圣贤群辅录》所记传说与历史人物善多恶少，但用"集圣贤群辅录"或"圣贤群辅录"冠之以名还是不很恰当的。那么，宋人为何要用"集圣贤群辅录"或"圣贤群辅录"这一不很恰当的题名来替代"四八目"呢？原名"四八目"又是什么意思呢？

"目"是"条目"的意思，具体到《集圣贤群辅录》正文，则是对传说与历史人物品评的条目。"四八"为"四八三十二"的意思，这既是古人对数字表述的常见形式，也是陶渊明喜欢采用的表述数字的形式；如《怨诗

---

① 袁行霈撰：《陶渊明研究》，北京大学出版社1997年版。
② 〔宋〕晁公武撰：《郡斋读书志》，见《文渊阁四库全书》影印本第674册，台北商务印书馆影印1986年版，第245页。
③ 〔东晋〕陶渊明著，袁行霈撰：《陶渊明集笺注》，第595页。

楚调示庞主簿邓治中》中的"结发念善事,僶勉六九年",这"六九年"即是"六九五十四年",表明自结发以来到五十四岁的这些年里,他都克勤克俭地力行善事;《责子》中的"阿舒已二八,懒惰故无匹",其"二八"亦为"二八一十六"之意;《祭程氏妹文》的"我年二六,尔才九龄",其"二六"也是"二六一十二"的意思。在《集圣贤群辅录》的第四十二条中,评语说:"右河北二十八将,光武所与定天下,见《后汉书》。张衡《东京赋》云:'受钺四七,共工以除。'"显然,这"四七"指的就是河北二十八将。因此,"四八"为"三十二"之意是不容置疑的。但是,在《集圣贤群辅录》中,上卷五十六目,下卷十三目,品评的条目有六十九条之多,记录的人物达三百六十七人之众,这些数字看上去与"三十二"均无关联,确实让人难以捉摸。也许正是这个原因,宋人才决意要用不甚准确的"集圣贤群辅录"或"圣贤群辅录"之名来勉为其难地替代"四八目"了。

那么,在《集圣贤群辅录》中是否真的与"三十二"这一数字毫无关联呢?为了便于问题的讨论,我们把《集圣贤群辅录》中的主要内容用下表标示出来:

目序	目题	时期	人物	出处
1	燧人四佐	先秦	明由、必育、成博、陨丘	《论语摘辅象》
2	伏羲六佐	先秦	金提、鸟明、视默、纪通、仲起、阳侯	《论语摘辅象》
3	黄帝七辅	先秦	风后、天老、五圣、知命、窥纪、地典、力墨	《论语摘辅象》
4	少昊四叔	先秦	重、该、修、熙	《左传》
5	羲和四子	先秦	羲仲、羲叔、和仲、和叔	《尚书》郑注
6	八伯	先秦	伯夷、羲仲之后、弃、羲叔之后、咎繇、和仲之后、垂、(缺一人)	《尚书大传》
7	四凶	先秦	讙兜、共工、鲧、三苗	《左传》
8	高阳氏才子八人	先秦	苍舒、隤敳、梼戴、大临、龙降、庭坚、仲容、叔达	《左传》
9	高辛氏才子八人	先秦	伯奋、仲堪、叔献、季仲、伯虎、仲熊、叔豹、季狸	《左传》

续 表

目序	目题	时期	人　物	出　处
10	九官	先秦	禹、弃、契、皋陶、益、垂、伯夷、龙、夔	《尚书》
11	舜七友	先秦	雄陶、方回、续牙、伯阳、东不訾、秦不虚、灵甫	《战国策》
12	舜五臣	先秦	禹、稷、契、皋陶、益	《论语》
13	八师	先秦	禹、稷、契、皋陶、伯夷、垂、益、夔	《楚辞·七谏》
14	三后	先秦	伯夷、禹、稷	《尚书》《后汉书》[①]
15	殷三仁	先秦	微子、箕子、比干	《论语》
16	二老	先秦	伯夷、太公	《尚书大传》
17	文王四友	先秦	闳天、太公望、南宫适、散宜生	《尚书大传》
18	周八士	先秦	伯达、伯适、仲突、仲忽、叔夜、叔夏、季随、季䯄	《论语》
19	太姒十子	先秦	伯邑考、武王发、管叔鲜、周公旦、蔡叔度、曹叔振铎、霍叔武、郕叔处、康叔封、聃季载	《史记》
20	周十乱	先秦	周公旦、邵公奭、太公望、毕公、毛公、闳公、大颠、南宫适、散宜生、文母	《论语》
21	五王	先秦	秦公牙、吴班、孙尤、大夫冉赞、公子縻	《尸子》
22	晋文公从亡五人	先秦	狐偃、赵衰、颠颉、魏武子、司空季子	《左传》
23	三良	先秦	奄息、仲行、针虎	《左传》《毛诗》
24	七穆	先秦	子展、子西、子产、公孙段、伯有、子大叔、印段	《左传》
25	鲁三桓	先秦	仲孙穀、叔孙得臣、季孙行父	《论语》《左传》

① 此处《后汉书》并非范晔所撰《后汉书》，潘重规先生说："隋志史部正史类有吴武陵太守谢承撰《后汉书》一百三十卷，晋少府卿华峤撰《后汉书》十七卷（本九十七卷，今残缺），晋祠部郎谢沉撰《后汉书》八十五卷，本一百二十二卷，晋秘书监袁山松撰《后汉书》九十五卷，本一百卷，皆在陶公之前，当为陶公所依据。"见《圣贤群辅录新笺》，刊于《新亚书院学术年刊》第七期，第315页。故仅知范晔《后汉书》且以其出于陶公之后而断《四八目》为伪，谬矣。

续 表

目序	目题	时期	人 物	出 处
26	六族	先秦	赵无恤、范吉射、智瑶、荀寅、魏多、韩不信	《左传》《史记》《汉书》
27	作者七人	先秦	仪封人、荷蒉、晨门、楚狂接舆、长沮、桀溺、荷蓧丈人	《论语》包氏注
28	四科	先秦	德行：颜渊、闵子骞、冉伯牛、仲弓；言语：宰我、子贡；政事：冉有、季路；文学：子游、子夏	《论语》
29	孔子四友	先秦	颜回、子贡、子路、子张	《孔丛子》
30	六侍	先秦	颜回、冉伯牛、子路、宰我、子贡、公西华	《尸子》
31	齐威王疆场四臣	先秦	檀子、盼子、黔夫、种首	《史记》《春秋后语》
32	战国四豪	先秦	孟尝君、信陵君、平原君、春申君	《史记》
33	三杰	两汉	张良、萧何、韩信	《汉书》
34	商山四皓	两汉	园公、绮里季、夏黄公、甪里先生	《汉书》皇甫谧《高士传》
35	二疏	两汉	疏广、疏受	《汉书》
36	汝南周燕少卿之五子	两汉	子舆、子羽、子仲、子明、子良	《周氏谱》《汝南先贤传》
37	楚人二龚	两汉	龚胜、龚舍	《汉书》
38	沛人二唐	两汉	唐林、唐尊	《汉书》
39	五侯	两汉	王谭、王商、王章、王根、王逢时	《汉书》
40	四子	两汉	逢萌、徐房、李昙、王遵	《后汉书》嵇康《高士传》
41	二仲	两汉	求仲、羊仲	嵇康《高士传》
42	河北二十八将	两汉	邓禹、吴汉、贾复、耿弇、寇恂、冯异、岑彭、祭遵、邳肜、耿纯、王霸、臧宫、景丹、杜茂、朱佑、刘隆、马成、王梁、铫期、盖延、马武、刘植、任光、李忠、万修、陈俊、傅俊、坚镡	《后汉书》
43	河西五守	两汉	梁统、库钧、史苞、竺曾、辛肜	《后汉书》《善文》

续表

目序	目题	时期	人物	出处
44	三达	两汉	韦孟达、公孙伯达、魏仲达	《汉书》《决录》
45	八使	两汉	周举、杜乔、周栩、栾巴、冯羡、郭遵、刘班、张纲	《汉纪》
46	韦氏三君	两汉	韦顺、韦豹、韦义	《京兆旧事》
47	杨氏四公	两汉	杨震、杨秉、杨赐、杨彪	《续汉书》
48	袁氏四世五公	两汉	袁安、袁敞、袁汤、袁逢、袁隗	《续汉书》
49	五处士	两汉	徐稚、韦著、袁闳、姜肱、李昙	《续汉书》《善文》
50	六孝廉	两汉	周子居、黄叔度、艾伯坚、郏伯同、封武兴、盛孔叔	《女戒》
51	三君	两汉	窦武、陈蕃、刘淑	《三君八俊录》
52	八俊	两汉	李膺、王畅、杜密、朱寓、魏朗、荀翌、刘佑、赵典	《三君八俊录》
53	八顾	两汉	郭泰、夏馥、尹勋、羊陟、刘儒、蔡衍、巴萧、宗慈	《三君八俊录》
54	八及	两汉	陈翔、张俭、范滂、檀敷、孔昱、宛康、岑晊、刘表	《三君八俊录》
55	八厨	两汉	王商、蕃向、秦周、胡毋班、刘翊、王孝、张邈、度尚	《三君八俊录》
56	陈氏三君	两汉	陈寔、陈纪、陈谌	《甄表状》《纪碑》
57	二十四贤	两汉	杜乔、张奂、向诩、陈蕃、施延、李膺、朱寓、杜密、韩融、荀爽、房植、姜肱、陈球、王畅、申屠蟠、张俭、郑玄、冉璆、李固、郭泰、朱穆、魏朗、徐稚、皇甫规	魏文帝《令》《甄表状》
58	凉州三明	两汉	张奂、皇甫规、段颎	《续汉书》
59	韦三义	两汉	韦权、韦瓒、韦矩	《三辅决录》
60	荀氏八龙	两汉	荀俭、荀绲、荀靖、荀寿、荀汪、荀爽、荀肃、荀旉	《汉纪》《荀氏谱》

文献与考据 301

续 表

目序	目题	时期	人物	出处
61	公沙五龙	两汉	公沙绍、公沙孚、公沙恪、公沙逵、公沙樊	《甄表状》《后汉书》
62	济北五龙	两汉	氾昭、戴祈、徐晏、夏隐、刘彬	《济北英贤传》
63	京兆三休	两汉	金敞、第五巡、韦端	《三辅决录》
64	魏文帝四友	魏晋	司马懿、陈群、朱铄、吴质	《晋纪》
65	竹林七贤	魏晋	阮籍、嵇康、山涛、刘伶、阮咸、向秀、王戎	《晋书》《魏书》
66	吴八绝	魏晋	吴范、刘惇、赵达、皇象、严子卿、宋寿、曹不兴、郑姥	《吴录》
67	晋中朝八达	魏晋	董昶、王澄、阮瞻、庾凯、谢鲲、胡毋辅之、法龙、光逸	闻之于故老
68	河东八裴、琅邪八王	魏晋	裴徽、裴楷、裴绰、裴瓒、裴邈、裴遐、裴康、裴頠、王祥、王戎、王澄、王导、王绥、王衍、王敦、王玄	闻之于故老
69	太原五王、京兆五杜	魏晋	王昶、王湛、王承、王述、王坦之、杜畿、杜恕、杜预、杜锡、杜乂	闻之于故老

上表中的历史人物，由于许多人是跨朝代的，故对他们所处时期的归属是以其一生的主要经历来划归的。细研上表，启发多多，与本论题相关的重要启发是：在列出的六十九个条目中，所记传说与历史人物基本上是按历史时期由远及近排列下来的，前三十二条记的是先秦时期的人物，三十二条之后记的则是两汉和魏晋时期的人物；这里的"三十二"是我们能找到的唯一与"四八目"相关联的地方。因此，我们可以推断：《集圣贤群辅录》不是陶渊明的一时之作，陶渊明先作完了先秦的三十二条，命之《四八目》(这与《五孝传》也相映对)，后辍笔忙于他事，再后闲静之时，又记了一些两汉魏晋时期的人物，但未取名，附于先前的《四八目》之后，便成了现在这个样子。

潘重规、袁行霈两先生认为《集圣贤群辅录》是陶渊明平日读书之札记①,这一判断是准确的。一般地说,平日读书札记的写作是伴随漫长的读书过程而进行的。《集圣贤群辅录》涉及的图书达三十七部之多,其中《左传》、《史记》、《汉书》等书,在陶渊明的时代可称得上卷帙浩繁,它们都不是短时间能够穷尽的,更何况还要收集"闻之于故老"的史料,这些就决定了《集圣贤群辅录》并非作于一时。

《宋书·陶潜传》说:"亲老家贫,起为州祭酒,不堪吏职,少日,自解归。州召主簿,不就。躬耕自资,遂抱羸疾,复为镇军、建威参军。谓亲朋曰:'聊欲弦歌,以为三径之资,可乎?'执事者闻之,以为彭泽令。公田悉令吏种秫稻,妻子固请种秔,乃使二顷五十亩种秫,五十亩种秔。郡遣督邮至,县吏白应束带见之,潜叹曰:'我不能为五斗米折腰向乡里小人。'即日解印绶去职。"②因此陶渊明的一生是时隐时仕的。从陶渊明现存诗文中我们可以发现,他写于仕宦时的诗文多反映厌倦仕途劳顿和渴望回归田园的心情,基本上没有涉及读书一事;而在隐居期间,多有读书之事的记叙,如《移居·其一》、《和郭主簿·其一》、《癸卯岁十二月中作与从弟敬远》、《感士不遇赋》,等等。正如《辛丑岁七月赴假还江陵夜行涂中》一诗所说的,"闲居三十载,遂与尘事冥。诗书敦宿好,林园无世情。如何舍此去,遥遥至南荆。"隐居田园乐趣多多,其中读书之乐是令人眷恋的,然一旦出仕便要舍此而去,为此陶渊明表现出无限的惋惜之情,这就披露了他身处仕宦之时是无法安心读书的。在《癸卯岁十二月中作与从弟敬远》一诗中,陶渊明写道:"寝迹衡门下,邈与世相绝",然而"历览千载书,时时见遗烈",而《集圣贤群辅录》写的正是千载书中的众多的遗烈故事。因此《集圣贤群辅录》作于陶渊明隐居之时是可以肯定的。在《集圣贤群辅录》的结尾处,陶渊明说:"汉称田叔、孟舒等十人及田横两客、鲁二儒,史并失其名。夫操行之难,

---

① 潘重规先生的考辨文字见《圣贤群辅录新笺》,刊于《新亚书院学术年刊》第七期,第305页至第312页;袁行霈先生的考辨文字见《陶渊明集笺注》,第597页至第600页。
② 〔南朝梁〕沈约撰:《宋书》卷九十三,中华书局1974年版,第2287页。

而姓名翳然,所以抚卷长叹,不能已已者也。"①这种慨叹之情,与隐居时写出的《感士不遇赋》和《咏史诗九首》等诗文的慨叹之情是一脉相承的,这也证明《集圣贤群辅录》作于他在隐居之时。然而,陶渊明的隐居生涯不是连续完整的,它常常被出仕所冲断,即便是在隐居之时,他还要躬耕田园,农忙时还要披星戴月,这些原因都制约着陶渊明难以一气呵成地写作《集圣贤群辅录》。因此,前文所说的"《集圣贤群辅录》不是陶渊明的一时之作,陶渊明先作完了先秦的三十二条,命之《四八目》,后辍笔忙于他事,再后闲静之时,又记了一些两汉魏晋时期的人物,但未取名,附于先前的《四八目》之后,便成了现在这个样子。"庶几不是一种妄说。

(本文原载《文史》2006年第3辑)

---

① 〔东晋〕陶渊明著,袁行霈撰《陶渊明集笺注》,第595页。

故宫博物院藏柳公权款《蒙诏帖》真伪新考
——兼论《年衰帖》的书写时间

熊言安

《蒙诏帖》,亦称《翰林帖》,墨迹,白麻纸,纵26.88厘米,横57.6厘米,行草书,七行,二十七字,钤有"绍兴""赵氏子昂""韩世能印""安岐之印"等鉴藏印(图一)。此帖今藏故宫博物院,曾刻入《快雪堂帖》、《三希堂帖》等。学界讨论此帖真伪时,往往将其与《年衰帖》联系起来。《年衰帖》,行草书,五行,三十二字,最早收录于南宋刻《兰亭续帖》,又称《紫丝鞋帖》(图二)。

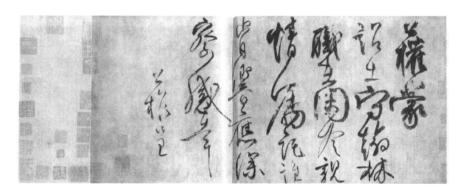

图一 柳公权款《蒙诏帖》,纸本,纵26.88厘米,横57.6厘米,故宫博物院藏

最早对《蒙诏帖》提出质疑的是近代学者张伯英先生,他认为《蒙诏帖》系三希堂误收伪本,"夫翰林何以言'出守',何得谓冷职。字比宋刻(按,《年衰帖》)大逾一倍,如'冷'字、'权'字,全失草法"[1]。意谓《蒙诏帖》从《年衰帖》中变出,非柳公权真迹。

---

[1] 张伯英著:《张伯英碑帖论稿》,河北教育出版社2006年版,第231页。

文献与考据 305

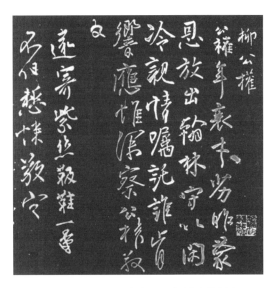

图二 柳公权《年衰帖》(南宋刻本《兰亭续帖》)

20世纪七十年代末八十年代初,《蒙诏帖》真伪问题再度引起学界的关注。谢稚柳先生认为《年衰帖》"歪曲了《蒙诏帖》的文字内容,胡编一通,连柳公权的历史也没有弄清楚的"①。而徐邦达先生认为《年衰帖》文句"与《蒙诏帖》基本上差不多,应是一帖的化身——《蒙诏帖》即从此本变出"②。启功先生认为"今传墨迹本是他人放笔临写者,且删节文字,以致不辞"③。其后,曹宝麟先生与徐邦达先生进行了两轮激烈的论辩。曹先生认为《年衰帖》"自是首先应受怀疑的对象。……在无充分证据的情况下还是'维持原判'为好"④。又认为"《年衰帖》文辞本属矛盾,是根本不存在能否'读通'的问题的"⑤。自曹、徐二先生论辩之后,近三十年来,对于《蒙诏帖》真伪问题的探讨,学界并无新的发明和进展。

前贤对《蒙诏帖》的讨论意义重大。在深入学习的基础上,笔者发现诸

---

① 谢稚柳著:《鉴余杂稿》,上海人民美术出版社1979年版,第70页。
② 徐邦达:《柳公权〈蒙诏帖〉辨伪》,《书谱》1983年第2期。
③ 启功著:《启功丛稿》,中华书局1981年版,第279页。
④ 曹宝麟:《〈蒙诏帖〉非伪辨》,《书谱》1984年第1期。
⑤ 曹宝麟:《〈蒙诏帖〉非伪再辨》,《书谱》1987年第4期。

家对《蒙诏帖》中一些问题的认识尚有值得商榷和补充之处。兹不揣浅薄，撰成此文，愿就教于方家。

一、"出守翰林"的说法不合唐代职官制度

《蒙诏帖》中"出守翰林"一词能否说得通，是判定此帖真伪的关键，也是诸家论争的焦点。谢稚柳先生认为："'出守翰林'的'出守'只是说自己出来担任了翰林院的官职，'出'字是作者对自己而言，即'安石不出，将如苍生何'的'出'字的意思。"① 启功先生认为："首三句行文殊不辞，'守'字如为守某官之守，上文何以加'出'字？如为出守外郡之守，则翰林并非州郡。"② 徐邦达先生认为："论文句《蒙诏帖》中所谓'出守翰林'云云，实不合当时居官者职守称谓通例。……翰林在'禁中'，亦称'禁林'，更不可能曰'出守'的。"③ 曹宝麟先生通过列举分析唐代文献中几个"出守本官"和"寻以本官充学士"的例句，提出："在唐时官吏陟黜，即从此官署迁往彼官署，不论离开国门与否，官场通语皆可得谓之'出守'。那么柳公权的'自司封员外郎充侍书学士'即再任銮坡，自称'出守翰林'真是不足吁怪。"④ 尽管徐先生批驳说"出守翰林"与"出守本官"并不是同义词⑤，但曹先生反驳说："明摆着大量例证而不去概括出'通例'，徐先生所谓'通例'不知自何而来？"⑥ 徐、曹二先生的观点可谓针锋相对。

通过对相关文献的考察以及此帖文意的推敲，笔者认为"出守翰林"的说法不符合唐代职官制度，的确是《蒙诏帖》中最大的破绽。徐邦达先生的看法很有见地，但论证稍嫌简略。启功先生的结论是对的，但对"出守翰

---

① 谢稚柳著：《鉴余杂稿》，第68页。
② 启功著：《启功丛稿》，第279页。
③ 徐邦达：《柳公权〈蒙诏帖〉辨伪》，《书谱》1983年第2期。
④ 曹宝麟：《〈蒙诏帖〉非伪辨》，《书谱》1984年第1期。
⑤ 徐邦达：《〈〈蒙诏帖〉非伪辨〉辨》，《书谱》1985年第2期。
⑥ 曹宝麟：《〈〈蒙诏帖〉非伪再辨》，《书谱》1987年第4期。

林"的理解似为不妥。更重要的是他们没有从根本上说清"出守翰林"为什么说不通,以致后来聚讼不断。谢稚柳先生对"出守翰林"的解释比较随性,其结论不妥。相对而言,曹宝麟先生的论证最为详尽,最为深入,然其失误也较多。

首先,唐人入为翰林学士,能用"充"而不能用"守",能"守本官"而不能"守翰林"。如《旧唐书·柳璟传》载:"开成初,换库部员外郎、知制诰,寻以本官充翰林学士。"①又如宋王谠《唐语林》卷七载:"卫公不悦。遣马屈白员外(按,户部员外郎白敏中)至,曰:'公在员外,艺誉时称,久欲荐引。今翰林有阙,三两日行出。'寻以本官充学士。"②再如唐丁居晦《重修承旨学士壁记》"咸通后三十二人"条载:"杜裔休,咸通十一年正月十一日自起居郎入,守本官,充。五月二十七日三殿召对赐紫。九月十一日加司勋员外郎,知制诰,依前充。十三年二月九日守本官,出院。"③这样的例子不胜枚举。

其次,之所以用"充"不用"守",与唐代职官制度有关。唐代实职官位主要有使职和职事官两大类(其他如散官、勋官等皆无实职)。职事官如太师、诸曹尚书、校书郎等,品秩从一品到九品不等。使职如平章事、翰林学士、史馆修撰等,皆无品秩,由它官充任。唐李肇《翰林志》曰:"凡学士无定员,皆以他官充,下自校书郎,上及诸曹尚书,皆为之。"④可见唐代翰林学士是由朝中大小官员充任的。又清李赓芸《炳烛编》卷四"唐宋翰林与史官不同"条曰:"唐之学士无品秩,各以它官入院,而迁转各就其官。宋之学士正三品,则有品秩,是唐宋翰林亦有不同也。"⑤可见与宋代不同,唐代翰林学士因为无品秩,官员充任后,官职迁转依据其职事官。又清钱大昕《廿二

---

① 〔后晋〕刘昫等撰:《旧唐书》,中华书局1975年版,第4033页。
② 〔宋〕王谠撰,周勋初校证:《唐语林》,中华书局1987年版,第621页。
③ 〔宋〕洪遵编:《翰苑群书》,四库全书(景印本)史部第595册,上海古籍出版社1987年版,第371页。
④ 〔宋〕洪遵编:《翰苑群书》,四库全书(景印本)史部第595册,第346页。
⑤ 〔清〕李赓芸撰:《炳烛编》,续修四库全书子部第1155册,上海古籍出版社2002年版,第722页。

史考异》卷五十八《旧唐书二》之"职官志"条曰:"翰林学士、弘文、集贤、史馆诸职,亦系差遣无品秩,故常假以它官。有官则有品,官有迁转而供职如故也。……盖平章事亦职而非官也。"① 可见入院为翰林学士后,其职事官是可以迁转的,但迁转属于官僚系统内部正常运行,而与翰林学士的使职本身并无必然联系。

上引事例中,柳璟、白敏中等人之所以"以本官"或"守本官"充翰林学士,杜裔休之所以既"守本官,充",又"守本官,出院",正因为翰林学士是使职,非职事官,无品秩,只能"充",不能"守"。

再次,考《旧唐书》,凡"守"某官,皆为职事官,且皆与使职或兼职有关。主要有以下几种情况:一、守某职事官带散官。如此书卷十四载:"己丑,制以朝义郎、守尚书户部侍郎、骁骑尉、赐紫金鱼袋李绛为朝议大夫、守中书侍郎、同中书门下平章事。"② 朝义郎和朝议大夫为文散官,尚书户部侍郎和中书侍郎是职事官。二、"守"某职事官充任某使职。如同书卷十六载:"以监察御史李德裕、右拾遗李绅、礼部员外郎庾敬休并守本官,充翰林学士。"③ 监察御史、右拾遗和礼部员外郎皆为职事官,翰林学士为使职。三、离开原职事官和使职而"守"某职事官。如同书同卷载:"六月庚申朔。甲子,司徒、平章事裴度守尚书右仆射。"④ 司徒和尚书右仆射是职事官,平章事是使职。四、离开使职"守"某职事官。如同书卷一百三载:"太和四年,以本官充翰林学士,与同职李让夷相善。……五年,罢职,守本官,让夷亦坐廷老罢职,守职方员外郎。"⑤ 翰林学士为使职,殿中侍御史和职方员外郎是职事官。由此可见,凡可称"守"的皆为职事官,而且只有职事官才能称"本官"。此皆说明翰林学士可"充"而不可"守"。

最后,需要说明的是,曹宝麟先生引用《壁记》中两个"出守本官"例

---

① 〔清〕钱大昕著,方诗铭、周殿杰校点:《廿二史考异》,上海古籍出版社2004年版,第849页。
② 〔后晋〕刘昫等撰:《旧唐书》,第438页。
③ 〔后晋〕刘昫等撰:《旧唐书》,第476页。
④ 〔后晋〕刘昫等撰:《旧唐书》,第497页。
⑤ 〔后晋〕刘昫等撰:《旧唐书》,第4091页。

子,并将其视为"通例",来证明"出守翰林"也像"出守本官"一样说得通,应该是一种误读。其例如下:

> 柳公权,元和十五年三月二十三日自夏州观察判官试太常寺协律郎,拜右拾遗,赐绯,充侍书学士。长庆二年九月改右补阙。四年出守本官。
>
> 相,郑覃,大和三年九月二十一日自右散骑常侍充侍讲学士。四年三月三十日改工部尚书,六月十七日出守本官。①

此两例分别是柳公权和郑覃入出翰林院的记录,"出守本官"即出翰林院"守本官"之意。柳公权出院守右补阙,郑覃出院守工部尚书。诚如曹先生所说:"中书省与翰林院不仅同座大明宫内,而且前者相去至尊朝会听政的宣政殿比后者远为亲切。""工部在'皇城'内,虽在翰苑之外,但毕竟未出'禁中'"②,即"出守本官"未必是离开"禁中"外放为官。尽管如此,并不能说明"出守翰林"也能像"出守本官"一样说得通。因为"本官"是职事官,而"翰林学士"是使职,二者有着本质差别。

此外,丁氏《壁记》中的"出守本官"也可断为"出,守本官",它的另一种表述方式是"守本官,出院"。如同书"开成后十四人"条载:"周墀,开成二年十二月二十五日自考功员外郎、知制诰充。……(四年)三月十三日改工部侍郎、知制诰。六月十日守本官,出院。"③又此书"大中后二十九人"条载:"宇文临,大中元年闰三月七日自礼部员外郎充。其年四月,守本官,出院。"④再如上引杜裔休之例。因此,《壁记》中的"出,守本官"是指某人"守本官"离开翰林院,非指某人出任某官。而曹先生之意是,"出守翰林"指某人进入翰林院,"再任銮坡"。一出,一进,二词所指完全相反。此亦说

---

①② 曹宝麟:《〈蒙诏帖〉非伪辨》,《书谱》1984年第1期。
③ 〔宋〕洪遵编:《翰苑群书》,四库全书(景印本)史部第595册,第368页。
④ 〔宋〕洪遵编:《翰苑群书》,四库全书(景印本)史部第595册,第367页。

明"出,守本官"与"出守翰林"之间不存在通例。

总之,唐代翰林学士是使职,非职事官,无品秩,无官可"守"。入院只能"以它官充",而出院又往往需要"守本官"。"出,守本官"的说法在《旧唐书》和丁氏《壁记》中比较常见,能够说得通,而"出守翰林"的说法不符合唐代职官制度,是说不通的。从这一点看,《蒙诏帖》应非柳公权真迹。

二、"亲情嘱托"与柳公绰致书李宗闵无必然联系

"亲情嘱托"一词究竟作何解释,是诸家论争的另一个焦点。徐邦达先生论《年衰帖》说:"又考《旧唐书·柳公绰传》有这么一段事迹:(引文略)因知此石本帖中所称'蒙恩放出翰林',即指此事,曰'蒙恩放出'云云,正见其似脱樊笼的喜悦之情。"① 曹宝麟先生辩驳说:"与此相反,《蒙诏帖》给人的感觉要自然正常得多。完全可以想见,李宗闵在收到柳公绰的书信后没有即刻作出'响应',遂使公权大有人微言轻、哀哀无告的愤慨。"② 徐先生又说:"以我的理解,此信第二句、第三句是讲自己蒙皇帝恩准离去翰林又转入闲冷之职,而下面的'亲情嘱托,谁肯响应',则是有人要请他办些什么事——如推荐之类。但柳氏推脱说自己是居'闲冷'之官,要我(柳公权自己)向亲近的人嘱托办些事,是难以有人'响应'而能把事办成的,所以请那人'惟深察'。"③ 曹先生再次辩驳说:"《蒙诏帖》中的'亲情嘱托'正可与公绰为其弟而向时宰求情之事联系起来。徐先生把'亲情'理解为'亲近的人',即使无误,那'向亲近的人嘱托办些事',语序亦当为'嘱托亲情'而绝非相反。《年衰帖》文辞本属矛盾,是

---

① 徐邦达:《柳公权〈蒙诏帖〉辨伪》,《书谱》1983年第2期。
② 曹宝麟:《〈蒙诏帖〉非伪辨》,《书谱》1984年第1期。
③ 徐邦达:《〈蒙诏帖〉非伪辨》辨》,《书谱》1985年第2期。

根本不存在能否'读通'的问题的。"①可见,在"亲情嘱托"词义的理解上,尽管徐、曹二先生的差异很大,但二人皆将其与柳公绰致书李宗闵之事联系起来。

"亲情"一词在唐代文献中比较常见,其意为亲人、亲属、亲友等,曹先生《〈蒙诏帖〉非伪再辨》一文中已经阐明。因此,一方面,确如曹先生所言,徐先生把"亲情嘱托"理解为"要我(柳公权自己)向亲近的人嘱托办些事"是不合语序的。但另一方面,曹先生认为"'亲情嘱托'正可与公绰为其弟而向时宰求情之事联系起来",亦不能自圆其说。

按《旧唐书·柳公绰传》载:"公绰在太原,致书于宰相李宗闵云:'家弟苦心辞艺,先朝以侍书见用,颇偕工祝,心实耻之,乞换一散秩。'乃迁右司郎中,累换司封、兵部二郎中、弘文馆学士。"②由此可知,柳公绰向李宗闵投书之时,柳公权正在翰林院当差,为侍书学士,因"颇偕工祝",故欲"换一散秩"。又据前文,曹先生把"出守翰林"理解成"从此官署迁往彼官署","再任銮坡",即进入翰林院。既然柳公权已在翰林院当差,又怎能说"出守翰林"呢?因此,如果曹先生坚持认为"'亲情嘱托'正可与公绰为其弟而向时宰求情之事联系起来",则其"在无充分证据的情况下还是'维持原判'为好"的说法,即维持《蒙诏帖》为柳公权真迹的结论,不攻自破。

即使在《年衰帖》中,也不当把"亲情嘱托"与公绰为其弟而向时宰求情之事联系起来,否则也会前后矛盾。《年衰帖》曰:"公权年衰才劣,昨蒙恩放出翰林,守以闲冷,亲情嘱托,谁肯响应,惟深察,公权敬白。"如果"亲情嘱托"的确指柳公绰致书于宰相李宗闵之事,则李宗闵已经帮过忙了,怎么能说"谁肯响应"呢?如果嫌弃"右司郎中"是"闲冷"之职,则柳公绰书信已明言"乞换一散秩",又怎能抱怨"谁肯响应"呢?再者,柳公权刚刚"蒙恩放出翰林",摆脱了"颇偕工祝"的困境,就抱怨帮过忙的人,难道就不怕

---

① 曹宝麟:《〈蒙诏帖〉非伪再辨》,《书谱》1987年第4期。
② 〔后晋〕刘昫等撰:《旧唐书》,第4310页。

别人说其刻薄无情?

因此,"亲情嘱托"与柳公绰致书于宰相李宗闵之事应无必然联系。

排除二者有必然联系之后,我们可以结合逻辑关系和语境来解读《年衰帖》文辞。《年衰帖》文辞有三层逻辑关系:第一层,因为自己"年衰才劣",所以被"放出翰林,守以闲冷";第二层,因为自己"守以闲冷",所以"亲情(亲人)嘱托"我办事,我虽已请托了不少人,但"谁肯响应"(无人理睬);第三层,因为无人理睬,所以希望您能体察我的处境。可见《年衰帖》文笔简洁,行文逻辑严谨,语意清晰。因而谢先生说"《年衰帖》正是歪曲了《蒙诏帖》的文字内容,胡编一通,连柳公权的历史也没有弄清楚的",曹先生说"《年衰帖》文辞本属矛盾,是根本不存在能否'读通'的问题的",其观点都是值得商榷的。

三、《蒙诏帖》不符合柳公权的书法风格

首先,从整体气息上看,《蒙诏帖》不符合柳公权行草书的书法特征。柳公权学识渊博,性情沉稳,体现在书法上则中宫紧收,四周放开,呈辐射状。加之其擅长楷书,故其行草书在线条流畅的同时,点画扎实,处处体现出其楷书笔笔不苟的特征,如《年衰帖》中的"公""蒙""恩""守""闲""冷"等字。而《蒙诏帖》虽有柳书线条之流畅,却无柳书点画之笔笔扎实,故非柳公权之作。且从柳公权《伏审》、《辱问》、《尝瓜》等帖看,虽然笔意连绵,但情感的体现是有节制的,体现出儒家所讲求的"中庸"和不激不厉的作风。而《蒙诏帖》点画和笔意较之于《伏审》等帖则显得较为草率——这似乎是宋元时期文人书画所追求的"逸笔草草"的审美趣味的体现。

其次,从章法上看,《蒙诏帖》不符合柳公权手札的书写格式。以《中国书法全集·柳公权卷》所收《伏审》、《奉荣》、《辱问》三帖为例,可以看出柳公权书信特点,即不管几行,每行均在八字以上。也就是说字较小,行间舒朗,前后相差不大。虽草法相连,皆映带自然,绝无左右相阻之态。

而《蒙诏帖》每行至多五字，上下左右皆有拥阻之感，尤其是第一、二行之"蒙""守"，第五、六行之"应""感"，特别明显。

再次，从字法上看，《蒙诏帖》不符合柳公权个人的书写特征。先看"公权"二字（图三），与同为起首的《年衰帖》"公权"二字（图四）相较，尽管《年衰帖》未能刻鹄图龙，二者依然差别很大，每一字每一笔都不像；与《奉荣帖》的"公权状白"的"公权"二字（图五）相比，竟无一笔相似之处，特别是"权"字，笔顺都不一样。而《奉荣帖》亦是行草，"公权状白"四字又是落款，柳公权还特意将"公权"二字写得工整些。然而《奉荣帖》"公权"和《年衰帖》"公权"二字却差别不大，尤其"公"字，几乎一样。像《十六日帖》（图六）和《泥甚帖》中的"公权"二字（图七），就是楷书，说明这是柳公权的一个书写习惯。由此看来，《蒙诏帖》"公权"二字（图三）若是柳公权真迹，定会写成行楷。再将《蒙诏帖》落款的"公权呈"三字（图八）和《辱问帖》落款的"公权呈"三字（图九）相比较，依然无一字一笔相似。至此已能说明问题，柳公权书写自己的名字，无过于楷、行、草书，一经形成自家特征，轻易不会改变。正如唐张怀瓘《文字论》所言："文则数言乃成其意，书则一字已见其心，可谓得简易之道。"① 当然，像"蒙"、"守"、"情"、"肯"、"响"、"应"、"深"、"察"、"感"、"幸"等字的用笔和结字都和柳公权相差甚远，不必一一比较了。

图三　《蒙诏帖》"公权"　　图四　《年衰帖》"公权"　　图五　《奉荣帖》"公权"　　图六　《十六日帖》"公权"

---

① 本社、华东师范大学古籍整理研究室选编、校点：《历代书法论文选》，上海书画出版社1979年版，第209页。

图七　《泥甚帖》"公权"　　图八　《蒙诏帖》"公权呈"　　图九　《辱问帖》"公权呈"

从文辞上看，《蒙诏帖》中"出守翰林"的说法不合唐代职官制度，"亲情嘱托"与柳公绰致书于李宗闵无必然联系；从书法上看，《蒙诏帖》的整体气息、章法和字法皆不合柳公权书法风格。且《蒙诏帖》书写内容与《年衰帖》多有雷同，故而《蒙诏帖》应从《年衰帖》变出，并非柳公权真迹。

四、《年衰帖》应作于柳公权第三次出院之后

柳氏书法成就主要体现在楷书上，其坚厚的楷书功底势必会影响到其行草书的用笔和结体。观察《年衰帖》"守"字之钩画，"亲"字之横画，"恩"字之横竖转折处，均与其楷书《玄秘塔》《神策军》等有内在联系，因此《年衰帖》应为柳公权之作。而《年衰帖》的书写时间，前辈如张伯英、徐邦达、启功、谢稚柳、曹宝麟先生等皆未论及。笔者依据"亲情嘱托"与柳公绰投书之间应无必然联系这一结论为前提，并结合丁氏《壁记》中柳公权一生三次入出翰林院的记录，推测出《年衰帖》的书写时间应为柳公权第三次出院之后，即唐开成五年（840）三月九日之后。

据帖文"昨蒙恩放出翰林"云云，则此帖应为柳公权离开翰林院后所写。又据丁氏《壁记》载，柳公权一生共三次入出翰林院，第一次上文已引及，第二、三次如下：

大和二年五月二十一日自司封员外郎充侍书学士。二十三日，赐

文献与考据　315

紫。十一月二十一日,改库部郎中。五年七月十五日,改右司郎中,出院。

大和八年十月十五日,自兵部郎中、弘文馆学士充侍书学士。九年九月十二日,加知制诰,充学士,兼侍书。开成元年九月二十八日,迁中书舍人。二年四月,改谏议大夫,知制诰。三年九月十八日迁工部侍郎、知制诰,加承旨。五年三月九日,加散骑常侍,出院。①

柳公权生于唐代宗大历十三年(778),因此他三次出院时的年龄分别为四十七岁、五十四岁和六十三岁。

柳公权第一次出院时才四十七岁,而从《年衰帖》中"惟深察,公权敬白"等语气看,此信是写给长者的。既然如此,柳公权似不当自许"年衰",否则有乖于常情。据此可推,《年衰帖》应非柳公权第一次出院后所写。

柳公权第二次出院时间为唐文宗太和五年,此年他五十四岁。据《旧唐书·柳公绰传》,柳公绰任太原尹在太和四年至六年(830—832),又据同书《李宗闵传》,李宗闵当轴始于太和三年(829),止于太和七年(833)六月,所以诚如徐邦达先生所言:"则致书李相必在其时,公权年已五十余岁。"② 然而正如上文所论,如果把"亲情嘱托"与柳公绰致书于李宗闵之事联系起来,则《年衰帖》文辞前后矛盾。因此,《年衰帖》亦非柳公权第二次出院时所写。当然,不可否认,柳公权第二次出院与柳公绰致书于李宗闵有关,因为出院时间与致书时间是吻合的。但《年衰帖》并非写于此时,二者不可混为一谈。

据此可推,《年衰帖》应为柳公权第三次出院后所写。此年柳公权已六十三岁,帖文"公权年衰才劣,昨蒙恩放出翰林"云云,颇合事理。又据《壁记》可知,柳公权第三次进入翰林院后,地位逐渐提升。单从学士身份来说,柳公权大和八年(834)入院时为侍书学士,次年为翰林学士兼侍

---

① 〔宋〕洪遵编:《翰苑群书》,四库全书(景印本)史部第595册,第366页。
② 徐邦达:《柳公权〈蒙诏帖〉辨伪》,《书谱》1983年第2期。

书学士,开成三年(838)加承旨,即学士承旨。据唐制,学士承旨一般选翰林学士中资望最高者充任,位在诸学士之上,号"学士院长",参天子密议。① 又据岑仲勉《郎官石柱题名新考订》统计:唐德宗至懿宗期间,翰林学士百分之三十二拜相,承旨学士百分之五十八拜相②,可见柳公权当时是相当有前途的。而开成五年(840)出院之时,柳公权授散骑常侍。散骑常侍职掌侍奉规讽,备顾问应对,多用以安置元老及闲散大臣,谏官之职流于虚名。如宋王溥《唐会要》卷五十四载:"长庆四年五月,谏议大夫李渤奏:'据《六典》,常侍(按,即左右散骑常侍)奉规讽,其官久不举职,习以成例。若设官不责其事,不如罢之,以省其费。苟未能罢,臣请特敕,令准故事行其职业。'从之。"③ 说明散骑常侍实非要职。故而柳公权"放出翰林"后,自言"守以闲冷"虽属托辞,然若律之以典章,亦不为虚。此皆表明《年衰帖》应写于柳公权第三次出院之后,即开成五年(840)三月九日之后。

五、结 语

唐代翰林学士为使职,而非职事官,无品秩,无官可"守",只能由它官充任,故而《蒙诏帖》中"出守翰林"的说法不合唐代职官制度。单就书法而言,《蒙诏帖》也是很好的,只是不合柳公权的书法风格而已。它体现的是宋元时期文人书画所追求的"逸笔草草"的审美趣味。总之,传世的《蒙诏帖》墨迹应非柳公权真迹。徐邦达、启功先生的看法很有见地,但未能从根本上说清问题。谢稚柳、曹宝麟先生的观点值得商榷。此外,直到宋代才有"守翰林"之说,如宋翟汝文《忠惠集》卷二中有一文题为《翰林学士、知

---

① 〔唐〕白居易、〔宋〕孔传:《白孔六帖》,四库全书(景印本)子部第892册,上海古籍出版社1987年版,第202页。
② 岑仲勉著:《郎官石柱题名新考订》,上海古籍出版社1984年版,第385、483页。
③ 〔宋〕王溥撰:《唐会要》,中华书局1955年版,第935页。

制诰张阁,守翰林学士、知制诰致仕制》。①因此《蒙诏帖》很可能是宋元人据《年衰帖》删改并放笔临写的,而《年衰帖》的书写时间应为唐开成五年(840)三月九日柳公权第三次出院(翰林院)之后。

（本文原载《南京艺术学院学报（美术与设计）》2016年第1期）

---

① 〔宋〕翟汝文:《忠惠集》,四库全书（景印本）集部第1129册,上海古籍出版社1987年版,第203页。

蓝格抄本《天机馀锦》新考

熊言安

《天机馀锦》世所罕见。近人赵万里先生说：此书"盖元初人所辑，引见《花草粹编》者凡十六首，知明万历间尚存。……兹仅就可知者校录之，此固不得已之一途也"①。唐圭璋先生说："钱大昕补《元史·艺文志》，尝载《天机馀锦》之名，顾不知其卷数及编者姓名。《花草粹编》引词十六首，赵（万里）辑此书，未能多出也。……是此书乾隆间尚存，海内藏书家，必有秘藏此书者，安得全集发见，亦系快事。"②其后，王兆鹏先生发现台北"中央图书馆"藏有蓝格抄本《天机馀锦》（以下简称"蓝格抄本"），因一时无法见到原书，便拜托台湾学者黄文吉先生代为查阅。两人研究原书后发现，此书虽与《花草粹编》所引录之《天机馀锦》不同，且卷首明程敏政序显系伪托，然共收词245调，1 256首，数量巨大，尤为重要的是，其中录有宋元明佚词共259首（宋词60首、元词46首、明词137首），对于词学文献的辑佚和校勘工作具有重大价值。

黄文吉和王兆鹏先生还就蓝格抄本的资料来源和成书年代等问题各自发表了看法。其一，两人皆认为此书抄自《类编草堂诗馀》《精选名儒草堂诗馀》等选集以及宋金元明十余家的别集。其二，黄先生认为此书是"在嘉靖二十九年（1550）到万历十一（1583）年，这三十多年的时间编成的"③，而王先生却认为此书"成书行世应在嘉靖二十九年（1550）冬季"④。近年来，学界又陆续提出一些新的见解，如乔光辉先生提出此书当成于"天顺七年

---

① 赵万里辑：《校辑宋金元人词》，中央研究院历史语言研究所1931年排印本。
② 唐圭璋著：《词学论丛》，上海古籍出版社1986年版，第653页。
③ 黄文吉：《明钞本〈天机馀锦〉之成书及其价值》，《词学》2000年第12期，第137页。
④ 王兆鹏：《词学秘籍〈天机馀锦〉考述》，《文学遗产》1998年第5期。

(1464)以后的一段时日,杨慎和《类编草堂诗馀》的作者均阅读到此书"[1],又如朱志远先生提出元代存在元曲《天机馀锦》一书,蓝格抄本"当为据元本《天机馀锦》改窜而成"[2],等等。

尽管有关蓝格抄本的研究成果颇丰,然而学界在此书资料来源、作伪方式、成书时间和瞿佑词的分期等问题的认识上,尚存在一些不足或盲点。兹不揣浅陋,辨正如次:

一、蓝格抄本的资料来源

黄文吉先生认为蓝格抄本"有五分之一以上是抄录自《类编草堂诗馀》"[3],朱志远先生认为蓝格抄本"当为据元本《天机馀锦》改窜而成",这两种说法皆值得商榷。

首先,蓝格抄本从《草堂诗馀》中抄录了二百八十余首词作,占全集五分之一以上,依据的是分类本《增修笺注妙选群英草堂诗馀》,而非明顾从敬嘉靖二十九年(1550)编刊的分调本《类编草堂诗馀》。

分类本《增修笺注妙选群英草堂诗馀》是在南宋刊本《草堂诗馀》的基础上增补并笺注而成的。此书分类编排,共十一大类六十六小类。大类如"春景"、"节序"等,小类如"初春"、"早春"等。书中作品凡系增补的,题下皆标有"新添"或"新增"字样;分调本《类编草堂诗馀》最初为明顾从敬于嘉靖二十九年(1550)所编,作品题目下无"新添"或"新增"字样。之所以说蓝格抄本抄的是分类本,而非分调本,一个重要证据是,蓝格抄本卷四抄录米芾之婿吴彦高《春从天上来》(海角飘零),词序为"新增感旧"。这原是误抄所致,但却显露了蓝格抄本的真正来源。因为"新增"或"新添"只有分类本作品题下有此标记,嘉靖分调本却无。而且,从蓝格抄本、分类本、分调本的异同中,亦可见出蓝格抄本真实的资料来源。如下表:

---

[1] 乔光辉:《〈天机馀锦〉"敏政识"探微》,《中国韵文学刊》1999年第2期,第91、92页。
[2] 朱志远:《〈天机馀锦〉新考》,《文学遗产》2012年第2期,第150页。
[3] 黄文吉:《明钞本〈天机馀锦〉之成书及其价值》,《词学》2000年第12期,第126页。

表一：蓝格抄本、分类本、分调本《贺新郎》差异对照表

作者	词作首句	编次 蓝格本	编次 分类本	编次 分调本	词序 蓝格抄本	词序 分类本	词序 分调本	署名 蓝格抄本	署名 分类本	署名 嘉靖本	异文 蓝格抄本	异文 分类本	异文 分调本
李玉	篆缕销金鼎	1	1	1									
叶梦得	睡起流莺语	2	2	2	无词序	无词序	初夏				蒲萄涨绿	蒲萄涨绿	葡萄涨绿
苏东坡	乳燕飞华屋	3	3	3	无词序	无词序	夏景	东坡	东坡	苏东坡			
赵文鼎	昼永重帘卷	4	4	4	无词序	无词序	夏景				正白苹烟里归来晚	正白苹烟口归来晚	正白苹烟棹归来晚
刘方叔	翠葆摇新竹	5	5	5	无词序	无词序	端午				舡重成颓玉	舡重成颓玉	舡重成颓玉
刘潜夫	深院榴花吐	6	6	6	无词序	无词序	端午	刘潜夫后村	刘潜夫后村	刘潜夫	又怀椒糈	又怀椒糈	又怀椒糈
未署名	思远楼前路	7	7	7	无词序	无词序	端午	未署名	未署名	刘潜夫	奈珠帘	奈珠帘	奈珠帘
宋谦父	灵鹊桥初就	8	8	8	无词序	无词序	七夕						

文献与考据 321

表二：蓝格抄本、分类本、分调本《水龙吟》差异对照表

作者	词作首句	编次 蓝格本	编次 分类本	编次 分调本	词序 蓝格抄本	词序 分类本	词序 分调本	署名 蓝格抄本	署名 分类本	署名 分调本	异文 蓝格抄本	异文 分类本	异文 分调本
苏东坡	楚山修竹如云	1	6	6	无词序	类题咏笛	咏笛						
辛幼安	渡江天马南来	2	5	5	寿韩南涧	寿韩南涧	庆寿						
秦少游	小楼连苑横空	3	4	4									
刘叔安	弄晴台馆收烟候	4	3	3	和张质夫韵	和张质夫韵	清明				宿醒未解	宿醒未解	宿醒未解
陈同甫	闹花深处层楼	5	2	2									
陆务观	摩河池上追游路	6	1	1	春游摩河池	春游摩河池	春游						
萼质夫	燕忙莺懒芳残	7	8	8	咏杨花	类题杨花	杨花				轻飞点画青林全无才思	轻飞点画青林谁道全无才思	轻飞乱舞点青林全无才思

续表

作者	词作首句	编次			词序			署名			异文		
		蓝格抄本	分类本	分调本	蓝格抄本	分类本	分调本	蓝格抄本	分类本	分调本	蓝格抄本	分类本	分调本
苏东坡	似花还似非花	8	9	9	和章质夫杨花	和章质夫韵	杨花		东坡	苏东坡			
周美成	素肌应怯馀寒	35	7	7	咏梨花	类题梨花	梨花						

表三：蓝格抄本、分类本、分调本收周邦彦词差异对照表

	词牌名	词作首句	蓝格抄本	分类本	分调本
1	应天长	条风布暖	从"条风布暖"至"夜堂无月"脱二十字	从"条风布暖"至"夜堂无月"脱二十字	没有脱文
2	过秦楼	水浴清蟾	京浴清蟾	京浴清蟾	水浴清蟾
3	六丑	正单衣试酒	春归如过翌	春归如过翌	春归如过翼

由以上对照表可知,蓝格抄本与嘉靖分调本并无内在联系。然而蓝格抄本是按词调编次的,这一点又与分调本体例相同,这就容易使人产生错觉。黄文吉先生认为蓝格抄本"有五分之一以上是抄录自《类编草堂诗馀》",可能正是出于这个缘故。再者,蓝格抄本卷一辛弃疾《水龙吟》(渡江天马南来)词序"寿韩南间"之"间"、刘叔安《水龙吟》(弄晴台馆收烟候)词句"宿醒未解"之"醒"、卷二《满江红》(惨结秋阴)署名"赵元稹"之"稹",皆沿分类本而误,应分别作"涧"、"酲"、"镇",而分调本不误,此亦说明蓝格抄本抄的是分类本《增修笺注妙选群英草堂诗馀》。

其次,蓝格抄本的资料来源应为分类本《增修笺注妙选群英草堂诗馀》《精选名儒草堂诗馀》等选集以及宋金元明十余家词别集,而非元代中州人创作的元曲集《天机馀锦》。

所谓元本《天机馀锦》是元代"沉沦下僚,志不获展"的中州人所作,属于元曲集的范畴。明胡侍《真珠船》卷四《元曲》曰:

> 元曲如《中原音韵》、《阳春白雪》、《太平乐府》、《天机馀锦》等集,《范张鸡黍》、《王粲登楼》、《三气张飞》、《赵礼让肥》、《单刀会》、《敬德不伏老》《苏子瞻贬黄州》等传奇,率音调悠圆,气魄宏壮。后虽有作,鲜与之京矣。盖当时台省元臣、郡邑正官及雄要之职,尽其国人为之,中州人每每沉抑下僚,志不获展,……盖所谓"不得其平而鸣焉"者也。①

此段文字说明:第一,胡侍把元曲分为"集"(散曲)和"传奇"(杂剧)两大类。第二,《天机馀锦》与《阳春白雪》、《太平乐府》等皆属于元曲"集"的范畴。第三,这些作品是"沉沦下僚,志不获展"的中州人所作,是"不得其平而鸣焉"。如果蓝格抄本的确是据元曲《天机馀锦》改窜而成,那

---

① 〔明〕胡侍撰:《真珠船》,《四库全书存目丛书》子部第102册,齐鲁书社1997年版,第334页。

么其主要成分应该是元曲,但蓝格抄本是以抄录宋金元明词为主的词集,而非元代中州人所作的元曲集。因此,蓝格抄本"当为据元本《天机馀锦》改窜而成"的推理,似不合逻辑。

二、蓝格抄本的作伪方式

蓝格抄本卷首序系伪序,"明程敏政"系托名,学界已有共识。然而此书存在二次作伪的情况,学界对此尚缺乏认识。

首次作伪的方式是同一词调倒序抄录,以掩盖词作的真正来源。

第一,从某一词调的第一首词开始,就采用倒序抄录的方式。如蓝格抄本卷一《水龙吟》前六首词"楚山修竹如云"、"渡江天马南来"、"小楼连苑横空"、"弄晴台馆收烟候"、"闹花深处层楼"、"摩诃池上追游路"抄自分类本《增修笺注妙选群英草堂诗馀》,而分类本的编次是"摩诃池上追游路"、"闹花深处层楼"、"弄晴台馆收烟候"、"小楼连苑横空"、"渡江天马南来"、"楚山修竹如云",与蓝格抄本的次序正好相反。第二,有时采用顺序、倒序交替抄录的方式。如蓝格抄本卷一《贺新郎》第一至八首抄自《增修笺注妙选群英草堂诗馀》,第九至三十六首抄自南宋林秀发编次《后村居士集》,第三十七至四十三首抄自刘过《龙洲词》。抄录前两种书时都依照原书的编次,而抄录《龙洲词》时,编者先按该书的编次从第五首抄至第七首,再按倒序从第四首抄至第一首。此种现象在蓝格抄本中尤为多见。第三,倒序抄录的方式使得编者的作伪意图欲盖弥彰。如张翥《蜕岩词》中有二首《苏武慢》,第一首题为《对雪》(冻鱼跳空),上阕韵脚为"赖"、"解"、"海"、"态",下阕韵脚为"塞"、"外"、"菜"、"界",第二首题为《岁晚再雪,仍用前韵》,韵脚与前一首相同,但蓝格抄本中两首词顺序颠倒,忽视了这两首词之间的内在逻辑关系。

第二次作伪方式是托名程敏政,伪造书序和题签,借助名人效应来抬高此书的价值。

第一，蓝格抄本书序及首行题签与正文字迹不一致。仔细观察蓝格抄本，不难发现，卷一书序系行书体，其书法以圆笔为主，行笔拖沓，结构松散，缺乏骨力，而正文书法以方笔为主，结构严谨，骨力峻拔。二者显然不是一人所书。且首行"天机馀锦卷之一，明程敏政编"周围界格残损，有明显的挖补痕迹。而其字迹与伪序字迹相同，与正文不同。说明此书纯系托名，与程敏政毫无关系。第二，蓝格抄本卷二、卷三首行书名下空白处题签的"程敏政编"四字，与书序及卷一题签字体一致，而与正文字体风格迥异，此进一步说明蓝格抄本系托名伪造。

蓝格抄本二次作伪的痕迹非常明显。之所以如此，就是作伪者想掩盖抄袭当时流行词集的真相，并借《天机馀锦》之名，抬高书价，以达到牟利目的。至于蓝格抄本托名程敏政，则可能是由"陈敏政"与瞿佑的关系联想到的，因为陈敏政曾受瞿暹之托为瞿佑词集《乐府遗音》作序[①]，且蓝格抄本抄录瞿佑词的数量多达一百二十首。

三、蓝格抄本的成书时间

黄文吉先生认为此书"是在嘉靖二十九年（1550）到万历十一年（1553），这三十多年间编成的"，王兆鹏先生则进一步锁定为"嘉靖二十九年（1550）冬季"，乔光辉先生认为此书成于"天顺七年（1464）以后的一段时日，杨慎和《类编草堂诗馀》的作者均阅读到此书"。然黄先生和王先生的推理，皆以蓝格抄本抄录嘉靖二十九年（1550）顾从敬编刊的分调本《类编草堂诗馀》为前提，其结论是难以成立的，因为如上文所述，蓝格抄本实际上抄的是分类本《增修笺注妙选群英草堂诗馀》，而非《类编草堂诗馀》。至于乔先生推断《类编草堂诗馀》的作者能阅读到蓝格抄本，似缺乏充分依据，故而其对蓝格抄本成书时间的推理亦难以成立。

---

① 〔明〕瞿佑撰：《乐府遗音》（明抄本），《四库全书存目丛书》集部第422册，齐鲁书社1997年版。

其实，考查蓝格抄本的成书时间，首先应从书中所涉明代词人的生卒年入手。按蓝格抄本涉及明代词人主要有凌彦翀(1323—1388)、刘醇(1329—1425)、瞿佑(1347—1433)、王骥(1378—1460)、桂衡(生卒年不详，洪武中为钱塘儒学修业斋训导)、晏璧(生卒年不详，永乐二年任山东按查司佥事)等，则此书成书时间似乎在王骥卒年(1460)前后。

然而，需要注意的是，鉴定稿抄本成书年代，一定要看其书法字体和纸张。以前研究蓝格抄本的学者对这两个方面关注是不够的。

书法风格是鉴定抄本的重要依据。余嘉锡先生曰："鉴藏书籍，于前人抄校之本，苟不识其手迹，而第检所著目录、题跋以为据，未有不失之交臂者。"① 蓝格抄本字体爽利，笔法自然，无明初"台阁体"之习气，有晚明古拙闲散之时风。严佐之先生《古籍版本学概论》："明抄本字体洒脱自由，无一定之规，无约定之束。"② 这恰恰与蓝格抄本的特点相印证。

从纸张看，用蓝格纸抄书始于明中叶，瞿冕良先生《中国古籍版刻辞典》："古代抄书一般用红格或黑格印纸，明中叶以来始有用蓝格者，如文征明玉兰堂本、姚咨茶梦斋本、唐顺之纯白斋本、梅鼎祚东壁楼本、祁承㸁澹生堂本等。"③ 万历以后多用蓝格纸抄书，如傅增湘旧藏明抄本《新刊监本册府元龟》以及明抄本《文苑英华》(残存二十五册)，皆用蓝格纸抄录。

笔者曾就蓝格抄本成书时间问题请教过上海博物馆陈先行先生，陈先生回复说："传下《天机馀锦》书影，观风望气，作明末抄本是不错的，俗称明蓝格抄本，此本约抄于万历至崇祯年间。"笔者赞同陈先生的看法。

四、蓝格抄本所录瞿佑词的分期

瞿佑有《乐府遗音》传世，此书为明抄本，共收词一百一十三首(另有

---

① 余嘉锡著：《余嘉锡论学杂著》，中华书局1963年版，第608页。
② 严佐之著：《古籍版本学概论》，华东师范大学出版社1989年版，第143页。
③ 瞿冕良编著：《中国古籍版刻辞典》，苏州大学出版社2009年版，第890页。

北曲十七首未计)。①而蓝格抄本抄录瞿佑词共一百二十首,仅十一首见于《乐府遗音》。通过对词集题跋、二集重见词和词序比较,不难发现,《乐府遗音》应为瞿佑晚年词集,而蓝格抄本所录瞿佑词则应为其"获谴以来,散亡零落"的早期词作。具体分析如下:

首先,明抄本《乐府遗音》应为瞿佑晚年词集,这可从《乐府遗音》题跋和部分词序中得到印证。

《乐府遗音》卷末题跋曰:"右北乐府十首,己亥岁(1419)夏,颁降佛曲,……是岁七月在保安城南寓舍。"瞿佑戊子(1408)因获罪谪戍保安(今河北怀柔一带)十年,是岁(1419)瞿佑已七十有二,可谓垂垂老矣。又《乐府遗音》词序中标明创作时间的作品有:《西江月》(隔院箫声断续)词序"甲午(1414)元夕"、《水调歌头》(六十九年我)词序"乙未(1415)初度日自寿"、《临江仙》(双燕飞来传好语)词序"丙申(1416)二月寿王理都司"、《临江仙》(忆在故园三五夜)词序"戊戌(1418)元夕有怀"、《望江南》(元宵景)词序"庚子(1420)元夕"、《望江南》(元宵景)词序"辛丑(1421)元夕"、《满庭芳》(明日中元)词序"戊申(1428)初度日迪迎诸侄置酒延款"等。甲午(1414),瞿佑六十八岁,戊申(1428),瞿佑八十二岁。因此,《乐府遗音》主要是永乐六年戊子(1408)其被谪戍保安后所作,只有少数几首是其润色过的旧作,如《贺新郎》(风露非人世)、《蝶恋花》(落尽嫣红春不管)、《鹧鸪天》(村酒频篘不用钱)和《鹧鸪天》(坡垄高低水四围)等(详见下文)。

其次,蓝格抄本所录瞿佑词应为其早期词作,这可从二集重见词的文字改动情况以及《归朝欢》(浮世红尘容易老)、《八声甘州》(倚危楼)等几首词的词序中找到依据。

就《乐府遗音》与蓝格抄本十一首重见词看,文字差异颇大,有的改换几个句子,有的整个上片或下片全部重写,而不只是换几个字或几个词。如下表:

---

① 〔明〕瞿佑撰:《乐府遗音》(明抄本),《四库全书存目丛书》集部第422册。

表四：蓝格抄本所抄瞿佑词与今传明抄本《乐府遗音》重见词正文、词序异文对照表

词作首句	正文		词序	
	蓝格抄本	乐府遗音	蓝格抄本	乐府遗音
《贺新郎》（风露非人世）	1. 排空双翅 2. 香风淡荡飘霞帔。尽由他、翠鬟不整，金钗低坠。	1. 搏风双翅 2. 祥飙浩荡吹香袂。任钗横鬓乱，懒把妆梳重试。	题秦安（女）吹箫图	题秦女吹箫图
《蝶恋花》（落尽嫣红春不管）	1. 风信南来，万绿盈池馆。 2. 寿酒一杯空恋恋	1. 长养薰风，万绿盈庭苑。 2. 采得一枝徒恋恋	阎仲彬墨萱为张克敬题，克敬与予皆无母	墨萱为张克敬题，克敬与予皆无母
《鹧鸪天》（村酒频筛不用钱）	1. 村酒频筛不用钱 2. 丹桂熟	1. 酒熟鸡肥不用钱 2. 丹橘贱	丙午暮秋，寓居吴江别业，……剧饮而归	吴江村中
《鹧鸪天》（坡垄高低水四围）	坡垄高低水四围。人家相并列柴扉。休耕老叟模糊醉，失学顽童瞢董肥。斜日坠，暮烟微。出门黄叶打头飞。数声短笛骑牛过，一丈长竿赶鸭归。	塍陇相连水四围。鸡埘豚栅旁柴扉。休耕父老模糊醉，失学顽童瞢董肥。枫叶浦，荻花几。白鸥低拂钓船飞。夕阳牛背真堪画，载得昏鸦几个归。		
生查子（天边有去鸿）	天边有去鸿，波内无来鲤。十二曲阑干，镇日愁相倚。闲调绿绮琴，闷写红笺纸。爱杀太平钱，心在团圆里。	烟销炉内香，雨滴檐前水。荡子不归来，闷把屏山倚。闲调绿绮琴，碎擘红笺纸。爱杀太平钱，心在团圆里。	无词序	春词
齐天乐（幽居占得林峦好）	1. 凭阑远望 2. 溪山佳致如许，况修篁绕屋。	1. 汀洲在望 2. 虽无四邻依傍，有青山绕屋。	题茹山谷溪山夏景	题茹山谷夏日幽居小景

词作首句	正文		词序	
	蓝格抄本	乐府遗音	蓝格抄本	乐府遗音
巫山一段云(阵阵荷盘雨)	翩翩口蝶化青虫。飞过竹篱东。	翩翩胡(蝴)蝶喜相逢。飞过画阑东。	望湖楼夏景三首	夏景(二首)
巫山一段云(扇上乘鸾女)	扇上乘鸾女,屏间跨鹤仙。香球高喷水沉烟。浮动画栏边。醉起挥红拂,诗成写绿笺。银屏井底引清泉。培养并头莲。	扇上乘鸾女,屏间跨鹤仙。博山香袅水沉烟。飞燕蹴筝弦。珍簟波纹细,风车月晕圆。银瓶引绠汲清泉。培养并头莲。		
巫山一段云(泸蜜调冰水)	泸蜜调冰水,抟酥沃蔗浆。……风车频转月侵廊。受用晚西凉。			

通过对比可以见出,蓝格抄本所抄瞿佑词总体上不及《乐府遗音》重见词意境浑成、用词工雅,如《蝶恋花》(落尽嫣红春不管),蓝格抄本是"寿酒一杯空恋恋",《乐府遗音》是"采得一枝徒恋恋",后者比前者空灵;又如《鹧鸪天》(坡垄高低水四围)结尾两句,蓝格抄本是"数声短笛骑牛过,一丈长竿赶鸭归",《乐府遗音》是"夕阳牛背真堪画,载得昏鸦几个归"。前者构思略显平实直白,而后者构思比较新颖奇警;再如《齐天乐》(幽居占得林峦好),蓝格抄本是"溪山佳致如许,况修篁绕屋",《乐府遗音》是"虽无四邻依傍,有青山绕屋",后者比前者更深曲有致。此皆说明蓝格抄本所录瞿佑词应早于《乐府遗音》。

这个结论还可以从蓝格抄本所录瞿佑词的词序中得出。蓝格抄本有四首瞿佑词的词序标明了创作年份,如《归朝欢》(浮世红尘容易老)词序"壬寅(1362)岁初自浙东回舟游湖山",《八声甘州》(倚危楼)词序"至正丙午(1366)季秋重到姑苏登楼有感",《鹧鸪天》(村酒频篘不用钱)词序

"丙午(1366)暮秋,寓居吴江别业,……剧饮而归",《满江红》(人事匆匆)词序"癸酉(1393)暮春和胡子固教授韵"。据张仲谋先生《明瞿佑等词人生卒考》可知,瞿佑生于元至正七年丁亥(1347),卒于明宣德八年癸丑(1433)。[①]据此可知,壬寅(1362)、丙午(1366)、癸酉(1393),瞿佑分别为十六岁、二十岁、四十七岁,正是青壮年时期。

还有一个现象值得注意,即蓝格抄本抄录瞿佑词一百二十首,而涉及其他明人词数量甚少,如王骥、晏璧各六首,桂衡四首,刘醇、凌彦翀各一首,可能是因为瞿佑早期词稿只在熟人间以手抄的方式流传,或稿本虽已刊刻,但刊刻数量不多,以致后来亡佚了。正如瞿佑《重校〈剪灯新话〉后序》所说:"填词则有《馀清曲谱》《天机云锦》……自戊子岁(1408)获谴以来,散亡零落,略无存者。"[②]可能瞿佑早期词稿或刻本至蓝格抄本编纂之际,已成稀见之书,这或许正是编者于众多明人词集中对瞿佑词情有独钟的缘由。

五、结　语

台北"中央图书馆"藏蓝格抄本《天机馀锦》在词学史上的意义是不言而喻的,然而学界对此书的资料来源、作伪方式、成书时间、瞿佑词的分期等问题的认识尚存在不足或盲点。此书的资料来源应为分类本《增修笺注妙选群英草堂诗馀》《精选名儒草堂诗馀》等选集以及宋金元明十余家词别集,而非元代中州人创作的元曲集《天机馀锦》。蓝格抄本有五分之一以上抄录自分类本《增修笺注妙选群英草堂诗馀》,而非明嘉靖分调本《类编草堂诗馀》。蓝格抄本的成书时间约为明万历至崇祯年间,黄文吉先生成书于嘉靖二十九年(1550)至万历十一年(1583)间之说以及王兆鹏先生成书于嘉靖二十九年(1550)冬季之说,皆缘自蓝格抄本资料来源的误断,其结论自然不能成立。此书存在二次作伪的情况,第一次作伪是采用倒序或顺序、

---

① 张仲谋:《明瞿佑等词人生卒考》,《南京师范大学文学院学报》2002年第4期,第49页。
② 〔明〕瞿佑著,乔光辉校注:《瞿佑全集校注》,浙江古籍出版社2010年版,第835页。

倒序交替的方式抄录词作，以掩盖其真正的词作来源。第二次是伪造书序和挖补题签，托名程敏政，以抬高其价值。蓝格抄本所录瞿佑词应为其早期作品。此外，蓝格抄本抄录宋金元词别集多据明中页以前的版本，甚至可能是宋元刻本，有的底本今已亡佚，因而此书值得学界进一步关注。

（本文原载《学术研究》2017年第5期）

后 记

安庆师范大学的中国古代文学学科历史悠久。1977年安庆师范学院中文系成立时,"中国古代文学"就是主要的专业核心课程。四十余年来,本学科依托皖江历史文化研究中心、皖江文化数字化保护与智能处理省级重点实验室、黄梅戏艺术发展研究中心、桐城派与桐城文化研究中心等研究平台,建成了一支梯队合理、不断进取的科研团队,取得了显著成果。1998年,中国古代文学被评为学校首批重点学科;2006年,成为学校首次获批设立的四个二级学科硕士学位授予点之一;2011年,中国语言文学获批一级学科硕士点;2019年,中国语言文学又成为安徽省博士授予单位立项建设学科。

论文集收录本学科教师的代表作22篇,皆发表于核心期刊,可以视为对中国古代文学学科研究成果的一次集中展示。文章依照论题分为三编,各编文章按作者姓氏笔画排列,其内容涵盖了从先秦到明清的各个时段,并鲜明地展现出自觉弘扬安徽优秀地域文化、注重对"徽风皖韵"文化标识进行阐释的学科特色。

如今,中国古代文学学科在学校"举师范旗、走应用路、创特色牌"的精神指引下,立足"地方、专业、学校定位"的"三结合",形成了个人研究有专攻、团队成果有特色、梯队建设有规划、学科积淀有深度的良好发展态势。希望《文海探骊:中国古代文学卷》的出版,能够成为展示安庆师范大学中国古代文学学科的一扇窗口,也恳请学界同仁一如既往地关注、支持我们的发展。

编 者
2023年8月

图书在版编目(CIP)数据

文海探骊:中国古代文学卷/梅向东,徐文翔编.—上海:复旦大学出版社,2023.11
(敬敷求是集:安庆师范大学人文学院高峰培育学科建设丛书/汪孔丰,金松林主编;2)
ISBN 978-7-309-17064-1

Ⅰ.①文… Ⅱ.①梅…②徐… Ⅲ.①中国文学-古典文学研究-文集 Ⅳ.①I206.2-53

中国国家版本馆 CIP 数据核字(2023)第 215466 号